HACKERS TOEFL ACTUAL TEST LISTENING 200% 활용법

토플 쉐도잉&말하기 연습 프로그램

이용방법 고우해커스(goHackers.com) 접속 ▶
상단 메뉴 [TOEFL → 쉐도잉&말하기 연습] 클릭하여 이용하기

토플 스피킹/라이팅 첨삭 게시판

이용방법 고우해커스(goHackers.com) 접속 ▶
상단 메뉴 [TOEFL → 스피킹게시판/라이팅게시판] 클릭하여 이용하기

토플 공부전략 강의

이용방법 고우해커스(goHackers.com) 접속 ▶
상단 메뉴 [TOEFL → 토플공부전략]
클릭하여 이용하기

토플 자료 및 유학 정보

이용방법 고우해커스(goHackers.com)에
접속하여 다양한 토플 자료 및
유학 정보 이용하기

고우해커스 바로 가기 ▶

교재 MP3

이용방법 해커스인강(HackersIngang.com) 접속 ▶
상단 메뉴 [토플 → MP3/자료 → 문제풀이 MP3] 클릭하여 이용하기

문제풀이 MP3 바로 가기 ▶

단어암기 MP3

이용방법 해커스인강(HackersIngang.com) 접속 ▶
상단 메뉴 [토플 → MP3/자료 → 무료 MP3/자료] 클릭하여 이용하기

MP3/자료 바로 가기 ▶

iBT 리스닝 실전모의고사

이용방법 해커스인강(HackersIngang.com) 접속 ▶
상단 메뉴 [토플 → MP3/자료 → 무료 MP3/자료] 클릭 ▶
본 교재의 실전모의고사 프로그램 이용하기

MP3/자료 바로 가기 ▶

HACKERS
TOEFL
ACTUAL TEST
LISTENING

해커스 어학연구소

최신 토플 경향을 반영한

토플 리스닝, 최고의 마무리 실전서

『Hackers TOEFL Actual Test Listening』을 내면서

해커스 토플은 토플 시험 준비와 함께 여러분의 영어 실력 향상에 도움이 되고자 하는 마음에서 시작되었습니다. 해커스 토플을 처음 출간하던 때와 달리, 이제는 많은 토플 책들을 서점에서 볼 수 있지만, 그럼에도 해커스 토플이 여전히 **독보적인 베스트셀러**의 자리를 지킬 수 있는 것은 늘 **처음과 같은 마음으로** 더 좋은 책을 만들기 위해 고민하고, **최신 경향을 반영**하기 위해 끊임없이 노력하기 때문입니다.

이러한 노력의 결실로, 새롭게 변경된 토플 시험에서도 학습자들이 영어 실력을 향상하고 토플 고득점을 달성하는 데 도움을 주고자 **최신 토플 경향을 반영**한 『Hackers TOEFL Actual Test Listening』을 출간하게 되었습니다.

토플 리스닝 고득점을 위한 확실한 마무리!

문제 유형에 따른 맞춤형 전략, 정확한 지문 해석 및 해설, 취약점 공략을 위한 취약 유형 분석표 등 보다 체계적이고 논리적인 학습을 통해 토플 Listening 영역 고득점을 위한 확실한 마무리가 가능합니다.

완벽한 실전 대비, 이보다 더 철저할 순 없다!

총 7회분의 실전모의고사 중 1회분을 해커스인강(HackersIngang.com)에서 실전모의고사 프로그램으로 제공하여, 실제 토플 시험과 동일한 환경에서 문제를 풀어볼 수 있도록 하였습니다. 또한, 최신 토플 경향을 반영한 문제를 수록하여 실전에 완벽하게 대비할 수 있도록 하였습니다.

『Hackers TOEFL Actual Test Listening』이 여러분의 토플 목표 점수 달성에 확실한 해결책이 되고, 영어 실력 향상, 나아가 **여러분의 꿈을 향한 길에 믿음직한 동반자**가 되기를 소망합니다.

해커스 어학연구소

CONTENTS

해설집

TEST 05

TEST 06

문제집 (책속의 책)

TEST 01~06

실전모의고사 (온라인)

TEST 07

*해커스인강(HackersIngang.com) 접속
→ [MP3/자료] 클릭 → [실전모의고사 프로그램] 클릭

TOPIC LIST

*다음의 TOPIC LIST는 교재에 수록된 모든 지문을 주제별로 구분하여
목록으로 구성한 것이다.

CONVERSATIONS

주제	TEST
Instructor's Office Hours	TEST 1 Part 1 P1, TEST 2 Part 2 P1, TEST 3 Part 2 P1, TEST 4 Part 1 P1, TEST 5 Part 1 P1, TEST 6 Part 2 P1 TEST 7 Part 1 P1
Service Encounters	TEST 1 Part 2 P1, TEST 2 Part 1 P1, TEST 3 Part 1 P1, TEST 4 Part 2 P1, TEST 5 Part 2 P1, TEST 6 Part 1 P1, TEST 7 Part 2 P1

LECTURES

주제	TEST
Biology	TEST 1 Part 1 P3, TEST 2 Part 2 P2, TEST 5 Part 2 P3, TEST 6 Part 2 P2
Astronomy	TEST 7 Part 2 P2
History	TEST 4 Part 2 P3
Art	TEST 2 Part 1 P2 TEST 2 Part 2 P3
Music	TEST 4 Part 2 P2
Environmental Science	TEST 5 Part 2 P2
Earth Science	TEST 6 Part 1 P2
Geology	TEST 6 Part 1 P3
Literature	TEST 3 Part 2 P3
Anthropology	TEST 7 Part 1 P2
Archaeology	TEST 5 Part 1 P2
Psychology	TEST 3 Part 1 P2
Business Management	TEST 1 Part 2 P2
Physics	TEST 1 Part 1 P2
Chemistry	TEST 4 Part 1 P2
Physiology	TEST 3 Part 2 P2
Architecture	TEST 7 Part 2 P3

*P: Passage

해커스 토플로 실전 LISTENING 완벽 대비!

I 실전 TOEFL Listening 완벽 대비

최신 출제 경향 반영
최신 TOEFL Listening 시험 경향을 모든 테스트에 완벽히 반영하여 학습자들이 실전 감각을 익히고 실제 시험에 효과적으로 대비할 수 있도록 하였다.

실전과 동일한 문제 유형으로 구성
시험에 자주 출제되는 문제 유형뿐만 아니라 새로운 유형의 문제들을 함께 수록하여 학습자들이 TOEFL Listening 영역에 보다 철저하게 대비할 수 있도록 하였다.

온라인 실전모의고사 프로그램 제공
교재에 수록된 6회분의 테스트 외에 해커스인강(HackersIngang.com)에서 1회분의 테스트를 추가로 제공하여, 학습자들이 실전과 같은 환경에서 문제를 풀어봄으로써 iBT TOEFL Listening을 미리 경험해보고 실전을 위한 최종 마무리를 할 수 있도록 하였다.

2 고득점 달성을 위한 확실한 해결책

문제 유형에 따른 맞춤형 전략 제시
LISTENING STRATEGIES에서 문제 유형별로 맞춤화된 전략과 전략 적용 방법을 제시하여, 학습자들이 모든 유형에 대한 체계적인 학습을 통해 고득점을 달성할 수 있도록 하였다.

고난도의 지문 및 문제 구성
높은 난도의 지문과 문제로 구성된 본 교재를 학습함으로써 학습자들이 실제 시험에서 고득점을 달성할 수 있도록 하였다.

정확한 해석 및 상세한 해설 제시
정확한 지문 해석 및 지문 구조도를 제시하여 교재의 내용을 명확하게 이해할 수 있도록 하였고, 상세한 해설과 정답단서를 통해 논리적으로 문제를 풀 수 있도록 하였다.

3 체계적인 학습으로 실전 마무리

학습 플랜과 학습 플랜 활용법 제시
학습자 개개인의 수준에 맞게 제시된 기간별 학습 플랜을 통해 체계적으로 시간 관리를 할 수 있도록 하였고, 학습 플랜 활용법을 상세하게 제시하여 교재를 더욱 효과적으로 학습할 수 있도록 하였다.

학습 상황을 스스로 점검할 수 있는 체크 시스템 제공
테스트 전 확인사항과 SELF-CHECK LIST를 제공하여, 학습자들이 목표 의식을 유지하고 스스로 설정한 목표를 달성할 수 있도록 하였다.

취약 유형 분석표를 통한 취약점 공략 시스템 제공
취약 유형 분석표를 통해 자신이 취약한 문제 유형을 스스로 파악한 후, 해설집의 문제 유형별 LISTENING STRATEGIES 를 학습함으로써 취약점을 집중적으로 공략할 수 있도록 하였다.

4 점수를 올려주는 다양한 학습 자료 제공

단어암기 MP3 무료 제공
온라인 교육 종합 포털 해커스인강(HackersIngang.com)에서 교재에 수록된 VOCABULARY LIST의 단어암기 MP3 를 제공하여 학습 효과를 극대화할 수 있도록 하였다.

고우해커스(goHackers.com)를 통한 정보 공유
학습자들은 온라인 토론과 정보 공유의 장인 고우해커스(goHackers.com)에서 교재에 대한 의견과 다양한 무료 학습 자료를 공유할 수 있으며, TOEFL 시험 및 유학에 대한 풍부한 정보 또한 얻을 수 있다.

유료 동영상 강의 제공
온라인 교육 종합 포털 해커스인강(HackersIngang.com)에서 제공되는 본 교재의 유료 동영상 강의를 통해 학습자들이 교재의 학습 효과를 높일 수 있도록 하였다.

교재 학습 가이드

1 유형별 전략과 실전 Test 학습

LISTENING STRATEGIES 익히기

iBT TOEFL Listening 문제를 효과적으로 해결할 수 있도록 문제 유형별 전략과 이 전략을 단계별로 적용한 예시를 제공하였다. 테스트를 시작하기 전에 유형별 전략을 익히고, 테스트가 끝난 후에 취약한 유형을 다시 한번 점검할 수 있다.

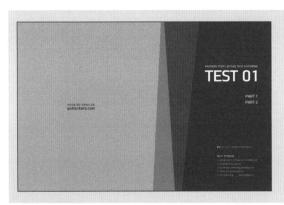

테스트 전 확인하기

각 테스트를 풀기 전에 '테스트 전 확인사항 리스트'를 통해 자신이 시험을 볼 준비가 되었는지 확인할 수 있다.

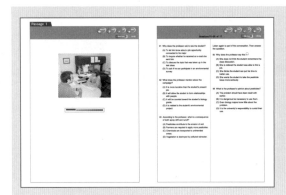

TEST 풀기

실제 iBT TOEFL Listening 시험과 유사한 화면으로 구성된 테스트 7회분(온라인 실전모의고사 프로그램 1회분 포함)을 풀어보며 실전 감각과 문제 풀이 능력을 동시에 높일 수 있다.

2 실전 Test 복습

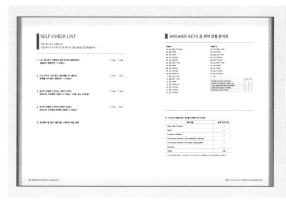

SELF-CHECK LIST
/ ANSWER KEYS & 취약 유형 분석표

각 테스트를 마친 후에는 'SELF-CHECK LIST'를 활용하여 자신의 테스트 진행 과정 및 개선할 점을 점검할 수 있다. 또한 자신이 어떤 문제 유형을 틀렸는지 확인할 수 있도록 모든 정답 옆에 문제 유형을 표시하였고, 각 문제 유형당 맞은 개수를 기입하여 자신의 취약 유형을 파악할 수 있도록 하였다.

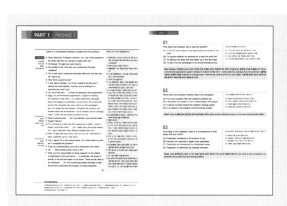

스크립트, 해석 및 해설로 심화학습하기

매 테스트를 풀어본 후 이를 심화학습할 수 있도록 모든 지문에 대한 스크립트, 정확한 해석과 상세한 해설, 지문 구조도, 정답단서 및 어휘 리스트를 제공하였다.

＊스크립트, 해석 및 해설의 자세한 예는 pp.10~11 참고

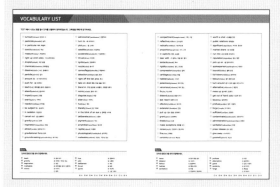

VOCABULARY LIST 학습하기

매 테스트에 등장한 어휘 중 토플 필수 어휘만을 따로 선별하여 리스트로 제공하였다. 효율적으로 단어를 학습할 수 있도록, 어휘 암기 여부를 표시할 수 있는 체크 박스와 퀴즈를 함께 제공하였다.

3 스크립트, 해석 및 해설의 예

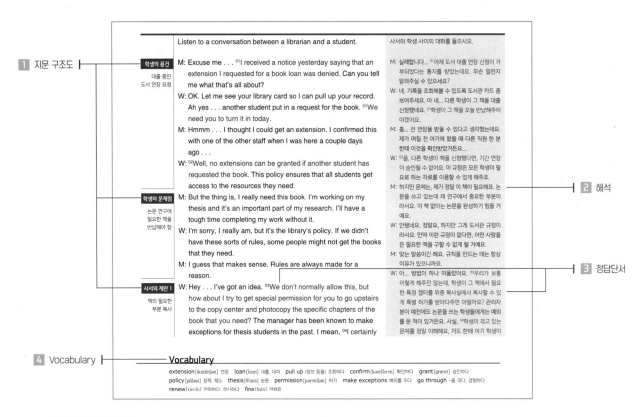

1 지문 구조도

학생의 용건
대출 중인
도서 연장 요청

Listen to a conversation between a librarian and a student.

M: Excuse me . . . [01]I received a notice yesterday saying that an extension I requested for a book loan was denied. Can you tell me what that's all about?

W: OK. Let me see your library card so I can pull up your record. Ah yes . . . another student put in a request for the book. [01]We need you to turn it in today.

M: Hmmm . . . I thought I could get an extension. I confirmed this with one of the other staff when I was here a couple days ago . . .

W: [02]Well, no extensions can be granted if another student has requested the book. This policy ensures that all students get access to the resources they need.

학생의 문제점
논문 연구에
필요한 책을
반납해야 함

M: But the thing is, I really need this book. I'm working on my thesis and it's an important part of my research. I'll have a tough time completing my work without it.

W: I'm sorry, I really am, but it's the library's policy. If we didn't have these sorts of rules, some people might not get the books that they need.

M: I guess that makes sense. Rules are always made for a reason.

사서의 제안 1
책의 필요한
부분 복사

W: Hey . . . I've got an idea. [03]We don't normally allow this, but how about I try to get special permission for you to go upstairs to the copy center and photocopy the specific chapters of the book that you need? The manager has been known to make exceptions for thesis students in the past. I mean, [04]I certainly

사서와 학생 사이의 대화를 들으시오.

M: 실례합니다... [01]어제 도서 대출 연장 신청이 거부되었다는 통지를 받았는데요. 무슨 일인지 알려주실 수 있으세요?

W: 네, 기록을 조회해볼 수 있도록 도서관 카드 좀 보여주세요. 아 네... 다른 학생이 그 책을 대출 신청했네요. [01]학생이 그 책을 오늘 반납해주어야겠어요.

M: 흠... 전 연장을 받을 수 있다고 생각했는데요. 제가 며칠 전 여기에 왔을 때 다른 직원 한 분한테 이것을 확인받았거든요...

2 해석

W: [02]음, 다른 학생이 책을 신청했다면, 기간 연장이 승인될 수 없어요. 이 규정은 모든 학생이 필요로 하는 자료를 이용할 수 있게 해주죠.

M: 하지만 문제는, 제가 정말 이 책이 필요해요. 논문을 쓰고 있는데 제 연구에서 중요한 부분이라서요. 이 책 없이는 논문을 완성하기 힘들 거예요.

W: 안됐네요, 정말요, 하지만 그게 도서관 규정이라서요. 만약 이런 규정이 없다면, 어떤 사람들은 필요한 책을 구할 수 없게 될 거예요.

M: 맞는 말씀이긴 해요. 규칙을 만드는 데는 항상 이유가 있으니까요.

3 정답단서

W: 아... 방법이 하나 떠올랐어요. [03]우리가 보통 이렇게 해주진 않는데, 학생이 그 책에 필요한 특정 챕터를 위층 복사실에서 복사할 수 있게 특별 허가를 받아다주면 어떨까요? 관리자 분이 예전에도 논문을 쓰는 학생들에게는 예외를 둔 적이 있거든요. 사실, [04]학생이 겪고 있는 문제를 정말 이해해요, 저도 한때 여기 학생이

4 Vocabulary

Vocabulary

extension[ikstén∫ən] 연장　loan[loun] 대출, 대여　pull up (정보 등을) 조회하다　confirm[kənfə́rm] 확인하다　grant[grænt] 승인하다
policy[pɑ́ləsi] 정책, 제도　thesis[θíːsis] 논문　permission[pərmí∫ən] 허가　make exceptions 예외를 두다　go through ~을 겪다, 경험하다
renew[rinúː] 연장하다; 갱신하다　fine[fain] 연체료

1 지문 구조도

핵심 내용을 요약한 지문 구조도를 통해 지문의 전체적인 흐름을 파악할 수 있다.

2 해석

모든 지문의 매끄러운 해석을 읽으며 지문의 내용을 명확하게 이해할 수 있다.

3 정답단서

보라색으로 표시된 정답의 근거를 스스로 분석하며 보다 능동적인 학습을 할 수 있다.

4 Vocabulary

지문에 사용된 어휘의 뜻과 발음을 학습할 수 있다.

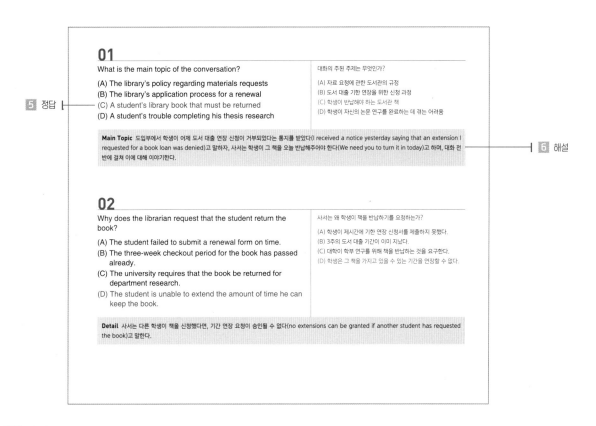

01

What is the main topic of the conversation?

(A) The library's policy regarding materials requests
(B) The library's application process for a renewal
(C) A student's library book that must be returned
(D) A student's trouble completing his thesis research

대화의 주된 주제는 무엇인가?

(A) 자료 요청에 관한 도서관의 규정
(B) 도서 대출 기한 연장을 위한 신청 과정
(C) 학생이 반납해야 하는 도서관 책
(D) 학생이 자신의 논문 연구를 완료하는 데 겪는 어려움

Main Topic 도입부에서 학생이 어제 도서 대출 연장 신청이 거부되었다는 통지를 받았다(I received a notice yesterday saying that an extension I requested for a book loan was denied)고 말하자, 사서가 그 책을 오늘 반납해주어야 한다(We need you to turn it in today)고 하며, 대화 전반에 걸쳐 이에 대해 이야기한다.

02

Why does the librarian request that the student return the book?

(A) The student failed to submit a renewal form on time.
(B) The three-week checkout period for the book has passed already.
(C) The university requires that the book be returned for department research.
(D) The student is unable to extend the amount of time he can keep the book.

사서는 왜 학생이 책을 반납하기를 요청하는가?

(A) 학생이 제시간에 기한 연장 신청서를 제출하지 못했다.
(B) 3주의 도서 대출 기간이 이미 지났다.
(C) 대학이 학부 연구를 위해 책을 반납하는 것을 요구한다.
(D) 학생은 그 책을 가지고 있을 수 있는 기간을 연장할 수 없다.

Detail 사서는 다른 학생이 책을 신청했다면, 기간 연장 요청이 승인될 수 없다(no extensions can be granted if another student has requested the book)고 말한다.

5 정답

보라색으로 표시된 문제의 정답을 자신의 정답과 비교해볼 수 있다.

6 해설

문제 유형에 따른 해설을 통해 정답을 찾는 과정을 학습할 수 있다.

실전모의고사 프로그램 100% 활용법

해커스인강(HackersIngang.com)에서는 해커스 어학연구소에서 자체 제작한 실전모의고사 프로그램을 제공한다. 이 프로그램에는 iBT TOEFL Listening 시험과 동일한 방식으로 문제를 풀 수 있는 테스트 1회분이 수록되어 있다.

> * 온라인 실전모의고사 프로그램 이용 경로
> 해커스인강(HackersIngang.com) 접속 → [MP3/자료] 클릭 → [실전모의고사 프로그램] 클릭

■ 프로그램의 기본 구성

■ 메인 화면

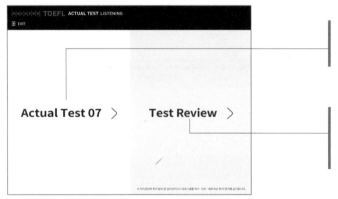

Actual Test (TEST 07)
테스트 버튼을 클릭하면 실제 시험과 동일한 방식으로 테스트를 진행할 수 있다.

Test Review (TEST 07)
리뷰 버튼을 클릭하면 스크립트·해석, 문제·해석·해설을 확인할 수 있으며, 모든 지문의 스크립트, 문제, 해석 및 해설을 출력할 수 있다.

■ Actual Test (TEST 07)

테스트 진행

실제 시험과 유사한 화면 구성과 진행 방식으로 문제를 풀어볼 수 있다. 각 파트에 6분 30초 또는 10분의 문제 풀이 시간이 주어지고, 시간이 초과되면 다음 문제로 자동 전환된다.

■ Test Review (TEST 07)

채점표

채점표 및 취약 유형 분석표

"채점표"에서는 각 문제의 정·오답 여부를 확인할 수 있으며, "유형 분석표"에서는 문제 유형별로 맞은 개수가 그래프로 표시되어 자신이 취약한 유형을 파악할 수 있다.

스크립트·해석

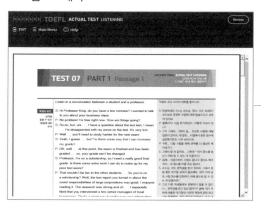

스크립트와 해당 지문의 해석을 볼 수 있으며 지문의 음성을 다시 들을 수 있다.

문제·해석·해설

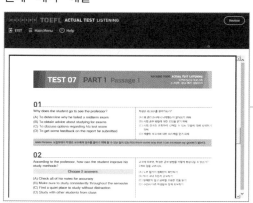

문제와 해당 문제의 해석 및 해설을 볼 수 있다.

iBT TOEFL 소개 및 시험장 Tips

iBT TOEFL이란?

iBT(Internet-based test) TOEFL(Test of English as a Foreign Language)은 종합적인 영어 실력을 평가하는 시험으로 읽기, 듣기, 말하기, 쓰기 능력을 평가하는 유형의 문제 외에도, 듣기-말하기, 읽기-듣기-말하기, 읽기-듣기-쓰기와 같이 각 능력을 연계한 통합형 문제가 출제된다. iBT TOEFL은 Reading, Listening, Speaking, Writing 영역의 순서로 진행되며, 4개의 시험 영역 모두 노트테이킹을 허용하므로 문제를 풀 때 노트테이킹한 내용을 참고할 수 있다.

iBT TOEFL 구성

시험 영역	출제 지문 및 문항 수	시험 시간	점수 범위	특징
Reading	· 2개 지문 출제 지문당 길이: 약 700단어 지문당 10문항 출제	36분	0~30점	· 지문 길이가 길고, 다양한 구조의 지문이 출제됨 · 사지선다 형태, 지문 클릭(지문에 문장 삽입하기) 형태, 또는 정보를 분류하여 요약표나 정보 분류표에 넣는 형태 등이 출제됨
Listening	· 2개 대화 출제 대화당 길이: 약 3분 대화당 5문항 출제 · 3개 강의 출제 강의당 길이: 3~5분 강의당 6문항 출제	41분	0~30점	· 대화 및 강의의 길이가 길고, 실제 상황에 가까움 · 사지선다 형태, 다시 듣고 푸는 형태, 정보를 분류해 표 안에 넣거나 순서대로 배열하는 형태 등이 출제됨
Speaking	· 독립형 1문항 출제 · 통합형 3문항 출제	17분 준비: 15~30초 답변: 45~60초	0~30점	· 독립형 문제 (1번) - 특정 주제에 대해 의견 말하기 · 통합형 문제 (2~4번) - 읽고 들은 내용에 기초하여 말하기
Writing	· 통합형 1문항 출제 · 토론형 1문항 출제	35분	0~30점	· 통합형 문제 - 읽고 들은 내용에 기초하여 글쓰기 · 토론형 문제 - 토론 주제에 대해 글쓰기
		2시간 내외	총점 120점	

iBT TOEFL 접수 및 성적 확인

실시일	ETS Test Center 시험은 1년에 60회 이상 실시되며, 홈에디션 시험은 일주일에 약 4~5일 실시됨
시험 장소	ETS Test Center에서 치르거나, 집에서 홈에디션 시험으로 응시 가능 (홈에디션 시험 응시 가능한 장비 및 환경 요건은 ETS 토플 웹사이트에서 확인 가능)
접수 방법	ETS 토플 웹사이트 또는 전화상으로 접수
시험 비용	(2024년 현재 기준이며, 가격 변동 있을 수 있음) · 시험 접수 비용 US $220　　　　　　· 추가 리포팅 비용 US $25 (대학당) · 시험일 변경 비용 US $60　　　　　· 취소한 성적 복원 비용 US $20 · 추가 접수 비용 US $40　　　　　　· Speaking/Writing 재채점 비용 US $80 (영역당) 　(응시일로부터 2~7일 전에 등록할 경우)
시험 당일 주의사항	· 공인된 신분증 원본 반드시 지참하며, 자세한 신분증 규정은 ETS 토플 웹사이트에서 확인 가능 · 홈에디션 시험에 응시할 경우, 사전에 ProctorU 프로그램 설치하여 정상 작동 여부 확인 · 홈에디션 시험에 응시할 경우, 휴대폰 또는 손거울, 화이트보드 또는 투명 시트와 지워지는 마카 지참 　(일반 종이와 필기구, 헤드폰 및 이어폰은 사용 불가)
성적 및 리포팅	· 시험 응시 후 바로 Reading/Listening 영역 비공식 점수 확인 가능 · 시험 응시일로부터 약 4~8일 후에 온라인으로 성적 확인 가능 · 시험 접수 시, 자동으로 성적 리포팅 받을 기관 선택 가능 · MyBest Scores 제도 시행 (최근 2년간의 시험 성적 중 영역별 최고 점수 합산하여 유효 성적으로 인정)

시험장 Tips

1. **입실 절차**　고사장에 도착한 순서대로 번호표를 받아 입실하고, 입실 순서대로 시험을 시작한다.

2. **신분 확인**　신분증 확인 후 성적표에 인쇄될 사진을 찍은 다음, 감독관의 안내에 따라 시험을 볼 자리에 앉는다.

3. **필기 도구**　연필과 종이는 감독관이 나누어주므로 따로 챙겨갈 필요가 없다. 부족한 경우 조용히 손을 들고 요청하면 된다.

4. **헤드폰 음량 및 마이크 음량 조절**　헤드폰 음량은 Listening, Speaking, Writing 영역 시작 전이나 시험 중간에 화면의 음량 버튼을 이용하여 조절할 수 있다. 적절한 크기로 하되 주위에 방해가 되지 않는 크기로 설정한다. 마이크 음량은 시험 시작 직후와 Speaking 영역을 시작하기 전에 조절할 수 있다. 평소 말하는 톤으로 음량을 조절한다.

5. **주의 집중**　응시자들의 시험 시작 시간이 달라 고사장이 산만할 수 있으나, 집중하도록 노력한다. 특히 Listening이나 Writing 영역 시험을 보고 있을 때 다른 응시자의 Speaking 답변 소리가 들리더라도 자신의 시험에 집중한다.

iBT TOEFL Listening 미리보기

iBT TOEFL Listening 영역은 크게 대화(Conversation)와 강의(Lecture)로 구성되어 있으며, Part 1과 Part 2로 분류된다. 대화 및 강의를 들으면서 노트테이킹을 할 수 있으므로, 기억력보다는 내용을 듣고 이해하며 정리하는 능력이 요구된다.

iBT TOEFL Listening 구성

시험은 2개의 Part로 구성되며, 각 Part에는 다음과 같이 1개의 대화와 1~2개의 강의가 나온다. 이때, 1개의 강의가 나오는 Part가 먼저 나올 수도 있고, 2개의 강의가 나오는 Part가 먼저 나올 수도 있다.

Part 구성 예시 1 (1개의 강의가 나오는 Part)

Conversation 1	3분 정도 소요	5문항 출제
Lecture 1	3~5분 정도 소요	6문항 출제

Part 구성 예시 2 (2개의 강의가 나오는 Part)

Conversation 1	3분 정도 소요	5문항 출제
Lecture 1	3~5분 정도 소요	6문항 출제
Lecture 2	3~5분 정도 소요	6문항 출제

■ 대화(Conversation)
주로 대학에서 일어날 수 있는 상황을 바탕으로 Instructor's Office Hours(교수 사무실에서의 대화)와 Service Encounters(서비스 관련 대화)로 분류된다. Instructor's Office Hours에는 학업 상담 및 문의 외에도 Academic Conversation(학술 관련 대화)이 출제된다.

■ 강의(Lecture)
주로 대학 강의에서 다루는 여러 학문 분야에 대해 묻는다.

iBT TOEFL Listening 특이사항

· 노트테이킹이 허용된다.
· 대화와 강의의 길이가 길며, 화자의 어투가 실제 상황처럼 자연스럽다.
· 화자의 의도나 태도 등을 묻는 문제 유형도 있다.
· 정답이 2개 이상인 문제 형태도 출제된다.
· 대화 및 강의의 일부 내용을 다시 들려주는 문제 형태도 출제된다.
· 일련의 사건 및 절차를 순서대로 배열하는 문제 형태도 출제된다.
· 두 가지 이상의 항목별로 알맞은 내용을 짝짓는 문제 형태도 출제된다.

iBT TOEFL Listening 문제 유형 소개

문제 유형		유형 소개
Listening for Basic Comprehension 들은 내용에 대한 기본적인 이해를 요하는 문제	Main Topic / Purpose	대화나 강의의 주제/목적을 가장 잘 나타낸 것을 선택하는 유형
	Detail	대화나 강의의 주요 세부 정보를 파악하는 유형
Listening for Pragmatic Understanding 들은 내용의 기저에 놓인 실질적인 의미를 파악하는 문제	Function & Attitude	화자의 의도/태도를 가장 잘 나타낸 것을 선택하는 유형 ・Function: 화자가 특정 정보를 언급한 의도가 무엇인지를 묻는 유형 ・Attitude: 화자의 태도를 묻는 유형
Listening for Connecting Information 들은 내용을 종합해서 풀어야 하는 문제	Connecting Contents I	주어진 정보들 간의 관계를 찾아내는 유형 ・List: 제시된 정보를 사실 여부에 따라 분류하는 유형 ・Matching: 제시된 정보를 특정 범주에 따라 알맞게 분류하는 유형 ・Ordering: 사건이나 절차를 순서대로 나열하는 유형
	Connecting Contents II	지문의 전개 구조를 묻는 문제 유형 ・Purpose: 화자가 특정 정보를 언급한 목적이 무엇인지를 묻는 유형 ・Organization: 화자가 특정 정보를 전달하는 방식에 대해 묻는 유형
	Inference	지문에서 명백하게 설명되지는 않았지만 제시된 정보로 추론이 가능한 것을 선택하는 유형

iBT TOEFL Listening 화면 구성

음량 조절 화면

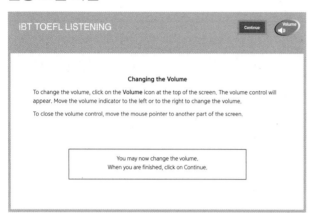

시험이 시작되기 전에 음량을 조절할 것인지를 묻는 화면이다. Volume 버튼을 클릭하면 음량을 조절할 수 있는 창이 나타난다. 시험을 보는 동안에도 음량을 조절할 수 있다.

Listening Direction 화면

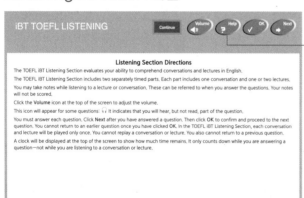

Listening 영역의 전반적인 시험 진행 방식에 대한 설명이 나오고, 같은 내용이 음성으로도 제시된다. Listening 시험에는 11문제 또는 17문제로 구성된 Part가 2번 나오며, 각 Part는 1개의 Conversation과 1~2개의 Lecture로 이루어져 있다는 설명이 등장한다.

■ 시험 도중에 Help 버튼을 누르면 시험 진행 과정과 관련된 정보를 볼 수 있다. 이때 시험 시간은 계속해서 카운트 된다.

지문을 들을 때 제시되는 화면

대화를 들을 때, 두 화자의 사진이 나오며 사진을 통해 화자들의 관계 및 대화가 이루어지는 장소를 짐작할 수 있다. 강의를 들을 때에는 교수 혹은 교수와 학생들의 사진이 나오며, 강의의 주제와 관련된 사진이 나오는 경우도 있다. 사진 아래의 바는 지문의 진행 정도를 보여준다.

■ Hide Time 버튼을 누르면 시간 카운트가 창에서 사라지고 Show Time 버튼이 나타나며, Show Time 버튼을 누르면 시간 카운트가 Hide Time 버튼과 함께 창에 다시 나타난다.

문제가 나오는 화면

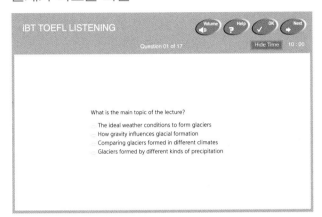

문제가 나올 때 보이는 화면이다. 문제를 들려준 후 보기가 화면에 나오면, 보기 앞에 있는 동그라미를 클릭하여 답을 표시한다. 답을 클릭한 후 Next 버튼을 누르고, OK 버튼을 클릭하면 답이 확정되며, 이전 문제로 돌아갈 수 없다. 답이 2개 이상인 문제는 반드시 모든 답을 표시해야 다음 문제로 넘어갈 수 있다.

Connecting Contents 문제 화면

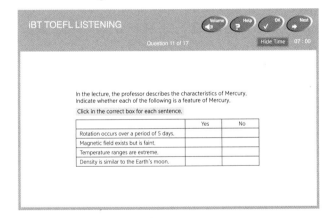

List 문제와 Matching 문제가 나오면 표에 있는 항목에 알맞은 정답을 클릭한다. 반드시 모든 문제의 답을 클릭해야 다음 문제로 넘어갈 수 있다.

Ordering 문제가 나오면 표 아래에 있는 보기를 알맞은 순서대로 정답 자리에 끌어오고, 답을 바꾸고 싶을 경우에는 선택한 보기를 한 번 더 클릭하면 정답 자리에서 사라진다.

다시 듣고 푸는 문제의 Direction 화면

대화 및 강의의 일부를 다시 듣고 푸는 문제에서 주어지는 Direction 화면이다. 이 화면이 나온 후 지문의 일부를 다시 듣게 된다.

1주/2주/3주 완성 학습 플랜

TEST 01을 풀고 난 후 맞은 개수에 따라 학습 플랜을 선택하여 효과적으로 학습한다.

1주 학습 플랜 맞은 개수: 25~28개 하루에 1회씩, 1주 동안 7회분의 테스트를 학습한다.

	DAY 1	DAY 2	DAY 3	DAY 4	DAY 5	DAY 6	DAY 7
WEEK 1	TEST 01 진행 및 심화학습	TEST 02 진행 및 심화학습	TEST 03 진행 및 심화학습	TEST 04 진행 및 심화학습	TEST 05 진행 및 심화학습	TEST 06 진행 및 심화학습	TEST 07 진행 및 심화학습

2주 학습 플랜 맞은 개수: 21~24개 이틀에 1회씩, 2주 동안 7회분의 테스트를 학습한다.

	DAY 1	DAY 2	DAY 3	DAY 4	DAY 5	DAY 6	DAY 7
WEEK 1	TEST 01 진행	TEST 01 심화학습	TEST 02 진행	TEST 02 심화학습	TEST 03 진행	TEST 03 심화학습	TEST 04 진행
WEEK 2	TEST 04 심화학습	TEST 05 진행	TEST 05 심화학습	TEST 06 진행	TEST 06 심화학습	TEST 07 진행	TEST 07 심화학습

3주 학습 플랜 맞은 개수: 20개 이하 사흘에 1회씩, 3주 동안 7회분의 테스트를 학습한다.

	DAY 1	DAY 2	DAY 3	DAY 4	DAY 5	DAY 6	DAY 7
WEEK 1	TEST 01 진행	TEST 01 심화학습	TEST 01 심화학습	TEST 02 진행	TEST 02 심화학습	TEST 02 심화학습	TEST 03 진행
WEEK 2	TEST 03 심화학습	TEST 03 심화학습	TEST 04 진행	TEST 04 심화학습	TEST 04 심화학습	TEST 05 진행	TEST 05 심화학습
WEEK 3	TEST 05 심화학습	TEST 06 진행	TEST 06 심화학습	TEST 06 심화학습	TEST 07 진행	TEST 07 심화학습	TEST 07 심화학습

학습 플랜 활용법

테스트 진행

1. 학습 플랜을 따라 매일 정해진 분량의 테스트를 진행한다.

2. 테스트를 마치면 Self-Check List를 활용하여 전반적인 테스트 진행 과정을 점검한다.

심화학습

1. Answer Keys로 답을 확인한 후 해설집의 스크립트 · 해석 · 해설을 통해 틀린 문제를 반드시 확인한다. 지문의 내용을 정확하게 파악하기 위해 지문 해석과 구조도를 통해 지문을 분석한다.

2. 지문에 모르는 어휘나 표현이 사용되었을 경우에는 해설집에서 제공하는 Vocabulary List를 학습한 후, Quiz를 풀며 다시 한번 점검한다. 해커스인강(HackersIngang.com)에서 제공하는 무료 단어암기 MP3를 다운로드 받아 단어의 정확한 발음을 반복해서 청취하면, 단어를 보다 쉽고 효율적으로 암기할 수 있다.

3. 지문 MP3를 다시 들으면서 중요한 내용을 놓치지 않고 노트테이킹 할 수 있도록 반복하여 연습한다.

4. 취약 유형 분석표를 통해 자신이 취약한 유형을 파악하고, Listening Strategies에서 해당 유형의 전략을 다시 한번 복습한 후 다음 테스트로 넘어간다.

LISTENING
STRATEGIES

실전에 유용한 듣기 전략

1. Direction을 주의 깊게 듣는다.

iBT TOEFL Listening에서는 대화 및 강의 지문이 나오기 전에 들려주는 Direction에서 해당 지문이 다룰 분야가 언급된다. 이를 통해 대화에서는 학생의 대화 상대가 교수인지 직원인지를, 강의에서는 해당 강의의 과목이 무엇인지를 미리 알 수 있다. 이와 같은 내용을 미리 파악하는 것은 지문의 내용을 파악하는 데 도움이 될 수 있다.

2. 노트테이킹을 한다.

짧지 않은 지문의 내용을 모두 기억하기란 쉽지 않다. 청취 중에 중요하다고 판단되는 내용을 노트테이킹하면 이후 문제 풀이에 도움이 된다. 평소 주요 내용 및 자주 쓰이는 표현을 약자, 기호 등을 활용하여 받아쓰는 연습을 하는 것이 도움이 될 수 있다.

3. 화면에 등장하는 그림을 적극 활용한다.

지문을 들을 때 내용과 관련된 그림 및 그래프가 화면에 등장한다. 특히 지문에서 해당 그림 및 그래프를 보라고 언급할 경우, 화면을 확인하면 내용을 이해하는 데 큰 도움이 될 수 있다.

4. 모든 보기를 끝까지 확인한다.

iBT TOEFL Listening에서는 정답과 흡사한 오답이 등장하는 경우가 종종 있으므로, 정답이라고 생각되는 보기가 나왔다고 하더라도 남은 보기를 끝까지 확인해야 실수의 가능성을 최소화할 수 있다.

01 Main Topic/Purpose

Main Topic/Purpose는 대화나 강의의 중심 내용을 찾는 문제 유형이다. 이때 대화는 대화의 목적을, 강의는 강의의 주제를 주로 묻는다.

질문 형태

Main Topic

What does the professor mainly discuss?
What is the conversation/lecture mainly about?
What is the main topic of the conversation/lecture?

Main Purpose

Why does the student go to see the professor?
Why does the student talk to the university employee?
Why does the professor ask to see the student?

유형 전략

- **지문의 도입부를 집중하여 듣는다.**
  대화나 강의의 중심 내용은 주로 도입부에서 언급되므로 이를 놓치지 않고 들어야 한다.
      대화: 주로 화자들이 인사를 나눈 다음에 대화의 중심 내용이 언급됨
      강의: 주로 인사나 지난 수업에서 다루었던 내용을 언급한 다음에 강의의 중심 내용이 언급됨

- **중심 내용을 언급하는 표시어를 집중하여 듣는다.**
  지문에서 중심 내용을 언급할 때 자주 쓰이는 표현이 있다. 이를 표시어라고 하는데, 이 표시어 앞뒤로 중심 내용이 등장하는 경우가 많으므로 집중해서 듣는다. 듣기 지문에 주로 나오는 표시어는 다음과 같다.
      대화: I wanted to talk to you about ~, I'm wondering ~
      강의: Today, we will be discussing ~, Today, we're going to look at ~

Tip 지문의 도입부에서 주제가 확실히 언급되지 않은 경우에는 지문 전체를 듣고 전반적인 내용을 파악한 후 알맞은 답을 찾아야 한다.

전략 적용

Listen to part of a talk in an astronomy class.

강의의 Direction을 주의해서 듣는다.

OK, we've been, uh, talking a lot about the more theoretical aspects of astronomy, especially the methods used by astronomers to, uh, chart the movements of celestial bodies. … (중략) … Astronomers have recently applied their knowledge to the study of art. I know . . . It sounds pretty strange. Everybody's heard of Van Gogh, right? Well, the fact that most of his works were done in the impressionist style—you know, more concerned with capturing mood than with accurately portraying the subject—um, led many people to think that he was not concerned so much about detail. However, this stereotype has been shattered with recent revelations about several of Van Gogh's pieces. In particular, the ones that contain, uh, celestial phenomena—stars and such. A group of astronomers from a university in Texas used their knowledge of the movement of stars to show that Van Gogh's portrayal of the night skies was so accurate that it is possible to determine the, um, exact date and time that individual works were painted. Today we're going to look at how this was done.

표시어 주위를 집중해서 듣는다.

OK, take a look at this slide. Who can tell me the title of this painting?

What is the main topic of the lecture?

(A) Methods used by a famous European astronomer
(B) Research on specific aspects of an artist's work
(C) Astronomical themes in early modern art
(D) Influences on an important artist's life

....

해설 도입부에서 교수는 천문학자들이 반 고흐의 그림 속 별들의 움직임을 통해 당시의 정확한 날짜와 시간을 계산했고, 어떻게 이것이 이루어졌는지 살펴보겠다(A group of astronomers ~ used their knowledge of the movement of stars ~ to determine the ~ exact date and time that individual works were painted. Today we're going to look at how this was done)고 말한다.

02 Detail

유형 소개

Detail은 대화나 강의를 통해 알 수 있는 세부 사항을 파악하는 문제 유형이다. 주로 화자가 언급한 내용 중, 중심 내용과 관련된 주요 세부 사항을 묻는다.

질문 형태

What does the student/professor say about ~?
According to the conversation/professor, how does ~?
What are the reasons that ~?

정답이 2개 이상인 형태
What are two features of ~? Choose 2 answers.
What are the two examples the professor gives of ~? Choose 2 answers.
According to the conversation/professor, what are the reasons for ~? Choose 3 answers.

유형 전략

• 주요 세부 사항을 주의하여 듣는다.

　지문의 중심 내용과 밀접하게 관련된 세부 사항을 주의하여 듣는다. 듣기 지문에서 화자가 언급하는 주요 세부 사항은 다음과 같다.
　　대화: 제안, 충고, 이유, 결과, 예시, 부연 설명 등
　　강의: 이유, 방법, 결과, 특징, 부연 설명, 질문을 하거나 질문에 답하는 내용, 강조하는 내용 등

• 세부 사항을 언급하는 표시어를 집중하여 듣는다.

　세부 사항을 언급할 때 자주 쓰이는 표시어를 집중하여 듣는다. 듣기 지문에서 세부 사항을 알려주는 표시어는 다음과 같다.
　　강조하는 내용: It's important ~, I'd like to point out ~
　　질문을 하거나 질문에 답하는 내용: Does anybody have any ideas?, What else?, That's because ~

전략 적용

Blocked river traffic is one problem that the ice causes, but it can also damage the bridge. Think about the water freezing over in the winter . . . This can cause lots of stress for the piers supporting the bridge because of the forces exerted by the water expanding as it freezes. And then, when the ice starts to thaw and float downriver, it'll bang into the piers . . . which isn't good either. The engineers recognized that this would be a major problem, and they made sure to build the bridge in such a way as to minimize the negative impact of ice upon the bridge supports. This is the reason engineers exist, after all.

How did they do it? They designed conical ice shields to sit at water level on all of the piers. These shields extend upward from the pier at a 52-degree angle, which causes the forces imparted by the ice to be partially deflected away from the bridge itself. In the case of the river freezing over, the angle of the ice shield causes an upward force to be applied to the ice which breaks it up and prevents it from freezing around the pier. This saves the bridge from being damaged when the ice expands, and also allows boats to navigate the area between the piers. Also, in the case of floating ice hitting the piers, the ice shields deflect the impact. Think about someone karate-chopping a board . . . if they chop straight down on the board, it'll break, right? But let's say they hit the board at an angle . . . say, a 52-degree angle . . . will it break? Probably not . . . their hand will glance off, and probably hurt quite a bit! It's the same principle with the ice shields . . . they make it so that the piers don't feel the entire brunt of the ice's impact.

강의에서 얼음 보호막에 대해 설명하는 내용을 주의하여 듣는다

What does the professor say about the ice shields installed on bridges?

(A) They are set at an angle relative to the pier.
(B) They move in response to the amount of ice.
(C) They block ships passing under the bridge.
(D) They are removed once the ice has melted.

해설 교수는 기술자들이 원뿔 모양의 얼음 보호막을 설계했는데, 이는 다리 기둥에서 52도 각도로 위쪽으로 뻗어있다(They designed conical ice shields ~ These shields extend upward from the pier at a 52-degree angle)고 말한다.

03 Function & Attitude

Function & Attitude는 화자가 한 말에 숨겨진 의도 및 태도를 묻는 문제 유형이다. Function은 화자가 특정한 말을 한 의도가 무엇인지를 묻는 문제이고, Attitude는 화자의 의견이나 태도를 묻는 문제이다. 이 유형은 지문의 내용을 다시 들려준 후 문제를 푸는 형태로 종종 출제된다.

질문 형태

Function
Why does the student/professor say this: 🎧
What does the student/professor mean when he/she says this: 🎧

Attitude
What is the student's/professor's attitude towards ~?
How does the student/professor feel about ~?
What is the student's/professor's opinion about/of ~?

유형 전략

Function

- **Function 문제가 나올 수 있는 부분을 예측하며 듣는다.**
  화자가 자신의 의도를 직접적으로 말하지 않고 간접적인 방식으로 돌려 말할 때 화자의 의도를 생각하며 듣는다.

- **맥락을 파악하며 듣는다.**
  다시 들려주는 부분의 맥락을 통해 화자가 한 말의 의도를 파악하며 듣는다.

Attitude

- **화자가 의견을 말하는 부분을 주의하여 듣는다.**
  화자가 자신의 의견, 제안, 느낌 등을 말하는 부분을 놓치지 않고 화자의 태도를 파악하며 듣는다.

- **화자의 어조를 통해 태도를 파악하며 듣는다.**
  화자의 어조가 긍정적, 부정적, 비판적인지 등을 판단하여 화자의 숨어있는 의도나 태도를 정확히 파악하며 듣는다.

전략 적용

It was already known that the work was painted during this month because of a letter written by Van Gogh to his brother. Anyway, the researchers traveled to the French town to locate the house in the painting. Fortunately, it was still standing. After making a series of careful comparisons between, um, photographs of the house at different times in the evening and the actual painting, it was discovered that the shadows matched most closely at about 7:00 p.m. Remember . . . this was just an estimate. However, using a computer program that calculates the past and future position of the stars and planets, they were able to pinpoint the exact time and date of the scene in the painting—7:00 p.m. on June 16, 1890. Pretty amazing!

Now, this inspired the scientists to look more closely at Van Gogh's other works. One piece in particular had puzzled art historians for decades . . . Here, look at this painting. What do you see?

다시 들려주는 부분의
문맥을 정확히 파악한다.

Listen again to part of the lecture. Then answer the question.

P: After making a series of careful comparisons between, um, photographs of the house at different times in the evening and the actual painting, it was discovered that the shadows matched most closely at about 7:00 p.m. Remember . . . this was just an estimate.

What does the professor mean when he says this:
P: Remember . . . this was just an estimate.

(A) He wishes to stress the importance of a fact.
(B) He feels the students are likely to forget key information.
(C) He thinks a previous statement may be misinterpreted.
(D) He wants to emphasize the accuracy of a calculation.

해설 교수는 반 고흐의 그림이 그려진 시각에 대해 설명하던 중 이 작품의 그림자 위치가 오후 7시 경과 가장 비슷했지만 이것은 단지 추정일 뿐이라는 것을 기억하라(Remember . . . this was just an estimate)고 말한다. 즉, 교수는 학생들이 자신의 설명이 기정 사실인 것으로 잘못 이해할 수도 있다고 생각하는 것이다.

유형 소개

List, Matching, Ordering은 지문에 언급된 여러 가지 정보 간의 연관성을 이해한 후 표를 완성하는 문제 유형이다. List는 정보의 사실 여부를 확인하는 문제이고, Matching은 범주 별로 알맞은 정보를 연결하는 문제이며, Ordering은 사건 및 절차를 순서대로 나열하는 문제이다.

질문 형태

List

In the conversation/lecture, the professor desribes ~. Indicate whether each of the following is a ~.

	Yes	No
Statement A		
Statement B		

Matching

Indicate for each example what type of ~.

	Type A	Type B	Type C
Ex 1			
Ex 2			

Ordering

The professor explains the steps in the process of ~. Put the steps listed below in the correct order.

Step 1	
Step 2	

Process ex 1
Process ex 2

유형 전략

List

• 하나의 범주에 관한 정보들이 나열될 때, List 문제를 예상하여 듣는다.

　　대화: 기숙사를 나갈 때 해야 할 일 나열 등

　　강의: 석회암 동굴의 특징 나열 등

※ List 문제에는 옳은 것이 아닌 보기도 있으므로 이를 잘 구분해야 한다.

Matching

• 두 개 이상의 범주에 관한 정보들이 나열될 때, Matching 문제를 예상하여 듣는다.

　장점/단점, 유사점/차이점, 비교/대조 등이 Matching 문제의 정보로 등장한다.

※ Matching 문제에는 표에 적혀 있는 항목이 모두 옳으므로 각 범주에 맞게 잘 분류하면 된다.

Ordering

• 몇 가지 정보들이 특정한 전개 방식으로 전달될 때, Ordering 문제를 예상하여 듣는다.

　사건, 절차, 과정 등이 순서를 묻는 Ordering 문제의 정보로 등장한다.

Tip 표를 채우는 형태의 문제가 나올 때 자주 쓰이는 표시어를 놓치지 않고 듣는다.
　　Ex) First/Second/Lastly ~, and then ~, There are several types/reasons/steps/features ~

전략 적용

Despite his love for traditional painting styles, Modigliani's own approach was substantially different. It is very recognizable . . . Well, if you look at the handout I gave you yesterday, there is a reproduction of his painting *The Servant Girl*. This is fairly typical of most of his works, in that figures are characterized by the, um, elongation of the neck, the oval shape of the head, and the graceful lines of the body. As you can see in the background of this painting, the settings are sparse . . . There is just a hint of a room with a tile floor and, uh . . . blue-gray walls.

모딜리아니 작품의 특징을 나열할 때 주의하여 듣는다.

In the lecture, the professor identifies several characteristics of Modigliani's work. Indicate whether each of the following is a characteristic.
Click in the correct box for each phrase.

	Yes	No
Minimal detail in the background	√	
Blue and grey are dominant colors		√
Subjects' necks are exaggerated	√	
Bodies are portrayed in an elegant manner	√	

해설 교수는 모딜리아니 작품의 특징을 나열한다. 교수에 따르면, 모딜리아니의 그림에서 길쭉하게 표현된 목(elongation of the neck), 우아한 몸의 라인(the graceful lines of the body) 등의 특징을 발견할 수 있으며, 배경이 거의 없다(the settings are sparse).

유형 소개

Purpose, Organization은 지문의 전개 구조를 묻는 문제 유형이다. Purpose는 화자가 특정 내용을 언급한 목적이 무엇인지를 묻는 문제이며, Organization은 화자가 어떤 방식으로 정보를 전달하는지를 묻는 문제이다.

질문 형태

Purpose

Why does the professor mention ~?
Why does the professor talk about ~?
Why does the professor discuss ~?

Organization

How does the professor introduce ~?
How does the professor emphasize his/her point about ~?
How is the lecture organized?

유형 전략

Purpose

- **주제와 관련이 적어 보이는 단어가 언급된 목적을 파악한다.**
  화자가 지문과 관련이 적어 보이는 단어를 언급한다면, 그 단어가 언급된 목적이 무엇인지를 파악한다. 화자는 주로 예증, 강조, 배경지식을 제공하거나, 이해를 돕기 위한 목적으로 이러한 단어들을 언급한다.

Organization

- **화자의 정보 전달 방식을 파악한다.**
  지문의 큰 구조를 이해하면서 화자가 어떤 방식으로 정보를 전달하는지 유의하면서 듣는다. 화자가 정보를 전달하는 전개 방식에는 두 가지 사항의 비교 혹은 대조, 시간의 흐름에 따른 나열, 구체적인 예의 제시, 장단점 기술 등이 있다.

Tip Organization 문제는 대화보다 강의에서 등장하는 경우가 많다.

전략 적용

Blocked river traffic is one problem that the ice causes, but it can also damage the bridge. Think about the water freezing over in the winter . . . This can cause lots of stress for the piers supporting the bridge because of the forces exerted by the water expanding as it freezes. And then, when the ice starts to thaw and float downriver, it'll bang into the piers . . . which isn't good either. The engineers recognized that this would be a major problem, and they made sure to build the bridge in such a way as to minimize the negative impact of ice upon the bridge supports. This is the reason engineers exist, after all.

How did they do it? They designed conical ice shields to sit at water level on all of the piers. These shields extend upward from the pier at a 52-degree angle, which causes the forces imparted by the ice to be partially deflected away from the bridge itself. In the case of the river freezing over, the angle of the ice shield causes an upward force to be applied to the ice which breaks it up and prevents it from freezing around the pier. This saves the bridge from being damaged when the ice expands, and also allows boats to navigate the area between the piers. Also, in the case of floating ice hitting the piers, the ice shields deflect the impact. Think about someone karate-chopping a board . . . if they chop straight down on the board, it'll break, right? But let's say they hit the board at an angle . . . say, a 52-degree angle . . . will it break? Probably not . . . their hand will glance off, and probably hurt quite a bit! It's the same principle with the ice shields . . . they make it so that the piers don't feel the entire brunt of the ice's impact.

화자가 주제와 관련이 적어 보이는 단어 (karate)를 언급할 때, 화자가 무슨 목적으로 이 단어를 언급하였는지 파악하며 듣는다.

Why does the professor mention karate?

(A) To explain how ice is able to break apart and float away
(B) To describe how deflecting ice prevents bridge damage
(C) To mention how the idea for an ice shield came about
(D) To clarify how accumulating ice creates upward force

해설 교수는 당수에서의 빗겨 맞는 격파에 대해 언급한 후 얼음 방어물도 이와 같은 이치로 교각에 얼음이 주는 충격이 모두 전달되지 않도록 한 것 (It's the same principle with the ice shields ~ they make it so that the piers don't feel the entire brunt of the ice's impact)이라고 말한다. 이를 통해 교수는 얼음을 빗겨 맞는 것이 어떻게 다리가 손상되는 것을 방지하는지 설명하기 위해 당수를 언급했음을 알 수 있다.

06 Inference

유형 소개

Inference는 지문에서 들은 정보를 바탕으로 추론할 수 있는 사실을 묻는 문제 유형이다. 이 유형의 문제는 지문에서 직접적으로 드러나지 않고 간접적으로 알 수 있는 정보에 대해 묻는다.

질문 형태

What can be inferred about ~?
What does the student/professor imply about ~?
What does the professor imply when he/she says this: 🎧

※ 강의의 일부를 다시 듣고 푸는 Inference 문제도 있다.

화자의 다음 행동을 묻는 문제 (Future Action)
What will the student probably do next?

유형 전략

• **화자가 언급한 말의 이면적인 뜻을 생각하며 듣는다.**
　지문을 들을 때, 화자가 직접적으로 말하지는 않았으나 화자가 한 말을 통해 간접적으로 알 수 있는 사실을 추론하며 듣는다. 제시된 사실을 그대로 받아들이지 말고 화자가 말하고자 하는 바가 무엇인지를 생각하면서 듣는다.

• **화자가 다음으로 할 일을 언급해주는 부분을 주의하며 듣는다.**
　화자가 다음으로 할 일에 대해 묻는 문제가 나올 수 있으므로, 지문이 마무리되는 부분에서 화자가 다음에 할 행동을 암시해주는 부분이 나올 때 놓치지 않고 듣는다.

전략 적용

After a lot of hard work the astronomers determined that it was, uh, Venus . . . Well, initially they worked on the assumption that it was Venus, but they were eventually proved to be correct.

So, by looking at old almanacs—uh, these are compendiums of knowledge about specific regions that are usually published annually—the astronomers were able to figure out that Venus was particularly bright in the evening sky in June of 1890. It was already known that the work was painted during this month because of a letter written by Van Gogh to his brother. Anyway, the researchers traveled to the French town to locate the house in the painting. Fortunately, it was still standing. After making a series of careful comparisons between, um, photographs of the house at different times in the evening and the actual painting, it was discovered that the shadows matched most closely at about 7:00 p.m. Remember . . . this was just an estimate. However, using a computer program that calculates the past and future position of the stars and planets, they were able to pinpoint the exact time and date of the scene in the painting—7:00 p.m. on June 16, 1890. Pretty amazing!

Now, this inspired the scientists to look more closely at Van Gogh's other works. One piece in particular had puzzled art historians for decades . . . Here, look at this painting. What do you see?

화자가 언급한 사실을 바탕으로 간접적인 내용을 추론하며 듣는다.

What can be inferred about almanacs?

(A) They contain astronomical information.
(B) They are only used in Europe.
(C) They are a recent invention.
(D) They include letters by famous people.

해설　교수는 특정 지역에 관한 지식을 요약해 놓은 책력을 통해 천문학자들이 금성이 특히 빛났던 날을 알아낼 수 있었다(by looking at old almanacs ~ these are compendiums of knowledge about specific regions that are usually published annually – the astronomers were able to figure out that Venus was particularly bright in the evening sky in June of 1890)고 말한다. 이를 통해 책력이 천문학과 관련된 정보를 담고 있었음을 알 수 있다.

HACKERS TOEFL ACTUAL TEST LISTENING

TEST 01

SELF-CHECK LIST

이번 테스트는 어땠나요?
다음 체크리스트로 자신의 테스트 진행 내용을 점검해 볼까요?

---

1 나는 테스트가 진행되는 동안 완전히 집중하였다. □ Yes □ No
  집중하지 못했다면, 그 이유는?

2 나는 주어진 16분 30초 동안 28문제를 모두 풀었다. □ Yes □ No
  문제를 모두 풀지 못했다면, 그 이유는?

3 유난히 어렵게 느껴지는 지문이 있었다. □ Yes □ No
  있었다면, 어려웠던 지문과 그 이유는? (어휘, 속도, 주제 등)

4 유난히 어렵게 느껴지는 문제가 있었다. □ Yes □ No
  있었다면, 어려웠던 문제의 유형과 그 이유는?

5 개선해야 할 점과 이를 위한 구체적인 학습 계획

ANSWER KEYS & 취약 유형 분석표

PART 1

01 (A) Main Purpose
02 (B) Detail
03 (C) Detail
04 (C) Function
05 (A) Attitude
06 (D) Main Topic
07 (B) Detail
08 (A) Attitude
09 (C) Purpose
10 (B) Inference
11 (B), (D) Detail
12 (B) Main Topic
13 (A) Detail
14 (A) Inference
15 (C) Purpose
16 (B) Function
17 (C) Function

PART 2

01 (C) Main Topic
02 (D) Detail
03 (B), (D) Detail
04 (C) Attitude
05 (D) Function
06 (C) Main Topic
07 (A) Detail
08 (C) Detail
09 (B) Function
10 (C) Purpose
11 List

	Yes	No
Change company procedures	√	
Protect the company's bottom line		√
Let an expert deal with the problem		√
Admit the company's mistake	√	
Hold special sales events	√	

■ 각 문제 유형별 맞힌 개수를 아래에 적어 보세요.

문제 유형	맞힌 답의 개수
Main Topic/Purpose	/ 5
Detail	/ 9
Function & Attitude	/ 8
Connecting Contents I (List, Matching, Ordering)	/ 1
Connecting Contents II (Purpose, Organization)	/ 3
Inference	/ 2
Total	**/ 28**

* 자신이 취약한 유형은 LISTENING STRATEGIES(p.22)를 통해 다시 한번 점검하시기 바랍니다.

Listen to a conversation between a student and his professor.

교수의 용건

학생에게 환경 단체 캠페인 일자리를 제안

S: Good afternoon, Professor Johnson. Um, one of the students in the class said that you wanted to speak with me?

P: Hi George. I'm glad you could stop by.

S: No problem at all. How was your conference this past weekend?

P: Oh, it went well. I presented Saturday afternoon, but that was all I had to do.

S: Was there a good turnout?

P: It was about average. You know, weekend panels aren't always the most popular. Anyhow, you're looking for a part-time job, aren't you?

S: Uh, not at this time . . . Is there an opening in the department?

P: Well, [01]an environmental organization I support is looking for students to help with a, uh, public awareness campaign about the dangers of pesticides. As you know, the community around this university has many farms, so the campaign's aim is to target the local people. And given the concern you showed about the environment—not to mention you're a biology major—I think this job would be perfect for you.

학생이 캠페인에 참여할 수 없는 이유

S: Well, it sounds great . . . but I just started a new job last week.

P: Really? Where?

S: [04]I'm working at a café near the campus as a waiter. I know it doesn't sound like much . . . but I really enjoy the social aspect of it. I get to talk with many different people each day . . .

P: Well, I'm glad that you found a job, but um, as I mentioned in class, pesticide use is a real issue.

학생이 캠페인에서 하게 될 일

S: Yes, I agree, it's a very serious issue. Um, what would my role be if I accepted the position?

P: From my understanding, you'd be a researcher and trainer.

S: OK . . . what exactly would I have to do?

P: Well, you'd be responsible for doing research on the effects of pesticides on the local farms . . . in particular, the levels of toxicity in the soil and water on the farms. These would need to be measured . . . Oh, and conducting simple trainings to help the farmers understand the dangers of using pesticides.

학생과 교수 사이의 대화를 들으시오.

S: 안녕하세요, Johnson 교수님. 음, 저희 반 학생이 교수님께서 저와 이야기하고 싶어 하셨다고 하던데요?

P: 안녕 George. 와줘서 기쁘구나.

S: 별말씀을요. 지난 주말에 있었던 학회는 어땠나요?

P: 오, 잘 진행되었단다. 난 토요일 오후에 발표했는데, 그것만 하면 되었지.

S: 참석자 수는 많았나요?

P: 그냥 보통이었어. 알잖니, 주말 패널들이 항상 가장 인기가 있는 건 아니란다. 그건 그렇고, 넌 아르바이트를 찾고 있었지, 그렇지 않니?

S: 어, 지금은 아니에요... 학부에 자리가 있나요?

P: 그게, [01]내가 지지하는 환경 단체에서, 어, 농약의 위험성에 대한 대중의 인식을 높이는 캠페인을 도와줄 학생들을 찾고 있거든. 너도 알다시피, 이 대학의 주변 지역에 농장이 많아, 그래서 캠페인의 목표는 지역 주민들을 대상으로 삼아 진행하는 거란다. 네가 환경에 대해 보여준 관심을 고려해볼 때, 네가 생물학 전공인 건 물론이고, 이 일이 너에게 딱 맞을 것 같구나.

S: 음, 굉장히 좋을 것 같아요... 그런데 제가 지난 주부터 새로운 일을 시작했거든요.

P: 정말? 어디서?

S: [04]캠퍼스 근처에 있는 카페에서 웨이터로 일해요. 저도 그것이 대단한 일은 아니라는 것을 알지만... 그 일의 사회적인 측면을 아주 즐기고 있어요. 매일 많은 다양한 사람들과 얘기할 수 있거든요...

P: 그래, 난 네가 일을 찾아서 기쁘단다, 하지만, 음, 내가 수업 시간에 말했던 것처럼 농약 사용은 실질적인 문제란다.

S: 네, 동의해요, 매우 심각한 문제죠. 음, 만약 이 일을 하게 된다면 제 역할은 어떤 건가요?

P: 내가 알기로, 넌 조사하는 일과 교육을 담당하게 될 거야.

S: 네... 제가 정확히 무얼 해야 하죠?

P: 음, 농약이 지역 농장에 끼치는 영향에 대한 조사를 맡게 될 거야... 특히, 농장의 토양과 물의 독성 수준에 대해서 말이지. 이것들은 측정될 필요가 있단다... 오, 그리고 농부들이 농약 사용의

Vocabulary

conference[kánfərəns] 학회   turnout[tə́:rnaut] 참석자 수   public awareness 대중의 인식   pesticide[péstəsàid] 농약   aim[eim] 목표, 목적
target[tá:rgit] 대상으로 삼다   in particular 특히, 특별히   toxicity[taksísəti] 독성   measure[méʒər] 측정하다
conduct[kəndʌ́kt] (특정 활동을) 하다

A biology major would be especially knowledgeable about these effects and would be able to explain them to the farmers . . . Plus, [02]the position definitely involves a lot of social interaction, so I'm sure you'd enjoy it.

S: It sounds like something right up my alley, and it would certainly be more relevant. Um . . . I don't actually know very much about the use of pesticides on these farms.

P: Do you remember that discussion in class about how pesticides are applied?

S: I remember . . . Spray drift, right? When farmers apply pesticides to their fields, the droplets are often carried by the wind to other areas. The chemicals end up coating natural vegetation and contaminating rivers and lakes.

P: That's part of it. Another issue is runoff. When pesticides are applied to fields, they're washed away when it rains . . . and the chemicals either dissolve into the water or bond with soil particles that are eroded by the rain. [03]The end result of both processes is the pesticides end up where they don't belong.

S: So we eat pesticides as well as drink them?

P: That's what it amounts to. [05]I'm pretty shocked people haven't done something about this. It's the reason why I'm pushing for this campaign. Oh, there's one more problem. Even if the pesticides remain in the sprayed area, eventually they will leach into the soil.

S: You mean, be absorbed into the soil?

P: That's right. And once this happens, it's only a matter of time until the chemicals enter the groundwater. And this will cause all sorts of problems . . . So how about it? Would you like to take the job?

S: Professor, you know how interested I am in the topic . . . But since I just got my present job, I'll need to think about it. And I'll have to ask the café manager about the situation. Can I get back to you tomorrow?

P: I totally understand. I'll wait to hear from you.

환경 단체
캠페인의
필요성

위험성을 이해하는 것을 돕도록 간단한 교육도 하게 될 거야. 생물학 전공자라면 이 영향에 대해 특히 잘 알고 있을 테니 농부들에게 설명할 수 있을 거란다... 또, [02]이 일은 분명 많은 사회적 상호작용을 수반하는 일이니, 네가 즐길 거라고 확신한단다.

S: 제 능력에 맞는 일 같아요, 그리고 훨씬 더 연관도 있네요. 음... 사실 전 이런 농장에서의 농약 사용에 대해 잘 알지는 못해요.

P: 수업 시간에 농약이 어떻게 사용되는지 논의했던 것 기억하니?

S: 기억해요... 분무액비산, 맞죠? 농부들이 밭에 농약을 뿌리면, 작은 방울들이 바람을 타고 다른 곳으로 이동하죠. 결국 화학물질이 자연 식생을 덮고 강과 호수를 오염시키게 되고요.

P: 그건 일부분이란다. 또 다른 문제는 지표수야. 농약이 밭에 뿌려지면 비가 내릴 때 씻겨 나가고... 화학물질들이 물에 녹거나 아니면 비에 침식된 토양 입자와 결합하게 되지. [03]그 두 가지 과정의 결과로 농약은 제자리가 아닌 곳으로 이동하게 되는 거란다.

S: 그럼 우리는 농약을 먹고 마시고 있는 건가요?

P: 그것과 마찬가지인 셈이지. [05]아무도 이에 대해 조치하지 않은 게 정말 놀라울 뿐이야. 그것이 바로 내가 이 캠페인을 추진하고 있는 이유란다. 오, 문제가 하나 더 있어. 농약이 뿌려진 곳에만 머무른다 하더라도, 결국엔 토양에 침출된단다.

S: 그 말씀은, 땅에 흡수된다는 거죠?

P: 맞아. 일단 그렇게 되면, 화학물질이 지하수에 들어가게 되는 건 시간 문제란다. 그렇게 되면 정말 많은 문제들이 생길 거야... 어떠니? 이 일을 한번 해보겠니?

S: 교수님, 제가 이 주제에 얼마나 관심이 많은지 아시잖아요... 하지만 일을 시작한 지 얼마 되지 않아서 한번 생각해봐야 할 것 같아요. 카페 매니저한테도 이 상황에 대해 문의해봐야할 것 같고요. 제가 내일 다시 연락드려도 될까요?

P: 전적으로 이해한단다. 대답 기다리마.

Vocabulary

right up one's alley ~의 능력에 맞는　spray drift 분무액비산　droplet[dráplit] 작은 방울　natural vegetation 자연 식생　runoff[ránɔːf] 지표수　chemicals[kémikəls] 화학물질　dissolve[dizálv] 녹다, 용해되다　bond with ~과 결합하다　particle[páːrtikl] 입자　amount to ~과 마찬가지이다　push for ~을 추진하다　leach[liːtʃ] (화학물질 등이) 침출되다　absorb[æbsɔ́ːrb] 흡수하다

01

Why does the professor ask to see the student?

(A) To let him know about a job opportunity connected to his major
(B) To inquire whether he received an e-mail she sent him
(C) To discuss the topic that was taken up in the last class
(D) To ask if he can participate in an environmental survey

교수는 왜 학생을 보자고 하는가?

(A) 그의 전공과 관련된 일자리를 알려주기 위해
(B) 그녀가 보낸 이메일을 받았는지 물어보기 위해
(C) 지난 수업에서 다룬 주제를 논의하기 위해
(D) 그가 환경 설문에 참여할 수 있는지 물어보기 위해

Main Purpose 도입부에서 교수는 자신이 지지하는 환경 단체에서 농약의 위험성에 대한 대중의 인식을 높이는 캠페인을 도와줄 학생들을 찾고 있고(an environmental organization I support is looking for students to help with a ~ public awareness campaign about the pesticides), 생물학을 전공하는 학생에게 적합할 것 같다(you're a biology major-I think this job would be perfect for you)고 말한다. 이를 통해 학생의 전공과 관련된 일자리를 알려주기 위해 학생을 보자고 했음을 알 수 있다.

02

What does the professor mention about the campaign?

(A) It is more lucrative than the student's present job.
(B) It will allow the student to form relationships with people.
(C) It will be counted toward the student's biology grade.
(D) It is related to the student's environmental project.

교수는 캠페인에 관해 무엇이라고 말하는가?

(A) 학생의 현재 일자리보다 수익성이 더 좋다.
(B) 학생이 사람들과 관계를 형성하게 해줄 것이다.
(C) 학생의 생물학 성적에 반영될 것이다.
(D) 학생의 환경 프로젝트와 관련이 있다.

Detail 교수는 이 캠페인 일이 분명 많은 사회적 상호작용을 수반하는 일(the position definitely involves a lot of social interaction)이라고 말한다.

03

According to the professor, what is a consequence of both spray drift and runoff?

(A) Pesticides contribute to the erosion of soil.
(B) Farmers are required to apply more pesticides.
(C) Chemicals are transported to unintended areas.
(D) Vegetation is destroyed by polluted rainwater.

교수에 따르면, 분무액비산과 지표수의 공통된 결과는 무엇인가?

(A) 농약이 토양 침식의 원인이 된다.
(B) 농부들은 더 많은 농약 사용을 필요로 한다.
(C) 화학물질이 의도치 않은 곳으로 옮겨진다.
(D) 식물이 오염된 빗물에 의해 파괴된다.

Detail 교수는 분무액비산과 지표수 두 가지 과정의 결과로 농약이 제자리가 아닌 곳으로 이동하게 된다(The end result of both processes is the pesticides end up where they don't belong)고 말한다.

04

Listen again to part of the conversation. Then answer the question.

S: I'm working at a café near the campus as a waiter. I know it doesn't sound like much . . . but I really enjoy the social aspect of it. I get to talk with many different people each day . . .

P: Well, I'm glad that you found a job, but um, as I mentioned in class, pesticide use is a real issue.

Why does the professor say this:

P: . . . pesticide use is a real issue.

(A) She does not think the student remembers the class discussion.

(B) She is relieved the student was able to find a job.

(C) She thinks the student can put his time to better use.

(D) She wants the student to take the pesticide issue more seriously.

대화의 일부를 다시 듣고 질문에 답하시오.

S: 캠퍼스 근처에 있는 카페에서 웨이터로 일해요. 저도 그것이 대단한 일은 아니라는 것을 알지만... 그 일의 사회적인 측면을 아주 즐기고 있어요. 매일 많은 다양한 사람들과 얘기할 수 있거든요...

P: 그래, 난 네가 일을 찾아서 기쁜단다, 하지만, 음, 내가 수업 시간에 말했던 것처럼 농약 사용은 실질적인 문제란다.

교수는 왜 이렇게 말하는가:

P: ... 농약 사용은 실질적인 문제란다.

(A) 학생이 수업 논의 내용을 기억하지 못한다고 생각한다.

(B) 학생이 일자리를 찾아서 다행이라고 여긴다.

(C) 학생이 시간을 더 좋은 일에 쓸 수 있다고 생각한다.

(D) 학생이 농약 문제를 더 심각하게 받아들이기를 원한다.

Function 교수는 학생이 일을 찾아서 좋지만 농약 사용은 실질적인 문제(I'm glad that you found a job, but ~ pesticide use is a real issue)라고 말한다. 즉, 교수는 학생의 시간이 더 좋은 일에 쓰일 수 있다고 생각하고 있는 것이다.

05

What is the professor's opinion about pesticides?

(A) The problem should have been dealt with earlier.

(B) It is dangerous but necessary to use them.

(C) Even biology majors know little about the problem.

(D) It is the university's responsibility to curtail their use.

농약에 대한 교수의 의견은 무엇인가?

(A) 그 문제가 더 일찍 해결되었어야 한다.

(B) 그것을 사용하는 것은 위험하지만 필요하다.

(C) 생물학 전공자조차 그 문제에 대해 거의 알지 못한다.

(D) 그것의 사용을 줄이는 것은 대학의 책임이다.

Attitude 교수는 농약 문제에 대해 아무도 조치하지 않은 것이 매우 놀랍다(I'm pretty shocked people haven't done something about this)고 말한다. 이를 통해 교수는 이 문제가 더 일찍 해결되었어야 한다고 생각함을 알 수 있다.

Listen to part of a lecture in a physics class.

물리학 강의의 일부를 들으시오.

주제

뉴턴의 운동
제3 법칙

In 1687, Isaac Newton published a work that has had a major impact on our understanding of the world . . . the universe, even. It contained his three laws of motion. Um, we've already covered the first two laws in detail, so [06]this morning I want to introduce the third law, which is what happens when force is exerted on an object . . .

1687년, 아이작 뉴턴은 우리의 세상에 대한... 심지어 우주에 대한 이해에 주요한 영향을 끼쳤던 연구를 발표했습니다. 그것은 세 가지 운동법칙을 포함했죠. 음, 이미 처음 두 개의 법칙에 대해 자세히 배웠기 때문에, [06]오늘 아침에 저는 제3 법칙을 소개하고 싶군요, 이것은 물체에 힘이 가해졌을 때 일어나는 것이죠...

**뉴턴의 운동
제3 법칙의
정의와 예**

So, what exactly does Newton's third law of motion say? Well, it states that for every action, there is an equal and opposite reaction. Now, I'm sure most of you have heard this before . . . but have you ever really considered what it means? In a nutshell, Newton believed that when two objects interact, they exert exactly the same amount of force on each other . . . just in opposite directions. OK . . . I can see some confused looks out there. Let's try this . . . Many of you have probably played baseball . . . or at least watched a game. When a player hits the ball with the bat, force is being applied to the ball, right? But it may surprise you to learn that the bat is being subjected to the exact same amount of force from the ball.

자, 뉴턴의 운동 제3 법칙은 정확히 무엇을 주장하나요? 음, 그것은 모든 작용에 대해 동등하면서도 정반대의 반작용이 있다고 말합니다. 자, 저는 여러분 중 대부분이 이것을 전에 들어본 적이 있다고 확신합니다... 하지만 정말 이것이 무엇을 의미하는지 숙고한 적이 있나요? 간단히 말하면, 뉴턴은 두 물체가 상호작용할 때, 서로에게 정확히 같은 양의 힘을 가한다고 믿었습니다... 그저 반대의 방향으로 말이죠. 그래요... 일부 혼란스러워 하는 표정들이 보이는군요. 이렇게 해 보죠... 여러분 중 상당수가 아마 야구를 해봤을 거예요... 혹은 최소한 경기를 봤겠죠. 선수가 야구 방망이로 공을 치면, 힘이 공에 가해질 겁니다, 그렇죠? 하지만 야구 방망이가 공으로부터 정확히 같은 양의 힘을 받는다는 사실을 알면 놀랄 거예요.

**작용 –
반작용력**

This is what is known as an action-reaction force pair . . . In essence, Newton said that force can never be applied in isolation . . . It always involves two objects exerting equal amounts of force on each other. Of course, this leads to the obvious question . . . How can one object move another? I mean, if both apply the same force to each other, there shouldn't be any motion at all, right? Um, that's actually a common misconception . . . that the equal and opposing actions somehow cancel each other out. However, what you need to realize is that [07]the objects involved in an action-reaction force pair usually have different physical characteristics . . . size, shape, mass . . . you get the idea. This means that they do not respond in the same way to the force involved in the interaction. For instance, the baseball and bat I

이것은 한 쌍의 작용–반작용력이라고 알려진 것입니다... 본질적으로, 뉴턴은 힘이 절대로 고립되어 가해질 수 없다고 말했어요... 그것은 항상 서로 동등한 양의 힘을 가하는 두 개의 물체를 포함하죠. 물론, 이는 당연한 질문으로 이어져요... 어떻게 한 물체가 다른 물체를 움직이게 할까요? 제 말은, 만약에 둘 다 서로에게 같은 힘을 가한다면, 그 어떠한 움직임도 있어서는 안 돼요, 그렇지 않나요? 음, 그건 사실 흔히 있는 오해입니다... 동등하면서 정반대의 작용이 어떻게든 서로를 상쇄한다는 것은 말이죠. 하지만, 여러분들이 깨달아야 할 것은 [07]한 쌍의 작용–반작용력에 포함된 물체는 일반적으로 서로 다른 물리적인 특징을 가지고 있다는 것입니다... 크기, 모양, 질량... 무슨 말인지 알 거예요. 이것은 그들이 상호작용하는 힘에 대해 같은 방법으

Vocabulary

impact[ímpækt] 영향 **exert**[igzə́ːrt] 가하다 **law of motion** 운동법칙 **reaction**[riǽkʃən] 반작용 **confused**[kənfjúːzd] 혼란스러워하는
be subject to ~을 받다 **in isolation** 고립되어 **obvious**[ábviəs] 당연한 **misconception**[mìskənsépʃən] 오해 **cancel out** ~을 상쇄하다
mass[mæs] 질량 **interaction**[ìntərǽkʃən] 상호작용

mentioned earlier are clearly very different. Therefore, they respond differently to the same amount of force. The ball goes flying out into the field, while the swing of the bat is slowed slightly . . .

중력 이론

OK, so far we've been talking about what happens when objects actually make contact with each other. But Newton also studied force interactions in which . . . well, in which objects do not make physical contact. This led to the development of his theory of gravity. It's a well-known story . . . He was supposedly resting in an orchard when an apple fell on his head. In a moment of inspiration, he came up with the concept of gravity. Um, [08]there might be elements of truth to this tale, but . . . uh, but I doubt that the process was that simple. Anyway . . . he argued that all objects in the universe attract one another through something called a gravitational force. And, of course, [09]the third law of motion applies to this type of interaction as well . . . Um, take Earth and the Moon. They are part of an action-reaction force pair even though they have no direct contact with each other. So then, how does this indirect force influence them? Well, in the case of the Moon, the gravitational force is strong enough to cause it to orbit the Earth. It cannot follow an independent path through the solar system, and must circle our planet instead. Uh, even though the Moon is moving rapidly, it doesn't go flying off into space . . . And, of course, Earth is affected by this gravitational force as well . . . though on a smaller scale because of its greater size and mass.

오늘날
활용되는
뉴턴의 이론

[10]Now, Newton's theory of gravity was groundbreaking, and it was applied to the solar system for many years . . . But I should probably point out that when it comes to the gravitational interactions between stars, moons, and planets . . . um, astronomers now turn to Albert Einstein's more recent theory of relativity. But that's for another lecture . . . Anyway, despite being written over 300 years ago, Newton's *Mathematical Principles of Natural Philosophy* contained many ideas that are still valid today. For example, his theory of gravity is used to calculate the effects of Earth's gravity and to plot the orbits of satellites. The concepts

로 반응하지 않는다는 것을 의미합니다. 예를 들어, 제가 앞에서 언급한 야구공과 야구 방망이는 분명히 매우 다르죠. 따라서 그들은 같은 양의 힘에 다르게 반응해요. 공은 경기장으로 날아가는 반면, 야구 방망이의 스윙은 속도가 약간 줄어들죠.

자, 지금까지 우리는 물체가 실제로 서로 접촉할 때 무슨 일이 일어나는지에 대해 이야기했습니다. 하지만 뉴턴은 또한... 음, 물리적인 접촉을 하지 않는 물체의 힘의 상호작용도 연구했습니다. 이것은 중력 이론의 발전으로 이어졌어요. 잘 알려진 이야기죠... 추측건대 그는 머리에 사과가 떨어졌을 때 과수원에서 쉬고 있었을 거예요. 영감의 순간에, 그는 중력이라는 개념을 떠올렸어요. 음, [08]이 이야기에 약간의 진실성도 있겠죠. 하지만...어, 하지만 전 그 과정이 그렇게 간단했다는 것이 의심스러워요. 어쨌든... 그는 우주에 있는 모든 물체가 중력이라고 불리는 무언가를 통해 서로를 끌어당긴다고 주장했습니다. 그리고, 물론 [09]운동 제3법칙은 이 종류의 상호작용에도 적용되죠... 음, 지구와 달을 보세요. 그들은 서로 직접적인 접촉이 없지만 한 쌍의 작용-반작용력의 일부예요. 그렇다면, 어떻게 이 간접적인 힘이 그들에게 영향을 미칠까요? 자, 달의 경우, 중력이 지구의 궤도를 돌게 할만큼 강해요. 그것은 태양계에서 독립적인 경로를 따를 수 없고, 대신에 우리 행성을 돌아야만 합니다. 어, 달은 빨리 움직이고 있음에도 불구하고, 우주로 날아가지 않죠... 그리고, 물론 지구도 이 중력에 영향을 받아요... 하지만 적은 규모인데, 큰 크기와 질량 때문이죠.

[10]자, 뉴턴의 중력 이론은 획기적이었고, 수년 동안 태양계에 적용됐어요... 하지만 항성, 달, 그리고 행성들 사이의 중력 상호작용에 관한 한... 음, 천문학자들이 이제 알버트 아인슈타인의 더 최근의 상대성 이론에 의지한다는 것을 지적해야겠군요. 하지만 그것은 다른 강의에서 다룰 거예요... 어쨌든, 300년도 전에 쓰여졌음에도 불구하고, 뉴턴의 '자연철학의 수학적 원리'는 오늘날에도 여전히 유효한 많은 개념들을 포함합니다. 예를 들어, 그의 중력 이론은 지구 중력의 영향력을 계산하고 인공위성의 궤도를 그리는 데 사용돼요. 뉴턴의 책에 있는 개념들은 또한 왜 로켓이 작동하는지

Vocabulary

make contact with ~와 접촉하다   **gravity**[grǽvəti] 중력   **orchard**[ɔ́ːrtʃərd] 과수원   **inspiration**[ìnspəréiʃən] 영감   **come up with** 떠올리다
attract[ətrǽkt] 끌어당기다   **gravitational force** 중력   **orbit**[ɔ́ːrbit] (천체의) 주위를 궤도를 그리며 돌다; 궤도   **the solar system** 태양계
path[pæθ] 경로   **groundbreaking**[gráundbrèikiŋ] 획기적인   **astronomer**[əstrɑ́nəmər] 천문학자   **turn to** ~에 의지하다
theory of relativity 상대성 이론   **valid**[vǽlid] 유효한   **plot**[plɑt] ~을 그리다   **satellite**[sǽtəlàit] 인공위성

in the Newton's book also helped explain why rockets function. There is a widely held belief that a rocket accelerates because the burning gases it ejects sort of, um, push against the ground or the molecules in the air behind it. But if you think about it, this doesn't make sense . . . How would rockets be able to produce thrust in space, then? I mean . . . There is no air or ground to push against there . . . In fact, rockets move because of the interaction between the rocket itself and the gas molecules it produces by burning fuel. They form an action-reaction force pair . . . You see, [11]when a rocket's fuel is ignited, it converts into a gas and expands. But the ignition chamber has only one exit . . . through the nozzle at the end of the rocket. So, in effect, the rocket is pushing the pressurized gas out behind it, applying a lot of force in the process. And, according to Newton's third law, this means that the gas molecules are pushing against the rocket with equal force in the opposite direction. This is what creates the thrust that moves the rocket . . .

설명하는 데 도움이 되었어요. 로켓이 내뿜는 연소 가스가 뭐랄까, 음, 땅이나 로켓의 뒤에 있는 공기의 분자를 밀기 때문에 로켓이 가속한다는 생각이 널리 퍼져 있습니다. 하지만 생각해보면, 이것은 말이 안돼요... 그렇다면, 로켓이 어떻게 우주에서 추진력을 만들어 낼 수 있을까요? 제 말은... 우주에는 밀어낼 공기나 땅이 없잖아요... 실제로, 로켓은 그 자신과 연료를 연소함으로써 만들어내는 가스 분자와의 상호작용으로 움직입니다. 그들은 한 쌍의 작용-반작용력을 만들어내요. 보세요, [11]로켓의 연료가 점화되면, 가스로 전환되고 팽창해요. 하지만 점화실은 오직 하나의 출구만 가지고 있어요... 로켓 끝에 있는 분사구를 통해서죠. 그래서, 사실상, 로켓은 그 과정에서 많은 힘을 가하면서 그것의 뒤에 있는 가압된 가스를 밀어내고 있는 거예요. 그리고 뉴턴의 제3 법칙에 따르면, 이것은 가스 분자가 로켓을 정반대 방향의 동등한 힘으로 밀어내고 있는 것을 의미하죠. 이것이 바로 로켓을 움직이는 추진력을 만들어내는 것입니다...

Vocabulary

function[fʌ́ŋkʃən] 작동하다 accelerate[æksélərèit] 가속하다 burning gas 연소 가스 eject[idʒékt] (연기 등을) 내뿜다 molecule[máləkjùːl] 분자 thrust[θrʌ́st] 추진력 ignite[ignáit] 점화하다 convert[kənvə́ːrt] 전환되다 chamber[tʃéimbər] (기계 속의) 실, 방 nozzle[názl] 분사구 pressurized[préʃəràizd] (액체·기체 등이) 가압된

06

What is the lecture mainly about?

(A) A summary of Newton's three laws of motion
(B) The relationship between mathematics and physics
(C) The connection between Newton and space flight
(D) An overview of an important concept in physics

강의는 주로 무엇에 관한 것인가?

(A) 뉴턴의 세 가지 운동법칙의 개요
(B) 수학과 물리학의 관계
(C) 뉴턴과 우주비행의 연관성
(D) 물리학에서 중요한 개념의 개요

Main Topic 도입부에서 교수는 물체에 힘이 가해졌을 때 일어나는 아이작 뉴턴의 운동 제3 법칙을 소개하고 싶다(I want to introduce the third law, which is what happens when force is exerted on an object)고 말한다. 이어 교수는 강의 전반에 걸쳐 뉴턴의 운동 제3 법칙의 정의, 종류 및 활용에 대해 논의한다.

07

Why do the objects involved in an action-reaction force pair behave differently from each other?

(A) They are subject to unequal levels of force.
(B) They possess distinct physical traits.
(C) They apply force in opposite directions.
(D) They are responding to dissimilar actions.

한 쌍의 작용-반작용력에 포함된 물체들은 왜 서로 다르게 행동하는가?

(A) 그들은 동등하지 않은 규모의 힘을 받는다.
(B) 그들은 별개의 물리적 특징을 지닌다.
(C) 그들은 정반대 방향으로 힘을 가한다.
(D) 그들은 다른 행동에 반응하는 중이다.

Detail 교수는 한 쌍의 작용-반작용력에 포함된 물체들이 일반적으로 서로 다른 물리적인 특징을 가지고 있고(the objects involved in an action-reaction force pair usually have different physical characteristics), 이 때문에 그들이 상호작용하는 힘에 대해 같은 방법으로 반응하지 않는다(they do not respond in the same way to the force involved in the interaction)고 말한다.

08

What is the professor's opinion of the story about Newton and the apple?

(A) He does not think that its contents are entirely true.
(B) He feels that it is an inspiration to modern scientists.
(C) He believes that the story was made up after Newton's death.
(D) He is not sure whether the students realize its significance.

뉴턴과 사과 이야기에 대한 교수의 의견은 무엇인가?

(A) 이야기의 내용이 완전히 사실이라고 생각하지 않는다.
(B) 이야기가 현대 과학자들에게 영감을 주는 것이라고 느낀다.
(C) 이야기가 뉴턴의 사망 후에 만들어졌다고 믿는다.
(D) 학생들이 이야기의 중요성을 깨달았는지 아닌지 확신이 없다.

Attitude 교수는 뉴턴이 사과가 그의 머리가 떨어진 순간 중력 이론의 영감을 받았다는 이야기에 약간의 진실성도 있겠지만 그 과정이 그렇게 간단했다는 것이 의심스럽다(there might be elements of truth to this tale ~ I doubt that the process was that simple)고 말한다. 이를 통해 교수는 이야기가 완전히 사실이라고 생각하지 않음을 알 수 있다.

09

Why does the professor discuss Earth and the Moon?

(A) To demonstrate Newton's knowledge of the solar system
(B) To point out a flaw in Newton's theory of gravity
(C) To illustrate a point about the third law of motion
(D) To emphasize the importance of understanding gravity

교수는 왜 지구와 달을 논의하는가?

(A) 뉴턴의 태양계에 대한 지식을 입증하기 위해
(B) 뉴턴의 중력 이론의 결점을 지적하기 위해
(C) 운동 제3 법칙에 관한 요점을 설명하기 위해
(D) 중력을 이해하는 것의 중요성을 강조하기 위해

Purpose 교수는 운동 제3 법칙이 중력에 의한 상호작용에도 적용된다고 이야기 한 후 지구와 달을 예시로 든다(the third law of motion applies to this type of interaction as well ~ take Earth and the Moon). 이를 통해 교수는 운동 제3 법칙에 관한 요점인 중력 이론을 설명하기 위해 지구와 달을 논의했음을 알 수 있다.

10

Listen again to part of the lecture. Then answer the question.

P: Now, Newton's theory of gravity was groundbreaking, and it was applied to the solar system for many years . . . But I should probably point out that when it comes to the gravitational interactions between stars, moons, and planets . . . um, astronomers now turn to Albert Einstein's more recent theory of relativity.

What does the professor imply when he says this:
P: um, astronomers now turn to Albert Einstein's more recent theory of relativity.

(A) The effects of Earth's gravity are difficult to predict.
(B) Newton's theory of gravity has some limitations.
(C) The calculations of engineers are not very precise.
(D) Einstein's theory of relativity is somewhat controversial.

강의의 일부를 다시 듣고 질문에 답하시오.

P: 자, 뉴턴의 중력 이론은 획기적이었고, 수년 동안 태양계에 적용됐어요... 하지만 항성, 달, 그리고 행성들 사이의 중력 상호작용에 관한 한... 음, 천문학자들이 이제 알버트 아인슈타인의 더 최근의 상대성 이론에 의지한다는 것을 지적해야겠군요.

교수는 이렇게 말함으로써 무엇을 암시하는가:
P: 음, 천문학자들이 이제 알버트 아인슈타인의 더 최근의 상대성 이론에 의지한다는 것을 지적해야겠군요.

(A) 지구의 중력의 효과는 예측하기 어렵다.
(B) 뉴턴의 중력 이론은 몇 가지 한계가 있다.
(C) 공학자들의 계산이 매우 정확하지는 않다.
(D) 아인슈타인의 상대성 이론은 다소 논란의 여지가 있다.

Inference 교수는 천문학자들이 이제 뉴턴의 중력 이론이 아닌 알버트 아인슈타인의 더 최근의 상대성 이론에 의지한다(astronomers now turn to Albert Einstein's more recent theory of relativity)고 말한다. 이를 통해 교수가 뉴턴의 중력 이론이 몇 가지 한계가 있다고 생각함을 알 수 있다.

11

According to the professor, how does a rocket generate thrust?
Choose 2 answers.

(A) Air accelerates as it passes through the rocket's nozzle.
(B) Molecules apply force to the rocket in one direction.
(C) Burning fuel interacts with the molecules behind the rocket.
(D) Gases are pushed out of a chamber in the rocket.

교수에 따르면, 로켓은 어떻게 추진력을 만들어내는가?
2개의 답을 고르시오.

(A) 공기가 로켓의 분사구를 통과하면서 가속한다.
(B) 분자들이 한 방향으로 로켓에 힘을 가한다.
(C) 연소하는 연료가 로켓 뒤의 분자와 상호작용한다.
(D) 가스가 로켓의 점화실 밖으로 밀어내진다.

Detail 교수는 가스 분자가 로켓을 정반대 방향의 동등한 힘으로 밀어낸다(the gas molecules are pushing against the rocket with equal force in the opposite direction)고 말한다. 또한, 로켓의 연료는 가스로 전환되고(a rocket's fuel ~ converts into a gas), 점화실의 분사구를 통해서 로켓이 가압된 가스를 밀어낸다(the ignition chamber ~ through the nozzle ~ the rocket is pushing the pressurized gas out)고 말한다.

Listen to part of a talk in a biology class.

위장을 하는
동물의 예

P: I'm pretty sure you know that animals are capable of camouflaging themselves so that they escape detection. You can probably name a few right off the bat . . . Susan?

S1: The chameleon changes colors. And a lot of other animals can take on the color of their surroundings.

P: Good. But is that all?

S1: Or, you know, their natural coloring allows them to blend in . . . like deer and many kinds of insects. And some animals actually look like . . . other objects or even other animals.

P: OK, that last one you mentioned is what I'm interested in. Animals that mimic.

S1: Yeah, like the dead-leaf butterfly . . . when its wings are folded up, they look exactly like dead leaves.

주제

위장을
가능하게 하는
문어의
생물학적 기제

P: That's certainly one example, but some animals go further, and one in particular is the true master of disguise. I'm talking about the octopus . . . [12]Most species of octopus can alter their color, shape, size, and in some cases, even the, uh, texture of their skin. Today I want to talk about the biological mechanisms that allow them to do this.

방법 1

색 바꾸기

When it comes to changing color, the octopus can choose from an almost unlimited palette of shades and hues, and can switch colors incredibly quickly . . . literally in the blink of an eye! It blends into the background so perfectly that it would take a deliberate search to find it. So how is this possible?

생물학 강의의 일부를 들으시오.

P: 동물들이 발견되지 않으려고 자신을 위장하는 능력이 있다는 것을 여러분이 알 거라고 확신해요. 아마도 몇 가지 이름을 곧바로 댈 수 있겠죠... Susan?

S1: 카멜레온은 색깔을 바꿔요. 그리고 많은 다른 동물이 그들 주변 환경의 색깔을 띨 수 있죠.

P: 좋아요. 하지만 그게 전부인가요?

S1: 아니면, 그러니까, 타고난 색깔이 주변 환경에 섞여들게 해주죠... 사슴과 여러 종류의 곤충들처럼요. 그리고 어떤 동물들은 실제로... 다른 물체나 심지어 다른 동물들처럼 보여요.

P: 좋아요, 학생이 마지막에 언급한 게 제가 관심 있는 부분이에요. 흉내를 내는 동물들이요.

S1: 네, 가랑잎나비처럼요... 나비의 날개가 접히면, 그것들은 꼭 죽은 나뭇잎처럼 보이죠.

P: 그건 분명 하나의 예가 될 수 있지만, 어떤 동물들은 그보다 더 나아가기도 하는데, 특히 한 동물은 진정한 변장의 달인이에요. 문어 말이에요... [12]대부분의 문어 종은 색, 모양, 크기, 그리고 어떤 경우에는, 어, 피부의 질감까지 바꿀 수 있어요. 오늘은 문어들이 이걸 할 수 있게 하는 생물학적 기제에 대해서 이야기하고 싶습니다.

색을 바꾸는 데 있어서, 문어는 거의 제한 없이 명암과 색조를 선택할 수 있고, 믿을 수 없을 만큼 빠르게 색을 바꿀 수 있어요... 말 그대로 눈 깜박할 사이에! 문어는 주변 환경에 정말 완벽하게 섞여들어서 문어를 찾으려면 신중하게 찾아야 하죠. 그렇다면 어떻게 이것이 가능한 걸까요?

Vocabulary

camouflage[kǽməflɑ̀ːʒ] 위장하다   **detection**[ditékʃən] 발견, 탐지   **right off the bat** 곧바로, 즉시   **take on** (특정한 특질·모습 등을) 띠다
natural[nǽtʃərəl] 타고난, 천성의   **blend in** (주변 환경에) 섞여들다, 조화를 이루다   **mimic**[mímik] 흉내 내다   **dead-leaf butterfly** 가랑잎나비
disguise[disgáiz] 변장   **alter**[ɔ́ːltər] 바꾸다   **texture**[tékstʃər] 질감   **shade**[ʃeid] 명암   **hue**[hju:] 색조   **literally**[lítərəli] 말 그대로
in the blink of an eye 눈 깜박할 사이에   **deliberate**[dilíbərət] 신중한

색을
바꾸는 기제

Octopuses possess special skin cells called, um, chromatophores. These are pigment-containing or light-reflecting cells . . . they're commonly found in amphibians, fish, reptiles . . . and cephalopods, the classification to which all species of octopus belong. [13]Now, while these types of cells are fairly common in the animal kingdom, those found in the skin of an octopus are unique. They're structured in such a way that the octopus can move the pigment around. The process is called physiological color change, and an octopus simply uses its muscles to achieve this. Each chromatophore cell contains three malleable compartments. By squeezing or expanding each compartment, an octopus can change the color displayed by the cell, even allowing millions of subtle combinations. And since all cells are controlled separately, they can create remarkably clear and detailed displays. The effect is further enhanced by the presence of a, uh, reflective coating under each of the cells.

방법 2

크기 바꾸기

So . . . changing color is one thing . . . I mean, lots of other animals can do this too—the chameleon, for one, as Susan mentioned. The octopus just does it better. [16]However, octopuses can also radically transform not only their shape, but their size as well. Sounds like something from a science fiction movie, right? It's true, though. Just imagine . . . an octopus with an arm span of 30 centimeters—that's about a foot long—is able to reduce its proportions and squeeze through a hole less than a quarter of the size of their normal body shape. One octopus in captivity was even able to force himself into a mayonnaise jar!

크기를
바꾸는 기제

[17]Now, in order to understand how an octopus is able to do this, you need to first know a little about its physical structure. Hmm . . . This may be a bit of a review for some of you, but, well, bear with me . . . The octopus's eight arms don't actually have any tentacles. These arms are referred to as, um, muscular hydrostats by biologists—mainly because their strength and rigidity is achieved solely through the compression of muscles. This is because the body of the octopus is composed almost entirely of soft tissue . . . it doesn't have an internal skeleton. There is no protective shell . . . nor does it have any cartilage. In fact, the only hard part of an octopus is its beak, which resembles a parrot's beak and

문어는, 음, 색소 세포라고 불리는 특별한 피부 세포를 지닙니다. 그것들은 색소를 포함하거나 빛을 반사하는 세포들이죠... 그것들은 흔히 양서류, 어류, 파충류... 그리고 모든 문어 종이 속하는 분류인 두족류에서 발견돼요. [13]자, 이런 종류의 세포들이 동물계에서는 꽤 흔하지만, 문어의 피부에서 발견되는 것들은 독특합니다. 그것들은 문어가 색소를 움직일 수 있는 방식으로 구성되어 있죠. 그 과정은 생리적 색상 변화라고 불리고, 문어는 단순히 근육을 사용해서 이를 달성합니다. 각 색소 세포는 세 개의 유연한 구획을 가지고 있습니다. 각 구획을 압착하거나 늘림으로써, 문어는 세포에 의해 보여지는 색을 바꿀 수 있어요, 심지어 수백만 가지의 미묘한 조합이 가능하게 하면서요. 그리고 모든 세포가 개별적으로 조절되기 때문에, 그것들은 매우 선명하고 자세한 표현을 만들어 낼 수 있습니다. 이 효과는, 어, 각 세포 아래에 있는 반사층의 존재에 의해 더욱 증대됩니다.

자... 색을 바꾸는 것이 한 가지입니다... 그러니까, 많은 다른 동물들도 할 수 있죠, 예를 들어, Susan이 언급했듯이 카멜레온이요. 문어가 단지 더 잘할 뿐이죠. [16]하지만 문어는 그들의 모양뿐만 아니라, 크기까지도 극단적으로 변형할 수 있어요. 공상과학 영화에서나 나올 것처럼 들리죠, 그렇죠? 하지만 사실입니다. 상상해봐요... 30센티미터 길이의 다리를 가진 문어가, 그건 거의 1피트 길이인데요, 크기를 줄여서 자신의 원래 몸의 1/4크기도 안 되는 구멍 안으로 비집고 들어갈 수 있어요. 잡힌 어떤 문어는 심지어 마요네즈 병에 자신을 집어넣을 수 있을 정도였어요!

[17]자, 문어가 어떻게 이것을 할 수 있는지 이해하기 위해서, 여러분은 먼저 문어의 신체 구조에 대해 좀 알아둘 필요가 있어요. 흠... 이건 여러분 중 일부에게는 복습일 수 있겠지만, 뭐, 참고 들어주세요... 문어의 여덟 개 다리에는 사실 촉수가 전혀 없죠. 이 다리들은, 음, 생물학자들에 의해서 muscular hydrostats라고 지칭되는데, 이는 주로 다리의 강도와 경도가 오로지 근육의 압축에 의해서 얻어지기 때문이에요. 이건 문어의 몸이 거의 연조직으로만 이루어져 있기 때문이고요... 문어는 내부 골격을 가지고 있지 않아요. 보호를 위한 껍질이나... 연골도 없죠. 사실, 문어의 유일하게 딱딱한 부분은 부리인데, 이건 앵무새의 부리를

Vocabulary

chromatophore[krəmǽtəfɔːr] 색소 세포   **pigment**[pígmənt] 색소   **amphibian**[æmfíbiən] 양서류   **reptile**[réptail] 파충류
physiological[fìziəládʒikəl] 생리적인   **malleable**[mǽliəbl] 유연한, 가단성 있는   **compartment**[kəmpáːrtmənt] 구획, 구분
reflective[rifléktiv] 반사성의   **radically**[rǽdikəli] 극단적으로   **proportion**[prəpɔ́ːrʃən] 크기, 규모   **in captivity** 잡힌, 감금된
bear with ~가 말하는 것을 참고 듣다   **tentacle**[téntəkl] 촉수   **rigidity**[ridʒídəti] 경도, 단단함   **compression**[kəmpréʃən] 압축   **cartilage**[káːrtəlidʒ] 연골

functions in much the same way.

One particular species of octopus – the mimic octopus – is able to use this shape-shifting ability to imitate other species. [14]It can mimic, uh, seventeen different species found in its habitat. As most of these are poisonous, this proves to be a great defense strategy for the octopus. Does anyone know what some of these poisonous species are?

S2: I've read that it can flatten itself to look like the poisonous sole, or even use its arms to mimic a lionfish, which, uh, has venomous fins.

P: Right, and you can be sure predators will go out of their way to avoid them!

방법 3
피부의 질감 바꾸기
피부의 질감을 바꾸는 기제

And there's skin texture as well. Normally the skin of an octopus is very smooth. This could prove to be a disadvantage if it was trying to blend in with, uh . . . a piece of coral with a very rough surface. However, by distending small sections of its skin, and using color-shading to enhance the effect, the octopus can make the texture of its skin resemble almost anything. In some cases, even plants!

포식자를 피하는 또 다른 방법

S2: I've seen pictures of these octopuses mimicking various things, um, like sea snakes and even rocks. [15]But I'm really interested in that ink jet I read about. Octopuses can create an ink cloud to hide themselves . . .

P: Yes, it's pretty amazing, the arsenal of weapons an octopus has.

S2: It's sort of like a last resort when a predator identifies the octopus and gives chase. The octopus releases ink in a cloud, sometimes even shooting a stream of it into the face of the predator.

P: And this is what makes the octopus a true escape artist. That ink contains a substance that affects the olfactory organs of a predator so that it can't use its sense of smell to locate the escaping octopus.

닮았고 대체로 같은 방식으로 기능해요.

문어의 한 특이 종인 흉내문어는 이렇게 모양을 바꿀 수 있는 능력을 다른 종을 흉내 내는 데 사용할 수 있어요. [14]이 문어는, 어, 그것의 서식지에서 발견되는 열일곱 가지 다른 종을 흉내 낼 수 있죠. 이 종들의 대부분은 독이 있기 때문에 이것은 문어에게 훌륭한 방어 전략임을 보여줍니다. 이 독성을 가진 종이 어떤 것인지 아는 사람 있나요?

S2: 몸을 평평하게 만들어서 독이 있는 가자미처럼 보이거나, 심지어 다리를 사용해서, 어, 독이 있는 지느러미를 가진 쏠배감펭을 흉내 낼 수 있다고 읽은 적이 있어요.

P: 맞아요, 그러면 포식자들이 그들을 피하려고 물러나겠죠!

그리고 피부의 질감도 있어요. 보통 문어의 피부는 아주 매끄럽습니다. 이건 문어가, 어... 매우 거친 표면을 가진 산호와 섞여 있으려고 할 때 불리할 수도 있죠. 하지만 피부의 작은 부분들을 팽창시키고, 그 효과를 높이기 위한 색조를 사용해서, 문어는 피부의 질감을 거의 모든 것과 유사하게 만들 수 있습니다. 어떤 경우에는, 식물까지도요!

S2: 이 문어들이, 음, 바다뱀과 심지어 바위처럼 다양한 것들을 흉내 내는 사진들을 본 적이 있어요. [15]하지만 저는 제가 읽은 먹물 분사에 정말 관심이 있어요. 문어들은 자신을 숨기기 위해 먹물 구름을 만들어낼 수 있죠...

P: 맞아요, 그건 꽤 놀랍죠, 문어가 가진 그런 무기고요.

S2: 그건 포식자가 문어를 발견하고 쫓을 때, 최후의 수단 같은 거예요. 문어는 먹물 구름을 뿜어내고, 때때로 포식자의 얼굴에 먹물 줄기를 쏘아대기도 하죠.

P: 그리고 이게 문어를 진정한 탈출의 명수로 만드는 점이지요. 그 먹물은 포식자의 후각 기관에 영향을 주는 물질을 포함해서 포식자는 도망치는 문어의 위치를 알아내기 위해 후각을 사용할 수 없게 돼요.

Vocabulary

habitat[hǽbitæt] 서식지   poisonous[pɔ́izənəs] 독이 있는   strategy[strǽtədʒi] 전략   sole[soul] 가자미   lionfish[láiənfiʃ] 쏠배감펭 venomous[vénəməs] 독이 있는   fin[fin] 지느러미   coral[kɔ́:rəl] 산호   distend[disténd] 팽창시키다   ink jet 먹물 분사   arsenal[á:rsənl] 무기고 last resort 최후의 수단   olfactory[ɑlfǽktəri] 후각의

12

What is the main topic of this lecture?

(A) The biological mechanisms that influence octopus behavior
(B) The methods used by a type of organism to alter its appearance
(C) The ways animals use color to conceal themselves
(D) The cellular mechanisms that control skin pigmentation

강의의 주된 주제는 무엇인가?

(A) 문어의 행동에 영향을 끼치는 생물학적 기제
(B) 특정 생물이 외형을 바꾸기 위해 사용하는 방법
(C) 동물들이 자신을 감추기 위해 색을 사용하는 방법
(D) 피부 색소를 조절하는 세포의 기제

Main Topic 도입부에서 교수는 대부분의 문어 종은 색, 모양, 크기, 그리고 피부의 질감을 바꿀 수 있으며, 이를 가능하게 하는 생물학적 기제에 대해서 이야기할 것(Today I want to talk about the biological mechanisms that allow them to do this)이라고 말한다.

13

According to the professor, why are the chromatophores of the octopus unique?

(A) They can be shifted to change shade and color composition.
(B) They are both pigment-containing and light-reflecting cells.
(C) They are capable of making certain muscles of the octopus move.
(D) They are confined to compartments located in the skin of the octopus.

교수에 따르면, 왜 문어의 색소 세포가 독특한가?

(A) 명암과 색상 구성을 바꾸기 위해 옮겨질 수 있다.
(B) 색소를 포함하면서 빛도 반사하는 세포들이다.
(C) 문어의 특정한 근육을 움직이게 할 수 있다.
(D) 문어의 피부에 있는 구획에만 한정되어 있다.

Detail 교수는 문어의 색소 세포가 독특한 이유는 세포들이 문어가 색소를 움직일 수 있는 방식으로 구성되어 있기 때문(They're structured in such a way that the octopus can move the pigment around)이라고 말한다.

14

What can be inferred about the mimic octopus?

(A) It is not poisonous.
(B) It is a dangerous predator.
(C) It is not very common.
(D) It is able to imitate any species.

흉내문어에 관해 추론할 수 있는 것은 무엇인가?

(A) 독성이 있지 않다.
(B) 위험한 포식자이다.
(C) 그리 흔하지 않다.
(D) 어떤 종이든 흉내 낼 수 있다.

Inference 교수는 흉내문어가 흉내 내는 종들의 대부분이 독이 있기 때문에 이것은 문어에게 훌륭한 방어 전략이 된다(As most of these are poisonous, this proves to be a great defense strategy for the octopus)고 말한다. 이를 통해 흉내문어는 독을 가지고 있지 않음을 알 수 있다.

15

Why does the professor mention the octopus's arsenal of weapons?

(A) To emphasize the ink cloud as being the best weapon an octopus has
(B) To give an example of a biological mechanism that operates much like a weapon
(C) To acknowledge the wide variety of means an octopus has to protect itself
(D) To explain that some methods used by the octopus were recently discovered

교수는 왜 문어의 무기고를 언급하는가?

(A) 먹물 구름이 문어가 가진 최고의 무기임을 강조하기 위해
(B) 무기와 매우 비슷하게 작용하는 생물학적 기제의 예시를 주기 위해
(C) 문어가 자신을 보호하기 위해 가진 폭넓고 다양한 방법을 인정하기 위해
(D) 문어가 사용하는 몇 가지 방법이 최근에 발견되었다는 것을 설명하기 위해

Purpose 학생이 문어의 먹물 분사에 관심이 있다고 말하자, 교수는 문어가 가진 무기고가 놀랍다(it's pretty amazing, the arsenal of weapons an octopus has)고 말한다. 이를 통해 교수는 문어가 자신을 보호하기 위한 폭넓고 다양한 방법을 가지고 있다는 것을 무기고에 빗대어 말하고 있음을 알 수 있다.

16

Listen again to part of the lecture. Then answer the question.

P: However, octopuses can also radically transform not only their shape, but their size as well. Sounds like something from a science fiction movie, right? It's true, though.

Why does the professor say this:
P: Sounds like something from a science fiction movie, right?

(A) He thinks that octopuses have not been portrayed accurately in the media.
(B) He knows that the information sounds hard to believe.
(C) He thinks that some information about octopuses has not been proven.
(D) He thinks the students are familiar with a science fiction movie about octopuses.

강의의 일부를 다시 듣고 질문에 답하시오.

P: 하지만 문어는 그들의 모양뿐만 아니라, 크기까지도 극단적으로 변형할 수 있어요. 공상과학 영화에서나 나올 것처럼 들리죠, 그렇죠? 하지만 사실입니다.

교수는 왜 이렇게 말하는가:
P: 공상과학 영화에서나 나올 것처럼 들리죠, 그렇죠?

(A) 매체에서 문어가 정확하게 묘사되지 않았다고 생각한다.
(B) 그 정보가 믿기 어렵게 들린다는 것을 안다.
(C) 문어에 대한 일부 정보가 아직 증명되지 않았다고 생각한다.
(D) 학생들이 문어에 대한 공상과학 영화에 친숙하다고 생각한다.

Function 교수는 문어가 모양뿐만 아니라 크기까지도 극단적으로 변형할 수 있다(Octopuses can also radically transform not only their shape, but their size as well)고 설명하면서 그것이 공상과학 영화에서나 나올 것처럼 들리지 않는지(Sounds like something from a science fiction movie, right?) 묻는다. 즉, 교수는 자신이 언급한 말이 믿기 어렵다는 것을 알고 있는 것이다.

17

Listen again to part of the lecture. Then answer the question.

P: Now, in order to understand how an octopus is able to do this, you need to first know a little about its physical structure. Hmm . . . This may be a bit of a review for some of you, but, well, bear with me . . .

Why does the professor say this:
P: . . . well, bear with me . . .

(A) To indicate that he is not certain if he discussed a topic
(B) To find out if the students want him to continue discussing the topic
(C) To apologize for repeating information the students may be familiar with
(D) To provide more details about an idea the students did not understand

강의의 일부를 다시 듣고 질문에 답하시오.

P: 자, 문어가 어떻게 이것을 할 수 있는지 이해하기 위해서, 여러분은 먼저 문어의 신체 구조에 대해 좀 알아둘 필요가 있어요. 흠... 이건 여러분 중 일부에게는 복습일 수 있겠지만, 뭐, 참고 들어주세요...

교수는 왜 이렇게 말하는가:
P: ... 뭐, 참고 들어주세요...

(A) 교수가 이 주제를 논의했는지 확실하지 않음을 나타내기 위해
(B) 학생들이 그 주제를 계속해서 논의하기를 원하는지 알아내기 위해
(C) 학생들이 알고 있을지도 모르는 정보를 반복하는 것에 대해 사과하기 위해
(D) 학생들이 이해하지 못한 개념에 대한 설명을 더 제공하기 위해

Function 교수는 강의의 한 부분이 일부 학생들에게는 복습일 수 있겠다(This may be a bit of a review for some of you)고 말하며, 참고 들어달라(bear with me)고 말한다. 즉, 교수는 학생들이 이미 알고 있을지도 모르는 정보를 반복하는 것에 대해 사과를 하는 것이다.

Listen to a conversation between a librarian and a student.

학생의 용건

대출 중인 도서 연장 요청

M: Excuse me . . . [01]I received a notice yesterday saying that an extension I requested for a book loan was denied. Can you tell me what that's all about?

W: OK. Let me see your library card so I can pull up your record. Ah yes . . . another student put in a request for the book. [01]We need you to turn it in today.

M: Hmmm . . . I thought I could get an extension. I confirmed this with one of the other staff when I was here a couple days ago . . .

W: [02]Well, no extensions can be granted if another student has requested the book. This policy ensures that all students get access to the resources they need.

학생의 문제점

논문 연구에 필요한 책을 반납해야 함

M: But the thing is, I really need this book. I'm working on my thesis and it's an important part of my research. I'll have a tough time completing my work without it.

W: I'm sorry, I really am, but it's the library's policy. If we didn't have these sorts of rules, some people might not get the books that they need.

M: I guess that makes sense. Rules are always made for a reason.

사서의 제안 1

책의 필요한 부분 복사

W: Hey . . . I've got an idea. [03]We don't normally allow this, but how about I try to get special permission for you to go upstairs to the copy center and photocopy the specific chapters of the book that you need? The manager has been known to make exceptions for thesis students in the past. I mean, [04]I certainly understand the trouble you're going through—I was a student here once too, you know. It's the least I could do.

M: OK . . . sounds like a plan. Is it OK if I wait until the weekend, though? I'm really busy the next couple of days preparing for a big exam on Friday. Plus, well . . . I need information from so many parts of the book that it would take hours for me to figure out which pages to copy. Is there any possible way I can renew the book, just until Sunday?

W: I'm sorry, but you really need to return it immediately. If you wait any longer, you'll be charged a four-dollar fine for every additional day you keep the book out. I wouldn't do it if I were you.

사서와 학생 사이의 대화를 들으시오.

M: 실례합니다... [01]어제 도서 대출 연장 신청이 거부되었다는 통지를 받았는데요. 무슨 일인지 알려주실 수 있으세요?

W: 네. 기록을 조회해볼 수 있도록 도서관 카드 좀 보여주세요. 아 네... 다른 학생이 그 책을 대출 신청했네요. [01]학생이 그 책을 오늘 반납해주어야겠어요.

M: 흠... 전 연장을 받을 수 있다고 생각했는데요. 제가 며칠 전 여기에 왔을 때 다른 직원 한 분한테 이것을 확인받았거든요...

W: [02]음, 다른 학생이 책을 신청했다면, 기간 연장이 승인될 수 없어요. 이 규정은 모든 학생이 필요로 하는 자료를 이용할 수 있게 해주죠.

M: 하지만 문제는, 제가 정말 이 책이 필요해요. 논문을 쓰고 있는데 제 연구에서 중요한 부분이라서요. 이 책 없이는 논문을 완성하기 힘들 거예요.

W: 안됐네요, 정말요, 하지만 그게 도서관 규정이라서요. 만약 이런 규정이 없다면, 어떤 사람들은 필요한 책을 구할 수 없게 될 거예요.

M: 맞는 말씀이긴 해요. 규칙을 만드는 데는 항상 이유가 있으니까요.

W: 아... 방법이 하나 떠올랐어요. [03]우리가 보통 이렇게 해주진 않는데, 학생이 그 책에서 필요한 특정 챕터를 위층 복사실에서 복사할 수 있게 특별 허가를 받아다주면 어떨까요? 관리자 분이 예전에도 논문을 쓰는 학생들에게는 예외를 둔 적이 있거든요. 사실, [04]학생이 겪고 있는 문제를 정말 이해해요, 저도 한때 여기 학생이었거든요. 이 정도는 배려해줘야 할 것 같네요.

M: 네... 괜찮을 것 같아요. 그런데, 이번 주말까지 기다려도 될까요? 금요일에 있는 중요한 시험을 준비하느라 앞으로 며칠은 진짜 바쁘거든요. 게다가, 음... 책에서 필요한 부분이 너무 많아서 어디를 복사해야 할지 알아내는 데만 몇 시간이 걸릴 거예요. 일요일까지만이라도 이 책을 연장할 방법은 없을까요?

W: 미안하지만, 정말 바로 반납해야 해요. 더 기다리면, 그 책을 대출하는 것에 대해서 하루에 4달러씩 연체료가 붙게 될 거예요. 내가 학생이라면 그러지 않을 것 같네요.

Vocabulary

extension[iksténʃən] 연장 **loan**[loun] 대출, 대여 **pull up** (정보 등을) 조회하다 **confirm**[kənfɔ́ːrm] 확인하다 **grant**[grænt] 승인하다
policy[pάləsi] 정책, 제도 **thesis**[θíːsis] 논문 **permission**[pərmíʃən] 허가 **make exceptions** 예외를 두다 **go through** ~을 겪다, 경험하다
renew[rinjúː] 연장하다, 갱신하다 **fine**[fɑin] 연체료

M: Is that right? I guess I have no choice!

사서의 제안 2

예약 신청서
작성

W: [03]Say, if you want to borrow that book again, you can fill out a form after you return the book.

M: Uh . . . you just said that I can't renew the book. So how would that work?

W: No, I mean, fill out a reservation form, and then you'll get it after the next person. The book will be returned sometime within a two-week period. Also, nobody else will be able to check it out before you since you'll have submitted a request. As long as no one else is on the waiting list for the book at that moment, then it'll be saved for you. Just return the book, fill out a reservation form, and you can check it out as soon as the next person returns it. The student will be notified that someone else is waiting for the book. Make sense?

M: [05]Yeah . . . OK . . . But I need to turn the report in three weeks from now, so there's no guarantee I'd get the book back in time . . .

학생의 결론

책을
복사하기로 함

W: Well, the photocopying option is still available. That'll give you more certainty than simply hoping the next person returns the book early enough.

M: It's worth a shot. Can you talk to the manager?

W: No problem! How about this? I promise to have an answer for you by six o'clock. Go ahead and make a list of what pages you'll need to copy, and come back any time after six to confirm that you've gotten permission and to make your copies.

M: OK. Thank you!

M: 정말이요? 그럼 어쩔 수 없겠네요!

W: [03]그게, 만약 그 책을 다시 빌리고 싶다면, 책을 반납한 다음에 신청서를 작성해도 돼요.

M: 어... 방금 제가 대출을 연장할 수 없다고 하셨잖아요. 그런데 그게 어떻게 가능하죠?

W: 아니요, 제 말은, 예약 신청서를 작성하면, 학생이 그 책을 다음 사람 후에 볼 수 있다는 거예요. 책은 2주 내에 반납될 거예요. 또한, 학생이 신청서를 제출했기 때문에 아무도 학생보다 먼저 책을 대출할 수 없고요. 신청할 당시에 대기자 명단에 아무도 없다면, 학생에게 예약되는 거죠. 그냥 책을 반납하고, 예약 신청서를 작성하면, 다음 사람이 책을 반납하자마자 다시 대출할 수 있어요. 그 학생은 다른 사람이 책을 기다리고 있다고 안내받을 거고요. 이해됐나요?

M: [05]네... 이해했어요... 하지만 저는 지금부터 3주 후에 논문을 제출해야 하는데, 제때 책을 받을 수 있다는 보장이 없잖아요...

W: 음, 복사하는 방법이 아직 남아 있잖아요. 그건 단순히 다음 사람이 책을 충분히 일찍 반납하기를 기대하는 것보다 더 확실할 거예요.

M: 시도해볼 만하네요. 관리자분에게 말씀해주실 수 있나요?

W: 당연하죠! 이건 어때요? 6시까지 학생을 위해 답변을 받아줄게요. 가서 복사해야 할 페이지의 목록을 만들고 6시 이후에 언제든 다시 찾아와서 허가받은 걸 확인하고 복사하는 거죠.

M: 알겠습니다. 감사합니다!

Vocabulary

submit[səbmít] 제출하다   notify[nóutəfài] 안내하다   guarantee[gæ̀rəntíː] 보장   certainty[sə́ːrtnti] 확실성   worth a shot 시도해볼 만한

01

What is the main topic of the conversation?

(A) The library's policy regarding materials requests
(B) The library's application process for a renewal
(C) A student's library book that must be returned
(D) A student's trouble completing his thesis research

대화의 주된 주제는 무엇인가?

(A) 자료 요청에 관한 도서관의 규정
(B) 도서 대출 기한 연장을 위한 신청 과정
(C) 학생이 반납해야 하는 도서관 책
(D) 학생이 자신의 논문 연구를 완료하는 데 겪는 어려움

Main Topic 도입부에서 학생이 어제 도서 대출 연장 신청이 거부되었다는 통지를 받았다(I received a notice yesterday saying that an extension I requested for a book loan was denied)고 말하자, 사서는 학생이 그 책을 오늘 반납해주어야 한다(We need you to turn it in today)고 하며, 대화 전반에 걸쳐 이에 대해 이야기한다.

02

Why does the librarian request that the student return the book?

(A) The student failed to submit a renewal form on time.
(B) The three-week checkout period for the book has passed already.
(C) The university requires that the book be returned for department research.
(D) The student is unable to extend the amount of time he can keep the book.

사서는 왜 학생이 책을 반납하기를 요청하는가?

(A) 학생이 제시간에 기한 연장 신청서를 제출하지 못했다.
(B) 3주의 도서 대출 기간이 이미 지났다.
(C) 대학이 학부 연구를 위해 책을 반납하는 것을 요구한다.
(D) 학생은 그 책을 가지고 있을 수 있는 기간을 연장할 수 없다.

Detail 사서는 다른 학생이 책을 신청했다면, 기간 연장 요청이 승인될 수 없다(no extensions can be granted if another student has requested the book)고 말한다.

03

According to the conversation, what are two options the librarian gives to the student?

Choose 2 answers.

(A) Pay a small fee to extend the book loan period
(B) Make copies of the book sections he still needs
(C) Get permission from the manager for an extension
(D) Apply to reserve the book after he returns it

대화에 따르면, 사서가 학생에게 준 두 가지 선택 사항은 무엇인가? 2개의 답을 고르시오.

(A) 소정의 비용을 내고 도서 대출 기간을 연장하기
(B) 책에서 아직 필요한 부분을 복사하기
(C) 기간 연장에 대해 관리자에게 허락을 받기
(D) 책을 반납한 뒤 예약 신청을 하기

Detail 사서는 학생에게 특별 허가를 받아 책에서 필요한 특정 챕터를 복사하고(get special permission for you to ~ photocopy the specific chapters of the book that you need), 책을 우선 반납한 후 예약 신청서를 작성하라고(you can fill out a form after you return the book) 말한다.

04

What is the librarian's attitude towards the student?

(A) She finds him to be uninformed about the library.
(B) She feels he has demonstrated a lack of preparation.
(C) She has empathy for the situation he faces.
(D) She feels his work ethic is extraordinarily good.

학생에 대한 사서의 태도는 무엇인가?

(A) 그가 도서관에 대해 잘 알지 못한다고 생각한다.
(B) 그가 준비에 소홀함을 보였다고 느낀다.
(C) 그가 처한 상황에 공감한다.
(D) 그의 근면성이 매우 뛰어나다고 느낀다.

Attitude 사서는 학생이 겪고 있는 문제를 정말 이해한다(I certainly understand the trouble you're going through)고 말하며, 학생이 책을 복사하는 것 정도는 배려해줘야 할 것 같다(It's the least I could do)고 말한다. 이를 통해 사서는 학생이 처한 상황에 공감하고 있음을 알 수 있다.

05

Listen again to part of the conversation. Then answer the question.

M: Yeah . . . OK . . . But I need to turn the report in three weeks from now, so there's no guarantee I'd get the book back in time . . .
W: Well, the photocopying option is still available. That'll give you more certainty than simply hoping the next person returns the book early enough.
M: It's worth a shot. Can you talk to the manager?

What does the student mean when he says this:
M: It's worth a shot.

(A) He intends to wait until the next person turns in the book.
(B) He is concerned that the manager will not give approval to copy the book.
(C) He does not think the next person will keep the book for long.
(D) He will take the librarian's advice and make copies from the book.

대화의 일부를 다시 듣고 질문에 답하시오.

M: 네... 이해했어요... 하지만 저는 지금부터 3주 후에 논문을 제출해야 하는데, 제때 책을 받을 수 있다는 보장이 없잖아요...
W: 음, 복사하는 방법이 아직 남아 있잖아요. 그건 단순히 다음 사람이 책을 충분히 일찍 반납하기를 기대하는 것보다 더 확실할 거예요.
M: 시도해볼 만하네요. 관리자분에게 말씀해주실 수 있나요?

학생은 이렇게 말함으로써 무엇을 의미하는가:
M: 시도해볼 만하네요.

(A) 다음 사람이 책을 반납할 때까지 기다릴 계획이다.
(B) 관리자가 책을 복사하는 것을 허가하지 않을 것을 우려하고 있다.
(C) 다음 사람이 책을 오랫동안 가지고 있을 것이라고 생각하지 않는다.
(D) 사서의 조언을 받아들여서 책을 복사할 것이다.

Function 사서가 학생에게 복사를 하는 방법이 아직 남아 있으며 그건 단순히 다음 사람이 책을 충분히 일찍 반납하기를 기대하는 것보다 더 확실할 것(the photocopying option is still available. That'll give you more certainty than simply hoping the next person returns the book early enough)이라고 말하자, 학생은 시도해볼 만하다(It's worth a shot)고 말한다. 즉, 학생은 사서의 조언을 받아들여서 책을 복사하려고 하는 것이다.

잘못된 위기관리의 사례

Listen to part of a lecture in a business class.

P: So, in our last class, we spoke about public relations. Just to quickly review, we said that public relations involves activities that create a positive opinion among consumers about a company or a product. And why is it so important for a company to maintain a good relationship with the public? Anyone?

S1: Um . . . if the company doesn't have good relations with consumers, it will be much harder for it to sell its products.

P: Yes, that's definitely true. Without good PR, a company might lose significant market share. Now, all companies run into problems now and then, and of course, the public relations team should try to minimize any damage to the company's reputation caused by these problems. But sometimes, a situation may require more than just public relations work. You see, if a company doesn't act quickly to manage a minor problem, well, it can quickly turn into a real crisis. Let me give you an example. A food manufacturer makes potato chips. Then, in two separate incidents, people find insect parts in packages of chips. The media picks up on it. The company doesn't respond until the second complaint, and then a company spokesperson accuses the consumers of lying. But soon, insect parts are discovered in more of the company's chips, so now, no one believes the company. Next thing you know, angry consumers are organizing a boycott. Here's my question. When did the problem become a crisis?

S1: When the spokesperson accused the consumers of lying . . .

P: Right . . . And was there some other way the company could have handled the problem?

S1: It should have tried to make things right, instead of pretending that the problem didn't exist . . .

주제

위기관리의 방법 및 중요성

P: Absolutely. So, you see, it started out as a relatively small problem—insects in a couple of packages of potato chips. But the way the company dealt with the issue turned it into a real

경영학 강의의 일부를 들으시오.

P: 자, 지난 수업에서는 대외홍보에 관해 얘기했습니다. 빠르게 복습하자면, 대외홍보는 소비자들 사이에 회사나 제품에 대한 긍정적인 여론을 만드는 활동을 포함한다고 했어요. 그렇다면 회사가 대중과 좋은 관계를 유지하는 것이 왜 그렇게 중요할까요? 누가 말해볼래요?

S1: 음... 만약 회사가 소비자와 좋은 관계를 유지하지 못하면, 제품을 팔기가 훨씬 더 어렵죠.

P: 맞아요, 그건 분명 사실이죠. 좋은 대외홍보 없이는 회사가 시장 점유율을 크게 잃을 수도 있어요. 자, 모든 회사는 때때로 문제에 부딪혀요, 그리고 물론, 홍보팀은 이 문제들로 인해 회사의 명성이 훼손되는 것을 최소화하려고 노력해야 하죠. 하지만 때로는 단순한 홍보 업무 이상을 요구하는 상황이 있을 수도 있어요. 그러니까, 회사가 사소한 문제 하나를 빨리 처리하지 못하면, 음, 그건 순식간에 진짜 위기로 바뀔 수 있어요. 예를 들어볼게요. 한 식품 제조회사가 감자칩을 만듭니다. 그런데, 별개의 두 사건에서, 사람들이 감자칩 봉지에서 벌레 조각을 발견합니다. 매체가 그것을 알아차렸죠. 회사는 두 번째 항의가 있을 때까지 대응하지 않고, 이후 회사의 대변인이 소비자가 거짓말을 한다고 비난합니다. 그러나 곧, 그 회사의 더 많은 과자에서 벌레 조각이 발견되고, 이제 아무도 그 회사를 믿지 않죠. 그 다음으로 일어나는 일은, 화난 소비자들이 불매 운동을 조직합니다. 여기서 질문이 있어요. 어느 시점에 문제가 위기로 바뀐 걸까요?

S1: 대변인이 소비자가 거짓말한다고 비난했을 때요...

P: 맞아요... 그리고 회사가 그 문제를 다르게 처리할 수 있는 방법이 있었을까요?

S1: 문제가 없는 척하는 대신에, 바로잡으려고 해야 했어요...

P: 바로 그거예요. 자, 그것은 비교적 작은 문제로 시작되었어요, 감자칩 몇 봉지에 들어간 벌레들로요. 하지만 회사가 이 문제에 대처한 방법이 이를 진짜 위기로 바꾸었죠. 회사가 그 상황

Vocabulary

public relations 대외홍보　**significant** [signífikənt] 커다란, 중요한　**market share** 시장 점유율　**run into** (곤경 등에) 부딪히다
reputation [règpjutéiʃən] 명성, 평판　**crisis** [kráisis] 위기　**incident** [ínsədənt] 사건, 일　**pick up on** ~을 알아차리다
spokesperson [spóukspə̀ːrsn] 대변인　**accuse ~ of ...** ~을 …의 이유로 비난하다　**boycott** [bɔ́ikɑt] 불매 운동

crisis. When it became clear that the company was in denial about the situation, people stopped buying the company's products. [06]So that leads me to today's topic—what can a business do to prevent full-blown crises and maintain consumer faith in its products? The answer is crisis management, [07]which is a systematic approach that involves the whole company—not just public relations team.

S2: Oh, I think I know what you mean. The company could have had its quality control people look into the issue.

P: Good, good. And keep in mind that crisis management doesn't just minimize fallout from a difficult situation. This is because when crisis management is applied in the right way, it can actually improve the company's reputation and make the company stronger.

S2: Is that possible? I mean, for crisis management to actually strengthen the company?

방법 1
신속한 잘못의 인정과 불량 제품 리콜

P: Well, why don't we look at the insects in the potato chips problem, and you tell me how the company could have used crisis management to turn the problem around. As I mentioned earlier, the company was slow to respond. It even falsely accused its customers of lying, and that's when things started to get really bad—customers started to boycott the company's products. Now let's look at an alternative approach, one where crisis management is applied. What would you do if you knew you had messed up and you knew it was your fault?

S2: [11]Admit my mistake and apologize.

P: That's right! That's the first step. And you do it quickly before the problem gets out of hand. Take the example I mentioned earlier. The CEO or a very visible company spokesperson should issue a profuse apology and to show that the company regrets what happened, it should issue a product recall. Gather all the packaged chips and destroy them. What does this put in the consumer's mind?

S2: That the company's thinking about public safety, not profits.

P: Exactly. That's why you issue a recall—you show that

을 부인한다는 것이 명백해졌을 때, 사람들은 그 회사의 제품을 구매하는 것을 멈추었어요. [06]그것이 오늘의 주제로 이어집니다. 기업은 본격적인 위기를 예방하고 제품에 대한 소비자들의 신뢰를 유지하기 위해 무엇을 할 수 있을까요? 그 답은 위기관리이며, [07]이는 단순히 홍보팀뿐만 아니라 회사 전체가 관여해야 하는 조직적인 접근 방법이죠.

S2: 오, 무슨 말씀인지 알겠어요. 회사가 품질관리를 하는 직원들이 그 문제를 조사하도록 할 수 있었겠네요.

P: 좋아요, 좋아. 그리고 위기관리는 어려운 상황에서 오는 좋지 못한 결과를 단순히 축소하는 것이 아니란 걸 명심해요. 왜냐하면, 위기관리가 제대로 적용된다면, 그것은 실제로 회사의 명성을 높이고 회사를 더 강하게 만들 수도 있거든요.

S2: 그게 가능한가요? 제 말은, 위기관리가 정말로 회사를 더 강하게 만들 수 있나요?

P: 음, 감자칩 포장 안의 벌레 문제를 다시 살펴보면서, 회사가 어떻게 위기관리를 사용해서 이 문제를 호전시킬 수 있었을지 말해보세요. 제가 앞서 말한 것처럼, 회사는 대응하는 데 늦었어요. 심지어 소비자가 거짓말을 한다고 거짓으로 비난하기까지 했죠. 그리고 이때부터 문제가 정말 심각해졌어요. 소비자들이 회사 제품에 대해 불매 운동을 하기 시작했죠. 이제 위기관리가 적용된 대안적 접근 방법을 살펴봅시다. 만약 여러분이 실수했고 그것이 여러분 잘못이란 걸 안다면 어떻게 할 건가요?

S2: [11]실수를 인정하고 사과하겠어요.

P: 맞아요! 그게 첫 번째 단계예요. 그리고 문제를 감당할 수 없게 되기 전에 신속하게 해야 하죠. 제가 앞서 언급한 예를 살펴볼게요. 최고경영자 또는 잘 알려진 회사 대변인이 이 문제에 대해 여러 번 사과문을 발표해야 하고, 일어난 일에 대해 유감스럽게 생각한다는 것을 보여주기 위해 제품의 리콜을 시행해야 해요. 포장된 감자칩을 모두 모아서 파기해야 하죠. 이것이 소비자의 인식에 어떤 것을 각인시킬까요?

S2: 그 회사가 이익이 아니라, 대중의 안전을 생각한다는 거요.

P: 정확해요. 그게 리콜 제도를 시행하는 이유예

Vocabulary

denial[dináiəl] 부인   full-blown[fùlblóun] 본격적인   quality control 품질관리   fallout[fɔ́ːlàut] 좋지 못한 결과
turn around (경기·경제 등을) 호전시키다   falsely[fɔ́ːlsli] 거짓으로   alternative[ɔːltə́ːrnətiv] 대안의   mess up 실수하다, 망치다
get out of hand 감당할 수 없게 되다   issue[íʃuː] 발표하다   profuse[prəfjúːs] 많은, 다량의   recall[rikɔ́ːl] (하자가 있는 제품의) 리콜, 회수

방법 2

품질관리와
제조 과정 및
위생 방침 수정

you're willing to forgo profits because the consumer is more important. [09]Now, what's next? Remember . . . crisis management is a systemic approach. The whole company's involved.

S1: Aren't the apology and recall sufficient?

P: Well, that is what some companies seem to think. But remember, you want to prevent this thing from happening again. Alice mentioned it a while back. Quality control. The company has the quality control team investigate how those insects got into the potato chips in the first place, and then [08]redesign the manufacturing process to ensure that in the future, chips aren't contaminated by insects. [11]The administration revises its policy about plant sanitation. And to make sure the public knows what the company is doing, the public relations people let consumers know about the new policy and quality control procedures in a press release. This assures consumers that you're actually doing something about the problem. But that's not all. The company can take it one step further. Put yourself in the company's position . . . how would you get customers to start buying your products again?

방법 3

특별한 판매
촉진 전략의
수립

S2: [11]Um, how about some sort of special discount on its products, maybe even give stuff away for free? Something to create goodwill among customers.

효과적인
위기관리의
이점

P: There you go! [10]Special promotions are a great way to show that the company's in touch with its customers and is willing to take that additional step to please them. Promotions can be done in all kinds of ways—going back to our potato chip example, the company could give away free chips to loyal customers . . . or maybe buy one, get one free, that sort of thing. So, when you put all these things together—the apology, the recall, the quality control checks and policy changes, and the special promotions, well, this is crisis management in its totality. Would these steps help the company in the end? I'm willing to bet that within a year of initiating crisis management, the company's profits would increase to at least the level they were at before the problem occurred. And more importantly, the company's reputation would be even stronger because the public would know how much it cares about them.

요, 소비자가 더 중요하기 때문에 이익을 기꺼이 포기할 수 있다는 것을 보여주는 거죠. [09]자, 다음은 무엇일까요? 기억하세요... 위기관리는 조직적인 접근 방법입니다. 회사 전체가 관여하는 거죠.

S1: 사과와 리콜 제도만으로는 충분하지 않은가요?

P: 글쎄요, 일부 기업들은 그렇게 생각하는 것 같아요. 하지만 기억해요, 이런 일이 다시 일어나지 않도록 예방하고자 한다는 걸요. Alice가 아까 언급했어요. 품질관리요. 회사는 품질관리팀이 벌레가 애초에 어떻게 감자칩 봉지에 들어갔는지 조사하게 합니다, 그런 다음, [08]제조 과정을 다시 설계하여 앞으로는 감자칩이 벌레로 오염되지 않도록 하죠. [11]경영진은 공장 위생에 관한 방침을 수정합니다. 그리고 회사가 무엇을 하고 있는지 대중이 알게 하기 위해 홍보팀은 공식 성명을 통해 소비자에게 새로운 방침과 품질관리 절차를 알립니다. 이건 소비자로 하여금 회사가 문제에 관해 실제로 무언가를 하고 있다는 것을 확인시켜주죠. 하지만 그게 다가 아니에요. 회사는 한 단계 더 나아갈 수 있어요. 회사의 입장에서 생각해보세요... 소비자가 여러분의 제품을 다시 구매하게 하기 위해 무엇을 할 수 있을까요?

S2: [11]음, 그 제품에 대해 일종의 특별 할인을 하거나 무료로 나누어 주는 것은 어떨까요? 고객들 사이에서 호감을 조성할 수 있는 무언가를요.

P: 바로 그거예요! [10]특별한 판매 촉진 전략은 회사가 고객과 접촉하여 그들의 만족을 위해 기꺼이 추가적인 조치도 취할 수 있다는 것을 보여주는 좋은 방법이에요. 판매 촉진은 여러 방법을 통해 할 수 있죠, 다시 감자칩의 예로 돌아가서, 그 회사는 단골 고객에게 무료로 감자칩을 나눠줄 수 있습니다... 또는 하나를 사면 하나를 무료로 주는 그런 것들이요. 자, 이제 정리를 해보자면, 사과, 리콜 제도, 품질관리 조사와 방침 수정, 그리고 특별 판매 촉진까지, 음, 이것이 위기관리의 전부입니다. 이 단계들이 결과적으로 회사에 도움이 될까요? 위기관리를 시작하고 일 년 안에, 회사의 이익이 적어도 문제가 발생하기 전의 수준까지는 증가할 것이라고 장담할 수 있어요. 그리고 더 중요한 건, 대중은 그 회사가 대중을 얼마나 생각하는지 알게 되기 때문에 회사의 명성이 훨씬 높아질 겁니다.

Vocabulary

forgo[fɔːrɡóu] 포기하다 **sufficient**[səfíʃənt] 충분한 **contaminate**[kəntǽmənèit] 오염시키다 **administration**[ædmìnəstréiʃən] 경영진
revise[riváiz] 수정하다 **sanitation**[sæ̀nətéiʃən] 위생 **press release** 공식 성명 **give away** 나누어주다 **goodwill**[ɡùdwíl] 호감도
loyal customer 단골 고객 **initiate**[iníʃièit] 시작하다, 착수하다

06

What is the lecture mainly about?

(A) Current issues and concerns regarding product safety
(B) Strategies for long-term business planning
(C) The way crisis management benefits a company
(D) The importance of good public relations

강의는 주로 무엇에 관한 것인가?

(A) 제품 안전에 대한 현재의 문제와 우려
(B) 장기 사업 계획을 위한 전략
(C) 위기관리가 회사에 이익을 가져다 주는 방법
(D) 좋은 대외홍보의 중요성

Main Topic 도입부에서 교수는 기업이 위기를 예방하고 소비자의 신뢰를 유지하기 위해 무엇을 할 수 있을지(what can a business do to prevent full blown crises and maintain consumer faithin its products?) 묻고 그 답은 위기관리(The answer is crisis management)라고 말한다. 이어 교수는 강의 전반에 걸쳐 위기관리 방법과 그것이 기업에 가져올 수 있는 이익에 대해 설명한다.

07

According to the professor, in what way is crisis management a systemic approach?

(A) It requires participation from the entire company.
(B) It is more organized than other problem-solving methods.
(C) It is applied to issues that affect the company's profits.
(D) It focuses on the importance of good public relations.

교수에 따르면, 어떤 면에서 위기관리를 조직적인 접근법으로 볼 수 있는가?

(A) 회사 전체의 참여를 요구한다.
(B) 다른 문제 해결 방법보다 더욱 체계적이다.
(C) 회사의 이익에 영향을 주는 문제에 적용된다.
(D) 좋은 대외홍보의 중요성에 집중한다.

Detail 교수는 위기관리가 조직적인 접근 방법이며, 이는 단순히 홍보팀뿐만 아니라 회사 전체가 관여해야 한다는 의미(a systematic approach that involves the whole company–not just public relations team)라고 말한다.

08

According to the professor, what might the potato chip company do to keep its future products free of insects?

(A) Thoroughly clean its product storage facilities
(B) Utilize pesticides in its manufacturing plants
(C) Alter the procedure by which it produces potato chips
(D) Visually inspect potato chips before packaging them

교수에 따르면, 감자칩 회사는 후에 제품에 벌레가 들어가지 않도록 하기 위해 무엇을 할 수 있는가?

(A) 제품 저장 시설을 철저히 청소하기
(B) 제조공장에서 살충제 사용하기
(C) 감자칩을 제조하는 절차를 바꾸기
(D) 감자칩을 포장하기 전에 시각적으로 검사하기

Detail 교수는 감자칩 회사가 다시 같은 문제가 발생하지 않도록 하기 위해 제조 과정을 다시 설계하여 앞으로는 감자칩이 벌레로 오염되지 않도록 해야 한다 (redesign the manufacturing process to ensure that in the future, chips aren't contaminated by insects)고 말한다.

09

Listen again to part of the lecture. Then answer the question.

P: Now, what's next? Remember . . . crisis management is a systemic approach. The whole company's involved.

S1: Aren't the apology and recall sufficient?

P: Well, that is what some companies seem to think. But remember, you want to prevent this thing from happening again.

What does the professor mean when she says this:

P: Well, that is what some companies seem to think.

(A) She wants to provide a more detailed explanation.
(B) She disagrees with the student's response.
(C) She forgot to mention an important point.
(D) She wants the student to answer his own question.

강의의 일부를 다시 듣고 질문에 답하시오.

P: 자, 다음은 무엇일까요? 기억하세요... 위기관리는 조직적인 접근 방법입니다. 회사 전체가 관여하는 거죠.

S1: 사과와 리콜 제도만으로는 충분하지 않은가요?

P: 글쎄요, 일부 기업은 그렇게 생각하는 것 같아요. 하지만 기억해요, 이런 일이 다시 일어나지 않도록 예방하고자 한다는 걸요.

교수는 이렇게 말함으로써 무엇을 의미하는가:

P: 글쎄요, 일부 기업은 그렇게 생각하는 것 같아요.

(A) 더욱 자세한 설명을 제공하기를 원한다.
(B) 학생의 대답에 동의하지 않는다.
(C) 중요한 요지를 말하는 것을 잊었다.
(D) 학생 스스로가 질문에 답하기를 원한다.

Function 교수는 일부 기업은 그렇게 생각하는 것 같지만, 이런 일이 다시 일어나지 않도록 예방하고자 한다는 것을 기억하라(that is what some companies seem to think. But remember, you want to prevent this thing from happening again)고 한다. 즉, 교수는 학생의 대답에 동의하지 않는 것이다.

10

Why does the professor mention free potato chips?

(A) To give an example of how new products can be promoted
(B) To explain how victims of defective products can be compensated
(C) To illustrate how a company can demonstrate its dedication to customers
(D) To suggest that special promotions can reduce a company's profits

교수는 왜 무료 감자칩을 언급하는가?

(A) 새 제품을 홍보하는 방법에 대한 예시를 주기 위해
(B) 불량품으로 인한 피해자들에게 보상해줄 수 있는 방법을 설명하기 위해
(C) 고객을 위한 회사의 헌신을 보여줄 수 있는 방법을 설명하기 위해
(D) 특별한 판매 촉진 전략이 회사의 이익을 줄일 수 있다는 것을 암시하기 위해

Purpose 교수는 특별한 판매 촉진 전략은 회사가 고객의 만족을 위해 기꺼이 추가적인 조치도 취할 수 있다는 것을 보여주는 좋은 방법이라고 하며, 그 예로 단골 고객에게 무료 감자칩을 나눠주는 방법(give away free chips)을 들고 있다. 이를 통해 교수는 고객을 위한 회사의 헌신을 어떻게 보여줄 수 있을지 설명하기 위해 무료 감자칩을 언급한 것임을 알 수 있다.

11

In the lecture, the professor describes the steps in crisis management. Indicate whether each of the following is a step in the process.

	Yes	No
Change company procedures	√	
Protect the company's bottom line		√
Let an expert deal with the problem		√
Admit the company's mistake	√	
Hold special sales events	√	

강의에서, 교수는 위기관리 단계에 대해 묘사한다. 다음의 항목이 이 과정인지를 표시하시오.

	예	아니오
회사의 방침을 바꾸기	√	
회사 순익을 보호하기		√
전문가가 문제를 해결하도록 하기		√
회사의 실수를 인정하기	√	
특별 할인 판매 이벤트를 실시하기	√	

List 교수는 식품 제조회사의 예를 들어 위기관리의 과정에 대해 설명한다. 교수에 따르면, 회사는 실수를 인정하고 사과해야 하며(Admit mistake and apologize), 공장 위생 등에 관한 방침을 수정해야 하고(revises its policy about plant sanitation), 특별 할인 같은 방법을 통해 고객의 호감을 조성해야 한다(special discount on its products ~ Something to create goodwill among customers).

VOCABULARY LIST

TEST 1에서 나오는 토플 필수 단어를 선별하여 정리하였습니다. 고득점을 위해 꼭 암기하세요.

- ☐ turnout[tɔ́:rnaut] 참석자 수
- ☐ pesticide[péstəsàid] 농약
- ☐ in particular 특히, 특별히
- ☐ toxicity[tɑksísəti] 독성
- ☐ measure[méʒər] 측정하다
- ☐ right up one's alley ~의 능력에 맞는
- ☐ droplet[drɑ́plit] 작은 방울
- ☐ chemicals[kémikəls] 화학물질
- ☐ dissolve[dizɑ́lv] 녹다, 용해되다
- ☐ particle[pɑ́:rtikl] 입자
- ☐ amount to ~과 마찬가지이다
- ☐ push for ~을 추진하다
- ☐ leach[li:tʃ] (화학물질 등이) 침출되다
- ☐ absorb[æbsɔ́:rb] 흡수하다
- ☐ impact[ímpækt] 영향
- ☐ exert[igzɔ́:rt] 가하다
- ☐ reaction[riækʃən] 반작용
- ☐ be subject to ~을 받다
- ☐ in isolation 고립되어
- ☐ cancel out ~을 상쇄하다
- ☐ gravity[grǽvəti] 중력
- ☐ inspiration[ìnspəréiʃən] 영감
- ☐ attract[ətrǽkt] 끌어당기다
- ☐ gravitational force 중력
- ☐ groundbreaking[gráundbrèikiŋ] 획기적인

- ☐ astronomer[əstrɑ́nəmər] 천문학자
- ☐ turn to ~에 의지하다
- ☐ plot[plɑt] ~을 그리다
- ☐ satellite[sǽtəlàit] 인공위성
- ☐ accelerate[æksélərèit] 가속화하다
- ☐ thrust[θrʌ́st] 추진력
- ☐ ignite[ignáit] 점화하다
- ☐ nozzle[nɑ́zl] 분사구
- ☐ camouflage[kǽməflɑ̀:ʒ] 위장하다
- ☐ detection[ditékʃən] 발견, 탐지
- ☐ right off the bat 곧바로, 즉시
- ☐ take on (특정한 특질·모습 등을) 띠다
- ☐ blend in (주변 환경에) 섞여들다, 조화를 이루다
- ☐ mimic[mímik] 흉내 내다
- ☐ disguise[disgáiz] 변장
- ☐ alter[ɔ́:ltər] 바꾸다
- ☐ hue[hju:] 색조
- ☐ literally[lítərəli] 말 그대로
- ☐ in the blink of an eye 눈 깜박할 사이에
- ☐ deliberate[dilíbərət] 신중한
- ☐ pigment[pígmənt] 색소
- ☐ amphibian[æmfíbiən] 양서류
- ☐ reptile[réptail] 파충류
- ☐ physiological[fìziəlɑ́dʒikəl] 생리적인
- ☐ malleable[mǽliəbl] 유연한, 가단성 있는

Quiz

단어의 알맞은 뜻을 찾아 연결해보세요.

01 leach	ⓐ 흉내 내다	06 hue	ⓐ 점화하다
02 gravity	ⓑ 유연한, 가단성 있는	07 plot	ⓑ 신중한
03 inspiration	ⓒ 영감	08 deliberate	ⓒ 색조
04 malleable	ⓓ (화학물질 등이) 침출되다	09 thrust	ⓓ 분포
05 mimic	ⓔ 바꾸다	10 ignite	ⓔ 추진력
	ⓕ 중력		ⓕ ~을 그리다

01 ⓓ 02 ⓕ 03 ⓒ 04 ⓑ 05 ⓐ 06 ⓒ 07 ⓕ 08 ⓑ 09 ⓔ 10 ⓐ

☐ compartment [kəmpáːrtmənt] 구획, 구분

☐ reflective [rifléktiv] 반사성의

☐ radically [rædikəli] 극단적으로

☐ proportion [prəpɔ́ːrʃən] 크기, 규모

☐ in captivity 잡힌, 감금된

☐ bear with ~가 말하는 것을 참고 듣다

☐ tentacle [téntəkl] 촉수

☐ rigidity [ridʒídəti] 경도, 단단함

☐ compression [kəmpréʃən] 압축

☐ cartilage [káːrtəlidʒ] 연골

☐ habitat [hæbitæt] 서식지

☐ poisonous [pɔ́izənəs] 독이 있는

☐ venomous [vénəməs] 독이 있는

☐ fin [fin] 지느러미

☐ distend [disténd] 팽창시키다

☐ last resort 최후의 수단

☐ olfactory [ɑlfæktəri] 후각의

☐ extension [iksténʃən] 연장

☐ pull up (정보 등을) 조회하다

☐ grant [grænt] 승인하다

☐ thesis [θíːsis] 논문

☐ make exceptions 예외를 두다

☐ renew [rinjúː] 연장하다, 갱신하다

☐ fine [fɑin] 연체료

☐ certainty [sə́ːrtnti] 확실성

☐ worth a shot 시도해볼 만한

☐ public relations 대외홍보

☐ significant [signífikənt] 커다란, 중요한

☐ market share 시장 점유율

☐ run into (곤경 등에) 부딪히다

☐ reputation [rèpjutéiʃən] 명성, 평판

☐ pick up on ~을 알아차리다

☐ spokesperson [spóukspə̀ːrsn] 대변인

☐ boycott [bɔ́ikɑt] 불매 운동

☐ full-blown [fùlblóun] 본격적인

☐ fallout [fɔ́ːlàut] 좋지 못한 결과

☐ turn around (경기·경제 등을) 호전시키다

☐ alternative [ɔːltə́ːrnətiv] 대안의

☐ mess up 실수하다, 망치다

☐ get out of hand 감당할 수 없게 되다

☐ issue [íʃuː] 발표하다

☐ profuse [prəfjúːs] 많은, 다량의

☐ forgo [fɔːrgóu] 포기하다

☐ sufficient [səfíʃənt] 충분한

☐ contaminate [kəntǽmənèit] 오염시키다

☐ administration [ædmìnəstréiʃən] 경영진

☐ sanitation [sæ̀nətéiʃən] 위생

☐ press release 공식 성명

☐ give away 나누어주다

☐ goodwill [gùdwíl] 호감도

Quiz

단어의 알맞은 뜻을 찾아 연결해보세요.

01 issue	ⓐ 좋지 못한 결과	06 profuse	ⓐ 대안
02 distend	ⓑ 서식지	07 alternative	ⓑ 승인하다
03 fallout	ⓒ 발표하다	08 grant	ⓒ 많은, 다량의
04 habitat	ⓓ 팽창시키다	09 certainty	ⓓ 본격적인
05 sanitation	ⓔ 위생	10 forgo	ⓔ 확실성
	ⓕ 연장하다, 갱신하다		ⓕ 포기하다

ⓕ 01 ⓒ 02 ⓓ 03 ⓐ 04 ⓑ 05 ⓔ 06 ⓒ 07 ⓐ 08 ⓑ 09 ⓔ 10 ⓕ

HACKERS TOEFL ACTUAL TEST LISTENING

TEST 02

SELF-CHECK LIST

이번 테스트는 어땠나요?
다음 체크리스트로 자신의 테스트 진행 내용을 점검해 볼까요?

1 나는 테스트가 진행되는 동안 완전히 집중하였다. ☐ Yes ☐ No
집중하지 못했다면, 그 이유는?

2 나는 주어진 16분 30초 동안 28문제를 모두 풀었다. ☐ Yes ☐ No
문제를 모두 풀지 못했다면, 그 이유는?

3 유난히 어렵게 느껴지는 지문이 있었다. ☐ Yes ☐ No
있었다면, 어려웠던 지문과 그 이유는? (어휘, 속도, 주제 등)

4 유난히 어렵게 느껴지는 문제가 있었다. ☐ Yes ☐ No
있었다면, 어려웠던 문제의 유형과 그 이유는?

5 이전 테스트에서 발견된 문제점이 모두 개선되었다. ☐ Yes ☐ No
개선되지 않았다면, 그 이유는?

6 개선해야 할 점과 이를 위한 구체적인 학습 계획

ANSWER KEYS & 취약 유형 분석표

PART 1

01 (B) Main Purpose
02 (A), (B) Detail
03 (B) Inference
04 (D) Detail
05 (C) Inference
06 (C) Main Topic
07 (D) Detail
08 (A) Purpose
09 (A) Detail
10 (C) Function
11 List

	Yes	No
Painted with brushes of various sizes		√
Resembled works of Native Americans	√	
Created with methods of trickling and spattering	√	
Painted over and over again to achieve layers		√

PART 2

01 (C) Main Purpose
02 (B) Detail
03 (D) Inference
04 (A) Detail
05 (C) Function
06 (B) Main Topic
07 (A) Detail
08 List

	Yes	No
Provides a partner for an insect to mate with		√
Takes on a shape and a color that the pollinator finds appealing	√	
Produces a substance that is edible	√	
Offers the pollinator a variety of pollens to choose from		√
Produces a smell that appeals to the pollinator	√	

09 (A) Purpose
10 (C) Function
11 (B) Detail
12 (C) Main Topic
13 (A) Purpose
14 (B) Function
15 (A), (D) Detail
16 (C) Function
17 (B) Inference

■ 각 문제 유형별 맞힌 개수를 아래에 적어 보세요.

문제 유형	맞힌 답의 개수
Main Topic / Purpose	/ 5
Detail	/ 9
Function & Attitude	/ 5
Connecting Contents I (List, Matching, Ordering)	/ 2
Connecting Contents II (Purpose, Organization)	/ 3
Inference	/ 4
Total	**/ 28**

* 자신이 취약한 유형은 LISTENING STRATEGIES(p.22)를 통해 다시 한번 점검하시기 바랍니다.

Listen to a conversation between a student and a student union representative.

학생과 학생회 대표 사이의 대화를 들으시오.

학생의 용건

요리
동아리에서
계획 중인
모금 행사에
관한 도움 요청

W: Hello, welcome to the student union.

M: Thanks. I have a question. Is there anyone here who handles campus events?

W: Sure, I can help you with that. Do you need information about our event schedule this semester? We have a lot going on around campus.

M: No, not exactly. [01]I'm the president of the university's cooking club, and we're planning to raise funds for charity. Ideally, we'd like to work with another club that has experience with that sort of thing. So I was wondering if you could help me find another club that might be interested in working together with us.

W: Oh yeah, I've heard of your club. In fact, I was at last year's student club orientation. I bought a bunch of your food. I had some, uh, grilled shrimp with mango salsa. It was fantastic!

M: Yeah, that would've been our club. We now sell a wide range of dishes at our events, and we've been getting a lot of positive feedback on the variety of menu options we offer.

W: That's great. So, what kind of fund-raising are you planning on?

요리 동아리의 주된 목표

M: Well, [02]our main goal is to encourage good eating habits. So, we normally put on events to inform the student body about the benefits of good nutrition.

W: Well, that's very helpful. A lot of students certainly need to change their eating habits.

M: Yeah, right. That's why we always sell healthy food . . . to show students that healthy food can be even more delicious than junk food. And sometimes we give cooking presentations to show students how to cook healthy and cheap meals that don't take long to prepare.

W: Oh, that sounds great. Maybe I should attend one of your presentations.

M: You're welcome to attend anytime. And, uh, [04]normally, we put the proceeds from our sales back into a fund for the club, which, uh, gets spent on stuff for upcoming presentations . . .

W: 안녕하세요, 학생회에 오신 것을 환영합니다.

M: 고맙습니다. 질문이 있는데요. 여기에 교내 행사를 담당하는 분이 계신가요?

W: 물론이죠, 제가 도와드릴 수 있어요. 이번 학기 행사 일정에 대한 정보가 필요하신가요? 교내에서 진행되는 것들이 많아요.

M: 아뇨, 그런 건 아니에요. [01]저는 대학 요리 동아리 회장인데요, 저희는 자선기금을 모금할 계획이에요. 이상적으로는, 그러한 일에 경험이 있는 다른 동아리와 같이 주최하면 좋겠어요. 그래서 저희와 함께 일하는 데 관심이 있을 만한 동아리를 찾는 것을 도와주실 수 있나 해서요.

W: 오 그래요, 당신의 동아리에 대해 들은 적이 있어요. 사실, 작년 학생 동아리 오리엔테이션에 참가했어요. 당신의 동아리의 음식을 많이 샀었죠. 전, 어, 망고 살사를 곁들인 그릴에 구운 새우를 먹었어요. 굉장히 맛있었어요!

M: 네, 그건 저희 동아리였을 거예요. 저희는 이제 행사에서 아주 다양한 종류의 음식을 팔거든요, 그리고 저희가 제공하는 다양한 메뉴에 대해 긍정적인 피드백을 많이 받고 있어요.

W: 잘됐네요. 그래서, 어떤 종류의 모금을 계획하고 있나요?

M: 음, [02]저희의 주된 목표는 좋은 식습관을 장려하는 거예요. 그래서 저희는 보통 전교생에게 충분한 영양 섭취의 이점을 알리기 위해 행사를 열어요.

W: 음, 아주 유익하네요. 많은 학생들은 확실히 식습관을 바꿀 필요가 있어요.

M: 네, 맞아요. 그게 저희가 항상 건강한 음식을 판매하는 이유예요... 학생들에게 건강한 음식이 정크푸드보다도 더 맛있을 수 있다는 것을 보여주기 위해서죠. 그리고 저희는 가끔 요리시연회를 열어서 학생들에게 준비하는 데 오래 걸리지 않는 건강하고 저렴한 음식을 요리하는 법을 보여주기도 해요.

W: 오, 그거 아주 좋네요. 시연회에 한번 참석해야겠네요.

M: 언제든지 참석하세요. 그리고, 어, [04]보통, 저희는 판매로 얻은 수익금을 동아리를 위한 기금으로 다시 넣어두는데, 이건, 어, 다가올 시연회에서 필요한 것들에 쓰여요... 식재료나 교육

Vocabulary

student union 학생회   **fund**[fʌnd] 기금   **charity**[tʃǽrəti] 자선   **ideally**[aidíːəli] 이상적으로는   **fund-raising**[fʌ́ndrèiziŋ] 모금
student body 전교생, 학생 전체   **nutrition**[njuːtríʃən] 영양   **proceeds**[próusiːdz] 수익금   **upcoming**[ʌ́pkʌ̀miŋ] 다가오는

like ingredients and educational materials.

W: OK, so . . . is that the reason you want to raise funds now?

M: No, um . . . ⁰²This year we've decided that another one of our goals should be to help the less fortunate. So we want to work together with another club to raise money for an organization that does that kind of social work in our city. We thought it'd be a good way to expose our club to the student body and help some other people out in the process.

W: ⁰³In fact . . . there is an upcoming fund-raising event being held by the social work club for the Nobody Goes Hungry Campaign. It's to raise money for a homeless shelter. It's normally a big event and lasts the whole weekend. Based on what I saw at this event last year, it would be a good place for you to set up a booth. You'd sell a lot of food.

M: That's a possibility. Do you know who the club's leader is? I'd like to get in touch with him so I can explain what we're trying to do.

W: Sure, the way it normally works is uh, a student union rep will contact the group leaders before an event is organized. So, in this case, I can help you get in touch with the student leader of the social work club. I'll explain what you'd like to do . . . collaborate on an event . . . Are you planning on having a booth there and selling food?

M: I think so . . . our club hasn't ironed out the details perfectly yet. But yes . . . we'd like to have a booth set up with some health information and sell some healthy food.

W: OK, that sounds good. ⁰⁵Do you want me to reserve a table at the event for you?

M: I think that sounds all right, but lemme check with my club members before I confirm it with you. Is that OK? I want to make sure we're all on the same page and that everyone's available for the event you mentioned . . . When is it scheduled to happen?

W: Uh, let me check . . . it'll take place three weeks from now . . . on June 11 and 12.

M: OK, sounds good. I'll talk with my group and then get back to you in a day or so. Thanks!

요리 동아리의 올해 목표

대표의 제안

사회 복지 동아리의 모금 행사를 공동 주최할 것

자료 같은 거요.

W: 그렇군요, 그럼... 그게 지금 기금을 모으려는 이유인가요?

M: 아니요, 음... ⁰²올해 저희는 동아리의 또 하나의 목표가 불우이웃을 돕는 것이 되어야 한다고 결정했어요. 그래서 저희는 시에서 그런 종류의 사회 사업을 하는 단체를 위한 모금을 하기 위해 다른 동아리와 함께 일하고 싶어요. 그것이 저희 동아리를 전교생에게 알리고 그 과정에서 다른 사람들을 돕는 좋은 방법이 될 거라고 생각했고요.

W: ⁰³실은... 사회 복지 동아리에서 Nobody Goes Hungry 캠페인을 위해 주최하는 기금 모금 행사가 곧 있어요. 노숙자 쉼터를 위한 돈을 모으기 위한 거예요. 보통 주말 내내 계속되는 큰 행사죠. 작년에 이 행사에서 제가 본 바로는, 학생이 부스를 설치하기에 좋은 장소일 거예요. 음식을 많이 팔 수 있을 걸요.

M: 그럴 수도 있겠네요. 그 동아리의 회장이 누군지 아시나요? 저희가 하려는 일을 설명할 수 있게 그에게 연락을 하고 싶어요.

W: 물론이죠, 보통 이게 어떻게 진행되는가 하면요, 어, 행사가 준비되기 전에 학생회 대표가 동아리 회장들에게 연락할 거예요. 그래서, 이 경우에는, 제가 사회 복지 동아리 회장과 연락하는 것을 도와줄 수 있어요. 학생이 무엇을 하려는지 제가 설명할게요... 행사를 공동 주최하는 거요... 거기서 부스를 설치하고 음식을 팔 계획인가요?

M: 아마도요... 저희 동아리는 아직 세부적인 사항을 완벽하게 결정하지는 못했어요. 하지만 맞아요... 저희는 건강 관련 정보를 제공하는 부스를 설치하고 건강한 음식을 판매하고 싶어요.

W: 알았어요, 그거 좋네요. ⁰⁵행사 테이블을 예약해 드릴까요?

M: 괜찮을 것 같긴 한데, 확정하기 전에 동아리 회원들과 함께 검토해볼게요. 그래도 괜찮나요? 모두가 동의하는지, 그리고 모두가 당신이 말한 행사에 참석할 수 있는지 확실히 하고 싶어요... 그 행사는 언제 열릴 예정인가요?

W: 음, 확인해볼게요... 지금으로부터 3주 뒤에 개최될 거예요... 6월 11일과 12일이에요.

M: 오, 좋네요. 저희 동아리와 이야기해보고 나서 하루 뒤쯤 다시 올게요. 감사해요!

Vocabulary

ingredient [ingríːdiənt] (특히 요리 등의) 재료 **the less fortunate** 불우이웃 **social work** 사회 사업 **shelter** [ʃéltər] 쉼터, 보호소
get in touch with ~와 연락하다 **rep** [rep] 대표(= representative) **collaborate** [kəlǽbərèit] 공동으로 주최하다, 협동하다
iron out ~을 결정하다, 해결하다 **be on the same page** 동의하다, 이해하고 있는 내용이 같다

01

Why does the student need the woman's assistance?

(A) He wants to learn more about the event schedule for the semester.
(B) He is looking for options to work on a project with another club.
(C) He would like to arrange a cooking presentation for students.
(D) He needs advice about organizing a fund-raiser on his own.

학생은 왜 여자의 도움이 필요한가?

(A) 학기 동안의 행사 일정에 대해 더 알아보기를 원한다.
(B) 다른 동아리와 함께 프로젝트를 진행할 수 있는 방안을 찾고 있다.
(C) 학생들을 위한 요리 시연회를 계획하길 원한다.
(D) 혼자서 모금 행사를 계획하는 것에 대한 조언이 필요하다.

Main Purpose 도입부에서 학생은 자선 기금을 모금할 계획이고 함께 일하는 데 관심이 있을 만한 다른 동아리를 찾는 것을 도와줄 것(we're planning to raise funds for charity ~ I was wondering if you could help me find another club that might be interested in working together with us)을 여자에게 부탁한다.

02

According to the student, what are two objectives of the cooking club?

Choose 2 answers.

(A) To provide assistance to the underprivileged
(B) To teach students how to maintain a healthy diet
(C) To raise money for events hosted by the student body
(D) To encourage students to eat a more varied diet

학생에 따르면, 요리 동아리의 두 가지 목표는 무엇인가?
2개의 답을 고르시오.

(A) 불우한 사람들에게 도움을 제공하는 것
(B) 학생들에게 건강한 식습관을 유지하는 방법을 가르쳐주는 것
(C) 전교생이 주최하는 행사를 위한 기금을 모으는 것
(D) 학생들이 더 다양한 음식을 먹도록 장려하는 것

Detail 학생은 요리 동아리의 주된 목표가 좋은 식습관을 장려하는 것(our main goal is to encourage good eating habits)이며, 올해는 또 하나의 목표가 불우이웃을 돕는 것이 되어야 한다고 결정했다(This year we've decided that another one of our goals should be to help the less fortunate)고 말한다.

03

Listen again to part of the conversation. Then answer the question.

W: In fact . . . there is an upcoming fund-raising event being held by the social work club for the Nobody Goes Hungry Campaign. It's to raise money for a homeless shelter. It's normally a big event and lasts the whole weekend. Based on what I saw at this event last year, it would be a good place for you to set up a booth. You'd sell a lot of food.

What can be inferred about the last year's fund-raising event?

(A) It included free meals for the homeless.
(B) It was attended by many of the students.
(C) It was co-hosted by two university clubs.
(D) It took place at a local homeless shelter.

대화의 일부를 다시 듣고 질문에 답하시오.

W: 실은... 사회 복지 동아리에서 Nobody Goes Hungry 캠페인을 위해 주최하는 기금 모금 행사가 곧 있어요. 노숙자 쉼터를 위한 돈을 모으기 위한 거예요. 보통 주말 내내 계속되는 큰 행사죠. 작년에 이 행사에서 제가 본 바로는, 학생이 부스를 설치하기에 좋은 장소일 거예요. 음식을 많이 팔 수 있을 걸요.

작년 기금 모금 행사에 관해 추론할 수 있는 것은 무엇인가?

(A) 노숙자들을 위한 무료 식사를 포함했다.
(B) 많은 학생들이 참석했다.
(C) 두 대학 동아리에 의해 공동으로 주최되었다.
(D) 지역 노숙자 쉼터에서 개최되었다.

Inference 여자가 작년의 행사를 본 바로는 요리 동아리가 부스를 설치하기에도 좋은 장소이고, 많은 음식을 팔 수 있을 것(Based on what I saw at this event last year, it would be a good place for you to set up a booth. You'd sell a lot of food)이라고 말한다. 이를 통해 작년의 행사에 많은 학생들이 참석했음을 알 수 있다.

04

According to the student, what is the revenue from food sales usually used for?

(A) Creating an education fund for club members
(B) Providing nutritional information to the poor
(C) Attending cooking presentations off campus
(D) Hosting future club events for students

학생에 따르면, 음식 판매로 얻은 수익은 보통 무엇을 위해 쓰이는가?

(A) 동아리 회원들을 위한 교육 기금을 마련하는 것
(B) 가난한 사람들에게 영양학적인 정보를 제공하는 것
(C) 학교 밖에서의 요리 시연회에 참석하는 것
(D) 향후 학생들을 위한 동아리 행사를 주최하는 것

Detail 학생은 보통 음식 판매를 통해 얻은 수익금이 다음 시연회에 필요한 식재료나 교육 자료를 마련하는 데 쓰인다(normally, we put the proceeds from our sales back into a fund for the club ~ gets spent on stuff for upcoming presentations ~ like ingredients and educational materials)고 말한다.

05

What will the student probably do next?

(A) Confirm details of the event with the woman
(B) Get in touch with the social work club leader
(C) Contact the other cooking club members
(D) Reserve a table for the upcoming event

학생은 다음에 무엇을 할 것인가?

(A) 여자와 행사의 세부 사항들을 확정하기
(B) 사회 복지 동아리 회장에게 연락하기
(C) 요리 동아리의 다른 회원들에게 연락하기
(D) 다가올 행사를 위한 테이블을 예약하기

Inference 학생은 여자가 행사 테이블을 예약하기를 원하는지(Do you want me to reserve a table at the event for you?) 묻자, 이를 확정하기 전에 동아리 회원들과 검토해보겠다(lemme check with my club members before I confirm it with you)고 말한다. 이를 통해 학생이 요리 동아리의 다른 회원들에게 연락할 것임을 알 수 있다.

Listen to part of a talk in an art history class. The professor discusses Jackson Pollock.

주제

잭슨 폴록과 독특한 회화 작품

Let's settle down. OK . . . [06]we're going to talk about a celebrated artist, Jackson Pollock. Actually, all famous artists are celebrated for one reason or another. With Pollock, it's his unique style of painting that is worthy of notice—his works caused quite a stir when he first created them, and they still attract attention.

폴록의 초기 작품 경향

Well, before I get ahead of myself, let me give you a brief career of this artist. Jackson Pollock got an early start in art. He studied at the Manual Arts High School in Los Angeles . . . Then, [07]he and his brother moved to New York City to study under Thomas Hart Benton at the Art Students League. Benton was a regionalist. Uh, regionalism is a modern American art movement that focused on rural scenes. Its proponents disliked the city and its rapid technological advances . . . So, during the 1930s, Pollock's work had a very regionalist feel to it . . .

폴록의 추상화

Then, in the mid-1940s, Pollock stopped doing regionalist paintings. The change was a bit abrupt . . . He just stopped having subjects in his paintings . . . and his work became more and more abstract. He would, uh, lay a big canvas on the floor—much larger than what most artists would use. Sometimes he would nail it to the floor . . . and then he'd start painting, but in a very unique manner. I mean, the way Pollock painted on a canvas . . . well, it was attention-getting. He would walk around his paintings and pour or drip paint here and there. Pollock said this made him feel that he was "in" the painting. He never used a paintbrush. He occasionally used a knife or a stick to push the paint here and there . . . and he would sometimes throw bits of glass or sand or some other stuff onto a wet canvas. [11]It was suggested that Pollock may have been doing something similar to Native American sand paintings. He may have been impressed with the thin lines of colored sand that Indian artists trickled onto

미술사 강의의 일부를 들으시오. 교수는 잭슨 폴록에 대해 논의합니다.

이제 시작하죠. 좋아요... [06]오늘은 저명한 예술가, 잭슨 폴록에 대해 얘기하겠습니다. 사실, 모든 저명한 예술가들은 이런저런 이유로 유명하죠. 폴록의 경우, 주목할 만한 점은 그의 독특한 화풍이죠, 그의 작품들이 처음 만들어졌을 때 상당한 파문을 일으켰고, 여전히 관심을 끌고 있습니다.

자, 깊이 들어가기 전에, 이 예술가의 약력을 알려 줄게요. 잭슨 폴록은 일찍 미술을 시작했어요. 그는 로스앤젤레스의 Manual 예술 고등학교에서 공부했습니다... 그 후, [07]그와 형은 예술 학생 리그의 토마스 하트 벤튼에게 가르침을 받기 위해 뉴욕 시에 갔습니다. 벤튼은 지방주의자였어요. 어, 지방주의는 전원 풍경에 주목했던 현대 미국의 예술 사조입니다. 이것의 지지자들은 도시와 도시의 빠른 기술적 진보를 싫어했어요... 그래서, 1930년대 동안, 폴록의 작품에는 매우 지방주의적인 느낌이 있었습니다...

그 후, 1940년대 중반에, 폴록은 지방주의 화풍으로 그리는 것을 그만두었습니다. 이 변화는 조금 갑작스러웠죠... 그는 그림에 대상을 담는 것을 그만두었고... 작품은 점점 더 추상적이 되었습니다. 그는, 어, 대부분의 화가들이 사용하던 것보다 훨씬 더 큰 캔버스를 바닥에 내려놓았습니다. 가끔 바닥에 못으로 박기도 했죠... 그리고 그다음 그림을 그리기 시작했어요, 아주 독특한 방식으로요. 제 말은, 폴록이 캔버스에 그림을 그렸던 방식... 음, 그것은 주목을 끌었습니다. 그는 그림 주위를 걸어다니며 여기저기에 물감을 붓거나 뚝뚝 떨어뜨렸어요. 폴록은 그것이 그가 그림 '속'에 있는 것처럼 느껴지게 한다고 했어요. 그는 붓을 전혀 사용하지 않았습니다. 그는 페인트를 여기저기 바르기 위해 종종 칼이나 막대기를 사용했죠... 그리고 가끔 젖은 캔버스 위에 유리 조각이나 모래 또는 다른 재료를 뿌리기도 했어요. [11]폴록이 미국 원주민의 모래 그림과 비슷하게 했던 것일 수도 있다는 설도 있었습니다. 그가 미국 원주민 예술가들이 정교한 무늬

Vocabulary

celebrated[séləbrèit] 저명한, 유명한　**cause a stir** 파문을 일으키다　**regionalism**[ríːdʒnəlìzm] 지방주의　**proponent**[prəpóunənt] 지지자
abrupt[əbrʌ́pt] 갑작스런　**abstract**[æbstrǽkt] 추상적인　**pour**[pɔːr] 붓다　**drip**[drip] (액체를) 뚝뚝 떨어뜨리다　**paintbrush**[pe
trickle[tríkl] 뿌리다

horizontal surfaces to create elaborate patterns. Anyway, the abstract paintings that Pollock created have been called "action paintings," and I suppose they were called that because the very size of the canvas and the type of painting that was being done required Pollock to be constantly on the move. And he didn't stop moving until the painting was finished.

폴록의 작품 감상 위치에 관한 이견

Most people are aware that Pollock laid his canvases on the floor . . . So, some of you might think that people need to look down at a Pollock painting because that's the way Pollock painted, you know, looking down at his paintings. You might think it proper to consider the angle at which his paintings should be viewed . . . But I don't think Pollock had a certain angle in mind when he was painting. [08]Pollock's paintings—whether they were the early regionalist ones or the later abstract ones—they don't demand a special viewpoint. Rather, each line and each shape can be appreciated no matter what angle it is viewed from. To explain what I mean, look at this slide of *Lavender Mist*. He did this in 1950. See, you can't settle on any one area. Your eyes keep traveling to this part of the canvas and then that part . . . You follow the lines that Pollock made . . . And you don't really need to look down at his painting . . . It's already an eyeful from the angle at which you're viewing it.

폴록의 작품에 대한 엇갈린 평가

[09]OK . . . so thanks to Jackson Pollock, New York became the center of modern art. You know, modern art had its beginnings in Paris, but because Neoclassicism was still a popular art movement in that city, modern art didn't really take hold there. It was Pollock's works that grabbed public attention, and for this reason, the center of modern art switched from Paris to New York. A lot of people thought Pollock's works were exciting by comparison . . . I mean, compared to Neoclassicist paintings. Neoclassicist art was far too grand and majestic for ordinary people to understand. They were intimidated by paintings of the interiors of stately buildings . . . and sculptures of the human form. They preferred the straightforwardness of Pollock's art. But not everyone liked his work . . . Some said he was a fake, not a real artist, that any child could do what he was doing. Even *Time*, the magazine, called him "Jack the Dripper." Not very nice, huh?

를 만들기 위해 수평면에 뿌리는 색모래의 가는 선에 감명받았던 것일지도 모르죠. 어쨌든, 폴록이 그렸던 추상화는 '액션 페인팅'이라고 불리는데, 이것은 바로 캔버스의 크기와 폴록이 끊임없이 움직이면서 그려야 했던 그림 형태 때문인 것 같아요. 그리고 폴록은 그림이 완성될 때까지 움직임을 멈추지 않았어요.

대부분의 사람들은 폴록이 캔버스를 바닥에 내려놓았다는 것을 알고 있어요... 그래서 여러분 중 일부는 폴록의 그림을 내려다보아야 한다고 생각할 거예요. 그게 폴록이 그린 방식이었으니까요. 그러니까, 그림을 내려다보면서요. 아마 여러분은 그의 작품이 감상되어야 하는 각도를 고려하는 것이 적절하다고 생각할지도 몰라요... 하지만, 전 폴록이 특정한 각도를 염두하고 그렸다고 생각하지 않아요. [08]폴록의 그림은, 초기의 지방주의적인 것이든 후기의 추상적인 것이든, 특별한 감상 위치를 요구하지 않아요. 오히려, 각각의 선과 형태는 보는 각도와 관계없이 감상할 수 있죠. 제 말을 설명하기 위해 '라벤더 안개'의 슬라이드를 봅시다. 그는 1950년에 이것을 그렸어요. 보세요, 여러분은 한 지점에 집중할 수 없을 거예요. 여러분의 눈은 캔버스의 이쪽에서 저쪽으로 계속 움직일 거예요... 여러분은 폴록이 만든 선을 따라가고... 그리고 사실 그의 그림을 내려다볼 필요도 없습니다... 어느 각도에서 보든 이미 충분히 잘 보이니까요.

[09]네... 그래서 잭슨 폴록 덕분에, 뉴욕은 현대 미술의 중심지가 되었어요. 알다시피, 현대 미술은 파리에서 시작되었지만, 그곳에선 신고전주의가 여전히 인기있는 예술 사조였기 때문에, 현대 미술이 실제로 확립될 수는 없었습니다. 대중의 관심을 끈 건 폴록의 작품이었고, 이로 인해 현대 미술의 중심지가 파리에서 뉴욕으로 바뀌게 되었죠. 많은 사람들은 폴록의 작품이 비교적 흥미롭다고 생각했어요... 그러니까, 신고전주의 회화에 비해서요. 신고전주의 미술은 일반 사람들이 이해하기엔 너무 장대하고 위엄있었어요. 사람들은 장엄한 건물 내부의 그림과... 인간 형상의 조각 앞에서 위협을 느꼈죠. 그들은 폴록 미술의 솔직함을 더 좋아했습니다. 하지만 모두가 그의 작품을 좋아했던 것은 아닙니다... 어떤 사람들은 그가 가짜이고, 진짜 예술가가 아니며, 그가 하는 것은 어린 아이라도 할 수 있다고 말했어요. 심지어, 잡지 'Time'조차 그를 '물감 뿌리는 잭'이라고 불렀죠. 그다지 유쾌하지 않죠, 그렇죠?

Vocabulary

horizontal[hɔ́ːrəzántl] 수평의   elaborate[ilǽbərət] 정교한   on the move 움직여서   eyeful[áifùl] 충분히 봄, 눈을 끄는 것
Neoclassicism[nìːouklǽsəsizm] 신고전주의   take hold 확립되다, 잡다   grab attention 주목을 끌다   by comparison 비교적, 비교해보면
majestic[mədʒéstik] 위엄있는   intimidate[intímədèit] 위협하다   stately[stéitli] 장엄한   straightforwardness[strèitfɔ́ːrwərdnis] 솔직함, 정직함

폴록의
회화 기법

[10]Now, some people might think that abstract expressionism is all randomness and chaos. I mean, if a painting appears to have no subject, and the paint is dripped on the canvas and swirled around with knives and sticks, it would certainly seem like . . . there's no rhyme or reason to what's on the canvas. Do you agree? Well, I hope you don't . . . Um . . . look at the slide again. Don't you discern a structure to the colors and shapes and lines in this painting? Pollock said of his paintings, "I can control the flow of paint. There is no accident." Before Pollock would start a painting, he already had some idea of how he wanted a particular work to appear. He knew that depending on how he moved his arm or body, different shapes or spots would appear on the canvas. He also knew what the result would be if he didn't control the movement of his body. So, it was like a dance as he moved around the canvas . . . [11]He would fling, drip, pour, spatter . . . and he did all of this with great deliberateness. He would keep moving and "painting" until he saw on the canvas what he had first seen in his mind. He was even willing to destroy a painting if he felt he had not achieved a certain look.

[10]자, 어떤 사람들은 추상적 표현주의가 임의적이고 무질서하다고만 생각할지도 모릅니다. 그러니까, 만약 그림에 대상이 없는 것처럼 보이고, 캔버스 위에 물감을 떨어뜨려서 칼과 막대기로 소용돌이치듯이 그린 것이라면, 이것은 분명... 캔버스에 있는 것이 아무 조리가 없는 것처럼 보일 것입니다. 동의하나요? 음, 그러지 않길 바랍니다... 음... 슬라이드를 다시 보죠. 여러분은 이 그림에서 색과 형태와 선의 구조를 구별할 수 없나요? 폴록은 자신의 그림에 대해, '난 물감의 흐름을 조절할 수 있습니다. 우연이란 없습니다.'라고 말했어요. 폴록은 그림을 시작하기 전에, 특정 작품이 어떻게 보이기를 원하는지 미리 알고 있었습니다. 그는 팔이나 몸을 어떻게 움직이는지에 따라, 다른 형태나 점들이 캔버스에 나타난다는 것을 알고 있었죠. 그는 또한 몸의 움직임을 조절하지 않았을 때의 결과가 어떠할지도 알고 있었습니다. 그래서, 그가 캔버스를 돌아다니는 것은 마치 춤추는 것과 같았어요... [11]그는 던지고, 떨어뜨리고, 붓고, 흩뿌렸죠... 그리고 이 모든 것을 심사숙고해서 했어요. 그는 처음에 마음에 두었던 것이 캔버스에서 보일 때까지 계속 움직이고 '그렸습니다.' 그는 심지어 특정 형태를 얻지 못했다고 느끼면 그림을 망가뜨리는 것도 마다하지 않았습니다.

06

What is the professor mainly discussing?

(A) The reasons Pollock was criticized
(B) Abstract expressionism in America
(C) The paintings of Jackson Pollock
(D) Pollock's influence on modern art

교수는 주로 무엇에 관해 논의하는가?

(A) 폴록이 비판받았던 이유
(B) 미국의 추상적 표현주의
(C) 잭슨 폴록의 회화
(D) 현대 미술에 미친 폴록의 영향

Main Topic 도입부에서 교수는 잭슨 폴록에 대해서 이야기해보겠다(we're going to talk about a celebrated artist, Jackson Pollock)고 말하고, 이어 주목할 만한 점은 그의 독특한 화풍(it's his unique style of painting that is worthy of notice)이라고 말한다. 이어 교수는 강의 전반에 걸쳐 폴록의 작품에 대해서 논의한다.

Vocabulary

expressionism[ikspréʒənìzm] 표현주의　swirl[swəːrl] 소용돌이치다　there's no rhyme or reason to ~에 아무 조리가 없다
discern[disə́ːrn] 구별하다　fling[fliŋ] 던지다　spatter[spǽtər] 흩뿌리다　deliberateness[dilíbərətnis] 심사숙고

07

What does the professor say about Pollock's beginnings as an artist?

(A) Pollock could not decide which movement to follow.
(B) Pollock disliked modern paintings.
(C) Pollock preferred city scenes to rural landscapes.
(D) Pollock was influenced by a mentor.

교수는 예술가로서 폴록의 초기 단계에 관해 무엇이라고 말하는가?

(A) 어떤 사조를 따라야 할지 결정할 수 없었다.
(B) 현대 회화를 싫어했다.
(C) 전원 풍경보다 도시의 광경을 더 좋아했다.
(D) 스승에 의해 영향을 받았다.

Detail 교수는 폴록과 그의 형이 토마스 하트 벤튼에게 가르침을 받기 위해 뉴욕 시에 갔고(he and his brother moved to New York City to study under Thomas Hart Benton), 지방주의자였던 벤튼(Benton was a regionalist)의 영향으로 1930년대 동안 폴록의 작품에는 매우 지방주의적인 느낌이 있었다(during the 1930s, Pollock's work had a very regionalist feel to it)고 말한다.

08

Why does the professor mention *Lavender Mist*?

(A) To explain why the angle at which Pollock's paintings are viewed is irrelevant
(B) To give an example of one of Pollock's more abstract paintings
(C) To emphasize the beauty of a Jackson Pollock painting
(D) To compare an abstract painting with a Neoclassicist one

교수는 왜 '라벤더 안개'를 언급하는가?

(A) 폴록의 회화를 감상하는 각도가 왜 상관없는지 설명하기 위해
(B) 폴록의 더 추상적인 회화의 예시를 들기 위해
(C) 잭슨 폴록 회화의 아름다움을 강조하기 위해
(D) 추상화를 신고전주의 회화와 비교하기 위해

Purpose 교수는 폴록의 그림은 특별한 감상 위치를 요구하지 않고 각도와 관계없이 감상할 수 있다(Pollock's paintings ~ don't demand a special viewpoint ~ can be appreciated no matter what angle it is viewed from)고 말하며 이를 설명하기 위해 '라벤더 안개'의 슬라이드를 보여준다(To explain what I mean, look at this slide of *Lanvender Mist*). 이를 통해 교수가 폴록의 회화를 감상하는 위치가 상관없는 이유를 설명하기 위해 '라벤더 안개'를 언급했음을 알 수 있다.

09

According to the professor, what is a result of the popularity of Pollock's paintings?

(A) Paris lost its position as the center of modern art.
(B) People became interested in Neoclassicist art.
(C) Abstract art became an acceptable modern art form.
(D) Pollock's works rose in commercial value in the art world.

교수에 따르면, 폴록의 회화가 얻은 인기의 결과는 무엇인가?

(A) 파리가 현대 미술의 중심지로서의 자리를 잃게 되었다.
(B) 사람들이 신고전주의 예술에 관심을 갖게 되었다.
(C) 추상 미술이 현대 미술의 형태로 받아들여지게 되었다.
(D) 폴록의 작품이 예술계에서 상업적 가치가 높아졌다.

Detail 교수는 대중의 관심을 끈 건 폴록의 작품이었고, 이로 인해 현대 미술의 중심지가 파리에서 뉴욕으로 바뀌게 되었다(It was Pollock's works that grabbed public attention, and for this reason, the center of modern art switched from Paris to New York)고 말한다.

10

Listen again to part of the lecture. Then answer the question.

P: Now, some people might think that abstract expressionism is all randomness and chaos. I mean, if a painting appears to have no subject, and the paint is dripped on the canvas and swirled around with knives and sticks, it would certainly seem like . . . there's no rhyme or reason to what's on the canvas. Do you agree? Well, I hope you don't . . .

What does the professor mean when he says this:
P: Well, I hope you don't . . .

(A) He wants the students to change their minds about abstract art.
(B) He thinks the students are not knowledgeable about abstract art.
(C) He does not concur with an opinion about abstract art.
(D) He believes the students do not like Jackson Pollock's artwork.

강의의 일부를 다시 듣고 질문에 답하시오.

P: 자, 어떤 사람들은 추상적 표현주의가 임의적이고 무질서하다고만 생각할지도 모릅니다. 그러니까, 만약 그림에 대상이 없는 것처럼 보이고, 캔버스 위에 물감을 떨어뜨려서 칼과 막대기로 소용돌이치듯이 그린 것이라면, 이것은 분명... 캔버스에 있는 것이 아무 조리가 없는 것처럼 보일 것입니다. 동의하나요? 음, 그러지 않길 바랍니다...

교수는 이렇게 말함으로써 무엇을 의미하는가:
P: 음, 그러지 않길 바랍니다...

(A) 학생들이 추상 미술에 관한 생각을 바꾸기를 원한다.
(B) 학생들이 추상 미술에 대해 많이 알고 있지 않다고 생각한다.
(C) 추상 미술에 대한 의견에 동의하지 않는다.
(D) 학생들이 잭슨 폴록의 작품을 좋아하지 않는다고 생각한다.

Function 교수는 추상적인 표현주의가 임의적이고 무질서하다고만 여겨질 수도 있다고 설명하던 중 학생들이 그 의견에 동의하는지 물은 후 그러지 않기를 바란다(I hope you don't)고 말한다. 즉, 교수는 추상 미술이 제멋대로 그려졌다는 의견에 동의하지 않는 것이다.

11

In the lecture, the professor describes the characteristics of Jackson Pollock's paintings. Indicate whether each of the following is a characteristic.

	Yes	No
Painted with brushes of various sizes		√
Resembled works of Native Americans	√	
Created with methods of trickling and spattering	√	
Painted over and over again to achieve layers		√

강의에서, 교수는 잭슨 폴록의 회화의 특징에 대해 묘사한다. 다음의 항목이 특징인지를 표시하시오.

	예	아니오
다양한 크기의 붓으로 그려짐		√
미국 원주민의 작품을 닮음	√	
떨어뜨리고 흩뿌리는 방법으로 그려짐	√	
층을 만들기 위해 반복해서 물감이 칠해짐		√

List 교수는 잭슨 폴록의 그림의 특징을 설명한다. 교수에 따르면, 폴록은 미국 원주민의 모래 그림과 비슷하게 했던 것일 수도 있고(Pollock may have been doing something similar to Native American sand paintings), 물감을 던지고, 떨어뜨리고, 붓고, 흩뿌렸다(He would fling, drip, pour, spatter).

Listen to a conversation between a student and her professor.

학생의 용건

그리스어로
상연될 연극
관람에 대한
우려

S: Professor Cooper? May I come in?

P: Come in, come in. Uh . . . You're Diane, right? From my morning class?

S: Yes, that's me. You have a really good memory, Professor.

P: Thanks! So how's it going, Diane?

S: Oh, it's going well . . . Apart from all the usual adjustments a student has to make at the start of the semester . . .

P: Adjustments?

S: Well . . . when classes start, everything's new and strange . . .

P: Oh, but that's the exciting part, you know, sizing up your teachers and classmates . . . and getting a feel for how hard or how easy a class is going to be . . .

S: Yeah, I know . . . um, and [01]that brings me to the, uh, thing I wanted to ask about . . . the field trip for next week.

P: Oh yes, the field trip. Uh . . . you're not going to have any problems going, I hope.

S: No, no problems. I will definitely be able to go.

P: Good, good. Well, I hope you're excited to see Sophocles' *Antigone*. [02]It's very rarely performed in theaters today, so it's a real stroke of luck for this class to be able to see it . . . considering this is a course on ancient Greek playwrights.

S: Yes, of course I'm excited . . . who wouldn't be? There's just one thing, though . . . [01]The play's going to be performed in the Greek language. I don't know what the other students think about that, but I'm kind of petrified, considering it'll all be Greek to me . . .

연극 관람의
필요성

P: Ha ha. Yes, it's going to be performed by Greek actors in the Greek language. It would have been nice, I guess, to have the play performed in English, but this is a traveling theater, and seeing as how local theaters aren't producing this play . . . it seems a small thing to put up with.

S: But I don't know a single word in Greek, and since I won't be able to understand it, it's kind of pointless to go and watch the play.

P: Well, if you consider the fact that TV stations air TV shows from other countries . . .

학생과 교수 사이의 대화를 들으시오.

S: Cooper 교수님? 들어가도 될까요?

P: 들어오렴, 들어와. 어... Diane이구나, 맞니? 내 아침 수업을 듣지?

S: 네, 맞아요. 기억력이 좋으시네요, 교수님.

P: 고맙구나! 그래 Diane, 요즘 어떻게 지내니?

S: 오, 잘 지내고 있어요... 학기 초에 학생으로서 흔히 적응해야 하는 모든 것들을 제외하면요...

P: 적응이라고?

S: 그게... 수업들이 시작되면, 모든 게 새롭고 낯설잖아요...

P: 오, 하지만 그게 흥미진진한 부분이야, 알잖니, 네 선생님들과 반 친구들에 대해 파악하고... 수업이 얼마나 어려울지 또는 쉬울지 감을 잡는 것 말이야...

S: 네, 알아요... 음, 그리고 [01]그것이, 어, 제가 여쭤보고 싶었던 것과 관련이 있어요... 다음 주의 현장학습이요.

P: 오 그래, 현장학습 말이지. 어... 네가 가는 데 아무 문제가 없으면 좋겠구나.

S: 네, 전혀 문제없어요. 저는 확실히 갈 수 있을 거예요.

P: 좋아요, 좋아. 음, 네가 소포클레스의 '안티고네'를 보는 것을 기대하면 좋겠구나. [02]그 작품은 요즘 극장에서 거의 상연되지 않아, 그래서 이 반이 그것을 볼 수 있다는 건 정말 뜻밖의 행운이란다... 이게 고대 그리스 극작가들에 대한 강의라는 것을 고려하면 말이야.

S: 네, 물론 신나죠... 누가 안 그렇겠어요? 하지만 딱 한 가지 걱정이 있어요... [01]연극이 그리스어로 상연될 거라는 점이요. 다른 학생들은 어떻게 생각하는지 모르겠지만 전 약간 겁이 나요, 제가 하나도 모른다는 것을 생각하면요...

P: 하하. 그래, 그 연극은 그리스 배우들에 의해 그리스어로 상연될 거야. 내 생각에, 연극이 영어로 공연되면 좋았겠지만, 유랑 극단인데다가 지역 극장에서 이 연극을 제작하지 않는 것을 고려하면... 그 정도쯤은 참아야 할 것 같구나.

S: 하지만 전 그리스어를 전혀 모르고 연극을 하나도 이해하지 못할 것이기 때문에, 연극을 보러 가는 것이 의미가 없는 것 같아요.

P: 음, TV 방송국들이 다른 나라의 TV 쇼를 방영한다는 사실을 생각하면...

Vocabulary

adjustment[ədʒʌ́stmənt] 적응 **size up** ~을 파악하다, 평가하다 **a stroke of luck** 뜻밖의 행운, 요행수 **playwright**[pléiràit] 극작가
petrified[pétrəfàid] 겁이 난, 두려워하는 **it's all Greek to me** 하나도 모르겠다 **traveling theater** 유랑 극단 **put up with** ~을 참아내다, 감수하다
air[ɛər] 방영하다

TEST 1 2 3 4 5 6 HACKERS TOEFL ACTUAL TEST LISTENING

S: But with subtitles . . .

P: True, true. I'm sure the traveling theater is catering to a Greek-speaking audience, but the production does tie in nicely with the course's objectives.

S: Sure, OK, but . . .

수업에서
이 작품을
다루는 의의

P: Oh, don't worry about it not being in English. I certainly didn't intend to cause the students any stress . . . 03We'll spend the class before the trip covering the play, so even when it's in another language, the students will know what's going on.

S: Whew! That's a relief.

P: Anyhow, as I was saying about the course objectives . . . This play is definitely appropriate for what we'll be studying in class this semester . . .

S: OK . . . um, in what way?

P: We're going to be discussing the differences between the plays of Sophocles, Aeschylus and Euripides, and this play highlights an important attribute of Sophocles' plays . . . He elevated characterization to an art.

S: Weren't all the ancient Greek playwrights meticulous about the characters?

P: Oh, on the contrary, 04Aeschylus and Euripides highlighted one or two main traits, but only Sophocles dealt with the subtleties of the main characters' personalities.

S: So Sophocles was a people person?

교수의 제안

수업 전에
주석과 희곡을
미리 읽을 것

P: Um . . . that's one way of putting it. I'm hoping the students will pick up on the character portrayal. 05It might be a good idea for you to read the play before you come in to class tomorrow . . . and the notes I included. You did get the handout?

S: Yes, I did. It looks like I have my work cut out for me this evening.

P: I know it's a lot . . . but you should read it carefully. Don't just skim through it. Get a feel for what the characters are saying and what it says about them.

S: I'll make sure to read it twice.

P: Read my notes first before reading the play. Then you'll have some idea what to look for.

S: 하지만 자막이 있죠...

P: 맞아요, 맞아. 분명 유랑 극단은 그리스어를 사용하는 관객들의 구미에 맞추겠지, 하지만 상연 작품은 강의의 목표에 잘 들어맞는단다.

S: 물론이죠, 맞아요, 하지만...

P: 오, 영어가 아니라는 것은 걱정하지 말렴. 난 학생들에게 스트레스를 주려는 것이 절대 아니란다... 03우리는 현장학습 전 수업에서 그 희곡을 다룰 거야, 그러니까 연극이 다른 언어로 상연된다고 해도 학생들은 무슨 이야기인지 알 수 있을 것이란다.

S: 휴! 다행이네요.

P: 어쨌든, 강의의 목표에 대해서 말하고 있었으니 말인데... 이 연극은 이번 학기 수업에서 배울 것에 확실히 알맞은 작품이지...

S: 네... 음, 어떤 면에서요?

P: 우리는 소포클레스, 아이스킬로스, 에우리피데스의 희곡의 차이점들에 대해서 논의할 거야, 그리고 이 연극은 소포클레스의 희곡의 중요한 특성을 강조하고 있어... 그는 등장인물의 성격 묘사를 예술로 승격시켰지.

S: 모든 고대 그리스의 극작가들이 등장인물에 대해 세심하지 않았나요?

P: 오, 그와는 반대로, 04아이스킬로스와 에우리피데스는 한두 개의 주된 특성을 강조했어, 하지만 오직 소포클레스만이 주인공 성격의 미묘함을 다뤘지.

S: 그렇다면 소포클레스는 사람을 중요시하는 사람이었나요?

P: 음... 그렇게 말할 수도 있겠구나. 나는 학생들이 등장인물의 묘사를 이해하기를 바란단다. 05내일 수업에 오기 전에 그 희곡을 읽어보는 것이 좋을 거야... 그리고 내가 첨부한 주석도. 유인물은 받았니?

S: 네, 받았어요. 오늘 저녁에 아주 바쁠 것 같네요.

P: 좀 많다는 걸 안다... 하지만 주의 깊게 읽으렴. 그냥 대강 훑어보지 말고. 등장인물들이 뭐라고 말하는지 그리고 그것들이 그들에 대해 무엇을 말해주는지 감을 익혀봐.

S: 두 번씩 꼭 읽을게요.

P: 희곡을 읽기 전에 내 주석을 먼저 읽으렴. 그러면 뭘 봐야 할지 좀 알게 될 거야.

Vocabulary

subtitle[sʌ́btàitl] 자막　cater to ~의 구미에 맞추다, ~에 영합하다　production[prədʌ́kʃən] 상연 작품　tie in with ~과 들어맞다, 일치하다
elevate[éləvèit] 승격시키다, 올리다　characterization[kæ̀riktərizéiʃən] (등장인물의) 성격 묘사　meticulous[mətíkjuləs] 세심한, 꼼꼼한
subtlety[sʌ́tlti] 미묘함　pick up on ~을 이해하다, 알아차리다　portrayal[pɔːrtréiəl] 묘사　have one's work cut out for ~가 아주 바쁘다
skim through ~을 대강 훑어보다

01

Why does the student go to see the professor?

(A) To discuss ways of adjusting to the class
(B) To get information about a theater production
(C) To express a concern about an upcoming class event
(D) To complain about the difficulties she is having in class

학생은 왜 교수를 찾아가는가?

(A) 수업에 적응할 방법에 대해 논의하기 위해
(B) 연극 작품에 대한 정보를 얻기 위해
(C) 다가오는 수업 행사에 대한 걱정을 표현하기 위해
(D) 수업 시간에 그녀가 겪는 어려움에 대해 불평하기 위해

Main Purpose 도입부에서 학생은 다음 주의 현장학습에 대해 여쭤보고 싶은 것이 있다(I wanted to ask about ~ the field trip for next week)고 말하며 연극이 전부 그리스어로 상연될 것이라서 겁이 난다(The play's going to be performed in the Greek language ~ I'm kind of petrified)고 말한다.

02

What does the professor say about the drama the students will attend?

(A) It will be presented in the English language.
(B) Not many opportunities exist to see it.
(C) It is most powerful when performed in Greek.
(D) It is a traveling troupe's final performance.

교수는 학생들이 관람하게 될 연극에 관해 무엇이라고 말하는가?

(A) 영어로 상연될 것이다.
(B) 그것을 볼 기회가 많지 않다.
(C) 그리스어로 상연될 때 가장 효과적이다.
(D) 유랑 공연단의 마지막 공연이다.

Detail 교수는 학생들이 보게 될 연극이 요즘 극장에서는 거의 상연되지 않아서 그것을 볼 수 있다는 건 정말 뜻밖의 행운이다(It's very rarely performed in theaters today, so it's a real stroke of luck for this class to be able to see it)라고 말한다.

03

What can be inferred about the professor?

(A) He always lets his students see a drama at the start of the semester.
(B) He prefers ancient Greek dramas to any other type of drama.
(C) He is disappointed that local theaters do not produce Greek plays in English.
(D) He intends to prepare the students before they watch the play.

교수에 관해 추론할 수 있는 것은 무엇인가?

(A) 학기 초에 항상 그의 학생들이 연극을 보게 한다.
(B) 다른 어떤 종류의 연극보다 고대 그리스 연극을 선호한다.
(C) 지역 극장이 그리스 연극을 영어로 제작하지 않아 실망했다.
(D) 연극을 보기 전에 학생들을 준비시키려고 한다.

Inference 교수는 현장학습 전 수업에서 그 희곡을 다룰 것이기 때문에, 연극이 다른 언어로 상연된다고 해도 학생들이 무슨 이야기인지 알 수 있을 것이다(We'll spend the class before the trip covering the play, so even when it's in another language, the students will know what's going on)고 말한다. 이를 통해 교수가 연극을 보기 전에 학생들을 준비시키려고 하는 것임을 알 수 있다.

04

What does the professor explain to the student about the ancient Greek playwrights?

(A) Sophocles' characterizations were more nuanced than those of others.
(B) Sophocles considered characterization a less important aspect of play writing.
(C) Euripides and Aeschylus competed with each other in writing and producing plays for theater.
(D) The characters Euripides and Aeschylus portrayed had traits that were similar to their own.

교수는 학생에게 고대 그리스 극작가들에 대해 무엇을 설명하는가?

(A) 소포클레스의 등장인물 성격 묘사는 다른 작가들보다 더 미묘한 차이를 나타냈다.
(B) 소포클레스는 등장인물 성격 묘사를 극작의 덜 중요한 측면으로 간주했다.
(C) 에우리피데스와 아이스킬로스는 희곡을 쓰고 연극을 제작하는 데 있어 서로 경쟁하였다.
(D) 에우리피데스와 아이스킬로스가 묘사한 등장인물들은 그들 자신과 유사한 성격상의 특성을 지녔다.

Detail 교수는 등장인물의 성격에 대해 아이스킬로스와 에우리피데스는 한두 가지 주된 특성을 강조했지만 오직 소포클레스만이 주인공 성격의 미묘함을 다뤘다(Aeschylus and Euripides highlighted one or two main traits, but only Sophocles dealt with the subtleties of the main characters' personalities)고 말한다.

05

Listen again to part of the conversation. Then answer the question.

P: It might be a good idea for you to read the play before you come in to class tomorrow . . . and the notes I included. You did get the handout?
S: Yes, I did. It looks like I have my work cut out for me this evening.
P: I know it's a lot . . . but you should read it carefully. Don't just skim through it. Get a feel for what the characters are saying and what it says about them.

Why does the student say this:
S: It looks like I have my work cut out for me this evening.

(A) To demonstrate her willingness to do extra work on a class project
(B) To indicate that she has already begun working on the assigned reading
(C) To suggest that an assignment will require much effort to complete
(D) To express concern about not having been given a handout in class

대화의 일부를 다시 듣고 질문에 답하시오.

P: 내일 수업에 오기 전에 그 희곡을 읽어보는 것이 좋을 거야... 그리고 내가 첨부한 주석도. 유인물은 받았니?
S: 네, 받았어요. 오늘 저녁에 아주 바쁠 것 같네요.
P: 좀 많다는 걸 안다... 하지만 주의 깊게 읽으렴. 그냥 대강 훑어보지 말고. 등장인물들이 뭐라고 말하는지 그리고 그것들이 그들에 대해 무엇을 말해주는지 감을 익혀봐.

학생은 왜 이렇게 말하는가:
S: 오늘 저녁에 아주 바쁠 것 같네요.

(A) 수업 프로젝트와 관련하여 기꺼이 추가로 일을 하겠다는 의지를 보이기 위해
(B) 그녀가 이미 읽기 과제를 시작했다는 것을 나타내기 위해
(C) 과제를 끝내는 데 많은 노력이 필요할 것임을 암시하기 위해
(D) 수업에서 유인물을 받지 못한 것에 대한 걱정을 표현하기 위해

Function 교수가 수업에 오기 전에 희곡과 주석을 읽으라고(It might be a good idea for you to read the play ~ and the notes I included) 하자, 학생은 오늘 저녁에 아주 바쁠 것 같다(It looks like I have my work cut out for me this evening)고 말한다. 즉, 학생은 교수가 내준 과제를 끝내는 데 많은 노력이 필요할 것임을 암시하는 것이다.

Listen to part of a lecture in a botany class.

OK, um, for flowers to propagate, they need a pollinator, a means by which pollen from one flower can be carried off and transferred to another flower. Pollen is that fine-grained powder that causes an allergic reaction, usually hay fever, in some people. Well, pollen fertilizes plants, which is why flowers need a pollinator. Now, there is no lack of available pollinators. Wind, insects, birds, bats, water, and even human beings can be pollinators . . . [06]But some flowers need a specific type of pollinator. They have an objective, and they make sure this objective is met by attracting their preferred pollinators in a certain way . . . Well, this is what we'll be discussing today.

So . . . Bees are probably the most recognized of all pollinators. And [07]they make ideal pollinators because they're fuzzy and they have this, um, this electric charge that attracts pollen to their bodies. Some even have a sort of basket, a structure on their lower abdomen that's capable of carrying pollen. But, uh, insects such as bees don't go around carrying pollen simply because they want to or because they're being altruistic. Insects approach certain flowers because there's something about these flowers that they find attractive. Um, aside from providing shelter, [08]flowers use color, shape, and scent to attract pollinators. Bees can't see the color red, but they do see yellow, blue, and violet . . . and these are the colors that bees are attracted to. Red, on the other hand, is attractive to hummingbirds, and interestingly, many red flowers are tubular in shape, which makes it easy for hummingbirds to stick their long beaks in to sip nectar. [08]Some flowers take on the shape of the insect itself, so that the pollinating insect thinks that it has found a sexual partner, and it tries to mate with this "insect" until it realizes its mistake . . . Well, what else? [08/09]Nectar is the ultimate reward for a bird or an insect as it goes foraging among the flowers. That's what the evolutionist Charles Darwin said. Insects pollinate and their reward is nectar. However, there are plants that appear attractive and smell

식물학 강의의 일부를 들으시오

자, 음, 꽃이 번식하기 위해서, 그들은 수분 매개자가 필요합니다, 한 꽃의 꽃가루가 다른 꽃으로 실어 옮겨질 수 있는 수단 말이죠. 꽃가루는 어떤 사람들에게는 알레르기 반응, 주로 건초열을 유발하는 입자가 고운 가루입니다. 음, 꽃가루는 식물을 수정시키는데, 이것이 꽃이 수분 매개자를 필요로 하는 이유죠. 자, 구할 수 있는 수분 매개자가 부족하지는 않아요. 바람, 곤충, 새, 박쥐, 물, 심지어 사람도 수분 매개자가 될 수 있죠. [06]하지만 어떤 꽃들은 특정한 종류의 수분 매개자가 필요합니다. 그들은 목표가 있고, 특별한 방식으로 원하는 수분 매개자를 유혹해서 이 목표가 달성되도록 해요... 자, 이것이 오늘 우리가 논의해볼 것입니다.

자... 벌이 아마도 모든 수분 매개자 중에서 가장 많이 알려져 있겠죠. 그리고 [07]그것들은 솜털이 있고, 음, 몸으로 꽃가루를 끌어당기는 전하를 지니기 때문에 이상적인 수분 매개자가 됩니다. 어떤 벌은 심지어 아랫배에 꽃가루를 운반할 수 있는 일종의 바구니 같은 기관을 가지고 있어요. 하지만, 어, 벌 같은 곤충들이 단지 그들이 원해서 또는 이타적이라서 꽃가루를 운반하며 돌아다니는 것은 아닙니다. 곤충은 특정 꽃에 다가가는데, 이는 그들이 매력적이라고 생각하는 무언가가 그 꽃들에 있기 때문입니다. 음, 은신처를 제공하는 것 외에도, [08]꽃은 수분 매개자를 유혹하기 위해 색, 모양, 그리고 향기를 사용합니다. 벌은 붉은색을 보지 못하지만, 노란색, 파란색, 보라색은 인지하죠... 그리고 이것들이 벌이 끌리는 색입니다. 한편, 빨간색은 벌새에게 매력적이고, 흥미롭게도, 많은 빨간 꽃들이 관 모양이죠, 이것은 벌새가 긴 부리를 꽂아 넣어 꿀을 조금씩 마시기 쉽게 만듭니다. [08]어떤 꽃들은 곤충 자체의 모습을 취해서, 수분을 하는 곤충이 짝짓기 상대를 찾았다고 생각하게 하고, 이 '곤충'과 짝짓기를 시도합니다. 실수란 걸 깨닫기 전까지 말이죠... 음, 또 무엇이 있을까요? [08/09]꿀은 꽃들 사이로 먹이를 찾아다니는 새나 곤충에게 궁극적인 보상이죠. 그것이 바로 진화론자 찰스 다윈이 한 말입니다. 곤충은 수분을 하고 그 보상은 꿀이란 거죠. 하지만, 매력적으로 보이고 향기도 좋지만 꿀이 없는 식물

Vocabulary

propagate[prápəgèit] 번식하다   pollinator[pálənèitər] 수분 매개자   pollen[pálən] 꽃가루   carry off ~을 실어나르다
fine-grained[fáingrèind] 입자가 고운   hay fever 건초열   fertilize[fə́rtəlàiz] 수정시키다   objective[əbdʒéktiv] 목표   fuzzy[fʌ́zi] 솜털이 있는
electric charge 전하   abdomen[ǽbdəmən] 배, 복부   altruistic[æltruːístik] 이타적인   hummingbird[hʌ́miŋbə̀ːrd] 벌새
tubular[tjúːbjulər] 관 모양의, 관의   sip[sip] 조금씩 마시다   nectar[néktər] 꿀   forage[fɔ́ːridʒ] 먹이를 찾다   evolutionist[èvəlúːʃənist] 진화론자

good but have no nectar . . . and yet . . . insects still pollinate these plants. One example is the green-winged orchid, which is purple and very attractive to bees. Well, why would bees pollinate a flower that has no nectar? Um, the explanation lies in the objective of the plant.

자가수분과 타가수분

And to understand this objective a bit more, we need to know something about the pollination process. OK . . . Flowers have a male and a female part . . . um, these are called stamen and pistil, respectively. The anther in the stamen is where the sticky pollen is produced, and the stigma is the sticky part of the pistil that traps the pollen. So . . . self-pollination can take place when the pollen of a flower's anther is distributed in the flower's stigma. This usually occurs when an insect becomes covered with pollen and rubs itself on the flower for a time before flying away. Cross-pollination, on the other hand, takes place when the pollen from one anther pollinates the stigma of another flower. Whether it's self-pollination or cross-pollination, pollination is the objective.

green-winged orchid가 타가수분을 위해 사용하는 방법

Now let's go back to that green-winged orchid. Why doesn't this orchid produce nectar if pollination is the objective? Well, like other flowers, the green-winged orchid uses color and smell to trick an insect into pollinating. You might be thinking . . . wouldn't bees learn from experience that these orchids don't have nectar and avoid them? Well, each of these orchids produces a different odor! This is why bees go from orchid to orchid, believing that they're approaching a flower with nectar! They have no idea it's the same type of flower! Very deceptive of the plant, isn't it? But here's why . . . A green-winged orchid deliberately attracts bees to prevent self-pollination from occurring. And it does this with its scent. [10]See, if it had nectar, the bee would stick around and the result would be self-pollination; the pollen gets distributed onto the stigma of the orchid, right? But that's not what the orchid wants. It doesn't want self-pollination to take place. It sounds almost crazy, doesn't it? Well, what's wrong with self-pollination? Isn't it just as good as cross-pollination? Well, self-pollination might seem more efficient and, uh, a better way to propagate this species . . .

들도 있는데... 그래도 여전히... 곤충들은 이 식물들에 수분을 합니다. 하나의 예는 green-winged orchid로, 이 꽃은 보라색이고 벌에게 아주 매력적입니다. 그럼, 벌은 왜 꿀이 없는 꽃에 수분을 할까요? 음, 그 이유는 이 식물의 목표에 있습니다.

그리고 이 목표를 좀 더 이해하기 위해선, 우리는 수분 과정에 대해 알아야 할 필요가 있습니다. 자... 꽃에는 남성과 여성 부분이 있습니다... 음, 이것들은 각각 수술과 암술로 불립니다. 수술에 있는 꽃밥은 끈적거리는 꽃가루가 만들어지는 곳이고, 암술머리는 그 꽃가루를 붙잡아두는 암술의 끈적거리는 부분이죠. 그래서... 자가수분은 꽃밥의 꽃가루가 그 꽃의 암술머리에 뿌려졌을 때 발생합니다. 이건 일반적으로 한 곤충이 꽃가루에 뒤덮인 상태에서 날아가기 전에 잠시 그 꽃에 몸을 문지를 때 일어나죠. 반면, 타가수분은 한 꽃밥의 꽃가루가 다른 꽃의 암술머리에 수분될 때 일어나죠. 자가수분이든 타가수분이든, 수분이 목표입니다.

이제 green-winged orchid로 돌아가봅시다. 수분이 목표라면 이 난초는 왜 꿀을 만들지 않을까요? 음, 다른 꽃들처럼, green-winged orchid는 곤충이 수분을 하도록 속이기 위해 색과 냄새를 이용합니다. 여러분은 아마... 벌이 이 난초에 꿀이 없다는 걸 경험으로 배워 그들을 피하지는 않을까 생각하고 있을 거예요. 음, 이 난초들은 각기 다른 냄새를 풍겨요! 그래서 벌은 꿀이 있는 꽃에 접근하고 있다고 생각하며, 이 난초에서 저 난초로 돌아다니는 것이죠! 이게 같은 종류의 꽃이라는 걸 전혀 모르고요! 매우 현혹적인 식물이죠, 그렇지 않나요? 하지만 그 이유는 이렇습니다... green-winged orchid는 자가수분이 일어나는 것을 방지하기 위해서 의도적으로 벌들을 유혹하는 거예요. 향기로요. [10]자, 만약 이것이 꿀을 가지고 있다면, 벌은 머물러 있을 것이고, 그 결과 자가수분이 되겠죠. 꽃가루가 난초의 암술머리에 뿌려지는 거예요, 그렇죠? 하지만 그건 난초가 원하는 게 아닙니다. 자가수분이 일어나는 것을 원하지 않아요. 말도 안 되는 소리 같죠, 그렇지 않나요? 음, 자가수분의 문제가 무엇일까요? 타가수분만큼 좋지 않나요? 음, 자가수분이 더 효율적이고, 어, 이 종이 번식하는 데 더 좋은 방법인 것처럼 보일지도 모르겠습

Vocabulary

orchid[ɔ́ːrkid] 난초   **stamen**[stéimən] 수술   **pistil**[pístl] 암술   **anther**[ǽnθər] 꽃밥   **stigma**[stígmə] 암술머리
self-pollination[sèlfpɑlənéiʃən] 자가수분   **cross-pollination**[krɔ̀ːspɑlənéiʃən] 타가수분   **odor**[óudər] 냄새   **deceptive**[diséptiv] 현혹하는
deliberately[dilíbərətli] 의도적으로

타가수분이
자가수분보다
좋은 이유

but that's not true. [11]Cross-pollination ensures the survival of the species because it results in greater genetic diversity. How? Well, when you've got two parents, the traits inherited from these parents can result in offspring that are much more varied. Obviously an offspring from a single parent can carry the genes of only that one parent. And what's the advantage of having varied traits from two separate sets of genes? Well, the great variety in traits ensures a stronger chance of survival if there is an environmental change—habitat destruction or an invasive plant species, for example. Plants with stronger traits will usually be able to weather such changes. Uh, on the other hand, if you have plants that possess genes from just a single parent, and the traits inherited happen to be weak, these plants stand a good chance of dying, should some change occur in their surroundings. And this is why it's not surprising that some plants have developed a mechanism that prevents self-pollination and ensures cross-pollination.

니다... 하지만 그건 사실이 아니에요. [11]타가수분이 결과적으로 유전적 다양성을 향상시켜 그 종의 생존을 보장합니다. 어떻게요? 음, 모(母)체가 둘이라면, 이들로부터 유전된 특성들은 결과적으로 훨씬 더 다양한 자손이 생길 수 있게 합니다. 분명 하나의 모체에서 나온 자손은 오직 그 모체의 유전자만을 지닐 수 있겠죠. 그럼 두 개의 다른 유전자 그룹으로부터 다양한 특성을 얻는 것의 이점은 무엇일까요? 음, 특성이 다양하다는 것은 환경 변화가 있을 경우에 더 큰 생존 가능성을 보장합니다, 예를 들면, 서식지 파괴나 외래 식물 종의 유입 말이죠. 더 강한 특성을 가진 식물은 대개 그런 변화를 견뎌낼 수 있죠. 어, 반면에, 오로지 하나의 모체로부터 온 유전자를 가진 식물이 있고, 공교롭게도 그 유전된 특성이 약하다면, 이 식물은 주변 환경에 어떤 변화가 일어나는 경우 죽을 가능성이 높죠. 그리고 이것이 몇몇 식물이 자가수분을 방지하고 타가수분을 하는 기제를 발달시켜왔다는 점이 놀랍지 않은 이유입니다.

06

What is the main topic of the lecture?

(A) The differences between self-pollination and cross-pollination
(B) The methods by which flowers attract pollinators
(C) The reasons flowers attract pollinators
(D) The traits of the green-winged orchid

강의의 주된 주제는 무엇인가?

(A) 자가수분과 타가수분의 차이
(B) 꽃이 수분 매개자를 유혹하는 방법
(C) 꽃이 수분 매개자를 유혹하는 이유
(D) green-winged orchid의 특징

Main Topic 도입부에서 교수는 어떤 꽃들은 목표가 있고 특별한 방식으로 원하는 수분 매개자를 유혹하여 이 목표가 달성되도록 하는데 이것이 오늘 논의할 것(They have an objective, and they make sure this objective is met by attracting their preferred pollinators in a certain way ~ this is what we'll be discussing today)이라고 말한다.

Vocabulary

genetic[dʒənétik] 유전적인　diversity[divə́ːrsəti] 다양성　parent[pɛ́ərənt] (생물의) 모체　inherit[inhérit] 유전하다, 물려받다
offspring[ɔ́ːfspriŋ] 자손　gene[dʒiːn] 유전자　habitat[hǽbitæt] 서식지　invasive[invéisiv] 외래의, 침입하는　weather[wéðər] (역경 등을) 견디다

07

According to the lecture, what is a characteristic of bees as pollinators?

(A) Their physical features make pollinating easier.
(B) They are essentially attracted to the smell of a flower.
(C) They use flowers as a form of temporary shelter.
(D) They want to benefit the flowers.

강의에 따르면, 수분 매개자로서 벌들의 특징은 무엇인가?

(A) 그들의 신체적 특성이 수분을 더 쉽게 만든다.
(B) 기본적으로 꽃의 냄새에 이끌린다.
(C) 꽃을 임시 은신처로 사용한다.
(D) 꽃을 이롭게 하기를 원한다.

Detail 교수는 솜털이 있고 몸으로 꽃가루를 끌어당기는 전하를 지니는 것이 벌을 이상적인 수분 매개자로 만든다(they make ideal pollinators because they're fuzzy and they have ~ electric charge that attracts pollen to their bodies)고 말한다.

08

In the lecture, the professor describes the ways in which a flower attracts a pollinator. Indicate whether each of the following is one such method.

	Yes	No
Provides a partner for an insect to mate with		√
Takes on a shape and a color that the pollinator finds appealing	√	
Produces a substance that is edible	√	
Offers the pollinator a variety of pollens to choose from		√
Produces a smell that appeals to the pollinator	√	

강의에서, 교수는 꽃이 수분 매개자를 유혹하는 방법을 묘사한다. 다음의 항목이 그 방법인지를 표시하시오.

	예	아니오
곤충이 짝짓기할 수 있는 상대를 제공하기		√
수분 매개자가 매력적으로 느끼는 모양과 색깔을 취하기	√	
먹을 수 있는 물질을 만들기	√	
수분 매개자가 선택할 수 있는 다양한 꽃가루를 제공하기		√
수분 매개자를 현혹하는 냄새 내기	√	

List 교수는 꽃이 수분 매개자를 유혹하는 방법을 나열한다. 교수에 따르면, 어떤 꽃들은 곤충 모습을 취해서 곤충이 짝짓기 상대를 찾았다고 생각하게 하고 (Some flowers take on the shape of the insect ~ insect thinks that it has found a sexual partner), 먹이를 찾아다니는 수분 매개자에게 꿀을 제공하며(Nectar is the ultimate reward for a bird or an insect as it goes foraging among the flowers), 꽃은 수분 매개자를 유혹하기 위해 색, 모양, 향기를 사용한다(flowers use color, shape, and scent to attract pollinators).

09

Why does the professor mention Charles Darwin?

(A) To emphasize the fact that nectar attracts insects
(B) To give background for a discussion on how plants evolved
(C) To show that pollination has interested researchers for a long time
(D) To name an important scientist who studied pollination

교수는 왜 찰스 다윈을 언급하는가?

(A) 꿀이 곤충들을 끌어들인다는 사실을 강조하기 위해
(B) 식물들이 어떻게 진화했는가에 대한 토론의 배경지식을 제공하기 위해
(C) 수분이 오랫동안 연구자들의 관심을 끌었다는 것을 보여주기 위해
(D) 수분을 연구한 중요한 과학자의 이름을 대기 위해

Purpose 교수는 꿀이 수분 매개자들에게 궁극적인 보상이라는 것을 언급하면서 그것이 바로 찰스 다윈이 한 말(Nectar is the ultimate reward for a bird or an insect as it goes foraging among the flowers. That's what the evolutionist Charles Darwin said)이라고 한다. 이를 통해 교수는 꿀이 곤충을 끌어들인다는 사실을 강조하기 위해 찰스 다윈을 언급했음을 알 수 있다.

10

Listen again to part of the lecture. Then answer the question.

P: See, if it had nectar, the bee would stick around and the result would be self-pollination; the pollen gets distributed onto the stigma of the orchid, right? But that's not what the orchid wants. It doesn't want self-pollination to take place. It sounds almost crazy, doesn't it? Well, what's wrong with self-pollination?

What does the professor mean when she says this:
P: It sounds almost crazy, doesn't it?

(A) She realizes that the information might be incorrect.
(B) She does not think that the students will believe her.
(C) She wants to acknowledge how surprising it might seem.
(D) She thinks the students are confused by her statement.

P: 자, 만약 이것이 꿀을 가지고 있다면, 벌은 머물러 있을 것이고, 그 결과 자가수분이 되겠죠. 꽃가루가 난초의 암술머리에 뿌려지는 거예요, 그렇죠? 하지만 그건 난초가 원하는 게 아닙니다. 자가수분이 일어나는 것을 원하지 않아요. 말도 안 되는 소리 같죠, 그렇지 않나요? 음, 자가수분의 문제가 무엇일까요?

교수는 이렇게 말함으로써 무엇을 의미하는가:
P: 말도 안 되는 소리 같죠, 그렇지 않나요?

(A) 정보가 틀렸을지도 모른다는 것을 깨달았다.
(B) 학생들이 그녀를 믿을 것이라고 생각하지 않는다.
(C) 이것이 얼마나 놀라워 보일 수 있는지 인정하고 싶어 한다.
(D) 학생들이 그녀가 한 말 때문에 헷갈려 한다고 생각한다.

Function 교수는 green-winged orchid가 자가수분을 원하지 않는다(It doesn't want self-pollination to take place)고 언급하면서 이것은 말도 안 되는 소리 같다(It sounds almost crazy)고 말한다. 즉, 교수는 학생들이 이것이 얼마나 놀랍다고 생각할지 자신도 인정하는 것이다.

11

Why is cross-pollination more effective than self-pollination?

(A) It takes considerably less time.
(B) It increases the likelihood that a plant species will survive.
(C) It ensures the production of nectar.
(D) It results in a greater number of offspring for the plant.

타가수분이 왜 자가수분보다 더 효과적인가?

(A) 발생하는 데 훨씬 더 적은 시간이 걸린다.
(B) 식물 종이 생존할 가능성을 높여준다.
(C) 꿀의 생산을 보장해준다.
(D) 결과적으로 그 식물의 자손 수를 늘려준다.

Detail 교수는 타가수분이 자가수분보다 효과적인 이유로 그것이 그 종의 생존을 보장한다(Cross-pollination ensures the survival of the species)고 말한다.

Listen to part of a talk in an art history class.

미술사 강의의 일부를 들으시오.

공공 기념물의
예

P: OK . . . uh, I would like to continue our discussion of, um, public monuments . . . We've spent a lot of time going over some of the structures used to commemorate abstract concepts . . . I don't really want to get into this again, but . . . you know, like the, uh, Arc de Triomphe in Paris or the Statue of Liberty in New York. Anyway, these types of monuments are the most famous, and they're usually the most impressive as well. I mean, just look at the Statue of Liberty . . . It's easily one of the most recognizable symbols in the US . . . in the world, even. That being said, most public monuments are, um, are on a lesser scale. Don't get me wrong, they are still important, and are actually really inspiring in their own way! They're just designed to convey a more, uh . . . personal feel.

P: 자... 어, 저는, 음, 공공 기념물에 대한 논의를 계속하고 싶어요... 우리는 추상적인 개념을 기념하기 위해 사용된 몇 개의 구조물들을 공부하는 데 많은 시간을 보냈지요... 이것에 대해서 다시 얘기하고 싶지는 않지만... 알다시피, 어, 파리의 개선문이나 뉴욕의 자유의 여신상 같은 거 말이에요. 어쨌든, 이러한 종류의 기념물들은 가장 유명하고, 또 보통 가장 인상적이죠. 제 말은, 자유의 여신상을 보세요... 이건 미국에서 가장 알아보기 쉬운 상징물 중 하나예요... 세계에서도요. 그렇지만, 대부분의 공공 기념물은, 음, 규모가 보다 작은 편이에요. 제 말을 오해하지 마세요, 이것들은 여전히 중요해요, 그리고 사실 나름의 방식으로 정말 영감을 준답니다! 이것들은 그저, 좀 더 어... 개인적인 느낌을 주기 위해 디자인되었을 뿐이죠.

조각상의
상징적인 의미

This is particularly true of statues of famous people. I don't just mean private works made to appease the . . . um, the vanity of a wealthy individual . . . but, you know, pieces commissioned by a country or large group to remember, uh . . . usually a person who has made important contributions to humanity. The interesting thing is often these people—and by extension their statues—take on a, uh, symbolic meaning that has little to do with the real person. I mean, think about Lenin. In the old Soviet Union, [13]every city had at least one statue of Lenin . . . He was basically a symbol of the state, and the statues were political symbols. This happened in the United States when it came to portraying a certain historical figure. Can you guess who I'm talking about here? Well, if you guessed George Washington, you were right. At the end of the revolution, many viewed him as the living embodiment of the new country. So, when congress decided to erect statues in his honor . . . Let's just say there was considerable debate about

주제

워싱턴
조각상에 대한
두 가지 접근

the form they should take. [12]Today, I would like to compare the approaches of two separate artists who were commissioned for this task, and the reactions of the public to their finished works . . . OK . . . What comes to your mind when you think about George Washington?

이건 특히 유명한 사람의 조각상에 해당돼요. 전 그저... 음, 한 부유한 사람의 허영심을... 충족시키기 위해 만들어진 개인적인 작품을 뜻하는 게 아니라, 알잖아요, 국가나 큰 단체가, 어... 일반적으로 인류에 중요하게 기여한 사람을 기억하기 위해 의뢰한 작품 말이에요. 흥미로운 것은 이런 사람들은, 그리고 확대 해석하자면 그들의 조각상은, 어, 실제 사람과는 거의 상관없는 상징적인 의미를 부여받아요. 제 말은, 레닌을 보세요. 구소련의 [13]도시마다 레닌의 조각상이 적어도 하나씩 있었어요... 그는 기본적으로 국가의 상징이었고, 그의 조각상은 정치적인 상징이었죠. 어떤 역사적인 인물을 표현하는 것에 대해 말하자면 미국에서도 이런 일이 있었어요. 내가 누구를 말하려는지 맞출 수 있나요? 자, 조지 워싱턴을 떠올렸다면, 맞아요. 혁명의 끝에서 많은 사람이 그를 새로운 국가의 살아 있는 상징이라고 생각했죠. 그래서 국회가 그의 명예를 기리기 위해 조각상을 세우기로 결정했을 때... 그것이 어떠한 형태여야 하는지에 대해 상당한 논쟁이 있었다고만 해두죠. [12]오늘, 이 작업을 의뢰받았던 두 명의 다른 예술가의 접근법과 그들의 완성된 작품에 대한 대중의 반응을 비교하고 싶어요... 자... 조지 워싱턴을 생각하면 무엇이 떠오르나요?

Vocabulary

public monument 공공 기념물 **commemorate**[kəmémərèit] 기념하다 **abstract**[æbstrǽkt] 추상적인 **appease**[əpíːz] 충족시키다
commission[kəmíʃən] 의뢰하다, 주문하다 **contribution**[kὰntrəbjúːʃən] 기여 **humanity**[hjuːmǽnəti] 인류 **revolution**[rὲvəlúːʃən] 혁명
embodiment[imbádimənt] 상징, 구현 **debate**[dibéit] 논쟁, 토론

S: Um . . . The first president, I guess . . .

P: OK . . . What else?

S: The father of democracy? Also a great general . . . I mean, he led the American armies in the war, right?

P: Well, these are all good . . . In fact, it was the need to balance all these, uh, different aspects of Washington—you know, as a symbol—that caused so many problems for the, um, artists.

그리노의 조각상과 대중의 반응

Now, Horatio Greenough was one of the artists selected to create a memorial to Washington and he was very influenced by the classical style. In particular, he was fascinated with the works of the ancient Greek sculptors, and he was part of the European neoclassical art movement . . . Um, these artists tried to portray modern events or, uh, people . . . pretty much everything using classical themes and styles.

[14]Anyway, after receiving the commission in 1832, along with a budget of five thousand dollars—remember, this was a lot of money at the time—Greenough went to work. Nine years later, he unveiled his sculpture. The public's reception was, well . . . let's just say, mixed. The statue was definitely large and impressive, but it was a bit too impressive. Greenough had decided to portray Washington as the Greek god Zeus . . . Well, look at this picture. You can see that he has an idealized physique . . . I mean, the body . . . Washington didn't have such a, uh, muscular body in real life, especially not in his middle age. [15]The fact that his torso was bare, and he was wearing only a toga and sandals, was also considered scandalous . . . Greenough defended his decision by claiming that the use of contemporary clothing would distract from the sense of timelessness he was trying to create.

Perhaps the most serious criticism was that it somehow conveyed the idea that Washington was an emperor . . . It emphasized his authority and made him appear grander than a normal man. Considering that Washington was so strongly associated with democracy and the fight against a tyrannical

○

S: 음... 아마도, 첫 대통령이요...

P: 좋아요... 또 뭐가 있죠?

S: 민주주의의 아버지? 또한 훌륭한 장군이요... 그러니까, 그가 전쟁에서 미군을 이끌었죠, 맞나요?

P: 네, 다 맞아요... 사실, 워싱턴에 대한, 어, 서로 다른 관점들, 그러니까, 상징물로서요, 그것들이 균형을 이루어야 한다는 필요성이, 음, 예술가들에게 많은 문제를 제기했어요.

자, 호레이쇼 그리노는 워싱턴의 기념물을 만들기로 선정된 예술가 중 한 명이었고 그는 고전적인 스타일에 많은 영향을 받았어요. 특히, 그는 고대 그리스 조각가들의 작품에 매혹되었었고, 유럽의 신고전주의 예술 운동에 참여했어요... 음, 이 예술가들은 근대의 사건들이나, 어, 사람들... 거의 모든 것을 고전적인 테마와 스타일을 사용하여 묘사하려고 노력했어요.

[14]어쨌든, 1832년에 5천 달러의 예산과 함께 의뢰를 받은 후, 이것은 그 당시 정말 큰 돈이었다는 것을 기억하세요, 그리노는 작업을 시작했죠. 9년 후, 그는 조각상을 선보였어요. 대중의 반응은, 글쎄... 각양각색이었다고 해두죠. 조각상은 분명 크고 인상 깊었지만 조금 너무 강한 인상을 주었습니다. 그리노는 워싱턴을 그리스 신 제우스로 묘사하기로 결정했어요... 음, 이 사진을 보세요. 그가 이상적인 체격을 가지고 있다는 것을 볼 수 있죠... 그러니까, 몸매가요... 워싱턴은 실제로 이런, 어, 근육질 몸매가 아니었죠, 특히 그의 중년에는요. [15]그의 상체가 나체라는 사실과, 토가와 샌들만 신고 있었다는 것 또한 모욕적이라고 여겨졌죠... 그리노는 현대 의상을 사용하는 것은 그가 창조하려고 노력했던 시대를 초월하는 느낌을 방해했을 거라 주장하며 자신의 결정을 변호했어요.

어쩌면 가장 심각한 비평은 그것이 왠지 모르게 워싱턴이 황제라는 생각을 전달하고 있다는 것이었죠... 그것은 그의 권위를 강조하고 그를 평범한 남자보다 더욱 위대해 보이도록 만들었어요. 워싱턴이 민주주의 그리고 압제적인 군주와 싸우는 것과 정말 강하게 관련되었다는 걸

Vocabulary

democracy[dimákrəsi] 민주주의   memorial[məmɔ́ːriəl] 기념물   budget[bʌ́dʒit] 예산   reception[risépʃən] 반응   physique[fizíːk] 체격
toga[tóugə] 토가, 고대 로마 시민의 겉옷   scandalous[skǽndləs] 모욕적인, 수치스러운   contemporary[kəntémpərèri] 현대의
tyrannical[tirǽnikəl] 압제적인

monarch . . . many felt this wasn't the best way to remember him. The statue ended up being placed in a woodshed behind the Library of Congress, and became somewhat of a joke among those who had seen it.

우동의
조각상과
대중의 반응

[16]Now . . . An earlier statue commissioned by the state of Virginia—the birthplace of Washington—received a much better reception. In fact, it has come to be viewed as the, uh, iconic representation of our first president. This time the artist was Jean-Antoine Houdon, a French artist widely held to be the best sculptor of his generation . . . This may be a bit of an exaggeration, but . . . anyway . . .

Like Greenough, Houdon received five thousand dollars to cover expenses . . . and he was even brought across the Atlantic on the personal invitation of Benjamin Franklin to make some models of George Washington at his Mount Vernon estate. Houdon also sought inspiration from the classical world . . . choosing to model Washington after Cincinnatus . . . a, um, a famous Roman general who returned to the life of a simple farmer when the war was complete. However, Houdon dressed Washington in contemporary clothes—the, uh, uniform he wore during the revolutionary war. [17]He also emphasized aspects of Washington's private life by including a civilian walking stick and a plowshare—these were associated with people who had large farms in the country—rather than the normal accoutrements of power . . .

This went over very well . . . By focusing on the human qualities of Washington, Houdon was suggesting that all Americans had the potential to do great things. In effect, the statue allowed everyone to take part in Washington's successes . . . As I am sure you can imagine, this fits with the American view of life.

생각했을 때... 많은 사람들은 이것이 그를 기억하는 최선의 방법은 아니라고 느꼈어요. 조각상은 결국 국회 도서관 뒤편의 나무 창고에 놓였고, 그것을 본 사람들 사이에서 놀림감이 되어버렸죠.

[16]자... 워싱턴이 태어난 곳, 버지니아 주에서 의뢰한 이전의 조각상은 훨씬 좋은 반응을 얻었어요. 실제로, 이것은, 어, 우리의 첫 대통령의 상징적 표현으로 받아들여지게 되었죠. 이번 예술가는 당대 가장 뛰어난 조각가라고 많은 사람들이 믿었던 프랑스 출신의, 장 앙투안 우동이었어요... 이건 조금 과장된 표현일지도 몰라요, 하지만... 어쨌든요...

그리노처럼, 우동은 지출 비용으로 5천 달러를 받았고... 그는 벤자민 프랭클린의 개인적인 초대로 그의 마운트 버논 저택에서 조지 워싱턴의 모형을 몇 개 만들기 위해 대서양까지 건너왔습니다. 우동 또한 고전적인 세계에서 영감을 찾으려고 했어요... 킨키나투스를 워싱턴의 모델로 선택했죠... 음, 전쟁이 끝나자 다시 소박한 농부의 삶으로 돌아간 유명한 로마 장군이에요. 하지만, 우동은 워싱턴에게 현대 의상을 입혔어요, 그, 어, 독립 전쟁에서 그가 입었던 제복으로요. [17]그는 또한 권력을 상징하는 일반적인 도구 대신, 시골에서 큰 농장을 가지고 있던 사람들과 연관된, 민간인의 지팡이와 쟁기의 날을 더해 워싱턴의 개인적인 삶의 면모들을 강조했어요...

이건 잘 받아들여졌죠... 워싱턴의 인간적인 면에 초점을 두어, 우동은 모든 미국인들이 위대한 일을 할 수 있는 잠재력을 가졌다는 점을 암시하고 있었어요. 사실상, 조각상은 모든 사람들이 워싱턴의 성공에 참여하는 것을 가능케 했죠... 모두들 이해할 수 있듯이, 이건 미국적인 인생관과 잘 맞아요.

Vocabulary

monarch[mánərk] 군주   exaggeration[igzǽdʒəréiʃən] 과장   plowshare[pláuʃɛ̀ər] 쟁기의 날
accoutrements[əkú:tərmənts] 도구, (의류나 장비의) 부속물

12

What does the professor mainly discuss?

(A) The development of public monuments
(B) The importance of an American politician
(C) The differences between two sculptures
(D) The relationship between two artists

교수는 주로 무엇에 관해 논의하는가?

(A) 공공 기념물의 발전
(B) 한 미국 정치가의 중요성
(C) 두 조각상의 차이점
(D) 두 예술가의 관계

Main Topic 도입부에서 교수는 조각상 작업을 의뢰받은 두 명의 다른 예술가의 접근법과 그들의 완성된 작품들에 대한 대중의 반응을 비교하고 싶다(Today, I would like to compare the approaches of two separate artists who were commissioned for this task, and the reactions of the public to their finished works)고 말한다.

13

Why does the professor mention the statues of Lenin?

(A) To illustrate the symbolic significance of statues
(B) To provide an example of an important individual
(C) To demonstrate the influence of wealthy people
(D) To provide background information about the Soviet Union

교수는 왜 레닌의 조각상을 언급하는가?

(A) 조각상의 상징적인 의미를 설명하기 위해
(B) 중요한 인물의 예를 들어주기 위해
(C) 부유한 사람들의 영향을 보여주기 위해
(D) 소련에 대한 배경지식을 제공하기 위해

Purpose 교수는 도시마다 레닌의 조각상이 적어도 하나씩 있었고, 그는 기본적으로 국가의 상징이었으며, 그의 조각상은 정치적인 상징이었다(every city had at least one statue of Lenin ~ He was basically a symbol of the state, and the statues were political symbols)고 말한다. 이를 통해 교수는 조각상이 가질 수 있는 상징적인 의미를 설명하기 위해 레닌의 조각상을 언급했음을 알 수 있다.

14

Listen again to a part of the lecture. Then answer the question.

P: Anyway, after receiving the commission in 1832, along with a budget of five thousand dollars—remember, this was a lot of money at the time—Greenough went to work.

What does the professor mean when he says this:
P: . . . remember, this was a lot of money at the time . . .

(A) He does not want to make it seem like Greenough was underpaid.
(B) He wants to ensure that the students understand the project's financial scope.
(C) He thinks the students won't consider the statue to be important.
(D) He does not think the students know about the costs of creating a statue.

강의의 일부를 다시 듣고 질문에 답하시오.

P: 어쨌든, 1832년에 5천 달러의 예산과 함께 의뢰를 받은 후, 이것은 그 당시 정말 큰 돈이었다는 것을 기억하세요, 그리노는 작업을 시작했죠.

교수는 이렇게 말함으로써 무엇을 의미하는가:
P: ... 이것은 그 당시 정말 큰 돈이었던 것을 기억하세요...

(A) 그리노가 돈을 충분히 받지 못한 것처럼 보이게 하고 싶지 않다.
(B) 학생들이 프로젝트의 재정적 범위를 확실히 이해하도록 하고 싶다.
(C) 학생들이 조각상을 중요하게 여기지 않을 것이라고 생각한다.
(D) 학생들이 조각상을 만드는 데 드는 비용에 대해 모를 것이라고 생각한다.

Function 교수는 그리노의 조각상 제작 작업을 설명하던 중 예산이었던 5천 달러는 그 당시 정말 큰 돈이었다는 것을 기억하라(remember, this was a lot of money at the time)고 말한다. 즉, 현재 기준으로는 크게 느껴지지 않을 수도 있는 예산의 규모를 학생들이 확실히 이해하도록 하고 싶었던 것이다.

15

What are two characteristics of Greenough's sculpture of Washington?

그리노의 워싱턴 조각상의 두 가지 특징은 무엇인가?
2개의 답을 고르시오.

Choose 2 answers.

(A) Archaic clothes
(B) Aging face
(C) Mythical companion
(D) Uncovered torso

(A) 고대의 옷
(B) 나이 든 얼굴
(C) 신화적 동반자
(D) 노출된 상체

Detail 교수는 그리노가 제작한 워싱턴의 조각상은 상체가 나체였고 고대 로마 시민의 옷과 샌들만 신고 있었다(his torso was bare, and he was wearing only a toga and sandals)고 말한다.

16

Listen again to a part of the lecture. Then answer the question.

강의의 일부를 다시 듣고 질문에 답하시오.

P: Now . . . An earlier statue commissioned by the state of Virginia—the birthplace of Washington—received a much better reception. In fact, it has come to be viewed as the, uh, iconic representation of our first president. This time the artist was Jean-Antoine Houdon, a French artist widely held to be the best sculptor of his generation . . . This may be a bit of an exaggeration, but . . . anyway . . .

P: 자... 워싱턴이 태어난 곳, 버지니아 주에서 의뢰한 이전의 조각상은 훨씬 좋은 반응을 얻었어요. 실제로, 이것은, 어, 우리의 첫 대통령의 상징적 표현으로 받아들여지게 되었죠. 이번 예술가는 당대 가장 뛰어난 조각가라고 많은 사람들이 믿었던 프랑스 출신의, 장 앙투안 우동이었어요... 이건 조금 과장된 표현일지도 몰라요, 하지만... 어쨌든요...

Why does the professor say this:
P: This may be a bit of an exaggeration, but . . . anyway . . .

교수는 왜 이렇게 말하는가:
P: 이건 조금 과장된 표현일지도 몰라요, 하지만... 어쨌든요...

(A) He feels that Houdon was not a talented artist.
(B) He thinks there are few good artists from the period.
(C) He disagrees with popular opinion about the sculptor.
(D) He believes the importance of the sculpture is exaggerated.

(A) 우동이 유능한 예술가였다고 느끼지 않는다.
(B) 그 시대에서 훌륭한 예술가는 몇 안된다고 생각한다.
(C) 조각가에 대한 여론에 동의하지 않는다.
(D) 조각상의 중요성이 과장되었다고 믿는다.

Function 교수는 프랑스 출신의 조각가 장 앙투안 우동에 대해 설명하던 중 우동을 당대의 가장 뛰어난 조각가라고 많은 사람들이 믿었지만 이것은 조금 과장된 표현일지도 모른다(This may be a bit of an exaggeration)고 말한다. 즉, 교수는 우동이 당대 최고의 조각가라는 여론에 동의하지 않는 것이다.

17

What can be inferred about Washington?

(A) He preferred Houdon's statue.
(B) He was a rural landowner.
(C) He was physically powerful.
(D) He appreciated Greek art.

워싱턴에 관해 추론할 수 있는 것은 무엇인가?

(A) 우동의 조각상을 선호했다.
(B) 시골의 토지 소유자였다.
(C) 육체적으로 강했다.
(D) 그리스 예술을 높이 평가했다.

Inference 교수는 우동이 워싱턴의 조각상에 시골에서 큰 농장을 가지고 있던 사람들과 연관된 민간인의 지팡이와 쟁기의 날을 더해 워싱턴의 개인적인 삶을 강조했다(emphasized aspects of Washington's private life by including a civilian walking stick and a plowshare ~ associated with people who had large farms in the country)고 말한다. 이를 통해 워싱턴이 시골의 토지 소유자였다는 사실을 알 수 있다.

VOCABULARY LIST

TEST 2에서 나오는 토플 필수 단어를 선별하여 정리하였습니다. 고득점을 위해 꼭 암기하세요.

☐ charity [tʃǽrəti] 자선

☐ ideally [aidíːəli] 이상적으로는

☐ fund-raising [fʌ́ndrèiziŋ] 모금

☐ student body 전교생, 학생 전체

☐ nutrition [njuːtríʃən] 영양

☐ proceeds [próusiːdz] 수익금

☐ upcoming [ʌ́pkʌ̀miŋ] 다가오는

☐ ingredient [ingríːdiənt] (요리 등의) 재료

☐ the less fortunate 불우이웃

☐ social work 사회 사업

☐ get in touch with ~와 연락하다

☐ collaborate [kəlǽbərèit] 공동으로 주최하다, 협동하다

☐ iron out ~을 결정하다, 해결하다

☐ be on the same page 동의하다, 이해하고 있는 내용이 같다

☐ celebrated [séləbrèitid] 저명한, 유명한

☐ cause a stir 파문을 일으키다

☐ proponent [prəpóunənt] 지지자

☐ abrupt [əbrʌ́pt] 갑작스러운

☐ pour [pɔːr] 붓다

☐ drip [drip] (액체를) 뚝뚝 떨어뜨리다

☐ paintbrush [péintbrʌ̀ʃ] 붓

☐ trickle [tríkl] 뿌리다

☐ horizontal [hɔ̀ːrəzántl] 수평의

☐ elaborate [ilǽbərət] 정교한

☐ on the move 움직여서

☐ eyeful [áifùl] 충분히 봄, 눈을 끄는 것

☐ take hold 확립되다, 잡다

☐ grab attention 주목을 끌다

☐ by comparison 비교적, 비교해보면

☐ majestic [mədʒéstik] 위엄있는

☐ intimidate [intímədèit] 위협하다

☐ stately [stéitli] 장엄한

☐ straightforwardness [strèitfɔ́ːrwərdnis] 솔직함, 정직함

☐ swirl [swəːrl] 소용돌이치다

☐ there's no rhyme or reason to ~에 아무 조리가 없다

☐ discern [disə́ːrn] 구별하다

☐ fling [fliŋ] 던지다

☐ spatter [spǽtər] 흩뿌리다

☐ deliberateness [dilíbərətnis] 심사숙고

☐ adjustment [ədʒʌ́stmənt] 적응

☐ size up ~을 파악하다, 평가하다

☐ a stroke of luck 뜻밖의 행운, 요행수

☐ playwright [pléiràit] 극작가

☐ petrified [pétrəfàid] 겁이 난, 두려워하는

☐ it's all Greek to me 하나도 모르겠다

☐ put up with ~을 참아내다, 감수하다

☐ air [ɛər] 방영하다

☐ subtitle [sʌ́btàitl] 자막

☐ cater to ~의 구미에 맞추다, ~에 영합하다

☐ tie in with ~과 들어맞다, 일치하다

- ☐ elevate [éləvèit] 승격시키다, 올리다
- ☐ characterization [kæ̀riktərizéiʃən] (등장인물의) 성격 묘사
- ☐ meticulous [mətíkjuləs] 세심한, 꼼꼼한
- ☐ subtlety [sʌ́tlti] 미묘함
- ☐ portrayal [pɔːrtréiəl] 묘사
- ☐ have one's work cut out for ~가 아주 바쁘다
- ☐ skim through ~을 대강 훑어보다
- ☐ propagate [prάpəgèit] 번식하다
- ☐ pollen [pάlən] 꽃가루
- ☐ carry off ~을 실어나르다
- ☐ fine-grained [fáingrèind] 입자가 고운
- ☐ fertilize [fə́ːrtəlàiz] 수정시키다
- ☐ objective [əbdʒéktiv] 목표
- ☐ fuzzy [fʌ́zi] 솜털이 있는
- ☐ electric charge 전하
- ☐ abdomen [ǽbdəmən] 배, 복부
- ☐ altruistic [æ̀ltruːístik] 이타적인
- ☐ tubular [tjúːbjulər] 관 모양의, 관의
- ☐ sip [sip] 조금씩 마시다
- ☐ nectar [néktər] 꿀
- ☐ forage [fɔ́ːridʒ] 먹이를 찾다
- ☐ evolutionist [èvəlúːʃənist] 진화론자
- ☐ self-pollination [sèlfpɑlənéiʃən] 자가수분
- ☐ cross-pollination [krɔ̀ːspɑlənéiʃən] 타가수분
- ☐ odor [óudər] 냄새
- ☐ deceptive [diséptiv] 현혹하는
- ☐ diversity [divə́ːrsəti] 다양성
- ☐ inherit [inhérit] 유전하다, 물려받다
- ☐ offspring [ɔ́ːfsprìŋ] 자손
- ☐ habitat [hǽbitæ̀t] 서식지
- ☐ invasive [invéisiv] 외래의, 침입하는
- ☐ weather [wéðər] (역경 등을) 견디다
- ☐ commemorate [kəmémərèit] 기념하다
- ☐ abstract [æbstrǽkt] 추상적인
- ☐ commission [kəmíʃən] 의뢰하다, 주문하다
- ☐ contribution [kὰntrəbjúːʃən] 기여
- ☐ humanity [hjuːmǽnəti] 인류
- ☐ embodiment [imbάdimənt] 상징, 구현
- ☐ debate [dibéit] 논쟁, 토론
- ☐ democracy [dimάkrəsi] 민주주의
- ☐ memorial [məmɔ́ːriəl] 기념물
- ☐ reception [risépʃən] 반응
- ☐ physique [fizíːk] 체격
- ☐ scandalous [skǽndləs] 모욕적인, 수치스러운
- ☐ contemporary [kəntémpərèri] 현대의
- ☐ tyrannical [tirǽnikəl] 압제적인
- ☐ monarch [mάnərk] 군주
- ☐ exaggeration [igzæ̀dʒəréiʃən] 과장
- ☐ plowshare [pláuʃὲər] 쟁기의 날
- ☐ accoutrements [əkúːtərmənts] 도구, (의류나 장비의) 부속물

Quiz

단어의 알맞은 뜻을 찾아 연결해보세요.

01 fertilize	ⓐ 현혹하는
02 embodiment	ⓑ 이타적인
03 abdomen	ⓒ 수정시키다
04 altruistic	ⓓ 상징, 구현
05 subtlety	ⓔ 미묘함
	ⓕ 배, 복부

06 meticulous	ⓐ 승격시키다, 올리다
07 elevate	ⓑ 압제적인
08 commemorate	ⓒ 기념하다
09 forage	ⓓ 세심한, 꼼꼼한
10 tyrannical	ⓔ 먹이를 찾다
	ⓕ 외래의, 침입하는

01 ⓒ 02 ⓓ 03 ⓕ 04 ⓑ 05 ⓔ 06 ⓓ 07 ⓐ 08 ⓒ 09 ⓔ 10 ⓑ

HACKERS TOEFL ACTUAL TEST LISTENING

TEST 03

SELF-CHECK LIST

이번 테스트는 어땠나요?
다음 체크리스트로 자신의 테스트 진행 내용을 점검해 볼까요?

---

1 나는 테스트가 진행되는 동안 완전히 집중하였다. ☐ Yes ☐ No
  집중하지 못했다면, 그 이유는?

2 나는 주어진 16분 30초 동안 28문제를 모두 풀었다. ☐ Yes ☐ No
  문제를 모두 풀지 못했다면, 그 이유는?

3 유난히 어렵게 느껴지는 지문이 있었다. ☐ Yes ☐ No
  있었다면, 어려웠던 지문과 그 이유는? (어휘, 속도, 주제 등)

4 유난히 어렵게 느껴지는 문제가 있었다. ☐ Yes ☐ No
  있었다면, 어려웠던 문제의 유형과 그 이유는?

5 이전 테스트에서 발견된 문제점이 모두 개선되었다. ☐ Yes ☐ No
  개선되지 않았다면, 그 이유는?

6 개선해야 할 점과 이를 위한 구체적인 학습 계획

ANSWER KEYS & 취약 유형 분석표

PART 1

01 (D) Main Purpose
02 (B), (D) Detail
03 (C) Attitude
04 (C) Purpose
05 (C) Detail
06 (B) Main Topic
07 (C) Detail
08 (D) Purpose
09 (A) Detail
10 (B) Function
11 (A) Inference

PART 2

01 (B) Main Topic
02 (C) Function
03 (A), (B), (E) Detail
04 (A) Inference
05 (A) Attitude
06 (C) Main Topic
07 (B) Detail
08 Matching

	Neuron	Glial Cell
Protects other cells from toxic substances		√
Is the most numerous cell in the brain		√
Cannot reproduce through cell division	√	
Receives nutrients from other cells	√	

09 (D) Inference
10 (A) Attitude
11 (B), (D) Detail
12 (B) Main Purpose
13 (C) Detail
14 (D) Function
15 (D) Detail
16 (B) Detail
17 List

	Yes	No
Illuminating the actors on stage brightly		√
Using set designs that were unrealistic	√	
Criticizing unfair aspects of society	√	
Filling multiple roles with the same actor	√	

■ 각 문제 유형별 맞힌 개수를 아래에 적어 보세요.

문제 유형	맞힌 답의 개수
Main Topic / Purpose	/ 5
Detail	/ 10
Function & Attitude	/ 6
Connecting Contents I (List, Matching, Ordering)	/ 2
Connecting Contents II (Purpose, Organization)	/ 2
Inference	/ 3
Total	**/ 28**

*자신이 취약한 유형은 LISTENING STRATEGIES(p.22)를 통해 다시 한번 점검하시기 바랍니다.

Listen to a conversation between a student and a university print shop employee.

학생의 용건

프랑스어 동아리의 광고 인쇄

M: Hi, how can I help you today?

W: Hi . . . um, I just saw an ad the other day, and uh . . .

M: Oh, I'm sorry. You mean the 20 percent off deal, right? That ended just yesterday.

W: Oh, no, [01]I actually came in because I wanted to print some advertisements for the French club that I belong to. We're trying to get the word out about our club and the French language exchange party that we're about to put on for Christmas.

M: Sure. What format are you interested in using?

W: I'm not really sure. Can you tell me what you have available?

직원의 제안 1

전단지 – 다양한 디자인, 다량의 정보 포함 가능

M: Well, it depends on what your goals are. Um . . . let's see. OK. Flyers are often used. [02]The advantage is that we can do them in any style or color, and on any paper you want. A lot of clubs include some sort of graphic or image on their flyers, and we offer a discount on orders of more than 100 flyers, so a lot of clubs prefer this format. Oh, [02]another good thing about them is they can fit any amount of text that you need. You know . . . like an introduction to the club, information about past activities . . .

W: Yeah, I see . . . But isn't that too common? We want our ad to stick out, so . . . I don't think that's going to work for us . . . what else can you guys do?

직원의 제안 2

포스터 – 눈에 잘 띔

M: Lemme see . . . Oh, posters are another option. They're typically much larger than flyers and are designed to be posted somewhere that's visible to a lot of people. So, many students will see them, even if you only put a few up. The posters are about three times as expensive as flyers, but that's because they're made of a different type of paper, you know, a special kind of coated paper. Oh, and you'll need to get them approved by the administrative office before you put them up, which might take some time.

학생의 제안 1

접착식 메모지 – 광고 노출 효과가 큼

W: Hmm . . . that's too much of a hassle. What about ads on something like sticky notes?

M: On sticky notes? What do you mean?

학생과 대학 인쇄소 직원 사이의 대화를 들으시오.

M: 안녕하세요, 무엇을 도와드릴까요?

W: 안녕하세요... 음, 제가 지난번에 광고를 봤는데요, 어...

M: 오, 미안해요. 20퍼센트 할인 행사 말하는 거죠? 그건 어제 막 끝났어요.

W: 오, 아니요, [01]저는 사실 제가 속한 프랑스어 동아리 광고를 인쇄하려고 왔어요. 저희 동아리와 크리스마스에 개최할 프랑스 언어 교환 파티에 대해 홍보를 하려고요.

M: 그래요. 어떤 방식을 사용하고 싶은가요?

W: 잘 모르겠어요. 어떤 게 있는지 말씀해주실래요?

M: 글쎄요, 광고의 목적이 무엇인지에 따라 달라져요. 음... 어디 보자. 좋아요. 전단지가 자주 사용돼요. [02]장점은 우리가 학생이 원하는 어떤 스타일이나 색상, 종이로든 전단지를 만들 수 있다는 거예요. 많은 동아리에서 전단지에 도표나 그림 같은 것을 넣기도 하고요, 그리고 저희는 전단지를 100장 이상 주문하면 할인을 해주기 때문에 많은 동아리가 이 방식을 선호해요. 오, [02]그것의 또 다른 장점은 필요한 글은 양이 얼마나 되든지 모두 실을 수 있다는 거예요. 그러니까... 동아리에 대한 소개, 과거 활동에 대한 정보 같은 거요...

W: 네, 알겠어요... 하지만 그것은 너무 평범하지 않나요? 저희는 광고가 눈에 띄기를 원해요, 그래서... 그건 저희에게 맞지 않을 것 같아요... 다른 건 어떤 걸 해주실 수 있나요?

M: 어디 봅시다... 오, 포스터가 또 다른 선택사항이 될 수 있어요. 그것들은 보통 전단지보다 훨씬 더 크고 많은 사람들이 볼 수 있는 곳에 붙여지게 되어 있죠. 그래서 몇 장만 붙여도 많은 학생들이 볼 거예요. 포스터 가격은 전단지의 3배 정도 비싼데, 그건 포스터가 다른 종류의 용지로 만들어지기 때문이에요, 그러니까, 특수한 종류의 코팅된 용지요. 오, 그리고, 그것을 붙이기 전에 행정실에서 승인을 받아야 하는데, 시간이 좀 걸릴 수 있어요.

W: 흠... 그건 너무 번거로운 일인데요... 접착식 메모지 같은 것에 광고하는 건 어때요?

M: 접착식 메모지요? 무슨 뜻이죠?

Vocabulary

get the word out 홍보하다, 말을 퍼트리다   format[fɔ́:rmæt] 방식, 형식   flyer[fláiər] 전단지   stick out 눈에 띄다   put up ~을 붙이다

coated paper 코팅된 용지   approve[əprúːv] 승인하다   administrative office 행정실   hassle[hǽsl] 번거로운 일   sticky note 접착식 메모지

W: A friend of mine in another club had ads put on pads of sticky notes and passed them out on campus. The strategy was effective because people use sticky notes all the time, so the advertisement got a lot of exposure. And whereas flyers are thrown away almost instantly, people keep pads of sticky notes around for a while . . .

M: I see what you mean. It's possible to do that, but, uh, I wouldn't recommend it.

W: Why not?

M: For one thing, that type of printing is quite expensive. But [03]the real problem is that it doesn't work as well as it sounds. It's hard to put a lot of information on a sticky note because it's so small. Also, the people who use these don't pay attention to the advertisement itself, so . . . I'm willing to bet that other approaches will get better results.

W: Yeah, I guess you're right. We want to make sure that people are informed of our events. [04]What about postcard ads? My sister used postcards for her wedding invitations. But, uh . . . not just regular postcards. They were shaped like bouquets to match the wedding theme. They looked really unique.

M: Sure, we can do that. We can make customized postcards in almost any shape, but they'll cost a bit more than standard postcards. But like you said, they stick out and people really like them. I think it'd be a good idea.

W: Yeah, that'd be great. Can I get them made in the shape of the Eiffel Tower?

M: You mean for the shape of the postcard? Yeah, we could make those.

W: How long will it take?

M: Not long. All you need is to fill out a form on our website with all of the information you want on the cards. Then, [05]I'll e-mail you an image of what the cards will look like. They'll be cut into the shape of the Eiffel Tower . . . one side will have an image of the tower on it and the other side will have text. [05]Once you approve the design, we'll print them up.

W: Sounds great. I'll fill out the form once I've confirmed the details for our next event. Thanks for your help!

학생의 제안 2

엽서 –
어떤 형태로든
제작 가능,
눈에 잘 띔

W: 다른 동아리에 있는 제 친구가 접착식 메모지 패드에 광고를 넣어 캠퍼스에서 나눠줬었어요. 사람들이 접착식 메모지를 항상 사용하니까 광고가 많이 노출되어서 그 전략은 효과가 있었죠. 그리고 전단지는 거의 바로 버려지지만, 사람들이 접착식 메모지 패드는 얼마 동안 가지고 있으니까요...

M: 무슨 말인지 알겠어요. 그렇게 할 수는 있지만, 어, 저는 그걸 추천하지는 않겠어요.

W: 왜죠?

M: 일단, 그런 종류의 인쇄는 꽤 비싸요. 하지만 [03]진짜 문제는 그것이 생각만큼 효과가 없다는 거예요. 접착식 메모지는 너무 작아서 많은 정보를 넣기 힘들어요. 또한, 이것을 사용하는 사람들은 광고 자체에는 관심을 갖지 않아요, 그래서... 저는 다른 방법이 더 나은 결과를 낼 거라고 장담해요.

W: 네, 그럴 것 같네요. 저희는 사람들이 저희 행사에 대해 알게 하고 싶어요. [04]엽서 광고는 어떨까요? 저희 언니가 결혼식 청첩장으로 엽서를 사용했어요. 하지만, 어... 그냥 일반 엽서가 아니었죠. 결혼식 주제에 맞게 꽃다발 모양으로 했거든요. 정말 독특해 보였죠.

M: 물론이죠, 그렇게 할 수 있어요. 주문 제작식 엽서는 거의 어떤 형태로든 만들 수 있지만, 일반 엽서보다 비용이 조금 더 들 거예요. 하지만 학생 말처럼, 그것들은 눈에 띄고 사람들이 정말 좋아해요. 좋은 생각일 것 같아요.

W: 네, 좋아요. 그것들을 에펠탑 모양으로 만들 수 있나요?

M: 엽서 모양 말이죠? 네, 그렇게 만들 수 있어요.

W: 얼마나 걸릴까요?

M: 오래 걸리지 않아요. 학생은 저희 웹사이트에 있는 양식에 엽서에 담고 싶은 모든 정보를 기재하기만 하면 돼요. 그러면 [05]제가 학생한테 엽서가 어떻게 보일지 그 이미지를 이메일로 보내줄게요. 그것들은 에펠탑 모양으로 오려져서... 한쪽 면에는 탑의 그림이 실릴 거고 다른 면에는 글이 실릴 거예요. [05]학생이 디자인을 승인해주면, 우리가 엽서를 인쇄할게요.

W: 좋아요. 저희 다음 행사에 대한 세부 사항을 확인한 뒤에 그 양식에 기재할게요. 도움 주셔서 감사해요!

Vocabulary

strategy[strǽtədʒi] 전략　exposure[ikspóuʒər] 노출　approach[əpróutʃ] 방법, 접근법　bouquet[boukéi] 꽃다발
customize[kʌ́stəmàiz] 주문 제작하다　confirm[kənfə́ːrm] 확인하다

01

Why does the student go to the print shop?

(A) To inquire about a deal advertised online
(B) To ask about the advantages of certain types of advertisements
(C) To check the status of an advertisement ordered for an event
(D) To look into options for creating advertisements

학생은 왜 인쇄소에 찾아가는가?

(A) 온라인에 광고된 할인 판매에 대해 문의하기 위해
(B) 특정 종류의 광고의 장점에 대해 물어보기 위해
(C) 행사를 위해 주문한 광고의 진행 상황을 확인하기 위해
(D) 광고를 제작하기 위한 선택사항을 알아보기 위해

Main Purpose 도입부에서 학생은 자신이 속한 프랑스어 동아리 광고를 인쇄하려고 왔다(I actually came in because I wanted to print some advertisements for the French club that I belong to)고 말한다. 이어 학생은 대화 전반에 걸쳐 인쇄소 직원과 선택 가능한 인쇄 광고의 종류에 대해 이야기한다.

02

According to the man, what are the advantages of flyers?

Choose 2 answers.

(A) They can be placed in highly visible locations.
(B) They can be created in a variety of designs.
(C) They can be printed in large numbers.
(D) They are a good format for including a lot of information.

남자에 따르면, 전단지의 장점은 무엇인가?
2개의 답을 고르시오.

(A) 매우 눈에 잘 띄는 위치에 배치할 수 있다.
(B) 다양한 디자인으로 만들 수 있다.
(C) 대량으로 인쇄할 수 있다.
(D) 많은 정보를 포함하기에 좋은 형식이다.

Detail 남자는 전단지의 장점이 원하는 어떤 스타일, 색상, 종이로든 광고를 인쇄할 수 있다는 것(The advantage is that we can do them in any style or color, and on any paper you want)과 필요한 글은 양이 얼마나 되든지 모두 실을 수 있다는 것(another good thing about them is they can fit any amount of text that you need)이라고 말한다.

03

What is the man's attitude towards sticky note advertisements?

(A) He believes they are too difficult to make considering their price.
(B) He worries that they may be inconvenient to carry around.
(C) He is concerned that they will not be as effective as other advertisements.
(D) He thinks they are easy to misunderstand because of their size.

접착식 메모지 광고에 대한 남자의 태도는 무엇인가?

(A) 그것의 가격을 고려했을 때 제작하기 너무 어렵다고 생각한다.
(B) 그것을 들고 다니기 불편할 수도 있다는 점을 걱정한다.
(C) 그것이 다른 광고만큼 효과가 없을 것이라고 걱정한다.
(D) 그것의 크기 때문에 잘못 이해하기 쉽다고 생각한다.

Attitude 남자는 접착식 메모지 광고의 크기가 너무 작아서 많은 정보를 넣기 힘들고 사람들은 광고 자체에는 관심을 갖지 않는다(It's hard to put a lot of information ~ because it's so small ~ the people who use these don't pay attention to the advertisement itself)는 문제점을 언급하며 다른 방법이 더 나은 결과를 낼 것(other approaches will get better results)이라고 말한다. 이를 통해 남자는 접착식 메모지 광고가 다른 광고만큼 효과가 없을 것이라고 우려함을 알 수 있다.

04

Why does the student mention her sister?

(A) To explain how she heard about the deal at the print shop
(B) To show the difference between standardized and customized postcards
(C) To suggest a type of advertisement she would like to use for her club
(D) To order a kind of advertisement suitable for invitation

학생은 왜 그녀의 언니를 언급하는가?

(A) 인쇄소의 할인 행사에 대해 어떻게 알게 되었는지 설명하기 위해
(B) 일반 엽서와 주문 제작 엽서의 차이를 보여주기 위해
(C) 그녀의 동아리 광고에 사용하고 싶은 종류의 광고를 제안하기 위해
(D) 초대장에 적합한 종류의 광고를 주문하기 위해

Purpose 학생은 엽서 광고를 제안하며(What about postcard ads?), 자신의 언니가 결혼식 청첩장으로 엽서를 사용했는데 정말 독특했다(My sister used postcards for her wedding invitations ~ They looked really unique)고 말한다. 이를 통해 학생은 동아리 광고에 사용하고 싶은 종류의 광고를 제안하기 위해 자신의 언니를 언급했음을 알 수 있다.

05

What does the man need before the postcards are printed?

(A) Confirmation of the details for an event
(B) A graphic for the advertisement
(C) Approval of a sample postcard
(D) Information about the color and size the student wants

남자는 엽서를 인쇄하기 전에 무엇을 필요로 하는가?

(A) 행사에 대한 세부 사항 확인
(B) 광고를 위한 그래픽
(C) 샘플 엽서에 대한 승인
(D) 학생이 원하는 색상과 크기에 대한 정보

Detail 남자는 학생에게 엽서가 어떻게 보일지 그 이미지를 이메일로 보내줄 것(I'll e-mail you an image of what the cards will look like)이고, 학생이 디자인을 승인해주면 엽서를 인쇄할 것(Once you approve the design, we'll print them up)이라고 말한다.

Listen to the following lecture about the Montessori Method, an educational philosophy.

주제
몬테소리 교육법

This is shaping up to be quite an interesting week for us. You know, each semester I do the same thing with my introductory education classes and dedicate a week to learning about various "alternative" philosophies of learning. And, year in and year out, it's always been the time when I feel the students learn the most about their own perspective on education. Well, today is the final lecture of the week, and [06]what better topic to discuss than arguably the most well-known alternative educational philosophy, Montessori?

몬테소리 소개

OK. The Montessori Method was developed by an early twentieth century Italian educator named Maria Montessori, who specialized in working with developmentally disabled students. She was invited to give a lecture at an educational convention which was attended by Italy's Education Minister at the time. He was sufficiently impressed with her ideas to offer her the directorship of the Scuola Ortofrenica, Italy's main school for the developmentally disabled. Montessori accepted the position, more to prove her own theories than anything, and achieved some dramatic results. Her eight-year old students sat the national reading and writing examinations and actually scored above the national average. This amazing result was dubbed the "Montessori Miracle."

몬테소리
교육법에서
교사의 역할

We can see that Montessori's ideas have some merit—but what are those ideas, exactly? We haven't discussed that yet. I guess an important one to start with would be the role of teachers. See, in Montessori schools, there technically are no teachers. Pretty revolutionary, right? In a conventional school, a vast majority of the learning taking place is done in a group setting with the teacher talking and the students listening and taking notes. Montessori was not a supporter of this type of passive learning, and preferred to put students in charge of their own learning. [07]What happens in Montessori schools is that the teacher, or

교육 철학의 하나인 몬테소리 교육법에 관한 강의를 들으시오.

우리에게 꽤 흥미로운 한 주가 되어 가고 있군요. 알다시피, 저는 학기마다 교육 입문 수업에서 같은 것을 다루는데, 한 주는 다양한 '대안' 교육 철학에 대해서 배우는 데 전념합니다. 그리고, 해마다 이때는 학생들이 교육에 대한 자신들의 견해에 대해 가장 많이 알게 되는 시기라고 저는 항상 느낍니다. 음, 오늘은 이번 주의 마지막 강의예요, 그리고 [06]아마도 가장 잘 알려진 대안 교육 철학, 몬테소리보다 논의하기 더 좋은 주제가 있을까요?

좋아요. 몬테소리 교육법은 마리아 몬테소리라는 20세기 초반의 이탈리아 교육자에 의해 개발되었죠, 그녀는 발달 장애가 있는 학생들을 가르치는 것을 전문으로 했습니다. 그녀는 그 당시 이탈리아의 교육부 장관이 참석하는 교육 협의회에서 강연 요청을 받았어요. 장관은 그녀의 생각에 충분히 감명을 받아 그녀에게 발달 장애가 있는 이들을 위한 이탈리아의 대표 학교인, Scuola Ortofrenica의 이사직을 제안했습니다. 몬테소리는 무엇보다 자신의 이론을 증명하기 위해 그 자리를 받아들였고, 몇몇 극적인 결과를 얻었습니다. 그녀의 8살짜리 학생들은 읽기와 쓰기 국가 시험을 쳤고 실제로 전국 평균을 넘는 점수를 받았습니다. 이 놀라운 결과는 '몬테소리의 기적'이라고 불렸죠.

우리는 몬테소리의 생각에 몇 가지 장점이 있다는 것을 알 수 있어요, 하지만 그 생각이 정확히 무엇일까요? 우리는 아직까지 그것을 논의하지 않았어요. 중요한 것부터 시작하자면 교사의 역할이 이 중 하나겠죠. 자, 몬테소리 학교에는 원칙적으로 교사가 없습니다. 꽤 획기적이죠, 그렇죠? 전통적인 학교에서 일어나는 대부분의 학습은 교사가 말하고 학생은 듣고 받아적는 그룹 환경에서 이루어집니다. 몬테소리는 이러한 유형의 수동적인 학습의 지지자가 아니었고, 학생들이 자신의 학습을 스스로 맡도록 하는 것을 선호했습니다. [07]몬테소리 학교에서는 교사, 즉 그녀의 용어로 '지도자'

Vocabulary

shape up (좋은 방향으로) 되어 가다   **dedicate**[dédikèit] 전념하다   **year in and year out** 해마다   **arguably**[á:rgjuəbli] 아마도
developmentally[divèləpméntli] 발달상으로   **directorship**[diréktərʃip] 이사직   **dub**[dʌb] ~이라고 부르다   **conventional**[kənvénʃənl] 전통적인
in charge of ~을 맡아서

"director" in her parlance, is responsible for setting up a comprehensive educational environment within which the student can engage in self-directed learning. This means that there's no set schedule that students have to keep—they choose what they want to learn and when. In this manner, the teachers . . . I mean directors . . . work as educational guides to the student's personal learning.

몬테소리가
주장한
자기 주도적
학습

Her ideas about self-directed learning are based upon the observations of young children interacting with the world. Take a babbling infant, for instance. Why do little kids babble? To practice using a language—they are learning! [08/10]Do parents need to force their young children to practice speaking, or do they just do it naturally? We all think the same way, I'm sure. So, in Montessori's mind, children have an innate desire to learn and an ability to repeat a task over and over until they improve. That's what they are doing when they babble, right? External motivation isn't necessary when it comes to children learning—it comes from within. And Montessori felt that the staid, one-size-fits-all institutionalized learning that goes on in most schools kills this drive.

몬테소리의
교실 환경

Now, since children are essentially in charge of their own learning, they also have the ability to decide that they want to work together with other students at any given point. [09]In a regular classroom, with row after row of large, heavy desks, it's next to impossible for students to collaborate on a project—especially when they're separated from one another. For this reason, Montessori used lightweight, child-sized furniture in her classrooms as opposed to the heavy, immobile furniture traditionally found in schools. And, instead of setting everything up in rows, the classroom was more free-flowing, with a couple of desks here, a small table there, plenty of carpeted space and mats for students to work together on the floor. This encouraged students to move about the classroom and become active participants in their own learning.

책임감을
배양하는
몬테소리
교육 철학

Maria Montessori instilled a sense of responsibility in the students themselves. When students first arrive at the school, they are taught a set of rules that all students must live by. Students are

---

가 학생들이 자기 주도적인 학습에 몰두할 수 있는 포괄적인 교육 환경을 조성하는 것에 책임이 있습니다. 이것은 학생들이 따라야 하는 정해진 일정이 없다는 것을 의미합니다. 학생 자신이 무엇을 언제 배우길 원하는지 선택한다는 것이죠. 이런 식으로, 교사... 그러니까 지도자는... 학생들의 개인적인 학습에 교육적 안내자로서 역할을 합니다.

자기 주도적인 학습에 관한 그녀의 생각은 세상과 교류하는 어린이들의 관찰에 바탕을 두었어요. 옹알이하는 유아를 예로 들게요. 왜 아이는 옹알이할까요? 언어 사용을 연습하기 위해서, 학습하는 거예요! [08/10]부모들은 아이에게 말하기 연습을 강요할 필요가 있을까요, 아니면 그들은 자연스럽게 연습할까요? 모두 같은 생각을 하고 있을 거라고 확신해요. 그래서 몬테소리의 생각으로는, 아이들은 배우려는 타고난 욕구와 향상될 때까지 학습을 반복하는 능력이 있습니다. 그것이 바로 아이들이 옹알이할 때 하는 것이죠, 그렇죠? 아이들의 학습에서 외부 동기는 필요하지 않아요, 내부로부터 나오죠. 그리고 몬테소리는 대부분의 학교에서 이루어지는 변함없고, 천편일률적이며 제도적인 학습이 이러한 욕구를 없앤다고 느꼈어요.

자, 근본적으로 아이들은 자신의 학습에 책임을 지기 때문에, 특정한 시점에 다른 학생들과 함께 공부하고 싶다고 결심하는 능력도 있어요. [09]크고 무거운 책상이 줄지어 있는 보통 교실에서는, 학생이 하나의 프로젝트를 위해 협력하기가 거의 불가능해요, 특히 서로 떨어져 있을 때는요. 이 때문에, 몬테소리는 전통적으로 학교에서 볼 수 있었던 무겁고 움직이기 어려운 가구와 반대되는 가벼운 아동용 가구를 교실에 놓았어요. 또, 모든 것을 줄 세워 놓는 대신, 책상 몇 개는 이쪽에, 작은 탁자는 저쪽에, 학생들이 바닥에서 함께 공부할 수 있는 카펫으로 된 공간과 매트를 충분히 제공해, 교실에서 자유롭게 이동할 수 있게 했죠. 이는 학생들이 교실을 돌아다니고 자기 학습에 적극적인 참여자가 되도록 격려했어요.

마리아 몬테소리는 학생들에게 책임감을 심어주었어요. 학생들이 처음 학교에 도착하면 먼저 모든 학생들이 원칙으로 삼아야 하는 일련의 규칙을 배우게 되죠. 학생들은 지나치게 시끄럽게 하거나

Vocabulary

parlance[pάːrləns] 용어, 말투   **self-directed**[sèlfdiréktid] 자기 주도적인   **babble**[bǽbl] 옹알이하다   **innate**[inéit] 타고난, 천부적인
staid[steid] 변함없는, 정착한   **one-size-fits-all** 천편일률적인   **drive**[draiv] 욕구, 충동   **next to impossible** 거의 불가능한
collaborate[kəlǽbərèit] 협력하다   **lightweight**[láitwèit] 가벼운   **as opposed to** ~과 반대되는   **free-flowing**[fríːflòuiŋ] 자유롭게 흐르는
instill ~ in ... ⋯에게 ~을 심어주다   **live by** ~을 삶의 원칙으로 삼다

responsible for not making excessive noise, not running, asking other students before they touch an activity that a student is working on . . . things like that. When students want to learn a new activity, teachers initially instruct them on how to use these instruments or toys properly. They are taught to respect the materials and not to swing a violin like a baseball bat or wear it like a hat. Students are also expected to clean up after themselves—if they use an activity, they have to put it back on the shelf where it came from. Students are taught how to use cleanup tools, so if they accidentally make a mess or break something, it's their job to get out the mop or broom and clean up. They aren't punished for it like in a traditional environment. In this way, the Montessori philosophy is more than just an educational philosophy . . . it's a lifestyle philosophy that prepares children for social development and helps them to be responsible and interact in an adult world.

몬테소리
교육법에
쓰이는 교구

There's one last thing I want to mention . . . I just touched briefly on the educational materials that children might use. Well, this is one of the more unique aspects of the Montessori Method and warrants a bit more discussion. Compared to standard, textbook-based classroom instruction, Montessori education is extremely hands-on. The use of all five senses, especially tactile, is encouraged, and materials try to include some sort of kinetic, movement-oriented aspect along with helping students develop coordination. [11]Take a small wooden block for instance . . . Montessori uses these little one centimeter blocks for a variety of activities. Young students can use these blocks to build structures to experiment with the physical laws that govern our world, all the while developing hand-eye coordination. Older students use the blocks to learn how to compute lengths, study things like addition, multiplication, and division, and even to figure out algebraic concepts. Instead of the mind-numbing memorization of a multiplication table, for instance, students can learn about multiplication intuitively by using rows of connected blocks!

뛰지 않고, 다른 학생이 하고 있는 활동을 건들기 전에 물어보는... 그런 것들에 책임이 있습니다. 학생들이 새로운 활동을 배우길 원할 때, 처음에는 교사가 도구와 장난감을 올바르게 사용하는 방법을 학생들에게 가르쳐주죠. 그들은 도구를 중요시하고 바이올린을 야구 방망이처럼 휘두르거나 모자처럼 쓰지 않도록 배웁니다. 학생들은 또한 어지른 다음 깨끗이 치우도록 요구됩니다, 만약 그들이 도구를 사용한다면, 그것을 원래 있었던 선반에 다시 가져다 놓아야 하죠. 그들은 청소도구를 사용하는 법을 배웁니다, 그래서 만약 그들이 실수로 어지르거나 무언가를 깨뜨린다면, 걸레나 빗자루를 가지고 와서 청소하는 것은 그들의 책임이죠. 그들은 전통적인 환경에서처럼 벌을 받지 않아요. 이렇게, 몬테소리 철학은 단순한 교육 철학 이상의 것입니다... 이것은 아이들의 사회적 성장을 위해 준비시키고 어른들의 세계에서 책임을 다하고 상호작용할 수 있도록 돕는 생활방식의 철학입니다.

마지막으로 언급하고 싶은 것이 하나 있어요... 제가 방금 아이들이 사용할 수 있는 교구들에 대해 간단히 언급했죠. 음, 이것은 몬테소리 교육법의 더 독특한 특성 중 하나이고 조금 더 많은 논의를 정당화하죠. 교재에 기반한 표준적인 교실 수업과 비교했을 때, 몬테소리 교육은 아주 실천적이에요. 오감을 모두 사용하는 것, 특히 촉감 사용이 장려되고, 교구들은 학생들이 협응력을 발달시키는 데 도움이 되는 것뿐만 아니라 운동적인, 움직임을 지향하는 면을 포함하려고 노력합니다. [11]작은 나무 블록들을 예로 들면... 몬테소리는 1센티미터 크기의 작은 블록들을 다양한 활동을 위해 사용하죠. 어린아이들은 손과 눈의 협응력을 발달시키면서, 우리의 세상을 지배하는 물리학 법칙을 실험하기 위한 구조를 쌓는 데 이러한 블록을 사용할 수 있습니다. 나이가 있는 학생들은 길이를 계산하는 방법을 배우고, 덧셈, 곱셈, 그리고 나눗셈과 같은 것을 학습하며, 심지어 대수학 개념을 이해하기 위해 블록을 사용합니다. 예를 들어, 구구단 같은 지루한 암기 대신, 학생들은 연결된 블록들의 열을 사용하여 직관적으로 곱셈을 배울 수 있어요!

Vocabulary

warrant[wɔ́ːrənt] 정당화하다　**hands-on**[hǽndzán] 실천적인, 실제의　**tactile**[tǽktil] 촉감적인, 만져서 알 수 있는　**kinetic**[kinétik] 운동적인
coordination[kouɔ̀ːrdənéiʃən] (신체의) 협응력　**movement-oriented**[múːvməntɔ̀ːrientid] 움직임을 지향하는　**compute**[kəmpjúːt] 계산하다
figure out ~을 이해하다　**algebraic**[ǽldʒəbréiik] 대수학의　**mind-numbing**[máindnʌ̀miŋ] 지루한　**multiplication table** 구구단
intuitively[intʃúːətivli] 직관적으로

06

What is the main topic of the lecture?

(A) The shortcomings of traditional educational philosophy
(B) The unique aspects of an educational method
(C) Maria Montessori's successes with the learning-disabled
(D) The importance of fostering social development in schools

강의의 주된 주제는 무엇인가?

(A) 전통적인 교육 철학의 단점
(B) 한 교육법의 독특한 측면
(C) 학습 장애를 가진 아이들에 대한 마리아 몬테소리의 성공
(D) 학교에서 사회적 성장을 촉진하는 것의 중요성

Main Topic 도입부에서 교수는 몬테소리보다 논의하기 더 좋은 주제가 있을지(what better topic to discuss ~ Montessori?)에 대해 묻는다. 이어 교수는 강의 전반에 걸쳐 몬테소리 교육법에 대해 논의한다.

07

According to the professor, what is the main responsibility of a Montessori classroom's director?

(A) Ensuring that students are studying appropriate subjects
(B) Providing students with guidance regarding their learning pace
(C) Creating an enriching environment for learning
(D) Encouraging the students to take their personal education seriously

교수에 따르면, 몬테소리 교실 지도자의 주요 책임은 무엇인가?

(A) 학생들이 알맞은 과목을 공부하도록 책임지는 것
(B) 학생들의 학습 속도에 관해 지도해주는 것
(C) 풍부한 학습 환경을 조성하는 것
(D) 학생들이 그들 개인의 학습을 진지하게 받아들이도록 장려하는 것

Detail 교수는 몬테소리 교실의 지도자는 학생들이 자기 주도적인 학습에 몰두할 수 있는 포괄적인 교육 환경을 조성하는 것에 책임이 있다("director" ~ is responsible for setting up a comprehensive educational environment within which the student can engage in self-directed learning)고 말한다.

08

Why does the professor mention a babbling infant?

(A) To clarify Montessori's position on language development
(B) To compare the learning processes of different age groups
(C) To describe the importance of repetition in learning
(D) To demonstrate that children have a learning instinct

교수는 왜 옹알이하는 유아를 언급하는가?

(A) 언어 발달에서 몬테소리의 입장을 명확하게 하기 위해
(B) 다른 연령대 그룹의 학습 과정을 비교하기 위해
(C) 학습에 있어 반복의 중요성을 설명하기 위해
(D) 아이들이 학습 본능을 갖고 있음을 보여주기 위해

Purpose 교수는 옹알이하는 유아를 예로 들어 아이들은 배우려는 타고난 욕구와 향상될 때까지 학습을 반복하려는 능력이 있다(children have an innate desire to learn and an ability to repeat a task over and over until they improve)고 말한다. 이를 통해 교수가 아이들이 배우려는 본능을 갖고 있음을 보여주기 위해 옹알이하는 유아를 언급했음을 알 수 있다.

09

According to the professor, how is traditional school furniture different from Montessori furniture?

(A) It is an obstacle to childern working together.
(B) It is incapable of taking a reasonable amount of wear-and-tear.
(C) It is used to make less efficient use of classroom space.
(D) It is made for children to easily move around.

교수에 따르면, 전통적인 학교의 가구는 몬테소리의 가구와 어떻게 다른가?

(A) 학생들이 함께 공부하는 데 방해가 된다.
(B) 적당한 정도의 마모도 견디지 못한다.
(C) 교실 공간의 사용을 덜 효율적으로 만들기 위해 사용된다.
(D) 학생들이 쉽게 움직일 수 있도록 만들어졌다.

Detail 교수는 전통적인 학교의 가구들은 학생들이 하나의 프로젝트를 위해 협력하기가 거의 불가능하게 만든다(In a regular classroom ~ it's next to impossible for students to collaborate on a project)고 말한다.

10

Listen again to a part of the lecture. Then answer the question.

P: Do parents need to force their young children to practice speaking, or do they just do it naturally? We all think the same way, I'm sure. So, in Montessori's mind, children have an innate desire to learn and an ability to repeat a task over and over until they improve.

What does the professor mean when he says this:
P: We all think the same way, I'm sure.

(A) He no longer wants to discuss the example.
(B) He thinks the students already know the answer.
(C) He does not think the students have formulated their own opinions.
(D) He wants the students to think about their answers.

강의의 일부를 다시 듣고 질문에 답하시오.

P: 부모들은 아이에게 말하기 연습을 강요할 필요가 있을까요, 아니면 그들은 자연스럽게 연습할까요? 모두 같은 생각을 하고 있을 거라고 확신해요. 그래서 몬테소리의 생각으로는, 아이들은 배우려는 타고난 욕구와 향상될 때까지 학습을 반복하려는 능력이 있습니다.

교수는 이렇게 말함으로써 무엇을 의미하는가:
P: 모두 같은 생각을 하고 있을 거라고 확신해요.

(A) 더 이상 그 사례에 대해 논의하고 싶어 하지 않는다.
(B) 학생들이 이미 답을 알고 있다고 생각한다.
(C) 학생들이 그들 자신의 의견을 정했다고 생각하지 않는다.
(D) 학생들이 그들의 대답을 생각해보기를 원한다.

Function 교수는 아이들의 학습을 설명하던 중 학생들에게 질문을 던진 후, 우리 모두 같은 생각을 하고 있을 거라고 확신한다(We all think the same way, I'm sure)고 말한다. 즉, 교수는 학생들이 질문에 대한 답을 이미 알고 있을 것이라고 생각하는 것이다.

11

What can be inferred about typical Montessori educational materials?

(A) They can express concepts from a wide variety of subjects.
(B) They must be replaced with new materials at regular intervals.
(C) They are suited to children working together in a small group.
(D) They are designed for young students learning to develop motor skills.

일반적인 몬테소리의 교구에 관해 추론할 수 있는 것은 무엇인가?

(A) 다양한 과목의 개념을 표현할 수 있다.
(B) 규칙적인 간격으로 새로운 자료로 대체되어야 한다.
(C) 작은 그룹에서 함께 공부하는 학생들에게 맞춰져 있다.
(D) 운동 기술을 발달시키기 위해 학습하는 어린 학생들을 위해 고안되었다.

Inference 교수는 어린 아이들은 물리학 법칙을 실험하기 위한 구조를 쌓는 데 이러한 블록을 사용하고, 길이를 계산하는 방법을 배우고, 덧셈, 곱셈, 나눗셈을 학습하며, 심지어 대수학 개념을 이해하기 위해 블록을 사용할 수 있다(Young students can use these blocks to build structures to experiment with the physical laws ~ to learn how to compute lengths, study ~ addition, multiplication, and division, and even to figure out algebraic concepts)고 말한다. 이를 통해 몬테소리의 교구가 다양한 과목의 개념을 표현할 수 있음을 알 수 있다.

Listen to a conversation between a student and a professor.

S: Good morning, Professor Wilkins. Do you have time to talk? Um, I don't have an appointment, so if you're busy I can come back later.

P: That won't be necessary. You're Sally from my Biology 101 class, right? How are you finding it so far?

S: It's quite challenging, but I'm really enjoying this week's unit. [01]Actually, I have a few questions about the material.

P: What can I help you with?

S: Well, last class we talked about why the, uh, leaves of certain trees change color in the fall. I was hoping I could go over this process with you to make sure I understand it for the midterm. I'm a little unclear about some of the details from the last lecture.

P: I see. Why don't you try to explain the process, and I'll let you know if you go off track.

S: OK. Now, if I remember correctly, the change in color is a result of how trees produce energy—you know, the process of photosynthesis. [02]Basically, they convert sunlight and, uh, carbon dioxide into sugar and oxygen. And to do this, they need to produce chlorophyll. Um . . . this is the substance that gives the leaves their green color, right?

P: Exactly. But you still haven't told me why the leaves change color.

S: Well, that's the thing. I know that as the weather gets colder and the days get shorter, the tree halts the process of photosynthesis. So the green color begins to, well . . . to fade. But why do other colors appear? I mean, does the tree produce different chemicals in the winter that cause the leaves to change color or something?

P: Partly. The cold weather causes the tree to produce "anthocyanins," which are pigments that have a reddish color. [04]In contrast, other pigments, called "carotenoids"—um, these are yellow, orange, or brown—simply become more visible once there is no more chlorophyll in a leaf. Does that make sense?

S: I see. Somehow I missed that detail during the lecture. [01]Now, what I really don't understand is, uh, what causes the leaves to eventually fall off the tree. This wasn't covered in the reading

학생과 교수 사이의 대화를 들으시오.

S: 안녕하세요, Wilkins 교수님. 이야기할 시간 있으세요? 음, 약속을 잡은 건 아니라서 바쁘시면 나중에 다시 올게요.

P: 그럴 필요 없단다. 생물학 101 수업의 Sally구나, 맞지? 지금까지 수업은 어떠니?

S: 꽤 어려워요, 하지만 이번 주의 단원은 정말 재미있었어요. [01]실은, 수업 내용에 대해서 몇 가지 질문이 있어요.

P: 무엇을 도와줄까?

S: 음, 지난 시간에 저희는 어, 특정한 나무의 잎이 가을에 색이 바뀌는 이유에 대해서 이야기했어요. 저는 중간고사에 대비해 확실히 이해하기 위해 교수님과 이 과정을 다시 한 번 살펴볼 수 있으면 해요. 지난 강의의 세부 내용 중 일부가 이해가 잘 안 돼요.

P: 그렇구나. 네가 그 과정을 설명해보는 게 어떠니, 그리고 만약 네가 주제에서 벗어나면 내가 알려주마.

S: 네. 그러니까, 제 기억이 맞다면, 색깔의 변화는 나무가 에너지를 생산하는 방법의 결과예요, 그러니까, 광합성이요. [02]기본적으로, 나무는 햇빛과, 어, 이산화탄소를 당과 산소로 전환해요. 그리고 나무가 이걸 하기 위해서는, 엽록소를 생산해야 하죠. 음... 이것은 잎이 초록색을 띠게 하는 물질이에요, 맞죠?

P: 그렇지. 하지만 아직 왜 잎의 색깔이 바뀌는지는 말하지 않았어.

S: 음, 그게 문제예요. 날씨가 추워지고 해가 짧아지면, 나무가 광합성 과정을 중단한다는 건 알겠어요. 그래서 초록색이, 음... 사라지기 시작하죠. 하지만 다른 색깔은 왜 나타나죠? 제 말은, 나무가 겨울에 잎의 색깔을 바뀌게 하는 다른 화학물질을 생산하거나 하나요?

P: 어느 정도는. 추운 날씨는 나무가 '안토시아닌'을 생산하도록 하는데, 이건 붉은 빛을 띠는 색소야. [04]그에 반해, '카로티노이드'라고 불리는 다른 색소들은, 음, 노란색, 주황색, 또는 갈색인데, 잎에서 엽록소가 없어지면 단지 더 잘 보이게 되는 것뿐이란다. 이해 되니?

S: 알겠어요. 어쩌다가 강의 중에 그 내용을 놓친 것 같아요. [01]그런데, 정말 이해가 안 되는 것은요, 어, 결과적으로 나무에서 잎이 떨어지게 하는 것이 무엇인지예요. 이건 내주신 읽기 과제

Vocabulary

challenging[tʃǽlindʒiŋ] 어려운, 힘이 드는   go off track (주제에서) 벗어나다   photosynthesis[fòutousínθəsis] 광합성
convert[kənvə́ːrt] 전환하다, 바꾸다   chlorophyll[klɔ́ːrəfìl] 엽록소   substance[sʌ́bstəns] 물질   halt[hɔːlt] 중단하다
fade[feid] (서서히) 사라지다, 색이 바래다   pigment[pígmənt] 색소

you assigned, and we haven't talked about it in class yet.

P: Ah . . . that's a much more complicated process—uh, the technical term for it is "leaf abscission." I was planning to discuss it in Monday's class, but I guess I can go over it quickly with you now. OK, so the place where the leaf actually falls off is called the abscission zone, you know, at the base of the leaf. [03]The first step in the process is the weakening of the cell walls. When the weather gets colder, cells in the abscission zone start to secrete enzymes, um, pectinase and cellulase to be exact. These enzymes degrade the strength of the cell walls, making them weak. Then water pressure in the leaf causes the cells to expand. Imagine a balloon expanding . . . eventually, it will burst. [03]And the expansion causes fracture lines to develop. These fracture lines are like open wounds, basically. Finally, some physical mechanism is needed to make the leaf fall. This could be wind, animal activity, or precipitation, for instance. Once the abscission zone becomes weak and torn, even the slightest touch or movement will make a leaf drop.

S: Oh . . . so all of this is initiated by the enzymes, then. Thank you so much for taking the time to explain it to me. [05]I had no idea that plant biology could be so intriguing. I might take a botany course next semester . . .

교수의 제안

식물학 학회에
참석할 것

P: Well, since you seem to be very interested in botany, I think it might help you to know that the Botany Department at the University of San Francisco is hosting a conference next Saturday. There are a number of prominent experts in the field planning to give presentations . . .

S: [05]Wow . . . I bet that would be right up my alley. Can anyone attend?

P: Um, no. Registration for the event closed a few days ago. But a student of mine who was planning to attend won't be able to go because he has a scheduling conflict . . . Would you like to go in his place? It would give you the chance to learn more about the field and ask some questions about the material we're covering in class this week.

S: Um, I like the idea, but I'm just not sure if I can make it. I have a part-time job, so I usually work on the weekends. Can I talk to my boss and get back to you tomorrow?

P: No problem. Just let me know before noon. Another student might be interested.

S: OK, I'll do that. Thanks for your help.

에서 다뤄지지 않았고 아직 수업에서도 논의되지 않았어요.

P: 아... 그건 훨씬 더 복잡한 과정이란다. 어, 그것은 전문 용어로 '낙엽'이라고 해. 월요일 수업에서 다루려고 했는데, 지금 너와 빠르게 살펴봐도 되겠구나. 좋아, 잎이 실제로 떨어지는 곳은 탈리대라고 불린단다, 그러니까, 잎의 밑부분이지. [03]그 과정의 첫 번째 단계는 세포벽의 약화야. 날씨가 점점 추워지면, 탈리대의 세포들이 효소를 분비하기 시작하는데, 음, 정확하게 말하자면 펙티나아제와 셀룰라아제지. 이 효소들은 세포벽의 내구성을 저하시켜서 이를 약하게 만들어. 그런 다음 잎 속의 수압이 세포를 팽창시키지. 풍선이 팽창하는 것을 상상해보렴... 결국, 그것은 터질 거야. [03]그리고 팽창은 균열선을 만들어내지. 이 균열선은 기본적으로, 벌어진 상처와 같단다. 마지막으로, 잎이 떨어지게 하려면 약간의 물리적인 기제가 필요해. 이건 예를 들면 바람, 동물의 활동, 또는 강우일 수도 있지. 일단 탈리대가 약해져서 찢어지면, 약간의 접촉이나 움직임만으로도 잎이 떨어질 수 있어.

S: 오... 그렇다면 이 모든 것이 효소에 의해 시작되는 것이네요. 제게 시간을 내어 설명해주셔서 정말 감사해요. [05]식물생물학이 이렇게 흥미로울 수 있는지 전혀 몰랐어요. 다음 학기에 식물학 수업을 들을까 봐요...

P: 음, 네가 식물학에 매우 관심이 있는 것 같으니, 다음 주 토요일에 샌프란시스코 대학의 식물학부가 학회를 주최한다는 걸 알려주는 게 좋겠구나. 그 분야의 많은 저명한 전문가들이 발표를 할 예정이야...

S: [05]와... 제 흥미에 맞겠는데요. 아무나 참석할 수 있나요?

P: 음, 아니. 행사 등록은 며칠 전에 마감되었어. 하지만 참석하기로 했던 내 학생 한 명이 일정이 겹쳐서 참석하지 못할 거야... 그 학생 대신에 가겠니? 식물학 분야에 대해 더 많이 배우고 이번 주 수업에서 다루는 내용에 대해 질문 할 수 있는 기회가 될 거야.

S: 음, 좋은 생각이긴 한데요, 갈 수 있을지 잘 모르겠어요. 제가 아르바이트를 하고 있는데, 보통 주말에 일하거든요. 제 상사에게 얘기해보고 나서 내일 다시 말씀드려도 될까요?

P: 물론이지. 정오 전에만 알려주렴. 다른 학생이 관심 있어 할지도 모르니 말이야.

S: 네, 그렇게 할게요. 도와주셔서 감사해요.

Vocabulary

leaf abscission 낙엽　**abscission**[æbsíʃən] 절단　**secrete**[sikríːt] 분비하다　**enzyme**[énzaim] 효소　**to be exact** 정확하게 말하자면
degrade[digréid] 저하시키다　**expand**[ikspǽnd] 팽창하다　**fracture**[frǽktʃər] 균열　**mechanism**[mékənìzm] 기제
precipitation[prisìpətéiʃən] 강우, 강수　**intriguing**[intríːgiŋ] 흥미로운　**botany**[bάtəni] 식물학　**right up one's alley** ~의 흥미에 맞는

01

What is the conversation mainly about?

(A) The reasons only certain tree species lose their leaves
(B) The physical changes some trees undergo annually
(C) The various methods used by trees to generate energy
(D) The types of chemicals produced by trees in the fall

대화는 주로 무엇에 관한 것인가?

(A) 특정한 종의 나무만 잎이 떨어지는 이유
(B) 어떤 나무가 해마다 겪는 물리적 변화
(C) 나무가 에너지를 생성하기 위해 사용하는 다양한 방법
(D) 나무가 가을에 생산하는 화학물질의 종류

Main Topic 도입부에서 학생은 수업 내용에 대해 질문이 있다고 말하며, 대화 전반에 걸쳐 특정한 나무의 잎이 가을에 색이 바뀌는 이유(why the ~ leaves of certain trees change color in the fall)와 결과적으로 나무에서 잎이 떨어지게 하는 것이 무엇인지(what causes the leaves to eventually fall off the tree)에 대해 교수와 논의한다.

02

Listen again to part of the conversation. Then answer the question.

S: Basically, they convert sunlight and, uh, carbon dioxide into sugar and oxygen. And to do this, they need to produce chlorophyll. Um . . . this is the substance that gives the leaves their green color, right?
P: Exactly. But you still haven't told me why the leaves change color.
S: Well, that's the thing. I know that as the weather gets colder and the days get shorter, the tree halts the process of photosynthesis. So the green color begins to, well . . . to fade. But why do other colors appear?

Why does the student say this:
S: Well, that's the thing.

(A) To suggest that she has already discussed a point
(B) To show that she does not understand a question
(C) To indicate that she cannot explain a phenomenon
(D) To demonstrate that she is familiar with a process

대화의 일부를 다시 듣고 질문에 답하시오.

S: 기본적으로, 나무는 햇빛과, 어, 이산화탄소를 당과 산소로 전환해요. 그리고 나무가 이걸 하기 위해서는, 엽록소를 생산해야 하죠. 음... 이것은 잎이 초록색을 띠게 하는 물질이에요, 맞죠?
P: 그렇지. 하지만 아직 왜 잎의 색깔이 바뀌는지는 말하지 않았어.
S: 음, 그게 문제예요. 날씨가 추워지고 해가 짧아지면, 나무가 광합성 과정을 중단한다는 건 알겠어요. 그래서 초록색이, 음... 사라지기 시작하죠. 하지만 다른 색깔은 왜 나타나죠?

학생은 왜 이렇게 말하는가:
S: 음, 그게 문제예요.

(A) 요점을 이미 설명했다는 것을 암시하기 위해
(B) 질문을 이해하지 못했다는 것을 보여주기 위해
(C) 현상을 설명할 수 없다는 것을 나타내기 위해
(D) 과정을 잘 알고 있다는 것을 보여주기 위해

Function 학생은 잎의 색깔이 바뀌는 이유를 설명하지 않았다는 교수의 말에 그게 문제(that's the thing)라고 말하며 다른 색깔은 왜 나타나는지(why do other colors appear?) 묻는다. 즉, 학생은 이 현상을 설명할 수 없다는 것을 나타내고 있는 것이다.

03

According to the professor, what factors contribute to the dropping of leaves in trees?

Choose 3 answers.

(A) The emitting of enzymes that impair the cell walls
(B) The formation of break lines due to changes in cell size
(C) The weakening of water pressure in the leaves
(D) An interruption in the production of chlorophyll
(E) A natural process that exerts a force on the leaf

교수에 따르면, 나무의 잎이 떨어지는 데 기여하는 요인은 무엇인가?
3개의 답을 고르시오.

(A) 세포벽을 손상시키는 효소의 방출
(B) 세포 크기의 변화로 인한 균열선의 생성
(C) 잎 속 수압의 약화
(D) 엽록소 생산의 중단
(E) 잎에 힘을 가하는 자연적인 과정

Detail 교수는 잎이 떨어지는 과정에서 탈리대의 세포들이 효소를 분비하기 시작하는데, 이는 세포벽을 약하게 만들고(cells in the abscission zone start to secrete enzymes ~ degrade the strength of the cell walls, making them weak), 세포의 팽창이 균열선을 만들어내며(the expansion causes fracture lines to develop), 마지막으로 물리적인 기제가 필요한데, 이건 바람, 동물의 활동, 또는 강우일 수 있다(some physical mechanism is needed ~ This could be wind, animal activity, or precipitation)고 말한다.

04

What does the professor imply about a leaf's pigments?

(A) Some are present in a leaf all year long.
(B) Only trees that have red-colored leaves produce them.
(C) They are chemicals that react with chlorophyll.
(D) Some are produced as a defense mechanism.

교수는 잎의 색소에 관해 무엇을 암시하는가?

(A) 일부는 일 년 내내 잎 속에 존재한다.
(B) 오로지 붉은 잎을 가진 나무만이 그것들을 생산한다.
(C) 엽록소와 반응하는 화학물질이다.
(D) 일부는 방어 기제로 생산된다.

Inference 교수는 '카로티노이드'라고 불리는 색소들은 잎에서 엽록소가 없어지면 단지 더 잘 보이게 되는 것뿐(other pigments, called "carotenoids" ~ simply become more visible once there is no more chlorophyll in a leaf)이라고 말한다. 이를 통해 잎의 색소들 중 일부는 일 년 내내 잎 속에 존재한다는 것을 알 수 있다.

05

What is the student's attitude toward the botany conference?

(A) She believes it will address what she cares about.
(B) She is worried it will disrupt her class schedule.
(C) She is nervous about giving a presentation.
(D) She feels uncertain about its benefits.

식물학 학회에 대한 학생의 태도는 무엇인가?

(A) 그녀가 관심을 가지는 것에 대해 다룰 것이라고 생각한다.
(B) 수업 일정에 지장을 줄 것이라고 걱정한다.
(C) 발표를 하는 것에 초조해한다.
(D) 학회의 혜택에 대해 확신이 없다.

Attitude 학생은 식물생물학이 이렇게 흥미로울 수 있는지 전혀 몰랐다(I had no idea that plant biology could be so intriguing)고 하며 식물학 학회가 자신의 흥미에 맞겠다(I bet that would be right up my alley)고 말한다. 이를 통해 학생은 식물학 학회가 자신이 관심을 가지는 주제에 대해 다룰 거라 생각하고 있음을 알 수 있다.

Listen to part of a lecture in a physiology class.

주제
성인의
신경 발생

OK . . . Out of all the organs in the human body, the brain is . . . well, it's the most complex. Even with the tools of modern science, there is still a lot about the structure and, um, function of this organ that we don't understand. One of the most mysterious processes is neurogenesis . . . the generation of new neurons, or nerve cells. For a long time, scientists did not believe that new nerve formation occurred after childhood. However, recent research has shown that the process continues even after a person reaches physical maturity. But, um . . . ⁰⁶there's still a lot of uncertainty about how neurogenesis works in adults and what its effects are . . .

All right, um . . . First, I should probably point out that adult neurogenesis has become an important area of study in the field of neuroscience . . . ⁰⁷and it has attracted a lot of attention from health professionals as well. Why? Well, if humans are capable of producing new neurons throughout the course of their lifetimes, it may be possible to manipulate and even, uh, even enhance this process . . . which would create the potential to treat a wide range of mental disorders that, um . . . that affect people as they age. For example, some scientists believe that by, uh, manipulating the neuron-production process, they may be able to cure Alzheimer's disease . . . a degenerative condition that results in the loss of many mental functions.

성인의
신경 발생을
밝혀낸 실험

Now, none of this would have seemed even remotely possible a few decades ago . . . Like I said, there was a general consensus within the scientific community that neurogenesis was only possible in, uh, infants and children. However, in 1965, researchers at MIT reported that they had observed the birth of new cells in the brains of adult rats. Initially, this was very exciting. But there was one problem . . . the technology available at the time was not sophisticated enough to determine whether these were neurons or glial cells. Um, does everyone know the difference? Maybe I should explain . . . Glial cells don't transfer

생리학 강의의 일부를 들으시오.

네... 사람의 몸에 있는 모든 장기 중에, 뇌는... 음, 가장 복잡해요. 현대 과학 수단으로도 우리가 이해할 수 없는 이 기관의 구조와, 음, 기능이 여전히 많이 있어요. 가장 이해하기 힘든 과정들 중 하나는 신경 발생입니다... 새로운 뉴런, 즉 신경 세포의 발생 말이에요. 오랜 시간 동안, 과학자들은 아동기 이후에도 새로운 신경 형성이 일어난다는 것을 믿지 않았습니다. 하지만 최근의 연구는 사람이 신체적인 성숙기에 도달한 후에도 그 과정이 계속된다는 것을 보여줬어요. 하지만 음... ⁰⁶여전히 성인의 신경 발생이 어떻게 작동하고 그것의 효과가 무엇인지에 대해 많은 불확실성이 있습니다...

그래요, 음... 먼저, 성인의 신경 발생이 신경과학 영역에서 중요한 분야의 연구가 되었다는 것을 지적할 필요가 있었겠군요... ⁰⁷그리고 그것은 또한 의료 종사자들에게서 많은 관심을 끌었어요... 왜냐고요? 음, 만약 사람들이 그들의 일생 동안 새로운 신경 세포들을 생산할 수 있다면, 이 과정을 조작하고, 어, 심지어 향상시킬 수 있겠죠... 이것은 다양한 정신장애를 치료할 가능성을 만들 거예요, 음... 사람들이 나이가 들어감에 따라 그들에게 영향을 미치는 것들이요. 예를 들어, 일부 과학자들은, 어, 신경 세포 생산 과정을 조작함으로써 그들이 알츠하이머 병을 치료할 수 있다고 믿습니다... 많은 정신적 기능들의 손실을 가져오는 퇴행성 질환 말이에요.

자, 이것 중 그 어느 것도 몇십 년 전에는 조금도 가능할 것 같지 않아 보였어요... 제가 언급했듯이, 과학계 안에서 신경 발생이, 어, 유아나 어린이들에게서만 가능하다는 보편적인 여론이 있었거든요. 하지만 1965년에 MIT의 연구원들이 어른 쥐들의 뇌에서 새로운 세포의 탄생을 관찰했다고 발표했습니다. 처음에, 이것은 매우 흥미로웠죠. 하지만 문제가 하나 있었어요... 그 당시에 가능했던 기술은 이 세포들이 신경 세포인지 교질 세포인지 알아낼 정도로 충분히 정교하지 않았거든요. 음, 차이점을 아는 사람이 있나요? 제가 설명하는 게 좋겠군요... 교질 세포는 신경 세포처럼 신경 자극을 전달

○

Vocabulary

organ[ɔ́ːrgən] 장기, 기관　**neurogenesis**[njùərroudʒénəsis] 신경 발생　**generation**[dʒènəréiʃən] 발생　**nerve cell** 신경 세포
formation[fɔːrméiʃən] 형성　**maturity**[mətʃúərəti] 성숙기　**neuroscience**[njúərousàiəns] 신경과학　**health professional** 의료 종사자
manipulate[mənípjulèit] 조작하다　**potential**[pəténʃəl] 가능성　**mental disorder** 정신장애　**degenerative**[didʒénərèitiv] 퇴행성의
condition[kəndíʃən] 질환　**consensus**[kənsénsəs] 여론　**infant**[ínfənt] 유아　**sophisticated**[səfístəkèitid] 정교한　**glial cell** 교질 세포

nerve impulses like neurons. Instead, they play a supporting role . . . [08]Um, they provide nutrients to neurons and protect them from, uh, harmful chemicals. And I should also mention that unlike neurons, glial cells are capable of reproduction through cell division . . . This is why they are the most common cells in the brain. By some estimates, there are 50 times as many glial cells as neurons. Anyway, though, the researchers at MIT couldn't determine the type of cells they had observed . . . Well, the experiment was interesting, but it didn't change anyone's mind. Scientists were still convinced that neurogenesis did not happen after childhood.

As technology improved, though, a number of experiments provided conclusive proof that neurogenesis occurs in adult rats and monkeys . . . and one in 1998 finally showed that the same process takes place in adult humans. But it's important to note that there were still some unexplained issues . . . For one thing, new neurons have been detected in only two areas of an adult brain . . . the, um, olfactory bulb, which processes sensory information from the nose, and the other area is the hippocampus . . . uh, this is the section of the brain that converts short-term memories into . . . um . . . into long-term ones. [09]The formation of new neurons has never been observed in the neocortex. This is odd because it seems that this is the part of the brain that would benefit the most from ongoing neurogenesis . . . You see, the neocortex is responsible for higher cognitive functions . . . um, things like decision making, facial recognition, spatial reasoning, and so on . . . Another issue is that when neurogenesis does take place in adults, the survival rate of the new neurons is very low. Most never become functional and die within a few weeks.

성인의
신경 발생의
활용

[10]So . . . because neurogenesis occurs on such a limited scale once a person reaches adulthood, many experts claim that it has no significant impact on the brain's performance. Others disagree, though . . . and I, well . . . I take this position myself. I believe that adult neurogenesis is highly advantageous, particularly in the hippocampus. As I mentioned earlier, the hippocampus transfers new information into the long-term memory. [11]What's really interesting is that several studies have demonstrated that neurogenesis in the hippocampus of an adult rat is affected by

하지 않아요. 대신, 뒷받침하는 역할을 하죠... [08]음, 교질 세포는 신경 세포에 영양분을 공급하고 그들을, 어, 유해한 화학 물질로부터 보호합니다. 그리고 신경 세포와 달리, 교질 세포는 세포 분열을 통한 번식이 가능하다는 것 또한 언급하는 것이 좋겠군요... 이것이 그들이 뇌에서 가장 흔한 세포인 이유죠. 어떤 추정치에 따르면, 신경 세포의 약 50배 많은 교질 세포가 있어요. 어쨌든, 그래도, MIT의 연구원들은 그들이 관찰했던 세포의 종류를 알아낼 수 없었습니다... 음, 그 실험은 흥미로웠지만, 그 누구의 생각도 바꾸지 못했죠. 과학자들은 여전히 신경 발생이 유년기 이후에 일어나지 않는다고 확신했거든요.

하지만 기술이 발달함에 따라, 다수의 실험들이 신경 발생이 어른 쥐들과 원숭이들에게서 발생한다는 결정적인 증거를 제공했습니다... 그리고 1998년도의 한 실험이 마침내 같은 과정이 성인에게서도 일어난다는 것을 보여줬죠. 하지만 여전히 일부의 설명되지 않은 쟁점들이 있었다는 것에 주목하는 것이 중요해요... 우선 첫째로, 새로운 신경 세포들은 성인 뇌의 겨우 두 부분에서만 발견되었습니다... 음, 후 신경구에서요, 이것은 코의 감각 정보들을 처리하죠, 그리고 다른 영역은 해마입니다... 어, 이것은 단기기억을...음, 장기기억으로 전환시키는 뇌의 부분입니다. [09]새로운 신경 세포의 형성은 신피질에서 한 번도 관찰된 적이 없습니다. 신피질은 진행중인 신경 발생으로부터 가장 득을 보는 뇌의 부분인 것처럼 보이기 때문에 이것은 이상하죠... 보세요, 신피질은 고등 인지 기능을 책임지고 있습니다... 음, 의사 결정, 안면 인식, 공간 추론과 같은 것들이요... 또 다른 쟁점은 성인에게 신경 발생이 일어날 때, 새로운 신경 세포의 생존율은 매우 낮다는 겁니다. 대부분은 기능하지 못하고 몇 주 내에 죽죠.

[10]그래서... 사람이 성인기에 도달하고 나면 신경 발생이 그렇게 제한된 규모로 일어나기 때문에 많은 전문가들은 그것이 뇌의 성능에 큰 영향이 없다고 주장합니다. 하지만 다른 이들은 동의하지 않죠... 그리고 저도, 음... 이 입장을 취해요. 저는 성인의 신경 발생이 매우 유익하다고 믿습니다, 특히 해마에서요. 제가 앞서 말했듯이, 해마는 새로운 정보를 장기 기억으로 전환해요. [11]정말 흥미로운 것은 몇몇의 연구가 어른 쥐의 해마에 있는 신경 발생이 환경적 요인에 영향을 받는다는 것을 입증했다는 것입니다. 정신적으로 자극이 되는 환경에 있

Vocabulary

nerve impulse 신경 자극   reproduction[rìːprədʌ́kʃən] 번식   cell division 세포 분열   estimate[éstəmət] 추정(치)
convinced[kənvínst] 확신하는   conclusive[kənklúːsiv] 결정적인   olfactory bulb 후 신경구   sensory information 감각 정보
hippocampus[hìpəkǽmpəs] 해마   neocortex[nìːoukɔ́ːrteks] (대뇌의) 신피질   ongoing[ángòuiŋ] 진행중인   cognitive function 인지 기능
spatial reasoning 공간 추론

environmental factors. Rats in a mentally stimulating environment . . . um, one with things like mazes and running wheels . . . uh, these rats produce more neurons than rats kept in isolation with limited stimuli. And the survival rate of the new nerve cells is higher as well. This strongly suggests that neurogenesis in the hippocampus is related to the ability to process new information . . . um, to learn, in other words. Another consideration is that the hippocampus plays a role in moderating emotions. In fact, there appears to be a link between reduced neurogenesis and the onset of depression. This is supported by new research into the effects of antidepressants on the human brain. A team of scientists in the UK discovered that taking these types of drugs actually results in more neurons being created. So there are still a lot of questions about adult neurogenesis to be answered, but . . . well, it's easy to see why people are so excited about this area of research.

는 쥐들은... 음, 미로나 쳇바퀴와 같은 것들과 있는 것들이요... 어, 이러한 쥐들은 제한된 자극과 함께 격리되어 있는 쥐들보다 더 많은 신경 세포를 생산합니다. 그리고 새로운 신경 세포의 생존율 또한 더 높아요. 이것은 해마에 있는 신경 발생이 새로운 정보를 처리하는 능력과 관련 있다는 것을 강력하게 제시합니다... 음, 달리 표현하자면 배우는 능력이요. 또 다른 고려사항은 해마가 감정을 조정하는 역할을 한다는 것입니다. 실제로, 감소한 신경 발생과 우울증의 발병 사이에 연관성이 있어 보여요. 이것은 인간의 뇌에 항우울제가 미치는 영향에 대한 새로운 연구에 의해 뒷받침됩니다. 영국의 한 과학 연구팀은 이러한 종류의 약을 복용하는 것이 실제로 더 많은 신경 세포들이 만들어지도록 한다는 것을 발견했습니다. 이와 같이 성인의 신경 발생에 대해 답변되어야 하는 질문들이 여전히 많아요, 하지만... 음, 사람들이 왜 이 분야의 연구에 대해 그렇게 흥분했는지 이해하기는 쉽죠.

Vocabulary

stimulating[stímjulèitiŋ] 자극이 되는   maze[meiz] 미로   moderate[mádərèit] 조정하다   onset[ɑ́:nsèt] (병의) 발병
depression[dipréʃən] 우울증   antidepressant[æ̀ntidiprésənt] 항우울제

06

What is the main topic of the lecture?

(A) The reasons that neurons cannot be produced later in life
(B) A comparison of neurogenesis in adults and children
(C) A process in the brain that is not fully understood
(D) The functions of the various parts of the human brain

강의는 주된 주제는 무엇인가?

(A) 신경 세포가 만년에 생성되지 않는 이유들
(B) 성인과 아이의 신경 조직 발생 비교
(C) 완전히 이해되지 않는 뇌의 한 과정
(D) 인간의 뇌에 있는 다양한 부분의 기능들

Main Topic 도입부에서 교수는 여전히 성인의 신경 발생이 어떻게 작동하고 그것의 효과가 무엇인지에 대해 많은 불확실성이 있다(there's still a lot of uncertainty about how neurogenesis works in adults and what its effects are)고 말한다. 이어 교수는 강의 전반에 걸쳐 성인의 신경 발생을 밝혀낸 실험 및 활용에 대해서 논의한다.

07

According to the professor, why is there a lot of interest in adult neurogenesis?

(A) It might provide clues about how the brain functions.
(B) It may lead to treatments for serious mental illnesses.
(C) It has the potential to increase human life spans.
(D) It could explain why memory loss affects the elderly.

교수에 따르면, 성인의 신경 발생에 왜 많은 관심이 있는가?

(A) 뇌가 어떻게 작동하는지에 대한 단서를 줄 수도 있다.
(B) 심각한 정신질환의 치료법으로 이어질 수도 있다.
(C) 인간 수명을 증가할 가능성이 있다.
(D) 기억 상실이 왜 노인층에게 영향을 미치는지 설명할 수 있다.

Detail 교수는 성인의 신경 발생이 다양한 정신장애를 치료할 가능성을 만들 것이다(would create the potential to treat a wide range of mental disorders)고 말한다.

08

In the lecture, the professor explains the differences between neurons and glial cells. Indicate whether each phrase below describes a neuron or glial cell.

	Neuron	Glial Cell
Protects other cells from toxic substances		√
Is the most numerous cell in the brain		√
Cannot reproduce through cell division	√	
Receives nutrients from other cells	√	

강의에서, 교수는 신경 세포와 교질 세포의 차이점을 설명한다. 아래의 각 항목이 신경 세포, 또는 교질 세포인지를 표시하시오.

	신경 세포	교질 세포
다른 세포들을 독성 물질로부터 보호한다		√
뇌에서 가장 많은 세포이다		√
세포 분열을 통해 번식할 수 없다	√	
다른 세포로부터 영양분을 받는다	√	

Matching 교수는 교질 세포와 신경 세포의 특징을 나열한다. 교수에 따르면, 교질 세포는 신경 세포를 유해한 화학 물질로부터 보호하며(protect them from ~ harmful chemicals), 뇌에서 가장 흔한 세포이다(they are the most common cells in the brain). 또한, 신경 세포와 달리 세포 분열을 통한 번식이 가능하고(unlike neurons, glial cells are capable of reproduction through cell division), 신경 세포에 영양분을 공급한다(they provide nutrients to neurons). 즉, 신경 세포는 세포 분열을 통한 번식이 불가능하고, 교질 세포로부터 영양분을 공급받는다.

09

Listen again to part of the lecture. Then answer the question.

P: The formation of new neurons has never been observed in the neocortex. This is odd because it seems that this is the part of the brain that would benefit the most from ongoing neurogenesis . . . You see, the neocortex is responsible for higher cognitive functions . . . um, things like decision making, facial recognition, spatial reasoning, and so on . . .

What does the professor imply when she says this:

P: This is odd because it seems that this is the part of the brain that would benefit the most from ongoing neurogenesis . . .

(A) She thinks that the importance of the neocortex has been overstated.

(B) She is hopeful that neurogenesis may occur in the neocortex.

(C) She believes that the neocortex is still not fully understood.

(D) She is surprised that new neurons do not form in the neocortex.

강의의 일부를 다시 듣고 질문에 답하시오.

P: 새로운 신경 세포의 형성이 신피질에서 한 번도 관찰된 적이 없습니다. 신피질은 진행중인 신경 발생으로부터 가장 득을 보는 뇌의 부분인 것처럼 보이기 때문에 이것은 이상하죠... 보세요, 신피질은 고등 인지 기능을 책임지고 있습니다... 음, 의사 결정, 안면 인식, 공간 추론과 같은 것들이요...

교수는 이렇게 말함으로써 무엇을 의미하는가:
P: 신피질은 진행중인 신경 발생으로부터 가장 득을 보는 뇌의 부분인 것처럼 보이기 때문에 이것은 이상하죠...

(A) 신피질의 중요성이 과장되었다고 생각한다.

(B) 신피질에서 신경 조직 발생이 일어날 수 있다고 기대한다.

(C) 신피질이 여전히 완전히 이해되지 않는다고 믿는다.

(D) 새로운 신경 세포들이 신피질에서 형성되지않는다는 것에 놀랐다.

Inference 교수는 신피질이 신경 발생으로부터 가장 득을 보는 뇌의 부분인 것처럼 보이기 때문에 새로운 세포들이 신피질에서 관찰된 적이 없다는 것이 이상하다(This is odd because it seems that this is the part of the brain that would benefit the most from ongoing neurogenesis)고 말한다. 즉, 교수는 새로운 세포들이 신피질에서 형성되지 않는다는 것에 놀랐다는 것을 암시하는 것이다.

10

What is the professor's opinion of adult neurogenesis in the hippocampus?

(A) It greatly affects the performance of the brain.

(B) It must be confirmed through further study.

(C) It has more disadvantages than advantages.

(D) It increases the capacity of the long-term memory.

해마에 있는 성인의 신경 발생에 대한 교수의 의견은 무엇인가?

(A) 뇌의 성능에 크게 영향을 미친다.

(B) 추가 연구를 통해 확인되어야 한다.

(C) 장점보다 단점이 더 많다.

(D) 장기 기억의 용량을 늘렸다.

Attitude 교수는 많은 전문가들은 성인의 신경 발생이 뇌의 성능에 큰 영향이 없다고 주장하지만 다른 이들은 동의하지 않고 자신도 이 입장을 취한다(many experts claim that it has no significant impact on the brain's performance. Others disagree ~ I take this position)고 말하며, 특히 해마에서 성인의 신경 발생이 매우 유익하다(adult neurogenesis is highly advantageous, particularly in the hippocampus)고 말한다. 이를 통해 그가 해마에 있는 성인의 신경 발생이 뇌의 성능에 크게 영향을 미친다고 믿고 있음을 알 수 있다.

11

What are two ways in which a stimulating environment affects neurogenesis?

Choose 2 answers.

(A) A wider range of neuron types are produced.

(B) New neurons are less likely to die off.

(C) Neuron performance is significantly enhanced.

(D) A greater number of neurons are generated.

자극이 되는 환경이 신경 발생에 영향을 미치는 두 가지 방법은 무엇인가?
2개의 답을 고르시오.

(A) 더 다양한 신경 세포 종류가 생산된다.

(B) 새로운 신경 세포는 소멸할 가능성이 적다.

(C) 신경 세포의 성능이 상당히 향상된다.

(D) 더 많은 수의 신경 세포들이 만들어진다.

Detail 교수는 자극이 되는 환경에 있는 쥐가 더 많은 신경 세포를 생산하고(produce more neurons) 신경 세포의 생존율이 더 높다(the survival rate of the new nerve cells is higher)고 말한다.

주제

서사극 운동의
특징

Listen to part of a lecture in a literature class.

P: Well, [12]today I want to talk about epic theaters, which was a highly intellectual movement that sought to push boundaries. Does the name Bertolt Brecht sound familiar to you?

S1: Sure, I remember him from the reading. Didn't he write some pretty successful plays?

P: Yes, that's right. He did mainly write plays . . . um, his most well-known work is called *The Threepenny Opera*. Well, Brecht was the leader of this epic theater movement . . . and the best way for me to explain this to you would be to discuss how epic theater differed from conventional theater . . . because epic theater was something else entirely.

특징 1

제4의 벽을
무너뜨림

S1: I think I remember that mentioned in the reading, but I can't remember the difference between them. Wasn't Brecht trying to change traditions in theater?

P: Sort of, yes. He did something that was considered taboo in any form of traditional stage or television acting . . . it's called "breaking the fourth wall." And, uh . . . a few of you are drama majors, aren't you? Why doesn't someone else chime in?

S2: I can do it . . . uh, [13]breaking the fourth wall means interacting directly with the audience. It's something that's traditionally never done in dramatic theater . . .

P: Great explanation. [13]Anyway, epic theater productions typically did away with the fourth wall . . . this meant that actors would do things like walk into the audience or break character and directly ask the audience questions . . . unconventional stuff.

특징 2

비현실적인
무대

Speaking of completely challenging theater conventions, a heavy emphasis was traditionally put on set design and making elaborate, painstakingly realistic sets. [17]Epic theater

문학 강의의 일부를 들으시오.

P: 자, [12]오늘 저는 서사극에 대해 이야기하려고 합니다, 이는 연극의 지평을 넓히고자 했던 고도의 지식 운동이였죠. 베르톨트 브레히트라는 이름이 여러분에게 친숙한가요?

S1: 물론이죠, 읽기 자료에서 읽은 것이 기억나요. 그가 꽤 유명한 희곡을 몇 편 쓰지 않았나요?

P: 네, 맞아요. 그는 주로 희곡을 썼죠... 음, 그의 가장 유명한 작품은 '서푼짜리 오페라'입니다. 자, 브레히트는 서사극 운동의 선도자였어요... 그리고 이걸 설명하는 가장 좋은 방법은 서사극이 전통 연극과 어떻게 달랐는지 논의하는 걸 거예요... 왜냐하면 서사극은 완전히 다른 것이었거든요.

S1: 읽기 자료에 언급된 것도 같은데, 그 둘의 차이점은 기억이 안 나요. 브레히트가 연극에서의 전통을 바꾸려고 하지 않았나요?

P: 어느 정도는 그렇죠. 그는 모든 전통 연극이나 텔레비전 연기에서 금기시되던 것을 했어요... '제4의 벽을 무너뜨리기'라고 하죠. 그리고, 어... 여러분 중 몇몇은 연극 전공이죠, 그렇지 않나요? 다른 사람이 말해볼래요?

S2: 제가 말해볼게요... 어, [13]제4의 벽을 무너뜨린다는 것은 관객과 직접 소통한다는 것을 의미해요. 연극에서는 전통적으로 한 번도 시도되지 않은 거예요...

P: 좋은 설명이에요. [13]어쨌든, 서사극 작품들은 보통 제4의 벽을 없애버렸는데... 이는 배우가 관객들 사이로 걸어간다거나 혹은 역할에서 벗어나 관객들에게 직접 질문을 던지는 걸 의미해요... 전통적이지 않은 것들이죠.

연극의 전통에 완전히 도전한 것에 대해 말하자면, 전통적으로는 무대 디자인과 정교하면서도 매우 공들여 사실적인 무대를 만드는 것

Vocabulary

epic theater 서사극, 서사 연극   intellectual movement 지식 운동   push boundaries 지평을 넓히다   conventional[kənvénʃənl] 전통적인
taboo[təbúː] 금기시되는 것   chime in (대화에 끼어들어) 말하다   do away with ~을 없애다

was meant to be unrealistic, however, so all of the pieces were chosen with universality in mind and not to mimic the appearance of real environments . . . they'd be moved around to create a variety of scenes, so lots of wooden boxes, simple furniture, crates, and other moveable and reusable items were preferred. Furthermore, between scenes, actors would rearrange the parts of the very sparse sets in full view.

특징 3

관객이 연극에
몰입하지
못하게 함

S1: I don't know how to ask this, but a lot of this stuff seems pretty bizarre. Like, why were they doing this?

P: Fair question. Well, the writers who made up the epic theater movement . . . they didn't want the audience to escape into a fictional world. All of the action in their plays . . . the manner in which a character speaks, the content of the dialogue, the stage setting . . . none of it could make viewers identify with the characters in any way that would lead to them becoming immersed in a fictional reality.

S2: But isn't the main purpose of theater to get an audience wrapped up in the story? Why would they deliberately avoid doing that?

관객이 연극과
거리를
유지하도록
사용한 방법

P: Well, these epic theater playwrights wanted the audience to keep a completely objective point of view throughout a performance. They didn't want a lot of emotion and fought against the audience connecting with any of the characters on more than a superficial level. Detachment from the action was key . . . they wanted the audience to be aware of itself throughout. And . . . there's no better way to make the audience aware of itself than to flood the theater with bright lights. I'm not just talking stage lights either . . . I mean lights that kept the audience illuminated at all times. You can see how this would change the audience experience. [17]Another way they achieved a distance between the audience and the action was to have the actors play multiple roles, often wearing the same attire and having the same voices. [14]The play itself would often be very fragmented, and the dialogue between the actors wouldn't be smooth. There'd be

을 많이 강조했어요. [17]하지만 서사극은 비현실적으로 의도되어서 모든 소품들은 보편성을 염두에 두고 실제 환경을 모사하지 않는 것으로 선택되었죠... 소품은 다양한 장면을 만들기 위해 이리저리 옮겨져서 많은 나무 상자들, 간단한 가구, 궤짝, 그리고 움직일 수 있고 재사용될 수 있는 것들이 선호되었어요. 뿐만 아니라, 장면 사이에, 배우가 관객이 다 보는 데서 드문드문 놓인 무대의 소품을 재배치하기도 했죠.

S1: 이걸 어떻게 여쭤봐야 할지 모르겠지만, 이 많은 것들이 상당히 기이한 것 같아요. 어, 왜 이렇게 한 거죠?

P: 일리 있는 질문이에요. 자, 서사극 운동을 시작한 작가들은... 관객들이 허구의 세계로 도피하는 것을 원하지 않았어요. 그들의 연극에서의 모든 사건은... 등장인물이 말하는 방식, 대화의 내용, 무대의 배경까지... 그 어떤 것도 관객으로 하여금 자신을 등장인물과 동일시해서 허구적 현실에 몰입하게 만들 수 없었죠.

S2: 그런데 연극의 주된 목적은 관객들을 이야기에 몰두하도록 하는 것 아닌가요? 왜 그들은 고의적으로 그것을 피하려 하죠?

P: 글쎄, 이 서사극 극작가들은 연극 내내 관객들이 완전히 객관적인 시각을 유지하길 원했어요. 그들은 많은 감정을 원하지 않았고 관객들이 등장인물 중 어느 누구와도 피상적인 수준 이상으로 연결되는 것에 맞섰죠. 연극의 사건으로부터 거리를 두는 것이 핵심이었어요... 그들은 연극 내내 관객이 자신을 의식하기를 바랐어요. 그리고... 관객이 자신을 의식하게 하는 데 극장을 밝은 조명으로 채우는 것보다 더 좋은 방법은 없죠. 단지 무대의 조명만 말하는 게 아니에요... 항상 관객을 비추는 조명을 의미한 거랍니다. 이것이 관객의 경험을 어떻게 바꿔놓을지 알 거예요. [17]관객과 사건 사이에 거리를 두는 다른 방법은 배우가 종종 같은 의상을 입고 같은 목소리로 여러 배역을 연기하게 하는 거였어요. [14]연극 자체는 때로 매우 단편적이었고, 배우들 사이의 대화는 매끄럽지 못했어요. 모순이나 잦은 중단이 있어요... 서

○

Vocabulary

elaborate [ilǽbərət] 정교한   painstakingly [péinztèikiŋli] 공들여   universality [jù:nəvə:rsǽləti] 보편성   mimic [mímik] 모사하다, 모방하다
crate [kreit] 궤짝, 상자   sparse [spɑːrs] 드문드문한   bizarre [bizáːr] 기이한   fictional [fíkʃənl] 허구의   immersed in ~에 몰입하는
wrapped up in ~에 몰두한   deliberately [dilíbərətli] 고의적으로   playwright [pléiràit] 극작가   superficial [sù:pərfíʃəl] 피상적인
detachment [ditǽtʃmənt] 거리를 둠   illuminate [ilú:mənèit] 비추다, (빛 등을) 채우다   attire [ətáiər] 의상   fragmented [frǽgməntid] 단편적인

contradictions, frequent interruptions . . . it was a lot of work to take in a piece of epic theater!

사극 작품 하나를 이해하기 위해선 많은 노력이 필요했어요!

브레히트의
철학과 작품이
지닌 의도

S1: So, I don't really understand what motivated Brecht? Why was he trying to change theater so drastically?

S1: 저, 무엇이 브레히트에게 동기를 부여했는지 이해가 잘 안 돼요. 왜 그는 연극을 그렇게 극적으로 바꾸려고 한 거죠?

P: It was all about politics. He was a Marxist, and one of the central tenets of that philosophy is that the arts should be revolutionary in the sense that they make people want to engage politically to enact change. [15]Brecht wanted the audience to leave the theater wanting to make a positive impact on the society around them.

P: 다 정치와 관련 있어요. 그는 마르크스주의자였고, 그 철학의 중심 원리 중 하나는 사람들이 변화를 일으키기 위해 정치적으로 관여하고 싶도록 해야 한다는 의미에서 예술이 획기적이어야 한다는 것이었어요. [15]브레히트는 관객이 극장을 떠나면서 주변 사회에 긍정적인 영향을 미치고 싶어하게 되길 원했어요.

[16]In his mind, Brecht was fighting back against an art form that existed merely to promote escapism through simple entertainment. He hated shallow spectacle, manipulative plots, shallow emotion . . . the same things that are still at the heart of modern entertainment. Instead, his plays were centered on genuine interaction and realism . . . he always wanted the audience to know that it was part of a performance. Not an easy task, right? But Brecht was quite talented. And at the end of the day, the main goal of epic theater was not to entertain . . . it was didactic. Since I'm getting a lot of blank looks . . . I mean it was meant to teach. [17]It usually did so through critiques of economics, politics, or what were considered unjust aspects of society. It did entertain, but not in the same way as other types of plays.

[16]브레히트의 생각으로는, 그는 그저 간단한 오락거리를 통한 현실 도피를 장려하기 위해 존재했던 예술 형태에 맞서 싸우고 있는 것이었어요. 그는 피상적인 볼거리, 조작된 줄거리, 피상적인 감정을 싫어했죠... 여전히 현대 오락의 중심인 것들 말이죠. 대신, 그의 연극은 진실한 소통과 현실주의에 초점을 두었어요... 그는 항상 관객이 자신도 공연의 일부라는 것을 알기를 원했죠. 쉬운 일은 아니죠, 그렇지 않나요? 하지만 브레히트는 꽤 재능이 있었어요. 그리고 결국 가장 중요한 것은 서사극의 주된 목표는 즐거움을 주려는 것이 아니었다는 거죠... 교훈적이었어요. 다들 모르겠다는 표정을 하고 있네요... 그러니까 깨닫게 하려고 했다는 의미예요. [17]서사극은 보통 경제, 정치, 또는 사회의 불공정한 단면으로 인식되는 것들에 대한 비판을 통해 이를 달성했어요. 재미는 주었지만, 다른 종류의 연극이 주는 재미와는 달랐죠.

Vocabulary

contradiction[kὰntrədíkʃən] 모순   interruption[ìntərʌ́pʃən] 중단, 방해   take in ~을 이해하다   Marxist[mάːrksist] 마르크스주의자
tenet[ténit] 원리, 교리   revolutionary[rèvəlúːʃəneri] 획기적인   enact[inǽkt] 일으키다   escapism[iskéipizm] 현실 도피
shallow[ʃǽlou] 피상적인   spectacle[spéktəkl] 볼거리   manipulative[mənípjulèitiv] 조작하는   at the end of the day 결국 가장 중요한 것은
didactic[daidǽktik] 교훈적인   critique[kritíːk] 비판, 비평   unjust[ʌ̀ndʒʌ́st] 불공정한

12

What is the main purpose of the lecture?

(A) To illustrate the importance of engaging an audience
(B) To explain the philosophy behind a dramatic movement
(C) To criticize the spectacle of modern entertainment
(D) To discuss reactions to the epic theater movement

강의의 주된 목적은 무엇인가?

(A) 관객을 사로잡는 것의 중요성을 보여주는 것
(B) 한 연극 운동 뒤에 담긴 철학을 설명하는 것
(C) 현대 오락의 볼거리를 비판하는 것
(D) 서사극 운동에 대한 반응을 논의하는 것

Main Purpose 도입부에서 교수는 서사극에 대해 이야기할 것이며, 이는 연극의 지평을 넓히고자 했던 고도의 지식 운동이었다(today I want to talk about epic theaters, which was a highly intellectual movement that sought to push boundaries)고 말한다. 이어 교수는 강의 전반에 걸쳐 서사극의 특징과 그 속에 담긴 철학에 대해 논의한다.

13

What is meant by the expression "breaking the fourth wall"?

(A) Using art as a means of teaching the public
(B) Creating an art form that goes against tradition
(C) Interacting with the audience in a direct way
(D) Evoking a strong emotional reaction in a viewer

'제4의 벽을 무너뜨리기'란 표현은 무엇을 의미하는가?

(A) 대중을 가르치는 수단으로 예술을 사용하는 것
(B) 전통을 거스르는 예술 형태를 창조하는 것
(C) 관객과 직접적으로 소통하는 것
(D) 관객에게 강한 감정적 반응을 유발하는 것

Detail 교수는 제4의 벽을 무너뜨린다는 것은 관객과 직접 소통하는 것을 의미한다(breaking the fourth wall means interacting directly with the audience)는 학생의 말에 동의를 표현하며 설명을 덧붙인다.

14

Listen again to part of the lecture. Then answer the question.

P: The play itself would often be very fragmented, and the dialogue between the actors wouldn't be smooth. There'd be contradictions, frequent interruptions . . . it was a lot of work to take in a piece of epic theater!

What does the professor mean when she says this:
P: . . . it was a lot of work to take in a piece of epic theater!

(A) The plays cost a lot of money to put on.
(B) Most people cannot understand epic theater.
(C) Brecht did not want his audience to enjoy his plays.
(D) Epic theater requires a lot of attention and thought by the audience.

강의의 일부를 다시 듣고 질문에 답하시오.

P: 연극 자체는 때로 매우 단편적이었고, 배우들 사이의 대화는 매끄럽지 못했어요. 모순이나 잦은 중단이 있었죠... 서사극 작품 하나를 이해하기 위해선 많은 노력이 필요했어요!

교수는 이렇게 말함으로써 무엇을 의미하는가:
P: ... 서사극 작품 하나를 이해하기 위해선 많은 노력이 필요했어요!

(A) 이 연극을 상연하는 데 많은 돈이 든다.
(B) 대부분의 사람들이 서사극을 이해하지 못한다.
(C) 브레히트는 관객이 그의 연극을 즐기기를 원하지 않았다.
(D) 서사극은 관객의 많은 집중과 생각을 요구한다.

Function 교수는 연극 자체가 매우 단편적이고 배우들 사이의 대화가 매끄럽지 않아서 서사극 작품 하나를 이해하기 위해선 많은 노력이 필요했다(it was a lot of work to take in a piece of epic theater)고 말한다. 즉, 교수는 서사극이 관객의 많은 집중과 생각을 요구한다고 생각하는 것이다.

15

According to the lecture, what was the goal of Brecht's plays?

(A) Demonstrating that elaborate sets were completely unnecessary

(B) Allowing the viewers to momentarily lose themselves

(C) Finding a realistic way to manipulate the audience's emotions

(D) Inspiring the audience members to take action

강의에 따르면, 브레히트의 연극의 목표는 무엇이었는가?

(A) 정교한 무대는 전혀 불필요하다는 것을 보여주는 것

(B) 관객들이 순간적으로 몰입하게 하는 것

(C) 관객의 감정을 조정할 수 있는 현실적인 방법을 찾는 것

(D) 관객들이 행동을 취할 수 있게 영감을 주는 것

Detail 교수는 브레히트가 관객이 극장을 떠나면서 주변 사회에 긍정적인 영향을 미치고 싶어하게 되길 원했다(Brecht wanted the audience to leave the theater wanting to make a positive impact on the society around them)고 말한다.

16

According to the professor, what did Brecht think he was standing up against?

(A) The view that theater should combine politics and art

(B) The notion that theater should be an escape from reality

(C) The idea that theater should provide entertainment for actors

(D) The belief that theater should be used to teach lessons

교수에 따르면, 브레히트는 자신이 무엇에 맞섰다고 생각했는가?

(A) 연극이 정치와 예술을 혼합해야 한다는 견해

(B) 연극이 현실로부터의 도피가 되어야 한다는 개념

(C) 연극이 배우들에게 오락거리를 제공해야 한다는 생각

(D) 연극이 교훈을 가르치는 데 사용되어야 한다는 신념

Detail 교수는 브레히트의 생각으로는 자신은 그저 간단한 오락거리를 통한 현실 도피를 장려하기 위해 존재했던 예술 형태에 맞서 싸우고 있는 것이었다(In his mind, Brecht was fighting back against an art form that existed merely to promote escapism through simple entertainment)고 말한다.

17

In the lecture, the professor describes certain unique methods that were used in epic theater. Indicate whether each of the following was used in epic theater performances.

	Yes	No
Illuminating the actors on stage brightly		√
Using set designs that were unrealistic	√	
Criticizing unfair aspects of society	√	
Filling multiple roles with the same actor	√	

강의에서, 교수는 서사극에서 사용된 독특한 방법에 대해 묘사한다. 다음의 항목이 서사극 공연에 사용되었는지를 표시하시오.

	예	아니오
무대 위의 배우들에게 조명을 밝게 비춤		√
비현실적인 무대 디자인을 사용함	√	
불공정한 사회의 단면을 비판함	√	
같은 배우가 여러 배역을 연기하게 함	√	

List 교수는 서사극에서 사용된 독특한 기법에 대해 설명한다. 교수에 따르면, 서사극은 비현실적으로 의도되었고 실제 환경을 모사하지 않았으며(Epic theater was meant to be unrealistic ~ not to mimic the appearance of real environments), 사회의 불공정한 단면으로 인식되는 것들에 대해 비판했고 (critiques of ~ what were considered unjust aspects of society), 한 배우가 여러 배역을 연기하게 했다(have the actors play multiple roles).

VOCABULARY LIST

TEST 3에서 나오는 토플 필수 단어를 선별하여 정리하였습니다. 고득점을 위해 꼭 암기하세요.

□ get the word out 홍보하다, 말을 퍼트리다

□ stick out 눈에 띄다

□ put up ~을 붙이다

□ administrative office 행정실

□ hassle[hǽsl] 번거로운 일

□ exposure[ikspóuʒər] 노출

□ customize[kʌ́stəmàiz] 주문 제작하다

□ confirm[kənfə́ːrm] 확인하다

□ shape up (좋은 방향으로) 되어 가다

□ dedicate[dédikèit] 전념하다

□ year in and year out 해마다

□ arguably[áːrgjuəlbi] 아마도

□ developmentally[divèləpméntli] 발달상으로

□ directorship[diréktərʃìp] 이사직

□ dub[dʌb] ~이라고 부르다

□ conventional[kənvénʃənl] 전통적인

□ parlance[páːrləns] 용어, 말투

□ self-directed[sèlfdiréktid] 자기 주도적인

□ babble[bǽbl] 옹알이하다

□ innate[inéit] 타고난, 천부적인

□ staid[steid] 변함없는, 정착한

□ one-size-fits-all 천편일률적인

□ drive[draiv] 욕구, 충동

□ next to impossible 거의 불가능한

□ instill ~ in ... …에게 ~을 심어주다

□ live by ~을 삶의 원칙으로 삼다

□ warrant[wɔ́ːrənt] 정당화하다

□ hands-on[hǽndzán] 실천적인, 실제의

□ tactile[tǽktil] 촉감적인, 만져서 알 수 있는

□ kinetic[kinétik] 운동적인

□ coordination[kouɔ̀ːrdənéiʃən] (신체의) 협응력

□ algebraic[ǽldʒəbréiik] 대수학의

□ mind-numbing[máindnʌ̀miŋ] 지루한

□ intuitively[intʃúːətivli] 직관적으로

□ challenging[tʃǽlindʒiŋ] 어려운, 힘이 드는

□ go off track (주제에서) 벗어나다

□ photosynthesis[fòutousínθəsis] 광합성

□ convert[kənvɔ́ːrt] 전환하다, 바꾸다

□ chlorophyll[klɔ́ːrəfìl] 엽록소

□ substance[sʌ́bstəns] 물질

□ pigment[pígmənt] 색소

□ abscission[æbsíʃən] 절단

□ secrete[sikríːt] 분비하다

□ enzyme[énzaim] 효소

□ to be exact 정확하게 말하자면

□ degrade[digréid] 저하시키다

□ expand[ikspǽnd] 팽창하다

□ fracture[frǽktʃər] 균열

□ mechanism[mékənìzm] 기제

□ precipitation[prisìpətéiʃən] 강우, 강수

Quiz

단어의 알맞은 뜻을 찾아 연결해보세요.

01 arguably		ⓐ 타고난, 천부적인
02 parlance		ⓑ 직관적으로
03 innate		ⓒ 아마도
04 drive		ⓓ 용어, 말투
05 kinetic		ⓔ 운동적인
		ⓕ 욕구, 충동

06 degrade		ⓐ 전통적인
07 warrant		ⓑ 정당화하다
08 secrete		ⓒ 균열
09 fracture		ⓓ 저하시키다
10 substance		ⓔ 물질
		ⓕ 분비하다

01 ⓒ   02 ⓓ   03 ⓐ   04 ⓕ   05 ⓔ   06 ⓓ   07 ⓑ   08 ⓕ   09 ⓒ   10 ⓔ

☐ intriguing[intríːgiŋ] 흥미로운

☐ botany[bátəni] 식물학

☐ right up one's alley ~의 흥미에 맞는

☐ generation[dʒènəréiʃən] 발생

☐ nerve cell 신경 세포

☐ formation[fɔːrméiʃən] 형성

☐ maturity[mətʃúərəti] 성숙기

☐ neuroscience[njúərousàiəns] 신경과학

☐ manipulate[mənípjulèit] 조작하다

☐ degenerative[didʒénərèitiv] 퇴행성의

☐ condition[kəndíʃən] 질환

☐ consensus[kənsénsəs] 여론

☐ sophisticated[səfístəkèitid] 정교한

☐ cell division 세포 분열

☐ estimate[éstəmət] 추정(치)

☐ convinced[kənvínst] 확신하는

☐ conclusive[kənklúːsiv] 결정적인

☐ ongoing[ángòuiŋ] 진행중인

☐ moderate[mádərèit] 조정하다

☐ onset[áːnsèt] (병의) 발병

☐ intellectual movement 지식 운동

☐ push boundaries 지평을 넓히다

☐ taboo[təbúː] 금기시되는 것

☐ chime in (대화에 끼어들어) 말하다

☐ do away with ~을 없애다

☐ painstakingly[péinztèikiŋli] 공들여

☐ universality[jùːnəvəːrsǽləti] 보편성

☐ mimic[mímik] 모사하다, 모방하다

☐ crate[kreit] 궤짝, 상자

☐ sparse[spɑːrs] 드문드문한

☐ bizarre[bizáːr] 기이한

☐ fictional[fíkʃənl] 허구의

☐ immersed in ~에 몰입한

☐ superficial[sùːpərfíʃəl] 피상적인

☐ detachment[ditǽtʃmənt] 거리를 둠

☐ illuminate[ilúːmənèit] 비추다

☐ attire[ətáiər] 의상

☐ fragmented[frǽgməntid] 단편적인

☐ take in ~을 이해하다

☐ tenet[ténit] 원리, 교리

☐ revolutionary[rèvəlúːʃəneri] 획기적인

☐ enact[inǽkt] 일으키다

☐ escapism[iskéipizm] 현실 도피

☐ shallow[ʃǽlou] 피상적인

☐ spectacle[spéktəkl] 볼거리

☐ manipulative[mənípjulèitiv] 조작하는

☐ at the end of the day 결국 가장 중요한 것은

☐ didactic[daidǽktik] 교훈적인

☐ critique[kritíːk] 비판, 비평

☐ unjust[ʌndʒʌ́st] 불공정한

Quiz

단어의 알맞은 뜻을 찾아 연결해보세요.

01 estimate   ⓐ 발생
02 manipulative   ⓑ 추정(치)
03 generation   ⓒ 조정하다
04 consensus   ⓓ 담다, 요약하다
05 moderate   ⓔ 조작하다
     ⓕ 여론

06 taboo   ⓐ 일으키다
07 shallow   ⓑ 피상적인
08 didactic   ⓒ 정교한
09 attire   ⓓ 교훈적인
10 enact   ⓔ 금기시되는 것
     ⓕ 의상

ⓐ 01 ⓔ 02 ⓐ 03 ⓕ 04 ⓒ 05 ⓔ 06 ⓑ 07 ⓓ 08 ⓕ 09 ⓐ 10

HACKERS TOEFL ACTUAL TEST LISTENING

TEST 04

SELF-CHECK LIST

이번 테스트는 어땠나요?
다음 체크리스트로 자신의 테스트 진행 내용을 점검해 볼까요?

1 나는 테스트가 진행되는 동안 완전히 집중하였다. ☐ Yes ☐ No
  집중하지 못했다면, 그 이유는?

2 나는 주어진 16분 30초 동안 28문제를 모두 풀었다. ☐ Yes ☐ No
  문제를 모두 풀지 못했다면, 그 이유는?

3 유난히 어렵게 느껴지는 지문이 있었다. ☐ Yes ☐ No
  있었다면, 어려웠던 지문과 그 이유는? (어휘, 속도, 주제 등)

4 유난히 어렵게 느껴지는 문제가 있었다. ☐ Yes ☐ No
  있었다면, 어려웠던 문제의 유형과 그 이유는?

5 이전 테스트에서 발견된 문제점이 모두 개선되었다. ☐ Yes ☐ No
  개선되지 않았다면, 그 이유는?

6 개선해야 할 점과 이를 위한 구체적인 학습 계획

ANSWER KEYS & 취약 유형 분석표

PART 1

01 (D) Main Purpose
02 (B), (C) Detail
03 (A) Function
04 (C) Attitude
05 (D) Inference
06 (A) Main Topic
07 (D) Detail
08 (C) → (A) → (B) → (D) Ordering
09 (C) Detail
10 (C) Inference
11 (A) Inference

PART 2

01 (C) Main Purpose
02 (B) Function
03 (B) Detail
04 (C) Detail
05 (C) Detail
06 (D) Main Topic
07 (B) Purpose
08 (B) Inference
09 (A) Purpose
10 (B) Detail
11 Matching

	Cassette	CD	MP3
Negatively affected by sunlight		√	
Contains magnetic conversions of data	√		
Sound quality not degraded by additional copies		√	
Some data lost due to compression			√
Contains a layer of oxidized iron	√		
Coated with a thin layer of metal		√	

12 (C) Main Topic
13 (A) Purpose
14 List

	Yes	No
Established federal welfare programs		√
Extended affordable credit to businesses	√	
Assisted farmers with debt management	√	
Purchased crop surpluses to feed the poor		√
Paid for large public works projects	√	

15 (B) Detail
16 (B) Detail
17 (C) Function

■ 각 문제 유형별 맞힌 개수를 아래에 적어 보세요.

문제 유형	맞힌 답의 개수
Main Topic / Purpose	/ 5
Detail	/ 9
Function & Attitude	/ 4
Connecting Contents I (List, Matching, Ordering)	/ 3
Connecting Contents II (Purpose, Organization)	/ 3
Inference	/ 4
Total	**/ 28**

* 자신이 취약한 유형은 LISTENING STRATEGIES(p.22)를 통해 다시 한번 점검하시기 바랍니다.

Listen to a conversation between a student and her professor.

교수의 목적

학생의 과제물에 대한 평가 전달

S: Hi, Professor Jackson. You mentioned that you wanted to see me. Is this a good time?

P: Sure, Jamie. Why don't you come on in? I'm just looking over some notes for my speech tomorrow.

S: Is it for the Russian literature conference that's happening on campus?

P: Why yes. I'll be speaking about the early works of Tolstoy and Dostoyevsky.

S: Oh. I read a book by Dostoyevsky in high school, but I'm not sure about Tolstoy.

P: Well, I'd recommend any of their books wholeheartedly. Anyway, [01]I wanted you to stop in because I wanted to talk about the quality of the two assignments you've turned in so far.

S: Yeah . . . the grades I received on them were quite different to say the least.

두 보고서에 대한 평가

P: That's what I don't understand, Jamie. The first essay I got from you—the one that discussed an anthology of first-person accounts of World War II—it was by far the best assignment anyone in my Modern European Literature class has submitted.

S: I appreciate the compliment. I'm a bit of a history buff, and I've done a lot of reading about World War II on my own.

P: I'll say. But then there's the matter of your second essay. We were discussing French literature at the time, and you wrote about . . .

S: Existentialism. I read *The Stranger* by Albert Camus.

P: And you focused on how existentialism influenced Camus?

S: Yeah. I thought that would be a good way to learn more about how Camus thought.

P: [02]But, umm . . . I don't mean to be overly critical, but the essay you wrote was rather unorganized. And as I was reading it, I never really felt convinced that you grasped the topic.

학생의 문제점 1

주제를 정확히 이해하지 못함

S: Um . . . well, to be honest, I'm not sure if I understood the idea thoroughly enough . . . I guess I ended up just writing about the research results in general, because I wasn't sure what was important . . .

P: I see . . . Jamie, um, I'd have to say . . . First, I recommend conducting a lot of research . . . Second, um, I guess it's clear

---

학생과 교수 사이의 대화를 들으시오.

S: 안녕하세요, Jackson 교수님. 절 만나고 싶다고 하셨는데요. 지금 시간 괜찮으신가요?

P: 물론이지, Jamie. 들어오는 게 어때? 내일 연설할 원고를 좀 보고 있었단다.

S: 교내에서 개최되는 러시아 문학 학회를 위한 것인가요?

P: 그렇단다. 톨스토이와 도스토옙스키의 초기 작품에 대해 말할 거야.

S: 오. 고등학교 때 도스토옙스키의 책을 읽어봤는데요, 하지만 톨스토이는 잘 모르겠어요.

P: 음, 난 진심으로 그들의 책이라면 뭐든지 추천하고 싶구나. 어쨌든, [01]너를 오라고 했던 이유는 네가 지금까지 제출한 두 과제물의 수준에 대해 이야기하고 싶어서란다.

S: 네... 좋게 말해서 받은 점수들이 아주 달랐죠.

P: 그게 이해가 안 되는 점이란다, Jamie. 네게서 처음에 받았던, 제2차 세계대전의 1인칭 시점 이야기 선집에 대한 보고서는 내 현대 유럽 문학 수업에서 학생들이 제출한 그 어떤 보고서보다도 훌륭했어.

S: 칭찬해주셔서 감사합니다. 제가 약간 역사광이에요, 그리고 개인적으로 제2차 세계대전에 대한 독서를 많이 해왔어요.

P: 그렇더구나. 하지만 너의 두 번째 보고서에 관해서는 말이다. 그때 당시에 우리는 프랑스 문학을 논의했는데, 네가 쓴 것이...

S: 실존주의요. 알베르 카뮈의 '이방인'을 읽었어요.

P: 그리고 실존주의가 어떻게 카뮈에게 영향을 미쳤는지에 초점을 맞췄었지?

S: 네. 그게 카뮈가 사고한 방식에 대해 더 알아볼 수 있는 좋은 방법이라고 생각했어요.

P: [02]하지만, 음... 지나치게 비판적이고 싶진 않다만, 네가 쓴 보고서는 다소 정리가 안 되어 있더구나. 그리고 그것을 읽으면서 네가 주제를 잘 이해하고 있다는 확신이 들지 않았단다.

S: 음... 저, 솔직히 말씀드리자면, 제가 주제를 충분히 제대로 이해했는지 확실하지 않아요... 무엇이 중요한지 몰라서 결국 그냥 일반적인 조사 결과에 대해 썼던 것 같아요...

P: 그렇구나... Jamie, 음, 내가 해주고 싶은 말은... 첫째로, 조사를 많이 할 것을 권한단다... 둘째는, 음, 네가 종이에 실제로 너의 생각을 옮

Vocabulary

conference[kánfərəns] 학회 **wholeheartedly**[hòulhá:rtidli] 진심으로 **to say the least** 좋게 말해서, 과장하지 않고 말해서
anthology[ænθálədʒi] 선집 **first-person**[fə́:rstpə̀:rsn] 1인칭 시점의 **account**[əkáunt] 이야기, 기술 **buff**[bʌf] 광, 애호가
existentialism[ègzisténʃəlizm] 실존주의 **grasp**[græsp] 이해하다, 파악하다 **thoroughly**[θɔ́:rouli] 제대로

that you'd have to come up with your own conclusion about the topic before you actually start putting your ideas on paper.

학생의 문제점 2

충분한 시간을
투자하지 못함

S: Yes, but, uh, I've been overwhelmed lately . . .

P: You mean with my class?

S: No, just in general. See, I'm taking 18 credits this semester because I hope to finish my graduation requirements early and start grad school. Since I'm studying lit, that means I have at least one or two essays a week to write . . .

P: So you didn't have enough time to spend on the assignment you turned in?

S: 03Right. I really tried to do the best I could on it, but I was barely keeping up . . .

P: Hmm, Jamie, I realize I'm not a guidance counselor . . . You know, I was also a very driven student once, so I understand. However, you really have to take a different approach. 04Think about training for a marathon. You have to run every day to prepare your body. You can't just train one or two days before the race. Completing your assignments is the same thing. Try to squeeze in one or two hours of work each day instead of trying to finish it all off in a single day . . . and you won't get stuck feeling overwhelmed.

S: That makes sense. And honestly, I've never managed my time well.

P: Well, practice makes perfect. I really hope you take my advice . . .

S: Oh, I will, professor. Thank you.

교내 학술지에
학생의
보고서를
기고하는 것
제안

P: And while I have you here, you know that first essay you wrote?

S: What about it?

P: Uh, I'd like to submit it to the university's undergraduate literature journal. Each professor is allowed to nominate one piece of student work every quarter, and I think your piece deserves publication.

S: Really? Wow . . . I'd be honored.

P: Great! 05I'll e-mail you a release form . . . you need to give the journal permission to print your work. I think the editors may want to send you the essay with possible edits as well. Are you OK with that?

S: Sure. I've never done that before, but I'm willing to do it. I'm actually heading home, so I'll take care of it right away. Thanks, Professor.

P: No problem, Jamie. Have a good day.

기기 전에 주제에 대한 네 자신만의 결론을 도출해야 할 것이라는 게 분명한 것 같구나.

S: 네, 하지만, 어, 제가 요새 좀 정신이 없어서요...

P: 내 수업에서 말이니?

S: 아니요, 그냥 전반적으로요. 저, 제가 졸업 요건을 일찍 채우고 대학원에 진학하려고 해서 이번 학기에 18학점을 듣고 있거든요. 제가 문학을 공부하니까, 그건 일주일에 적어도 보고서 한두 편을 작성해야 한다는 것을 의미하죠...

P: 그래서 제출한 과제에 쏟을 충분한 시간이 없었구나?

S: 03맞아요. 정말 제가 할 수 있는 최선을 다했지만, 겨우 따라잡고 있었어요...

P: 흠, Jamie, 내가 상담 교사가 아니라는 건 알지만... 있잖니, 나도 한때 매우 의욕이 충만한 학생이었지, 그래서 이해한단다. 하지만 정말 다른 접근 방식을 택해야 해. 04마라톤을 위한 훈련을 생각해보렴. 몸을 준비시키기 위해 매일 뛰어야 하지. 시합 전 하루나 이틀 동안만 훈련할 수 없지 않니. 과제를 완성하는 것도 똑같아. 하루에 모든 것을 마무리하려 하지 말고 매일 한두 시간 정도 짬을 내서 하려고 해보렴... 그럼 네가 정신없게 되진 않을 거야.

S: 무슨 말씀인지 이해했어요. 그리고 솔직히, 제가 시간을 잘 관리하지 못했어요.

P: 음, 자꾸 연습하면 잘하게 될 거야. 네가 내 충고를 받아들이길 진심으로 바란다...

S: 오, 그럴게요, 교수님. 감사합니다.

P: 그리고 여기 온 김에, 네가 쓴 그 첫 번째 보고서 말이다?

S: 무슨 일이세요?

P: 어, 그것을 대학의 학부 문학 학술지에 기고하고 싶단다. 교수마다 분기별로 학생 작업물 하나를 추천할 수 있는데, 난 네 작업물이 출판될 가치가 있다고 생각해.

S: 정말이요? 와... 영광이에요.

P: 좋아! 05네게 양도 계약서를 이메일로 보내주마... 네 작업물을 출판하는 것에 대해 학술지측에 승인을 해줘야 하거든. 편집자가 네게 수정할 만한 내용을 표시해서 네 보고서를 보내줄지도 모른단다. 그렇게 해도 괜찮겠니?

S: 물론이죠. 그걸 해본 적은 없지만, 기꺼이 하고 싶어요. 제가 지금 집에 가는 길이니까 곧장 처리하도록 할게요. 감사해요, 교수님.

P: 천만에, Jamie. 좋은 하루 보내렴.

Vocabulary

credit[krédit] 학점   guidance counselor 상담 교사   squeeze in ~을 위한 짬을 내다   journal[dʒə́ːrnl] 학술지
nominate[nάmənèit] 추천하다, 선정하다   quarter[kwɔ́ːrtər] 분기   publication[pʌ̀bləkéiʃən] 출판   release form 양도 계약서

01

Why does the professor want to talk with the student?

(A) To suggest that the student write an article for a literary journal

(B) To give the student advice about writing literary critiques

(C) To inform the student of his speech at the campus literature conference

(D) To give the student feedback on her recent assignments

교수는 왜 학생과 이야기하고 싶어하는가?

(A) 학생이 문학 학술지에 실을 글을 쓸 것을 제안하기 위해

(B) 학생에게 문학 비평을 작성하는 것에 대한 조언을 하기 위해

(C) 학생에게 교내 문학 학회에서 자신이 연설할 것임을 알리기 위해

(D) 학생의 최근 과제에 대한 피드백을 주기 위해

Main Purpose 도입부에서 교수는 학생이 지금까지 제출한 두 과제물의 수준에 대해 이야기하고 싶다(I wanted to talk about the quality of the two assignments you've turned in so far)고 말한다.

02

What are two criticisms the professor gives of the student's second essay?

Choose 2 answers.

(A) It does not include appropriate content for the assignment.

(B) It lacks a strong organizational structure.

(C) It reads as if the student did not understand the topic.

(D) It was not submitted before the deadline.

학생의 두 번째 보고서에 대한 교수의 두 가지 지적은 무엇인가? 2개의 답을 고르시오.

(A) 과제에 적합한 내용을 포함하고 있지 않다.

(B) 탄탄한 조직적 구성이 부족하다.

(C) 학생이 주제를 이해하지 못한 것처럼 보인다.

(D) 마감일 전에 제출되지 않았다.

Detail 교수는 학생이 쓴 보고서가 다소 정리가 안 되어 있으며(the essay you wrote was rather unorganized), 학생이 주제를 잘 이해하고 있다는 확신이 들지 않았다(I never really felt convinced that you grasped the topic)고 말한다.

03

Listen again to part of the conversation. Then answer the question.

S: Right. I really tried to do the best I could on it, but I was barely keeping up . . .

P: Hmm, Jamie, I realize I'm not a guidance counselor . . . You know, I was also a very driven student once, so I understand. However, you really have to take a different approach.

Why does the professor say this:

P: Hmm, Jamie, I realize I'm not a guidance counselor . . .

(A) To indicate that he is about to give the student advice

(B) To propose that the student meet with her guidance counselor

(C) To suggest that he is not qualified to give the student advice

(D) To encourage the student to speak openly about her problems

대화의 일부를 다시 듣고 질문에 답하시오.

S: 맞아요. 정말 제가 할 수 있는 최선을 다했지만, 겨우 따라잡고 있었어요...

P: 흠, Jamie, 내가 상담 교사는 아니라는 건 알지만... 있잖니, 나도 한때 매우 의욕이 충만한 학생이었지, 그래서 이해한단다. 하지만 정말 다른 접근 방식을 택해야 해.

교수는 왜 이렇게 말하는가:

P: 흠, Jamie, 내가 상담 교사는 아니라는 건 알지만...

(A) 학생에게 조언할 것임을 나타내기 위해

(B) 학생에게 그녀의 상담 교사와 만날 것을 제안하기 위해

(C) 자신이 학생에게 조언을 할 자격이 없다는 것을 암시하기 위해

(D) 학생이 자신의 문제에 대해 터놓고 이야기할 것을 독려하기 위해

Function 교수는 본인이 상담 교사는 아니지만(I realize I'm not a guidance counselor) 다른 접근 방식을 택해야 한다(you really have to take a different approach)고 말하며 학생에게 조언을 한다. 즉, 교수는 학생에게 조언할 것임을 나타내고 있는 것이다.

04

What is the professor's opinion of doing assignments?

(A) He considers it a good way to learn about new topics.
(B) He thinks it is best to research several different topics.
(C) He believes it requires a lot of work over an extended period of time.
(D) He assumes that most students are incapable of doing it properly.

과제를 하는 것에 대한 교수의 의견은 무엇인가?

(A) 새로운 주제에 대해 배우는 좋은 방법으로 여긴다.
(B) 여러 가지 다른 주제를 조사하는 것이 최선이라고 생각한다.
(C) 오랫동안 많은 노력을 필요로 한다고 믿는다.
(D) 대부분의 학생들이 그것을 제대로 할 수 있는 능력이 없다고 추정한다.

Attitude 교수는 과제하는 것을 마라톤에 비유하며 준비를 위해 매일 뛰는 것처럼 매일 한두 시간 정도 짬을 내서 과제를 완성해야 한다(Think about training for a marathon ~ Try to squeeze in one or two hours of work each day)고 말한다. 이를 통해 교수는 과제를 하는 것이 오랫동안 많은 노력을 필요로 한다고 믿고 있음을 알 수 있다.

05

What will the professor probably do next?

(A) Contact the editors about the student's paper
(B) E-mail the student information about a literary journal
(C) Provide the student with guidelines for essay revision
(D) Send the student a release document

교수는 다음에 무엇을 할 것인가?

(A) 학생의 보고서와 관련하여 편집자에게 연락하기
(B) 문학 학술지에 대한 정보를 학생에게 이메일로 보내기
(C) 보고서 수정에 대한 지침을 학생에게 제공하기
(D) 학생에게 양도 문서를 보내기

Inference 교수는 학생에게 양도 계약서를 이메일로 보내준다고 말하며 학생이 작업물을 출판하는 것에 대해 학술지측에 승인을 해줘야 한다(I'll e-mail you a release form ~ you need to give the journal permission to print your work)고 말한다. 이를 통해 교수는 학생에게 양도 문서를 보낼 것임을 알 수 있다.

Listen to part of a lecture in a chemistry class.

화학 강의의 일부를 들으시오.

주제

물질의 상변화

P: Good afternoon, everyone. [06]I'm hoping most of you had a chance to do yesterday's reading about phase changes. You should remember that phase changes are when a solid, liquid, or a gas changes into a different form of matter because of pressure or temperature changes. [06]Today's talk is going to cover some of the same ground, so you might get lost if you didn't do the assignment!

S: Well, I read the material, but, um, I'm a bit confused. Does all this phase change stuff mean, like, water for instance, that water has a boiling point that is constantly changing?

P: Not quite. So, let me try to explain what these phase changes are all about. First, I want you to think about a pan on the stove that's got some water in it. Got it? Good. Then, when you first turn the stove on, how is the water being heated? Through convection, right? The surface of the pan is in direct contact with the water and the heat waves travel through the water. [08]This rise in temperature gets the molecules on the top of the water energized, and they evaporate . . . so, they turn from liquid water into a gaseous water vapor.

핵 비등

Eventually, [08]the temperature gets high enough and we reach the boiling point—100 degrees, right?—and these bubbles start to develop from the bottom of the pan—the heating surface—at different sites called nucleation sites. This is a phase transition, by which some water molecules transform into little bubbles of vapor generating a type of boiling called nucleate boiling. Now, before the water was boiling, molecules on the surface of the water were changing from liquid to gas. [07]But, with the increased temperatures, now molecules from all parts of the water want to make the change. This is why bubbles form. The higher the temperature gets . . . 150, 160, 170 . . . the more active the water becomes and the more rapidly bubbles start to come up.

P: 안녕하세요, 여러분. [06]여러분 중 대다수가 상변화에 대한 어제의 자료를 읽을 기회가 있었기를 바랍니다. 상변화란 고체, 액체 또는 기체가 압력이나 온도 변화로 인해 다른 형태의 물질로 변하는 것이라는 점을 기억해야 해요. [06]오늘 강의는 같은 분야의 일부를 다룰 거라서 과제를 해오지 않았다면 이해하지 못할 수도 있어요!

S: 글쎄요, 그 자료를 읽었지만, 음, 조금 헷갈려요. 이 상변화라는 것이 의미하는 게, 마치, 물을 예로 들면, 물이 계속해서 변화하는 끓는점을 가지고 있다는 건가요?

P: 그건 아니에요. 자, 상변화가 무엇인지 설명해 볼게요. 먼저, 가스레인지 위의 물이 들어 있는 냄비를 생각해보기를 바랍니다. 됐나요? 좋아요. 그런 다음, 처음 그 가스레인지를 켜면, 물이 어떻게 뜨거워지나요? 대류를 통해서죠, 그렇죠? 냄비의 표면은 물과 직접 닿아 있고 열파가 물을 통해서 이동합니다. [08]이 온도의 상승은 물 표면에 있는 분자들이 에너지를 받게 하고, 그것들은 증발해요... 그래서, 액체 상태의 물에서 기체 상태의 수증기로 변하게 되죠.

마침내, [08]온도가 충분히 올라가면 끓는점에 다다르게 돼요, 100도요, 그렇죠? 그리고 기포들이 열 표면인 냄비 밑바닥부터 생겨나기 시작하죠, 핵생성처라고 불리는 여러 지점에서요. 이것이 상변화예요, 그리고 이를 통해 일부 물분자들은 핵 비등이라 불리는 유형의 비등을 초래하면서 작은 수증기 기포로 변합니다. 자, 물이 끓기 전에, 물 표면의 분자들은 액체에서 기체로 변하고 있었죠. [07]하지만 상승한 온도로 인해, 이제 물의 모든 부분의 분자들이 변화하려고 합니다. 이것이 기포가 생기는 이유예요. 온도가 높아질수록... 150, 160, 170도로요... 물은 더욱 활동적이 되고 기포는 더 빠르게 떠오릅니다.

Vocabulary

phase change 상변화   solid[sálid] 고체   pressure[préʃər] 압력   boiling point 끓는점   convection[kənvékʃən] 대류
molecule[máləkjùːl] 분자   energize[énərdʒàiz] 에너지를 주다   evaporate[ivǽpərèit] 증발하다   gaseous[gǽsiəs] 기체 상태의
vapor[véipər] 수증기, 증기   bubble[bʌ́bl] 기포   nucleation[njùːkliéiʃən] 핵생성   transform[trænsfɔ́ːrm] 변화하다   nucleate boiling 핵 비등

천이 비등

So, after a while it ends up that water doesn't just keep boiling the same way as the temperature keeps getting higher and higher. Here's where another transition comes in. Once you hit a certain temperature, uh, around 200 degrees, then the behavior of water starts to change. At this point, so much vapor is being made on the bottom of the pan that it starts to form a layer between the surface of the pan and the water itself. Instead of popping to the top of the pan, the vapor just stays at the bottom. This period of time, as the amount of bubbles begins to decrease and the vapor trapped at the bottom increases, is called transition boiling.

막 비등

Soon enough, [08]the bottom of the pan becomes completely filled with a layer of vapor and the behavior of the water, or any liquid for that matter, completely changes. Does anyone know what this effect is called? It came up in the reading.

S: The Leidenfrost effect, right?

P: That's correct. Let's talk about this a little bit more. In the case of the Leidenfrost effect, which leads to a third phase transition into what's called film boiling, by the way, [09]the layer of vapor stops the water above it from being heated very efficiently—vapor's not so good at convection. What ends up happening is that any water that happens to touch the bottom of the pan at such high temperatures vaporizes immediately. This builds up the vapor layer, which is about 0.1 or 0.2 millimeters thick, and then, as some of that vapor escapes, new water from the bottom gets transformed into vapor again. [08/09]Because the heat transfer is so inefficient, the water evaporates at a much slower rate than at lower boiling temperatures under 200 degrees.

라이덴프로스트
효과를 볼 수
있는 실험

Here's an experiment you can do at home which might clarify things a little. Uh, take a pan—hopefully not a good one—and heat it up on the stove. After a minute or so, put a drop of water in the pan. What happens to it? It hits the surface, spreads out, and evaporates quickly. This is because it hasn't reached the Leidenfrost point yet. Then, turn up the stove to its highest setting, and let the pan sit a few minutes. Now, put a drop of

그래서 얼마 후 온도가 계속 높아지다 보면 결국 물은 같은 방식으로 계속 끓지는 않습니다. 여기서 또 다른 변화가 발생합니다. 약, 어, 200도 정도의 특정 온도에 이르게 되면, 물의 반응이 변하기 시작하죠. 이 시점에서는, 아주 많은 수증기가 냄비의 밑바닥에서 만들어져 냄비의 표면과 물 사이에 하나의 층을 만들기 시작합니다. 냄비의 위쪽으로 튀어올라가는 대신, 수증기는 그저 바닥에 머무릅니다. 기포의 양이 줄기 시작하고 바닥에 갇혀 있는 수증기가 증가하는 이 기간을 천이 비등이라고 부릅니다.

곧, [08]냄비의 바닥은 수증기층으로 완전히 꽉 차게 되고 물, 또는 다른 모든 액체의 반응은 완전히 바뀌게 됩니다. 이 효과가 무엇이라고 불리는지 아는 사람 있나요? 읽기 자료에 나왔어요.

S: 라이덴프로스트 효과입니다, 그렇죠?

P: 맞아요. 이것에 관해 조금 더 이야기해봅시다. 라이덴프로스트 효과의 경우, 이것은 막 비등이라고 불리는 세 번째 상전이에 이르게 하는데, 덧붙여 말하자면, [09]수증기층은 위에 있는 물이 아주 효율적으로 가열되는 것을 막습니다. 수증기는 대류에 그리 뛰어나지 않거든요. 결국 벌어지는 일은 그런 높은 온도에서 냄비의 바닥에 닿는 물이 모두 즉시 기화하는 것이죠. 이것은 수증기층을 만들어내는데, 이는 약 0.1이나 0.2밀리미터 두께죠, 그 후, 수증기 일부가 빠져나가면 바닥에 있는 새로운 물이 다시 수증기로 변합니다. [08/09]열 전달이 아주 비효율적이기 때문에 물은 200도 이하의 낮은 끓는 온도에서보다 훨씬 느린 속도로 증발합니다.

이 문제를 좀 더 명백하게 설명할 수 있는 집에서 가능한 실험이 있습니다. 어, 냄비를 하나 고르세요, 그리 좋지 않은 것으로요, 그리고 가스레인지에서 데우세요. 1분쯤 후에, 냄비에 물을 한 방울 떨어뜨리세요. 무슨 일이 일어날까요? 그것은 바닥에 닿고, 퍼지면서, 빠르게 증발해버리죠. 이건 아직 라이덴프로스트 점에 도달하지 못했기 때문이에요. 그럼, 가스레인지의 화력을 최대로 맞춰놓고 냄비를 몇 분 동안 놔두세

Vocabulary

end up 결국 ~이 되다   come in 발생하다, 입장하다   layer[léiər] 층   transition boiling 천이 비등   behavior[bihéivjər] 반응, 행동, 상태
film boiling 막 비등   inefficient[ìnifíʃənt] 비효율적인   clarify[klǽrəfài] 명백하게 설명하다   spread out 퍼지다

water in the pan and see what happens. It doesn't break apart. It stays intact for a long time and skitters across the pan. This is because of the Leidenfrost effect, which causes only the bottommost part of the droplet to vaporize. [10]The rest of the droplet is supported on top of the vapor layer and is protected from the full heat of the pan. Finally, after a minute or so, it'll vaporize enough that it completely evaporates.

라이덴프로스트
효과의 적용

Why is this effect important? I'll give you a couple of real-life examples that can show us some applications. Have you ever seen people walk on hot coals? What's happening is that the coals are superheated, just like the metal of our pan. When the coal walker—he's gotta have wet feet to do the stunt—when he walks across the hot coals, only the water nearest the coals vaporizes, but the water touching his feet stays liquid. The vapor creates a kind of protective layer that prevents his feet from being burned.

A more modern, scientific application of the effect is increasingly seen in the computer industry. As computer processors get faster, they must be cooled to function properly. Researchers have found a way to use the heat produced by the chips to move a special coolant around the top of the processor to cool it off. By setting up special stairway-like guides for the coolant liquid, the researchers found that the liquid would actually move up inclines due to the Leidenfrost effect. This way, they can use the inclines to push the coolant in one direction, and collect all of the vaporized liquid with a condenser, which then turns it into liquid again. [11]The beauty of this system is that it doesn't use any extra electricity or energy—all it takes is the Leidenfrost effect and the hot air near the computer processor to move the coolant around. See . . . from fire walking to your stove to the inside of your computer, the Leidenfrost effect is all around you!

요. 이제, 냄비에 물을 한 방울 떨어뜨리고 무슨 일이 일어나는지 보세요. 흩어지지 않아요. 그것은 오랫동안 원상태로 남아 있으면서 냄비 바닥을 가로질러 미끄러집니다. 이것은 라이덴프로스트 효과 때문입니다, 이는 오직 물방울의 최하단부만 증발하도록 하죠. [10]물방울의 나머지 부분은 수증기층의 위에 떠받쳐져서 냄비의 모든 열로부터 보호받습니다. 마침내, 1분 정도 후, 그것은 충분히 기화되어 완전히 증발합니다.

왜 이 효과가 중요할까요? 이것이 적용된 것을 보여주는 실제적인 예를 몇 개 들어줄게요. 사람들이 뜨거운 석탄 위를 걷는 것을 본 적이 있나요? 어떻게 된 일이냐 하면, 그 석탄은 과열되어 있어요, 냄비의 금속처럼요. 석탄 위를 걷는 사람은 그 묘기를 위해 젖은 발을 하고 있어야 하는데, 그가 그 뜨거운 석탄을 통과해 걸을 때 오직 석탄에 가장 가까이 있는 물만이 기화됩니다, 하지만 그의 발에 닿아있는 물은 액체 상태로 남아 있어요. 그 수증기가 일종의 보호막을 형성해 그의 발이 화상을 입는 것을 방지하는 거죠.

이 효과의 더 근대적이고, 과학적인 적용은 컴퓨터 산업에서 더 많이 찾을 수 있어요. 컴퓨터의 중앙 처리 장치가 더 빨라질수록, 그것이 제대로 작동하기 위해서는 냉각되어야 합니다. 연구자들은 컴퓨터 칩에 의해 만들어지는 열을 이용해서 중앙 처리 장치 위로 특별한 냉각제를 움직여 냉각시키는 방법을 찾아냈습니다. 연구자들은 냉각수를 위한 계단 모양의 특별한 유도장치를 설치해서, 라이덴프로스트 효과로 인해 그 액체가 실제로 경사면을 올라간다는 것을 알아냈어요. 이러한 방법으로, 그들은 경사면을 이용해 냉각제를 한 방향으로 밀어내고, 기화된 냉각수 전부를 응축기로 모으죠, 이는 그것을 다시 액체 상태로 만듭니다. [11]이 시스템의 장점은 추가적인 전기나 에너지를 사용하지 않는다는 점입니다, 필요한 것은 냉각제를 움직이기 위한 라이덴프로스트 효과와 컴퓨터 중앙 처리 장치 주위의 뜨거운 공기뿐이죠. 보세요... 불 위를 걷는 것에서부터 여러분의 가스레인지, 컴퓨터 내부에 이르기까지, 라이덴프로스트 효과는 여러분 주위에 어디에나 존재해요!

Vocabulary

intact[intǽkt] 원상태인, 손상되지 않은   **skitter**[skítər] 미끄러지다   **bottommost**[bátəmmòust] 최하단의   **droplet**[dráplit] 작은 물방울
application[æ̀pləkéiʃən] 적용   **superheat**[sù:pərhí:t] 과열하다   **computer processor** 컴퓨터 중앙 처리 장치   **coolant**[kú:lənt] 냉각제
guide[gaid] 유도장치   **incline**[inkláin] 경사   **condenser**[kəndénsər] 응축기

06

What is the lecture mainly about?

(A) The change of boiling states depending on temperature
(B) The process by which heat is transferred to a liquid
(C) The behavior of water when it reaches its boiling point
(D) The real-life applications of the Leidenfrost effect

강의는 주로 무엇에 관한 것인가?

(A) 온도에 따른 끓는 상태의 변화
(B) 열이 액체에 전달되는 과정
(C) 끓는점에 도달했을 때 물의 반응
(D) 라이덴프로스트 효과의 실제 적용

Main Topic 도입부에서 교수는 상변화에 대한 어제의 자료를 읽을 기회가 있었기를 바란다(I'm hoping most of you had a chance to do yesterday's reading about phase changes)고 하며 오늘 강의는 같은 분야의 일부를 다룰 것(Today's talk is going to cover some of the same ground)이라고 말한다. 이어 교수는 강의 전반에 걸쳐 온도에 따라 물의 끓는 상태가 어떻게 변화하는지를 논의한다.

07

According to the professor, why do bubbles form during nucleate boiling?

(A) Because the liquid is heated using convection
(B) Because a layer of vapor is created under the liquid
(C) Because heat pressure forces the water upwards
(D) Because molecules throughout the water change to vapor

교수에 따르면, 핵 비등이 일어나는 동안 기포는 왜 생겨나는가?

(A) 액체가 대류를 통해 가열되기 때문에
(B) 액체 아래에 수증기층이 형성되기 때문에
(C) 열내압이 물을 위로 올려보내기 때문에
(D) 물 전체의 분자가 기체로 변하기 때문에

Detail 교수는 상승한 온도로 인해 물의 모든 부분의 분자들이 기체로 변화하려고 하고, 이것이 기포가 생기는 이유(with the increased temperatures, now molecules from all parts of the water want to make the change. This is why bubbles form)라고 말한다.

08

In the lecture, the professor explains the sequence of changes a liquid undergoes as it is progressively heated. Put the steps listed below in the correct order.

Step 1	(C) The molecules on the top of the liquid begin to evaporate.
Step 2	(A) Bubbles are quickly produced from the pan's bottom.
Step 3	(B) A layer of vapor totally fills the bottom of the pan.
Step 4	(D) Poor heat transfer causes the liquid's evaporation rate to decrease.

강의에서, 교수는 액체가 계속해서 가열됨에 따른 변화의 순서를 설명한다. 아래의 단계들을 올바른 순서대로 나열하시오.

단계 1	(C) 액체 표면의 분자들이 증발하기 시작한다.
단계 2	(A) 기포가 냄비 밑바닥부터 빠르게 생성된다.
단계 3	(B) 수증기층이 냄비의 바닥을 완전히 채운다.
단계 4	(D) 부족한 열 전달이 액체의 증발 속도를 감소시킨다.

Ordering 교수는 액체가 가열됨에 따른 상태 변화를 설명한다. 교수에 따르면, 우선 물 표면에 있는 분자들이 에너지를 받아 증발하고(This rise in temperature gets the molecules on the top of the water energized, and they evaporate), 온도가 충분히 올라가면 기포들이 냄비 밑바닥부터 생겨나기 시작하며(the temperature gets high enough ~ bubbles start to develop from the bottom of the pan), 냄비의 바닥이 수증기층으로 완전히 꽉 차게 된 후(the bottom of the pan becomes completely filled with a layer of vapor), 열 전달이 비효율적이 되어 물이 훨씬 느린 속도로 증발하게 된다(Because the heat transfer is so inefficient, the water evaporates at a much slower rate).

09

According to the lecture, why does water evaporate slowly during film boiling?

(A) The temperature is not high enough to allow evaporation.
(B) The vapor becomes trapped in bubbles within the liquid.
(C) The presence of a vapor layer inhibits heat transfer.
(D) The amount of heat energy transmitted is too high.

강의에 따르면, 막 비등이 일어나는 동안 물은 왜 느리게 증발하는가?

(A) 증발이 일어날 만큼 온도가 충분히 높지 않다.
(B) 수증기가 액체 속 기포 내부에 갇힌다.
(C) 수증기층의 존재가 열 전달을 막는다.
(D) 전송되는 열에너지의 양이 너무 많다.

Detail 교수는 막 비등이 일어나는 동안 수증기층은 위에 있는 물이 아주 효율적으로 가열되는 것을 막고(the layer of vapor stops the water above it from being heated very efficiently), 이것이 열 전달을 비효율적으로 만들어서 훨씬 느린 속도로 증발하게 한다(Because the heat transfer is so inefficient, the water evaporates at a much slower rate)고 말한다.

10

Listen again to a part of the lecture. Then answer the question.

P: The rest of the droplet is supported on top of the vapor layer and is protected from the full heat of the pan. Finally, after a minute or so, it'll vaporize enough that it completely evaporates.
Why is this effect important? I'll give you a couple of real-life examples that can show us some applications.

What does the professor imply when she says this:
P: Why is this effect important?

(A) The scientific ideas involved are difficult to understand.
(B) The Leidenfrost effect does not occur naturally.
(C) The relevance of the concept is not immediately clear.
(D) The students are thinking that she is straying from the topic.

강의의 일부를 다시 듣고 질문에 답하시오.

P: 물방울의 나머지 부분은 수증기층의 위에 떠받쳐져서 냄비의 모든 열로부터 보호받습니다. 마침내, 1분 정도 후, 그것은 충분히 기화되어 완전히 증발합니다.
왜 이 효과가 중요할까요? 이것이 적용된 것을 보여주는 실제적인 예를 몇 개 들어줄게요.

교수는 이렇게 말함으로써 무엇을 암시하는가:
P: 왜 이 효과가 중요할까요?

(A) 관련된 과학적 개념이 이해하기 어렵다.
(B) 라이덴프로스트 효과는 자연적으로 발생하지 않는다.
(C) 개념의 연관성이 바로 명료해지지는 않는다.
(D) 학생들은 교수가 주제로부터 벗어난 이야기를 하고 있다고 생각한다.

Inference 교수는 라이덴프로스트 효과의 개념에 관해 설명하고, 그것이 실제로 어떻게 적용될 수 있는지를 이야기하기 앞서 왜 이 효과가 중요한지(Why is this effect important?) 묻는다. 즉, 교수는 이 과학적 개념이 실생활과 어떤 관계가 있는지 학생들에게 바로 떠오르지 않는다는 것을 알고 이렇게 묻는 것임을 알 수 있다.

11

What can be inferred about using the Leidenfrost effect to cool computers?

(A) It is highly energy-efficient.
(B) It needs only air to cool the processor.
(C) It uses the processor's power to move a liquid.
(D) It forces the warm air outside the computer.

컴퓨터를 냉각시키기 위해 라이덴프로스트 효과를 사용하는 것에 관해 추론할 수 있는 것은 무엇인가?

(A) 에너지 효율이 아주 좋다.
(B) 중앙 처리 장치를 냉각시키기 위해 오직 공기만 필요하다.
(C) 액체를 움직이기 위해 중앙 처리 장치의 전력을 사용한다.
(D) 따뜻한 공기를 컴퓨터 밖으로 내보낸다.

Inference 교수는 이 시스템의 장점은 추가적인 전기나 에너지를 사용하지 않는다는 점이다(The beauty of this system is that it doesn't use any extra electricity or energy)라고 말한다. 이를 통해 이 시스템은 에너지 효율이 아주 좋다는 것을 알 수 있다.

Listen to a conversation between a student and a university fitness center manager.

학생의 용건

체육관 운영 시간에 대한 학생들의 의견 전달

M: Good afternoon. Are you Brenda Davis?

W: Yeah, that's me. Are you Owen, the guy who's looking for a part-time job here?

M: Um, I think you have me confused with someone else. I'm Steve. I e-mailed you a couple of days ago . . . I'm on the student council. I mentioned I'd try to stop in today, and I was hoping I could take a couple minutes of your time.

W: Well, I'm waiting for someone to come in for an interview really soon, but I can chat until he gets here.

M: Great. I'll get down to it. [01]The student council . . . we have a suggestion form on our website that students can use to submit ideas on how to improve campus life, what extra services they'd like to have . . . things like that. It's a great way for us to gather feedback from the students and address their needs. Anyway, lots of students wrote in about the gym.

W: Nothing bad I hope. We try to provide great service to everyone on campus . . . professors, students, even non-academic staff.

체육관을 일찍 닫아서 많은 학생들이 이용하지 못함

M: Oh, don't worry . . . it's nothing to do with service. It's that, well, the gym closes really early . . . 9 p.m. on weekdays, and even earlier on Saturday and Sunday.

W: Yeah, but we open really early in the morning . . .

M: It's just that students . . . a lot of us have part-time jobs in the evening, or night classes . . . and we're almost always busy during the day, so it'd be great if the gym were open later. Also, lots of college students are night owls . . . it makes more sense to stay open late. Have you considered extending your operating hours, say, until midnight?

체육관을 늦게까지 열 수 없는 이유

W: [03]Well, you have to understand that just like any other department at the university, we have our own operating budget that we must adhere to. I'd love to stay open 24 hours a day, 7 days a week . . . we just can't afford to do that, though. Every additional hour we stay open means more money spent on electricity, more staff we need to pay, more use of the equipment and, as a result, more maintenance . . . as they say, time is money.

학생과 대학 헬스장 관리자 사이의 대화를 들으시오.

M: 안녕하세요. 당신이 Brenda Davis인가요?

W: 네, 저예요. 학생이 Owen인가요, 여기 아르바이트를 찾고 있는 사람이요?

M: 음, 저를 다른 사람과 혼동하신 것 같아요. 저는 Steve예요. 제가 이틀 전에 이메일을 보냈는데요... 전 학생회에 있어요. 제가 오늘 들른다고 말씀드렸는데, 잠시 시간 좀 내주셨으면 해서요.

W: 음, 곧 면접을 보러 오기로 한 사람을 기다리고 있지만, 그가 도착하기 전까지는 얘기할 수 있어요.

M: 좋아요. 본론으로 들어갈게요. [01]학생회는... 웹사이트에 학생들이 캠퍼스 생활을 개선하는 방법과, 어떤 추가 서비스를 원하는지... 그런 것들에 대한 의견을 제출할 때 사용할 수 있는 제안 양식이 있어요. 학생들로부터 피드백을 수집하고 그들의 요구를 처리하는 좋은 방법이죠. 어쨌든, 많은 학생이 체육관에 대해서 의견을 작성했어요.

W: 나쁜 의견이 없었으면 좋겠네요. 우리는 캠퍼스에 있는 모두에게 좋은 서비스를 제공하려 노력하고 있어요... 교수님들, 학생들, 교무직 외의 직원들에게도요.

M: 오, 걱정하지 마세요... 서비스와는 아무 상관 없어요. 그것은, 음, 체육관이 정말 일찍 닫는다는 것에 관한 거예요... 평일에는 오후 9시, 그리고 토요일과 일요일에는 훨씬 더 일찍 닫는 거요.

W: 네, 하지만 저희는 아침에 정말 일찍 열어요...

M: 그러니까 학생들은... 저희 중 많은 사람들이 저녁에 아르바이트를 하거나, 저녁 수업이 있어요... 그리고 저희는 낮에는 거의 항상 바쁘기 때문에, 체육관이 더 늦게까지 연다면 좋을 거예요. 또한, 많은 대학생들은 올빼미족이라서... 체육관을 늦게까지 여는 것이 더 의미가 있죠. 체육관 운영 시간을 연장하는 것을 고려해보셨나요, 예를 들면, 자정까지요?

W: [03]음, 대학의 다른 부서들처럼, 우리가 지켜야 하는 체육관만의 운영 예산이 있다는 것을 이해해줘야 해요. 저희도 하루 24시간, 주 7일 동안 열고 싶지만... 그렇게 할 여유가 없어요. 한 시간 연장할 때마다 더 많은 전기세와 임금을 지불할 더 많은 직원, 더 많은 장비 사용이 필요하다는 것을 의미해요, 결과적으로 유지 비용이 더 들죠... 이른바, 시간이 돈인 셈이에요.

○

Vocabulary

get down to ~의 본론으로 들어가다   **address**[ədrés] 처리하다, 다루다   **night owl** 올빼미족, 밤에 늦게까지 깨어 있는 사람   **operating hours** 운영 시간
department[dipáːrtmənt] 부서   **adhere to** ~을 지키다, 고수하다   **equipment**[ikwípmənt] 장비   **maintenance**[méintənəns] 유지, 보수

M: I understand what you're saying. But, you know, you could still stay open late without having to be open for more hours . . .

W: How do you propose we do that?

학생의 제안 1
바쁘지 않은 점심 시간대에 닫기

M: Easy. [02]There must be a few hours that are downtime . . . when not many people go to the gym. I guess some people go in the morning before class or work or whatever. But what about in the early afternoon, after lunch? Like between 1 and 3. Who goes to the gym then?

W: You'd be surprised. We are able to track how many students use the gym each day and at what time because they have to swipe their ID cards . . . you know, it's a security measure . . . and the slowest time here is actually between 8 and 9. Almost twice as many students come between 1 and 2 or 2 and 3. Remember that lots of students have classes that end in the early afternoon, like between 1 and 3. And before they have lunch, a lot of them stop in at the gym for a workout.

M: I guess I didn't really consider that. So my suggestion wasn't as good as I thought it was . . . but there must be some way we can accommodate the people who want to go to the gym late.

W: I'll do some thinking about it. It would just take too much money . . . the university really doesn't have any to spare these days.

학생의 제안 2
유료 서비스를 저녁 시간대에 제공하기

M: Well, how about this? Your personal training services and classes like yoga bring in extra money, right? Well, if you offered some special classes late at night, and maybe some discounted training sessions or something? That could help offset the cost of staying open later.

W: That's possible, [04]but more than likely what would happen is that fewer people would take classes or do training at regular times . . .

M: So you'd still end up losing money . . . I get it.

직원 회의에서 이 문제에 대해 논의할 것을 약속

W: Anyway. I'll try to come up with something . . . [05]in fact, we have a staff meeting tomorrow. I'll mention it to everyone then and see if anyone has suggestions.

M: I'd appreciate that. I'll stop by later this week to follow up, if that's OK.

W: I'm here every day, Monday through Friday, from 9 to 5. Feel free to drop in!

M: Sounds good. By the way, while I'm here, do you mind if I ask you some questions about the personal training services?

W: Go for it. I'd be more than happy to answer them.

M: 무슨 말씀인지 이해해요. 하지만, 그러니까, 운영 시간을 늘리지 않으면서도 늦게까지 열 수 있어요...

W: 어떻게 하기를 제안하는 건가요?

M: 쉬워요. [02]체육관이 한가한 때가 분명 몇 시간 있을 거예요... 사람들이 체육관에 많이 가지 않는 때요. 어떤 사람들은 수업 전이나 일하기 전 등 아침에 체육관에 갈 거예요. 하지만 점심 후, 이른 오후는 어떤가요? 1시부터 3시까지처럼요. 그때 누가 체육관에 가겠어요?

W: 알면 놀랄 거예요. 학생들이 자신의 학생증을 인식기에 읽혀야 하기 때문에... 그러니까, 보안 조치로요... 저희는 매일 몇 명의 학생들이 몇 시에 체육관을 이용하는지를 추적할 수 있어요... 그리고 가장 한산한 시간대는 사실 8시부터 9시까지예요. 1시부터 2시 또는 2시부터 3시까지는 거의 두 배의 학생들이 와요. 많은 학생이 1시부터 3시까지처럼 이른 오후에 끝나는 수업이 있다는 것을 기억하세요. 그리고 그중 많은 학생이 점심을 먹기 전에 체육관에 운동하러 들러요.

M: 제가 그것은 고려하지 못했네요. 그럼 제 제안은 생각했던 것만큼 좋진 않군요... 하지만 늦은 시간에 체육관에 가고 싶은 사람들을 수용할 수 있는 방법이 분명 있을 거예요.

W: 그것에 대해 생각을 좀 해볼게요. 너무 많은 돈이 필요할 거예요... 대학에선 요즘 지원금을 내어줄 여유가 정말로 없어요.

M: 음, 이건 어때요? 체육관의 개인 지도 서비스랑 요가와 같은 수업은 부수입을 올리죠, 그렇죠? 음, 만약 밤 늦게 일부 특별 수업을 제공하거나 할인된 가격에 개인 지도같은 것을 제공한다면요? 그것이 체육관을 더 늦게까지 여는 비용을 상쇄하는 데 도움이 될 거예요.

W: 그것도 가능하겠지만, [04]정규 시간대의 수업이나 개인 지도를 받는 사람이 줄어들 가능성이 더 높아요...

M: 그럼 체육관은 여전히 손해를 보겠군요... 이해했어요.

W: 어쨌든. 제가 뭔가를 생각해볼게요. [05]사실, 내일 직원 회의가 있어요. 그때 모두에게 이 문제에 대해 이야기해보고, 제안이 있는지 알아볼게요.

M: 그렇게 해주시면 감사하겠습니다. 괜찮으시면, 이번 주 후반에 확인 차 들를게요.

W: 저는 월요일부터 금요일까지 매일 9시부터 5시에 여기 있어요. 얼마든지 들러주세요!

M: 좋아요. 그나저나, 제가 여기 온 김에 개인 지도 서비스에 대해 몇 가지 질문해도 괜찮을까요?

W: 물론이죠. 기꺼이 답해 드릴게요.

Vocabulary

downtime[dáuntàim] 한가한 시간   **track**[træk] 추적하다   **swipe**[swaip] (전자 카드를 인식기에) 읽히다, 대다   **security measure** 보안 조치
accommodate[əkámədèit] 수용하다   **offset**[ɔ́ːfsèt] 상쇄하다, 벌충하다   **come up with** (해답 등을) 생각해내다, 내놓다

01

Why does the student visit the fitness center?

(A) To inquire about the center's operating hours
(B) To find out more information about personal training
(C) To put forth suggestions about a potential improvement
(D) To inform the manager about the student council's website

학생은 왜 헬스장을 방문하는가?

(A) 헬스장의 운영 시간에 대해 문의하기 위해
(B) 개인 지도에 대한 정보를 더 알아보기 위해
(C) 잠재적인 개선에 대한 제안을 하기 위해
(D) 관리자에게 학생회의 웹사이트에 대해 알리기 위해

Main Purpose 도입부에서 학생은 학생회 웹사이트에 학생들이 의견을 제출하는 제안 양식이 있는데, 많은 학생이 체육관에 대해서 의견을 작성했다(we have a suggestion form on our website ~ to submit ideas ~ lots of students wrote in about the gym)고 말하며 대화 전반에 걸쳐 이에 대해 이야기한다.

02

Listen again to part of the conversation. Then answer the question.

M: There must be a few hours that are downtime . . . when not many people go to the gym. I guess some people go in the morning before class or work or whatever. But what about in the early afternoon, after lunch? Like between 1 and 3. Who goes to the gym then?

W: You'd be surprised. We are able to track how many students use the gym each day and at what time because they have to swipe their ID cards . . . you know, it's a security measure . . . and the slowest time here is actually between 8 and 9.

Why does the manager say this:
W: You'd be surprised.

(A) To indicate that she sees the student's point
(B) To express that the student is incorrect
(C) To suggest that the student's question is inappropriate
(D) To show that the student said something unexpected

대화의 일부를 다시 듣고 질문에 답하시오.

M: 체육관이 한가한 때가 분명 몇 시간 있을 거예요... 사람들이 체육관에 많이 가지 않는 때요. 어떤 사람들은 수업 전이나 일하기 전 등 아침에 체육관에 갈 거예요. 하지만 점심 후, 이른 오후는 어떤가요? 1시부터 3시까지처럼요. 그때 누가 체육관에 가겠어요?

W: 알면 놀랄 거예요. 학생들이 자신의 학생증을 인식기에 읽혀야 하기 때문에... 그러니까, 보안 조치로요... 저희는 매일 몇 명의 학생들이 몇 시에 체육관을 이용하는지를 추적할 수 있어요... 그리고 가장 한산한 시간대는 사실 8시부터 9시까지예요.

관리자는 왜 이렇게 말하는가:
W: 알면 놀랄 거예요.

(A) 학생의 요점을 이해한다는 것을 나타내기 위해
(B) 학생의 말이 맞지 않다는 것을 표현하기 위해
(C) 학생의 질문이 부적절하다는 것을 암시하기 위해
(D) 학생이 예상치 못한 무언가를 말했다는 것을 보여주기 위해

Function 학생이 1시에서 3시 사이의 시간대에 누가 체육관에 가겠냐고(Like between 1 and 3. Who goes to the gym then?) 반문하자, 관리자는 놀랄 거라고(You'd be surprised) 말하며, 가장 한산한 시간대는 사실 8시부터 9시까지(the slowest time here is actually between 8 and 9)라고 말한다. 즉, 학생의 말이 맞지 않다는 것을 표현하는 것이다.

03

What reason does the manager give for the fitness center's limited hours?

(A) The employees do not want to work late at night.
(B) The schedule is a result of the health club's financial situation.
(C) The health club needs to close so machines can be maintained.
(D) The university closes the building early for security reasons.

관리자는 헬스장의 제한된 운영 시간에 대해 어떤 이유를 대는가?

(A) 직원들이 밤늦게까지 일하는 것을 원하지 않는다.
(B) 그 일정은 헬스장의 재정 상황으로 인한 결과이다.
(C) 헬스장은 기구들이 유지될 수 있도록 닫아야 한다.
(D) 대학은 보안상의 이유로 건물을 일찍 닫는다.

Detail 관리자는 학생에게 그들이 지켜야 하는 체육관만의 운영 예산이 있다는 것을 이해해줘야 한다(you have to understand that ~ we have our own operating budget that we must adhere to)고 말하며, 그들도 하루 24시간, 주 7일 동안 열고 싶지만 그럴 여유가 없다(I'd love to stay open 24 hours a day, 7 days a week ~ we just can't afford to do that)고 말한다.

04

What does the manager say about adding late classes and personal training sessions?

(A) There would not be very many people interested.
(B) There would need to be a discount as an incentive.
(C) It would cause attendance to drop at earlier sessions.
(D) It would not attract night owls who seldom exercise.

관리자는 늦은 시간대에 수업과 개인 지도 시간을 추가하는 것에 관해 무엇이라고 말하는가?

(A) 매우 많은 사람들이 관심을 갖지는 않을 것이다.
(B) 우대 조치로서 할인해주어야 한다.
(C) 이른 시간대 수업의 출석률을 떨어뜨리는 원인이 될 것이다.
(D) 운동을 거의 하지 않는 올빼미족 학생들을 끌어들이지 못할 것이다.

Detail 관리자는 늦은 시간대에 수업과 개인 지도 시간을 추가한다면, 정규 시간대의 수업이나 개인 지도를 받는 사람이 줄어들 것(fewer people would take classes or do training at regular times)이라고 말한다.

05

What did the manager indicate she will do about the student's concern?

(A) Ask the university for a bigger budget
(B) Adjust the schedule to accommodate his request
(C) Seek out input from others on the issue
(D) Discuss the matter with the student council

관리자는 학생의 걱정에 관해 무엇을 할 것이라고 하는가?

(A) 대학에 더 많은 예산을 요청하기
(B) 학생의 요청을 수용하기 위해 일정을 조정하기
(C) 이 문제에 대한 다른 사람들의 의견을 구하기
(D) 학생회와 이 문제를 함께 논의하기

Detail 관리자는 내일 직원 회의가 있으며, 그때 모두에게 이 문제에 대해 이야기해보고 제안이 있는지 알아보겠다(we have a staff meeting tomorrow ~ I'll mention it to everyone then and see if anyone has suggestions)고 말한다.

Listen to part of a lecture on audio technology.

음향 기술 강의의 일부를 들으시오.

주제

음향 녹음
기술의 발전

P: [06]So, today I'm going to talk about recording technology . . . You know, recording technology has evolved over the past 50 or 60 years. We went from records to cassette tapes to CDs and then to MP3s. Not too long ago, I used to make mixtapes for my friends. On cassettes. It wasn't like today, when you can download any song within seconds.

S1: Most of us probably have experience with cassette tapes, though. I definitely have—I owned a bunch of them as a kid. I used to make copies of them with an old tape recorder.

녹음 기술 1

카세트
테이프의
제작 및
녹음 방식

P: Yep. That was the most common way to do it. But I guess most of you don't know how tapes are actually made. Recording tape was developed as early as the 1890s. [11]Eventually, a German company named IG Farben created a soft, magnetic tape that was treated with iron oxide. See, they'd actually put iron oxide in these huge mills and mix it with chemicals. Once it was finished, the liquid mixture was stored until it was applied in thin layers over a plastic film about three feet wide. The wet tape was exposed to a magnetic field that aligned the oxide particles, and then it was dried and cut into thin, usable pieces.

S2: I have a quick question. I thought sound was a series of vibrations . . . I mean, how does tape record vibrations?

P: I was just about to explain that. [11]In this form of analog recording, the audio signal is a vibration that is converted into a magnetic field on the tape. Well, let me back up. First, the sound waves vibrate a small device in the recording microphone. These waves are changed into an electric current. This current is then converted into a magnetic area

P: [06]자, 오늘은 녹음 기술에 대해서 이야기할게요... 알다시피, 녹음 기술은 지난 50~60년에 걸쳐 발달했어요. 우리는 레코드판에서 카세트테이프, CD, 그리고 MP3로 거쳐왔어요. 얼마 전까지만 해도 저는 친구들을 위해 믹스테이프를 만들곤 했어요. 카세트테이프예요. 몇 초 내로 어떤 노래든 내려받을 수 있는 요즘 같지 않았거든요.

S1: 그래도 저희 대부분은 카세트테이프를 사용한 경험이 있을 걸요. 전 분명 있죠, 어릴 때 많았어요. 오래된 녹음기로 복사본을 만들곤 했죠.

P: 네, 그게 녹음하는 가장 일반적인 방법이었죠. 하지만 여러분 대부분은 테이프가 실제로 어떻게 만들어지는지 모를 거라고 생각해요. 녹음 테이프는 일찍이 1890년대에 개발되었어요. [11]마침내, 이게파르벤이라는 독일 회사가 산화철 처리가 된 부드러운 자기 테이프를 만들어냈죠. 그러니까, 실제로 산화철을 거대한 제조기에 넣고 화학약품과 섞었어요. 이것이 끝나면, 그 액체 혼합물은 약 3피트 너비의 플라스틱 필름 위에 얇은 층으로 발리기 전까지 보관되었죠. 이 젖은 테이프는 산화물 입자를 정렬하는 자기장에 노출되고, 그런 다음 건조되어 얇고 사용하기 편리한 조각들로 잘렸습니다.

S2: 잠깐 질문이 있어요. 저는 소리가 일련의 진동이라고 생각했는데요... 제 말은, 어떻게 테이프가 진동을 녹음하죠?

P: 그걸 막 설명하려던 참이었어요. [11]이런 형태의 아날로그식 녹음에서, 음성 신호는 테이프의 자기장으로 전환되는 진동이에요. 음, 보충 설명을 해줄게요. 먼저, 음파가 녹음 마이크에 있는 작은 장치를 진동시킵니다. 이 파동들은 전류로 바뀌어요. 그리고 나서 이 전류는 테이프의 자성을 띠는 부분으로 전환되죠. 멋지죠? 유감스럽게도, [07]테이프를 복사할 때, 그 재복사된

Vocabulary

evolve[iválv] 발달하다, 발전하다 **record**[rikɔ́ːrd] 녹음하다; 레코드판 **magnetic**[mægnétik] 자기의, 자석의 **iron oxide** 산화철 **mill**[mil] 제조기
magnetic field 자기장 **align**[əláin] 정렬하다 **particle**[páːrtikl] 입자 **usable**[júːzəbl] 사용하기 편리한 **vibration**[vaibréiʃən] 진동
convert[kənvɔ́ːrt] 전환하다 **sound wave** 음파 **electric current** 전류

카세트 테이프의 단점	on the tape. Cool, huh? Unfortunately, [07]when you copied a tape, that recopied signal would be transferred . . . so recopied again . . . onto the magnetic tape. It's like making a photocopy of a photocopy of a photocopy. Eventually, the sound quality of the tape became so bad that it rendered the songs unlistenable.	신호가 옮겨집니다... 그래서 다시 재복사돼요... 자기 테이프로요. 이건 복사본의 복사본의 복사본을 만드는 것과 같죠. 결국, 테이프의 음질은 너무 나빠져서 노래를 들을 수 없는 상태가 되어버려요.

| 녹음 기술 2

CD-R과
CD-RW의
제작 및
녹음 방식 | This type of recording actually lasted until the 80's, when CDs were invented. There were two types of CDs that became popular: CD-Rs and CD-RWs. [11]CD-Rs had a coating of dye, and on top of that was a coating of some metal, usually containing silver, which would be altered by a laser. See, this coating on a new CD-R created a completely reflective surface. And, uh, a laser could write data on the CD-Rs surface by creating miniscule non-reflective bumps. This change in the surface was permanent and CD-Rs could only be written once. | 이런 종류의 녹음이 실제로 80년대까지 계속되었는데, 이때 CD가 발명되었죠. 두 종류의 CD가 인기를 얻었는데, CD-R과 CD-RW였어요. [11]CD-R에는 염료막이 있었고, 그 위에 일종의 금속막이 있었는데, 일반적으로 은을 함유했죠, 이것은 레이저에 의해 바뀔 수 있었어요. 보세요, 새 CD-R 위의 이 막은 완벽한 반사면을 만들었어요. 그리고, 어, 레이저는 CD-R의 표면에 아주 작은 무반사 요철을 만들어서 데이터를 기록할 수 있었어요. 이 표면의 변화는 영구적이어서 CD-R은 한 번만 기록될 수 있었죠. |

CD-RWs, on the other hand, used a special dye layer that covered the surface of the disc. This layer could change its transparency depending on temperature. So, it could either be transparent or cloudy. Well, when the light from the laser heated up this surface, it became more transparent, sort of like starting with a blank sheet of paper. [11]Because of this, the data on the CD could be rewritten over and over again, and the original sound quality was always retained.

반면에, CD-RW는 디스크의 표면을 덮는 특별한 염료층을 사용했어요. 이 층은 온도에 따라 그것의 투명도를 바꿀 수 있었어요. 그래서 그것은 투명하거나 탁해질 수 있었죠. 음, 레이저로부터 나온 빛이 이 표면에 열을 가하면 더 투명해져요, 백지에서부터 시작하는 것처럼요. [11]이 때문에, CD의 데이터는 반복해서 다시 기록될 수 있고, 본래의 음질은 항상 유지되었죠.

CD의 단점	S2: But you know, I had a bunch of CDs that I made . . . and a lot of them don't work anymore. Especially the CD-RWs. Is that normal?	S2: 하지만 저는 제가 만든 CD를 많이 가지고 있는데... 그것들 대다수가 더는 작동하지 않아요. 특히 CD-RW가요. 그게 정상인가요?

P: Unfortunately, it is. [11]Because the coating is designed to be written and erased repeatedly, it's more susceptible to naturally occurring chemical reactions . . . like exposure to sunlight, for example. It's not good to expose CD-RWs to too much sunlight. Why? Because if that surface dye gets too hot, it starts to change the data that's stored there. Additionally, over time, the dye on a CD-RW loses its reflectivity, so lasers can't read the data stored on it.

P: 유감스럽게도, 그래요. [11]막이 반복적으로 기록되고 지워지게 만들어져서 자연적으로 발생하는 화학 반응에 더 민감해요... 예를 들면, 햇빛에의 노출처럼요. CD-RW를 햇빛에 너무 많이 노출시키는 건 좋지 않아요. 왜냐고요? 표면의 염료가 너무 뜨거워지면, 저장된 데이터를 변화시키기 때문이죠. 게다가, 시간이 지나면서 CD-RW 위의 염료가 반사도를 잃어서 레이저가 저장된 데이터를 읽지 못하죠.

Vocabulary

transfer[trænsfə́:r] 옮기다   render[réndər] ~이 (어떤 상태가) 되게 하다   coating[kóutiŋ] 막   dye[dai] 염료   reflective[rifléktiv] 반사하는   miniscule[mínəskjù:l] 아주 작은   bump[bʌmp] 요철, 튀어나온 부분   permanent[pə́:rmənənt] 영구적인   transparency[trænspɛ́ərənsi] 투명도   retain[ritéin] 유지하다   susceptible[səséptəbl] (~에) 민감한   reflectivity[rì:flektívəti] 반사도

S2: [08]You mean there's no perfect way to store them? I mean, libraries can preserve old books and documents because they control the humidity and temperature.

P: Sure, there are certain things you can do . . . it's similar to what you just mentioned. They need to be stored at specific levels of humidity and at certain temperatures. But we're talking about CDs . . . music. Who is going to go to all that trouble?

S1: I guess it's good we've moved on to MP3s.

P: Well, yeah, I'd say so. MP3s definitely have advantages over the other formats, but nothing's perfect. [11]They're almost always compressed, which means a little bit of data is lost in order to make the files way smaller. [09]They are created using a compression technique that mimics the human ear. For example, there are sounds we can't hear and certain sounds that we hear much better than others. This determines which sounds are erased and which are kept during the compression process. So, some of the song is actually lost, but it's almost imperceptible. Still, CDs have better sound quality.

On the other hand, people could make copies of tapes and CDs for their friends, but with MP3s, thousands or even millions of people can download a song that's been posted online. [10]So, MP3s . . . the big advantage they do have is that they can theoretically preserve music forever . . . that's why lots of people have moved their entire libraries to their computers instead of keeping old tapes, CDs, and vinyl recordings. And as long as they're backed up properly, there's no risk of losing them.

S2: [08]그것들을 보관할 완벽한 방법이 없다는 말씀이신가요? 제 말은, 도서관은 습도와 온도를 조절하기 때문에 오래된 책과 문서들을 보존할 수 있잖아요.

P: 물론, 우리가 할 수 있는 것들이 있어요... 방금 학생이 말한 것과 비슷해요. CD는 특정 수준의 습도와 특정 온도에서 보관되어야 하죠. 하지만 우린 CD... 음악에 대해 이야기하고 있어요. 누가 그런 수고를 다 감내하겠어요?

S1: MP3로 옮겨가서 다행인 것 같네요.

P: 음, 네, 동감이에요. MP3는 다른 방식보다 확실히 이점이 있지만, 완벽한 것은 없죠. [11]그것들은 거의 항상 압축이 되는데, 이건 파일의 용량을 훨씬 더 작게 만들기 위해서 데이터가 약간 손실된다는 것을 의미하죠. [09]그것들은 사람의 귀를 모방한 압축 기술을 사용해서 만들어져요. 예를 들면, 우리가 듣지 못하는 소리와 우리가 다른 것보다 훨씬 더 잘 듣는 특정 소리가 있죠. 이것이 압축 과정에서 어떤 소리를 지우고 어떤 소리를 남길 것인지를 결정합니다. 그래서 노래의 일부는 실제로 손실되지만, 거의 감지할 수 없죠. 그래도, CD의 음질이 더 좋습니다.

한편, 사람들은 친구들을 위해 테이프나 CD의 복사본을 만들 수 있었지만, MP3로는 온라인상에 게시된 노래를 수천 또는 수백만에 이르는 사람들이 내려받을 수 있어요. [10]그래서 MP3가... 가진 큰 장점은 이론적으로 음악을 영원히 보존할 수 있다는 것이죠... 그것이 많은 사람들이 오래된 테이프, CD, 레코드판을 보관하는 대신에 그들의 소장 음악 전체를 컴퓨터로 옮겨놓은 이유죠. 그리고 그것들이 제대로 백업되는 한, 손실될 위험은 없어요.

Vocabulary

preserve[prizə́:rv] 보존하다   humidity[hju:mídəti] 습도   compress[kəmprés] 압축하다   mimic[mímik] 모방하다
imperceptible[ìmpərséptəbl] 감지할 수 없는   theoretically[θì:ərétikəli] 이론적으로   library[láibrèri] 도서관, (레코드·필름 등의) 소장품, 수집물

06

What is the lecture mainly about?

(A) The advantages and disadvantages of CDs
(B) A comparison of the sound quality of various music recording media
(C) The best method to record and store music
(D) The evolution of audio recording formats

강의는 주로 무엇에 관한 것인가?

(A) CD의 장단점
(B) 다양한 음악 녹음 매체의 음질 비교
(C) 음악을 녹음하고 보관하는 가장 좋은 방법
(D) 음향 녹음 형식의 발전

Main Topic 도입부에서 교수는 오늘은 녹음 기술에 대해 이야기할 것이며, 녹음 기술은 지난 50~60년에 걸쳐 발달했다(today I'm going to talk about recording technology ~ recording technology has evolved over the past 50 or 60 years)고 말한다. 이어 교수는 강의 전반에 걸쳐 카세트테이프, CD, MP3로 이어지는 녹음 형식의 발전에 대해 설명한다.

07

Why does the professor mention photocopies?

(A) To explain why tapes must often be replaced
(B) To illustrate a problem with reproducing tapes
(C) To describe a particular method of tape recording
(D) To emphasize how easy it is to duplicate tapes

교수는 왜 복사본을 언급하는가?

(A) 테이프가 왜 자주 교체되어야 하는지 설명하기 위해
(B) 테이프를 복제하는 것의 문제점을 설명하기 위해
(C) 특정 테이프 녹음 방법을 묘사하기 위해
(D) 테이프를 복제하는 것이 얼마나 쉬운지 강조하기 위해

Purpose 교수는 테이프를 복사할 때 재복사된 신호가 다시 복사되는 것이 복사본의 복사본의 복사본을 만드는 것과 같아서 결국 테이프의 음질이 너무 나빠진다(It's like making a photocopy of a photocopy of a photocopy. Eventually, the sound quality of the tape became so bad)고 말한다. 이를 통해 교수는 테이프를 복제하는 것의 문제점을 설명하기 위해 복사본을 언급했음을 알 수 있다.

08

Listen again to part of the lecture. Then answer the question.

S2: You mean there's no perfect way to store them? I mean, libraries can preserve old books and documents because they control the humidity and temperature.

 P: Sure, there are certain things you can do . . . it's similar to what you just mentioned. They need to be stored at specific levels of humidity and at certain temperatures. But we're talking about CDs . . . music. Who is going to go to all that trouble?

What does the professor imply when he says this:
P: But we're talking about CDs . . . music. Who is going to go to all that trouble?

(A) Music CDs do not require special storage arrangements.
(B) The methods to preserve CDs are inconvenient.
(C) CDs are a superior form of recording technology.
(D) Music is best stored in public libraries.

강의의 일부를 다시 듣고 질문에 답하시오.

S2: 그것들을 보관할 완벽한 방법이 없다는 말씀이신가요? 제 말은, 도서관은 습도와 온도를 조절하기 때문에 오래된 책과 문서들을 보존할 수 있잖아요.

 P: 물론, 우리가 할 수 있는 것들이 있어요... 방금 학생이 말한 것과 비슷해요. CD는 특정 수준의 습도와 특정 온도에서 보관되어야 하죠. 하지만 우린 CD... 음악에 대해 이야기하고 있어요. 누가 그런 수고를 다 감내하겠어요?

교수는 이렇게 말함으로써 무엇을 암시하는가:
P: 하지만 우린 CD... 음악에 대해 이야기하고 있어요. 누가 그런 수고를 다 감내하겠어요?

(A) 음악 CD는 특별한 보관 방식이 필요하지 않다.
(B) CD를 보존하는 방법은 편리하지 않다.
(C) CD는 우수한 형태의 녹음 기술이다.
(D) 음악은 공공 도서관에서 가장 잘 보관된다.

Inference 교수는 도서관의 책들처럼 CD도 특정 습도와 온도에서 보관되어야 하지만 누가 음악 CD를 위해 그런 수고를 감내하겠냐(Who is going to go to all that trouble?)고 반문한다. 즉, 교수는 CD를 보존하는 방법이 편리하지 않다는 것을 암시하는 것이다.

09

Why does the professor mention the human ear?

(A) To explain why certain sounds are omitted from MP3s
(B) To identify which sounds are created by MP3s
(C) To illustrate how MP3s record certain sounds
(D) To describe what can and cannot be heard by humans

교수는 왜 사람의 귀를 언급하는가?

(A) MP3에서 특정한 소리들이 삭제되는 이유를 설명하기 위해
(B) 어떤 소리들이 MP3에 의해 만들어지는지 확인하기 위해
(C) MP3가 어떻게 특정한 소리들을 녹음하는지 보여주기 위해
(D) 사람이 어떤 소리를 듣거나 들을 수 없는지 묘사하기 위해

Purpose 교수는 MP3가 사람의 귀를 모방한 압축 기술을 사용해서 만들어지며(They are created using a compression technique that mimics the human ear), 우리가 듣지 못하는 소리와 우리가 다른 것보다 훨씬 더 잘 듣는 소리가 있기 때문에 이것이 어떤 소리를 지우고 어떤 소리를 남길지를 결정한다 (This determines which sounds are erased and which are kept during the compression process)고 설명한다. 이를 통해 교수는 MP3에서 특정한 소리들이 삭제되는 이유를 설명하기 위해 사람의 귀를 언급했음을 알 수 있다.

10

According to the professor, what is the reason so much music is stored on computers?

(A) It retains a superior sound quality.
(B) It reduces the risk of it being lost.
(C) It ensures that music libraries are well organized.
(D) It is cheaper than storing physical recordings.

교수에 따르면, 컴퓨터에 그토록 많은 음악이 저장되는 이유는 무엇인가?

(A) 우수한 음질을 유지한다.
(B) 음악이 손실될 위험을 줄인다.
(C) 소장 음악이 잘 정리되도록 해준다.
(D) 물리적 녹음물을 보관하는 것보다 저렴하다.

Detail 교수는 MP3의 장점은 이론적으로 음악을 영원히 보존할 수 있다는 것(the big advantage they do have is that they can theoretically preserve music forever)이라고 말하며, 이 때문에 사람들이 소장 음악 전체를 컴퓨터로 옮겨놓았다(that's why lots of people have moved their entire libraries to their computers)고 말한다.

11

In the lecture, the professor describes various types of media. Indicate whether each of the following is a characteristic of cassette tapes, CDs, or MP3s.

	Cassette	CD	MP3
Negatively affected by sunlight		√	
Contains magnetic conversions of data	√		
Sound quality not degraded by additional copies		√	
Some data lost due to compression			√
Contains a layer of oxidized iron	√		
Coated with a thin layer of metal		√	

강의에서, 교수는 여러 종류의 매체를 묘사한다. 다음의 각 항목이 카세트테이프, CD, 또는 MP3의 특징인지를 표시하시오.

	카세트테이프	CD	MP3
햇빛에 부정적인 영향을 받음		√	
데이터의 자기적 변환을 포함함	√		
음질이 추가적인 복사에 의해 저하되지 않음		√	
압축으로 인해 일부 데이터가 손실됨			√
산화철 층을 포함함	√		
얇은 금속층으로 코팅됨		√	

Matching 교수는 카세트테이프, CD, MP3의 특징들을 나열한다. 교수에 따르면, 카세트테이프는 산화철 처리가 된 부드러운 자기 테이프이며(a soft, magnetic tape that was treated with iron oxide), 음성 신호가 테이프의 자기장으로 전환된다(the audio signal ~ is converted into a magnetic field on the tape). CD는 염료막 위에 금속막이 있고(CD-Rs had a coating of dye, and on top of that was a coating of some metal), 데이터가 반복해서 다시 기록될 수 있으며 본래의 음질은 항상 유지되고(the data on the CD could be rewritten over and over again, and the original sound quality was always retained), 햇빛의 노출에 민감하다(it's more susceptible to ~ exposure to sunlight). 또한, MP3는 파일의 용량을 훨씬 더 작게 만들기 위해서 데이터가 약간 손실된다(a little bit of data is lost in order to make the files way smaller).

Listen to part of a lecture in a history class.

역사학 강의의 일부를 들으시오.

대공황의 발생 배경

P: OK, we've been talking about the Great Depression. As I mentioned last class, the US had gone through economic downturns before, but the Great Depression was unique because it forced millions of Americans into poverty. [17]Does anyone remember why this economic crisis was so severe?

S1: Um, it was the stock market crash of 1929, right? The financial panic that followed led to bank failures and, uh, widespread unemployment.

P: Well, that was a factor . . . but the collapse of the financial markets was soon followed by a severe drought throughout much of the American Midwest. Crops failed, farms were foreclosed, and many tenant farmers were forced off the land. This put an unbelievable strain on an already weakened economy.

주제

대공황 동안 후버 대통령의 역할

[12]What I want to discuss today is how the US government responded to the Great Depression. In particular, I want to examine the role of President Hoover, who I believe has been unfairly blamed for not doing enough to manage this economic crisis. There is a widely-held misconception that Hoover was reluctant to intervene during the Great Depression because of his, uh, ideological commitment to small government and laissez-faire economic policies. This is based on his refusal to provide direct financial aid to individual citizens through the creation of federal welfare programs. Yes?

S2: Why was he so opposed to this? Didn't he realize that many people needed help?

P: Well, Hoover firmly believed that this sort of assistance should be provided by charitable organizations—he thought that welfare programs would make people dependent on the

P: 자, 우리는 대공황에 관해 얘기했어요. 제가 지난 수업에서 말했던 것처럼, 미국은 앞서 경기 침체들을 겪었지만, 이 대공황은 수백만 미국인들을 빈곤하게 만들었기 때문에 특별합니다. [17]왜 이 경제 위기가 매우 심각했는지 기억하는 사람 있나요?

S1: 음, 1929년의 주식시장 폭락 때문이에요, 맞죠? 이에 따른 금융 공황은 은행의 파산과, 어, 광범위한 실업으로 이어졌어요.

P: 글쎄요, 그것도 한 요인이긴 했죠... 하지만 금융시장의 붕괴 직후에 미국 중서부 전역에 심각한 가뭄이 뒤따랐어요. 흉작이 되었고, 농장은 압류되었으며, 그리고 많은 소작농들이 땅에서 강제로 쫓겨났어요. 이것은 이미 쇠약해진 경제에 믿기 힘들 정도의 압박을 주었죠.

[12]오늘 제가 논의하고 싶은 것은 미국 정부가 대공황에 대처한 방법이에요. 특히, 후버 대통령의 역할에 대해 살펴보려 하는데, 저는 그가 경제 위기를 충분히 관리하지 못했다는 부당한 비난을 받아왔다고 생각해요. 후버가, 어, 작은 정부와 자유방임주의 경제 정책에 대한 이념적 전념 때문에 대공황 동안에 개입하기를 꺼렸다는 오해가 널리 퍼져 있어요. 이것은 그가 연방 복지 프로그램의 설립을 통해 시민 개개인에게 직접적인 재정 지원을 제공하는 것을 거부한 데서 비롯되었습니다. 네?

S2: 그는 이것을 왜 그렇게 반대했나요? 많은 사람이 도움이 필요하다는 것을 깨닫지 못했나요?

P: 글쎄요, 후버는 이런 종류가 원조가 자선단체를 통해 제공되어야 한다고 굳게 믿었어요, 그는 복지 프로그램이 사람들을 정부에 의존하게 만든다고 생각했죠. [13]어쨌든, 후버는 대공황

Vocabulary

the Great Depression (1930년대 미국의) 대공황   economic downturn 경기 침체   severe[səvíər] 심각한   stock market 주식시장
unemployment[ʌ̀nimplɔ́imənt] 실업, 실업률   collapse[kəlǽps] 붕괴   foreclose[fɔːrklóuz] 압류하다   tenant farmer 소작농, 소작인
strain[strein] 압박, 부담   misconception[mìskənsépʃən] 오해   intervene[ìntərvíːn] 개입하다   ideological[àidiəládʒikəl] 이념적인, 사상적인
laissez-faire[lèseiféər] 자유방임주의   welfare[wélfὲər] 복지

government. [13]Anyway, Hoover became a national scapegoat for the Great Depression . . . in fact, the term "Hooverville" was commonly used to describe the, uh, shantytowns that were built by homeless people during this period. Like I said though, the popular perception of Hoover isn't very accurate. Hoover actually intervened more aggressively in the US economy than any previous president.

농민 지원 정책

Take his efforts to provide assistance to farmers . . . This was a priority for Hoover because farmers had been suffering throughout much of the 1920s due to low crop prices. In 1929, Hoover created the, uh, Federal Farm Board, a government agency with a budget of $500 million. This organization attempted to stabilize crop prices by buying and storing agricultural surpluses before they went on the open market. It also provided funds to farm cooperatives. Hoover firmly believed that farmers who worked together in formal cooperatives could manage the production and, um, sale of agricultural products more efficiently and profitably. Hoover also tried to protect farmers from foreclosure by increasing funding for the Federal Land Bank system in 1932. [14]Using these funds, Federal Land Bank was able to provide individual farmers with low-interest loans to pay off their debts with private banks.

기업 지원 정책

Hoover established another agency in 1932 called the Reconstruction Finance Corporation. Its purpose was to provide financial support to companies that were considered vital to the national interest. [14]Initially, it offered low-interest loans to banks, railroads, insurance companies, and, uh, mortgage companies. However, six months after its creation, the agency's powers were broadened so that it could provide aid directly to state governments. The organization was so effective that although it was only intended to remain in operation for 10 years, it ended up lasting until 1957.

실업자 지원 정책

Now, Hoover wasn't just concerned with helping farmers and business owners . . . he also understood that something had to be done to aid the unemployed. Um, by 1932 there were over 12 million people without jobs. So how did Hoover try to deal with this problem? [14]Well, the solution he came up

에 대한 국가적 희생양이 되었어요... 실제로, '후버빌'이라는 용어는 어, 이 시기에 노숙자들이 지은 판자촌을 일컫는 데 흔히 쓰였어요. 하지만 제가 말했던 것처럼, 후버에 대한 대중적인 인식은 그리 정확하지 않죠. 후버는 실제로 역대 대통령 중 어느 누구보다도 적극적으로 미국 경제에 개입했어요.

농민들에게 원조를 제공한 그의 노력을 봅시다... 이것은 후버에게 우선 사항이었는데, 농부들이 1920년대의 대부분을 낮은 농작물 가격 때문에 고통받았기 때문이에요. 1929년에, 후버는, 어, 5억 달러의 예산을 들여 연방농업국이라는 정부기관을 설립했어요. 이 기관은 잉여 농산물이 자유 시장으로 유통되기 전에 구매해서 저장하는 방식으로 농작물 가격 안정을 시도했어요. 또한, 협동조합식 농장에 기금을 제공했죠. 후버는 협동조합에서 협업하는 농민들이 농산물의 생산과, 음, 판매를 더 효율적이고 수익성 있게 관리할 수 있다고 굳게 믿었어요. 또한, 후버는 1932년에 연방 토지 은행 체계의 자금을 늘려서 농민들을 압류로부터 보호하려 했어요. [14]이 자금을 사용해, 연방 토지 은행은 농민 개개인에게 저금리 대출을 제공하여 그들이 개인 은행에 진 빚을 갚도록 해줄 수 있었죠.

후버는 1932년에 부흥 금융 회사라고 불리는 또 다른 기관을 설립했어요. 이것의 목적은 국익에 필수적이라고 판단되는 회사들에 재정 지원을 하는 것이었어요. [14]처음에 이것은 은행, 철도, 보험회사, 그리고, 어, 주택담보 대출회사에 저금리 대출을 제공했어요. 그러나 설립된 지 6개월 후, 기관의 세력이 커져서 주 정부에 직접적인 지원을 할 수 있게 됐죠. 이 기관은 매우 효과적이어서 원래는 10년 동안 운영하기로 했지만, 1957년까지 계속 남아 있게 되었어요.

자, 후버는 농민들과 사업가들을 돕는 것에만 관심을 가진 것은 아니었어요... 그는 실업자를 지원하기 위해 어떤 조치가 취해져야 한다는 것 또한 이해했습니다. 음, 1932년 즈음에는 실직한 사람이 1,200만 명 이상이었어요. 그래서 후버가 이 문제를 어떻게 해결하려 했을

Vocabulary

scapegoat[skéipgòut] 희생양   shantytown[ʃǽntitàun] 판자촌   Federal Farm Board 연방농업국   stabilize[stéibəlàiz] 안정시키다
agricultural surplus 잉여 농산물   cooperative[kouápərətiv] 협동조합   Federal Land Bank 연방 토지 은행
mortgage[mɔ́:rgidʒ] (주택) 담보 대출

with was public works projects. Throughout his presidency, Hoover authorized the spending of large sums to build or improve government properties. Can anyone give me an example of one of these projects?

S2: Uh, the Hoover Dam? I'm pretty sure construction started at around this time.

P: Yes, that's the most famous one. Now, some estimates place Hoover's public works spending at around $500 million per year during his term in office. These projects provided employment to thousands of Americans. [15]And Hoover also took steps to ensure that these workers were treated fairly. In 1931, he signed the Davis-Bacon Act into law. Uh, this legislation made it mandatory for companies that received contracts for public works projects to pay their employees fair wages.

후버가
대공황 해결에
실패한 이유

S1: Excuse me, but why was Hoover so unsuccessful in his efforts to deal with the Great Depression? I mean, it seems like he tried a lot of different things, but the Depression lasted for several years after he left office . . .

P: That's a great question. Do you remember what I mentioned earlier about Hoover's refusal to create federal welfare programs? Well, that was definitely a bad decision . . . poverty was so widespread during the Great Depression that private charities simply couldn't cope. Another thing to keep in mind is that many of the programs Hoover did implement were limited in scope. They were the right approach, but weren't done on a grand enough scale to have a significant effect. But this doesn't mean that they didn't benefit the American people. In fact, some historians argue that Hoover laid the groundwork that made it possible for his successor . . . uh, President Roosevelt . . . to bring the Great Depression to an end. [16]And, uh, this seems pretty likely when you consider how many of Hoover's programs were adopted and expanded by President Roosevelt.

까요? [14]음, 그가 해결책으로 제시한 것은 공공 사업 프로젝트였어요. 대통령 임기 동안, 후버는 국유재산을 설립하거나 개선하기 위해 많은 비용을 지불하는 것을 인가했죠. 이 프로젝트의 예를 누가 말해볼래요?

S2: 어, 후버댐이요? 저는 공사가 이즈음에 시작되었다고 확신해요.

P: 맞아요, 그게 가장 유명하죠. 자, 추정하기에는 후버가 임기 동안 매년 5억 달러 정도를 공공사업에 썼다고 해요. 이 프로젝트들은 수천 명의 미국인들에게 일자리를 제공했죠. [15]그리고 후버는 노동자들이 공평하게 대우를 받을 수 있도록 조치했어요. 1931년에 그는 데이비스-베이컨 법안을 공식으로 제정했죠. 어, 이 제정법은 공공사업 프로젝트 계약을 맺은 회사들이 고용인들에게 적정한 임금을 주는 것을 의무화했죠.

S1: 잠시만요, 그러면 왜 후버는 그의 노력에도 불구하고 대공황을 해결하는 데 그렇게 실패한 거죠? 제 말은, 그가 여러 많은 것들을 시도한 것 같은데, 그가 대통령직에서 물러난 후에도 대공황이 몇 년 동안 계속되었잖아요...

P: 좋은 질문이에요. 제가 앞서 후버가 연방 복지 프로그램을 만드는 것을 거부했다고 한 것 기억하나요? 자, 그것은 확실히 좋지 않은 결정이었어요... 대공황 동안에 빈곤이 너무나 널리 퍼져서 민간 자선단체들은 그야말로 대처할 수 없었거든요. 또 하나 기억해야 할 것은 후버가 시행한 여러 제도의 범위가 제한적이었다는 거예요. 그것들은 옳은 방법이었으나, 상당한 효과를 가져올 만큼 충분히 큰 규모는 아니었어요. 그러나 그것들이 미국인들에게 혜택을 주지 않았다는 뜻은 아니에요. 실제로, 일부 역사가들은 후버가 그의 후임자... 어, 루스벨트 대통령이... 대공황을 끝낼 수 있도록 기틀을 마련했다고 주장해요. [16]그리고, 어, 그것은 루스벨트 대통령이 후버의 프로그램 다수를 채택하여 확장시킨 것을 보면 꽤 맞는 말 같아요.

Vocabulary

presidency[prézədənsi] 대통령 임기   legislation[lèdʒisléiʃən] 제정법   mandatory[mǽndətɔ̀ːri] 의무적인   cope[koup] 대처하다, 대항하다
implement[ímpləmənt] 시행하다   scope[skoup] 범위   grand[grænd] 큰, 웅장한   lay the groundwork 기틀을 마련하다, 터를 닦다
successor[səksésər] 후임자

12

What is the lecture mainly about?

(A) The underlying economic causes of the Great Depression
(B) The importance of welfare programs during the Great Depression
(C) The methods used by a president to manage a national crisis
(D) The US banking industry's response to the 1929 stock market crash

강의는 주로 무엇에 관한 것인가?

(A) 대공황의 근본적인 경제적 원인
(B) 대공황 동안의 복지 프로그램의 중요성
(C) 국가적인 위기를 관리하기 위해 한 대통령이 사용했던 방법
(D) 1929년 주식시장 폭락에 대한 미국 은행 산업의 반응

Main Topic 도입부에서 교수는 오늘 논의하고 싶은 것은 미국 정부가 대공황에 대처한 방법으로 후버 대통령의 역할에 대해 살펴보겠다(What I want to discuss today is how the US government responded to the Great Depression ~ I want to examine the role of President Hoover)고 말한다.

13

Why does the professor mention Hoovervilles?

(A) To demonstrate that Hoover was widely blamed for the Great Depression
(B) To emphasize Hoover's commitment to creating homeless shelters
(C) To explain Hoover's reluctance to give government assistance to private citizens
(D) To show that Hoover's response to Great Depression was very effective

교수는 왜 후버빌을 언급하는가?

(A) 후버가 대공황 때문에 크게 비난받았다는 것을 입증하기 위해
(B) 노숙자 쉼터를 만드는 것에 대한 후버의 헌신을 강조하기 위해
(C) 시민 개개인에 대한 정부 지원에 대한 후버의 꺼림을 설명하기 위해
(D) 후버가 대공황에 대처한 방법이 매우 효과적이었다는 것을 보여주기 위해

Purpose 교수는 후버 대통령이 대공황에 대한 국가적 희생양이 되었고 이 시기에 노숙자들이 지은 판자촌을 후버빌이라고 일컬었다(Hoover became a national scapegoat for the Great Depression ~ "Hooverville" was commonly used to describe ~ shantytowns that were built by homeless people during this period)고 말한다. 이를 통해 교수는 후버가 대공황으로 인해 크게 비난받았다는 것을 입증하기 위해 후버빌을 예로 언급했음을 알 수 있다.

14

In the lecture, the professor describes the various actions taken by President Hoover in response to the Great Depression. Indicate whether each of the following is one of these actions.

	Yes	No
Established federal welfare programs		√
Extended affordable credit to businesses	√	
Assisted farmers with debt management	√	
Purchased crop surpluses to feed the poor		√
Paid for large public works projects	√	

강의에서, 교수는 후버 대통령이 대공황에 대응하여 취한 여러 가지 조치를 묘사한다. 다음의 항목이 이 조치인지를 표시하시오.

	예	아니오
연방 복지 프로그램을 설립했음		√
기업이 이용할 수 있는 융자 범위를 확충했음	√	
농민들의 부채 관리를 도와주었음	√	
가난한 사람들에게 먹을 것을 주기 위해 잉여 농산물을 구매했음		√
대규모 공공사업 프로젝트를 위한 비용을 지불했음	√	

List 교수는 대공황 시기에 후버 대통령이 취한 조치들을 설명한다. 교수에 따르면, 후버 대통령은 은행, 철도, 보험회사, 주택담보 대출회사에 저금리 대출을 제공했고(offered low-interest loans to banks, railroads, insurance companies, and, uh, mortgage companies), 연방 토지 은행은 농민 개개인에게 저금리 대출을 제공하여 그들이 개인 은행에 진 빚을 갚을 수 있도록 했다(Federal Land Bank was able to provide individual farmers with low-interest loans to pay off their debts with private banks). 또한, 실업률 감소를 위한 해결책은 공공사업 프로젝트였고 많은 비용을 지불하는 것을 인가했다(the solution ~ was public works projects ~ authorized the spending of large sums).

15

According to the professor, what was the purpose of the Davis-Bacon Act?

(A) It was implemented to reduce government spending.
(B) It was intended to regulate workers' pay.
(C) It was enacted to improve publicly owned properties.
(D) It was designed to protect federal contractors.

교수에 따르면, 데이비스-베이컨 법안의 목적은 무엇인가?

(A) 정부 지출을 줄이기 위해 시행되었다.
(B) 노동자들의 임금을 규제하기 위해 만들어졌다.
(C) 정부가 소유한 재산을 개선시키기 위해 제정되었다.
(D) 연방정부의 계약자들을 보호하기 위해 고안되었다.

Detail 교수는 후버 대통령이 데이비스-베이컨 법안을 제정했고 이 제정법은 회사들이 고용인들에게 적정한 임금을 주는 것을 의무화했다(he signed the Davis-Bacon Act into law ~ this legislation made it mandatory for companies ~ to pay their employees fair wages)고 말한다.

16

What does the professor say about President Roosevelt?

(A) He reduced funding for many of Hoover's projects.
(B) He embraced many of the economic policies of his predecessor.
(C) He made it possible for his successor to deal with an economic crisis.
(D) He consulted Hoover when developing his economic policies.

교수는 루스벨트 대통령에 관해 무엇이라 하는가?

(A) 후버의 프로젝트 상당수에 대한 자금을 줄였다.
(B) 전임자의 경제 정책 다수를 받아들였다.
(C) 후임자가 경제 위기를 해결하는 것을 가능하게 했다.
(D) 후버와 경제 정책을 개발하는 것에 대해 논의하였다.

Detail 교수는 루스벨트 대통령이 후버 대통령의 프로그램 다수를 채택하여 확장시켰다(many of Hoover's programs were adopted and expanded by President Roosevelt)고 말한다.

17

Listen again to part of the lecture. Then answer the question.

P: Does anyone remember why this economic crisis was so severe?

S1: Um, it was the stock market crash of 1929, right? The financial panic that followed led to bank failures and, uh, widespread unemployment.

P: Well, that was a factor . . . but the collapse of the financial markets was soon followed by a severe drought throughout much of the American Midwest.

What does the professor mean when he says this:

P: Well, that was a factor . . .

(A) He thinks that the student's position is well argued.
(B) He believes that the student's response is off topic.
(C) He considers the student's answer to be incomplete.
(D) He finds the student's comment to be unclear.

강의의 일부를 다시 듣고 질문에 답하시오.

P: 왜 이 경제 위기가 매우 심각했는지 기억하는 사람 있나요?
S1: 음, 1929년의 주식시장 폭락 때문이에요, 맞죠? 이에 따른 금융 공황은 은행의 파산과, 어, 광범위한 실업으로 이어졌어요.
P: 글쎄요, 그것도 한 요인이긴 했죠... 하지만 금융시장의 붕괴 직후에 미국 중서부 전역에 심각한 가뭄이 뒤따랐어요.

교수는 이렇게 말함으로써 무엇을 의미하는가:
P: 글쎄요, 그것도 한 요인이긴 했죠...

(A) 학생의 입장이 잘 논증되었다고 생각한다.
(B) 학생의 답변이 주제에서 벗어났다고 믿는다.
(C) 학생의 대답이 완전하지 않다고 여긴다.
(D) 학생의 발언이 정확하지 않다고 생각한다.

Function 교수는 학생이 1929년의 주식시장 폭락 때문에 경제 위기가 온 것이라고 하자 그것도 하나의 요인이지만 금융시장의 붕괴 직후에 미국 중서부 전역에 심각한 가뭄이 뒤따랐다(that was a factor ~ but the collapse of the financial markets was soon followed by a severe drought throughout much of the American Midwest)고 덧붙인다. 즉, 교수는 학생의 대답이 완전하지 않다고 생각하는 것이다.

VOCABULARY LIST

TEST 4에서 나오는 토플 필수 단어를 선별하여 정리하였습니다. 고득점을 위해 꼭 암기하세요.

☐ conference[kánfərəns] 학회	☐ transform[trænsfɔ́ːrm] 변화하다
☐ wholeheartedly[hòulháːrtidli] 진심으로	☐ end up 결국 ~이 되다
☐ to say the least 좋게 말해서, 과장하지 않고 말해서	☐ layer[leiər] 층
☐ anthology[ænθálədʒi] 선집	☐ behavior[bihéivjər] 반응, 행동, 상태
☐ first-person[fɔ́ːrstpɔ̀ːrsn] 1인칭 시점의	☐ inefficient[inifíʃənt] 비효율적인
☐ account[əkáunt] 이야기, 기술	☐ clarify[klǽrəfài] 명백하게 설명하다
☐ buff[bʌf] 광, 애호가	☐ spread out 퍼지다
☐ existentialism[ègzisténʃəlizm] 실존주의	☐ intact[intǽkt] 원상태인, 손상되지 않은
☐ grasp[græsp] 이해하다, 파악하다	☐ skitter[skítər] 미끄러지다
☐ thoroughly[θɔ́ːrouli] 제대로	☐ bottommost[bátəmmòust] 최하단의
☐ credit[krédit] 학점	☐ application[æ̀pləkéiʃən] 적용
☐ guidance counselor 상담 교사	☐ superheat[súːpərhìːt] 과열하다
☐ squeeze in ~을 위한 짬을 내다	☐ coolant[kúːlənt] 냉각제
☐ journal[dʒɔ́ːrnl] 학술지	☐ guide[gaid] 유도장치
☐ nominate[námənèit] 추천하다, 선정하다	☐ incline[inkláin] 경사
☐ quarter[kwɔ́ːrtər] 분기	☐ condenser[kəndénsər] 응축기
☐ publication[pÀbləkéiʃən] 출판	☐ get down to ~의 본론으로 들어가다
☐ release form 양도 계약서	☐ address[ədrés] 처리하다, 다루다
☐ boiling point 끓는점	☐ night owl 올빼미족, 밤에 늦게까지 깨어 있는 사람
☐ convection[kənvékʃən] 대류	☐ operating hours 운영 시간
☐ molecule[máləkjùːl] 분자	☐ department[dipáːrtmənt] 부서
☐ evaporate[ivǽpərèit] 증발하다	☐ adhere to ~을 지키다, 고수하다
☐ gaseous[gǽsiəs] 기체 상태의	☐ equipment[ikwípmənt] 장비
☐ vapor[véipər] 수증기, 증기	☐ maintenance[méintənəns] 유지, 보수
☐ nucleation[njùːkliéiʃən] 핵생성	☐ downtime[dáuntàim] 한가한 시간

Quiz

단어의 알맞은 뜻을 찾아 연결해보세요.

01 intact	ⓐ 대류	06 incline	ⓐ 증발하다
02 nominate	ⓑ 기체 상태의	07 evaporate	ⓑ 처리하다, 다루다
03 convection	ⓒ 이해하다, 파악하다	08 address	ⓒ 미끄러지다
04 gaseous	ⓓ 추천하다, 선정하다	09 maintenance	ⓓ 비효율적인
05 end up	ⓔ 결국 ~이 되다	10 inefficient	ⓔ 경사
	ⓕ 원상태인, 손상되지 않은		ⓕ 유지, 보수

ⓓ 01 ⓕ 02 ⓐ 03 ⓑ 04 ⓔ 05 ⓔ 06 ⓐ 07 ⓑ 08 ⓕ 09 ⓓ 10

☐ track[træk] 추적하다

☐ swipe[swaip] (전자 카드를 인식기에) 읽히다, 대다

☐ security measure 보안 조치

☐ accommodate[əkámədèit] 수용하다

☐ offset[ɔ́:fsèt] 상쇄하다, 벌충하다

☐ come up with (해답 등을) 생각해내다, 내놓다

☐ evolve[iválv] 발달하다, 발전하다

☐ mill[mil] 제조기

☐ magnetic field 자기장

☐ align[əláin] 정렬하다

☐ particle[pá:rtikl] 입자

☐ usable[jú:zəbl] 사용하기 편리한

☐ convert[kənvə́:rt] 전환하다

☐ electric current 전류

☐ transfer[trænsfə́:r] 옮기다

☐ render[réndər] ~이 (어떤 상태가) 되게 하다

☐ dye[dai] 염료

☐ permanent[pə́:rmənənt] 영구적인

☐ transparency[trænspέərənsi] 투명도

☐ susceptible[səséptəbl] (~에) 민감한

☐ preserve[prizə́:rv] 보존하다

☐ humidity[hju:mídəti] 습도

☐ compress[kəmprés] 압축하다

☐ imperceptible[ìmpərséptəbl] 감지할 수 없는

☐ theoretically[θì:ərétikəli] 이론적으로

☐ economic downturn 경기 침체

☐ severe[səvíər] 심각한

☐ stock market 주식시장

☐ collapse[kəlǽps] 붕괴

☐ foreclose[fɔ:rklóuz] 압류하다

☐ tenant farmer 소작농, 소작인

☐ strain[strein] 압박, 부담

☐ misconception[mìskənsépʃən] 오해

☐ intervene[ìntərví:n] 개입하다

☐ ideological[àidiəládʒikəl] 이념적인, 사상적인

☐ laissez-faire[lèseifέər] 자유방임주의

☐ welfare[wélfɛ̀ər] 복지

☐ scapegoat[skéipgòut] 희생양

☐ stabilize[stéibəlàiz] 안정시키다

☐ agricultural surplus 잉여 농산물

☐ cooperative[kouápərətiv] 협동조합

☐ mortgage[mɔ́:rgidʒ] 담보 대출

☐ presidency[prézədənsi] 대통령 임기

☐ legislation[lèdʒisléiʃən] 제정법

☐ mandatory[mǽndətɔ̀:ri] 의무적인

☐ cope[koup] 대처하다, 대항하다

☐ implement[ímpləmənt] 시행하다

☐ grand[grænd] 큰, 웅장한

☐ lay the groundwork 기틀을 마련하다, 터를 닦다

☐ successor[səksésər] 후임자

Quiz

단어의 알맞은 뜻을 찾아 연결해보세요.

01 offset	ⓐ (~에) 민감한	06 implement	ⓐ 감지할 수 없는
02 susceptible	ⓑ 보존하다	07 successor	ⓑ 시행하다
03 preserve	ⓒ 상쇄하다, 벌충하다	08 imperceptible	ⓒ 압박, 부담
04 collapse	ⓓ 전환하다	09 strain	ⓓ 심각한
05 convert	ⓔ 영구적인	10 scapegoat	ⓔ 후임자
	ⓕ 붕괴		ⓕ 희생양

01 ⓒ 02 ⓐ 03 ⓑ 04 ⓕ 05 ⓓ 06 ⓑ 07 ⓔ 08 ⓐ 09 ⓒ 10 ⓕ

TEST 4 VOCABULARY LIST **155**

TEST

1

2

3

4

5

6

HACKERS TOEFL ACTUAL TEST LISTENING

HACKERS TOEFL ACTUAL TEST LISTENING

TEST 05

SELF-CHECK LIST

이번 테스트는 어땠나요?
다음 체크리스트로 자신의 테스트 진행 내용을 점검해 볼까요?

---

1 나는 테스트가 진행되는 동안 완전히 집중하였다. ☐ Yes ☐ No
  집중하지 못했다면, 그 이유는?

2 나는 주어진 16분 30초 동안 28문제를 모두 풀었다. ☐ Yes ☐ No
  문제를 모두 풀지 못했다면, 그 이유는?

3 유난히 어렵게 느껴지는 지문이 있었다. ☐ Yes ☐ No
  있었다면, 어려웠던 지문과 그 이유는? (어휘, 속도, 주제 등)

4 유난히 어렵게 느껴지는 문제가 있었다. ☐ Yes ☐ No
  있었다면, 어려웠던 문제의 유형과 그 이유는?

5 이전 테스트에서 발견된 문제점이 모두 개선되었다. ☐ Yes ☐ No
  개선되지 않았다면, 그 이유는?

6 개선해야 할 점과 이를 위한 구체적인 학습 계획

ANSWER KEYS & 취약 유형 분석표

PART 1

01 (C) Main Purpose
02 (A) Function
03 (A) Inference
04 (D) Detail
05 (A), (D) Detail
06 (B) Main Topic
07 (A) Detail
08 (D) Detail
09 (D) Organization
10 (C) Inference
11 (C) Detail

PART 2

01 (A), (C) Main Purpose
02 (A), (C) Detail
03 (B) Detail
04 (B) Function
05 (B) Inference
06 (A) Main Topic
07 (B) Function
08 (C), (D) Detail
09 (B) Detail
10 (A) Detail
11 (C) Inference
12 (C) Main Topic
13 (B), (D) Detail
14 (C) Function
15 (A) Detail
16 (B) → (C) → (D) → (A) Ordering
17 (B), (C) Detail

■ 각 문제 유형별 맞힌 개수를 아래에 적어 보세요.

문제 유형	맞힌 답의 개수
Main Topic / Purpose	/ 5
Detail	/ 13
Function & Attitude	/ 4
Connecting Contents I (List, Matching, Ordering)	/ 1
Connecting Contents II (Purpose, Organization)	/ 1
Inference	/ 4
Total	**/ 28**

* 자신이 취약한 유형은 LISTENING STRATEGIES(p.22)를 통해 다시 한번 점검하시기 바랍니다.

Listen to a conversation between a student and her professor.

학생의 용건

발표할 내용에 대한 조언 요청

S: Professor Molina, I have a question I'd like to ask you.

P: Sure, no problem. Is it about something we went over in class?

S: No, actually [01]it's about the presentation for next week. I'm doing my report on Vincent Van Gogh, and I haven't really started it because I'm not sure whether I should focus on his life or his paintings. I think both aspects are interesting. I just don't know which would make for a more relevant report.

P: [02]Well, since we're studying painting techniques, you should definitely focus on his paintings. Think about what we've discussed in class over the past four weeks and apply that to your analysis of Van Gogh's paintings. Of course, his life may come into the picture . . .

S: Uh . . . what do you mean?

P: Well, I don't really want to give you too much information . . . I'm sure it's available somewhere . . . but there are certain aspects of Van Gogh's life that feature prominently in his paintings. For example, he probably suffered from some sort of mental disorder that may have influenced his manic painting style . . . but focus on the techniques he used to express these qualities of his personality.

S: OK . . . Well, I'm just wondering if the references in the library will provide this information . . .

P: I think you'll find some very useful materials there, but you may have to do something extra to get additional information so that you can approach your report from an angle that takes Van Gogh's life into consideration.

S: You know, I'm planning to attend a postimpressionist exhibition. Maybe I'll be able to get something from there . . .

교수의 제안 1

세미나 참석

P: Before I forget, [03]a seminar on Dutch artists is taking place on campus this coming Friday. I bet at least one of the presenters will talk about Van Gogh. Most people think he's French, but he actually has Dutch origins. You should attend it . . . but you'll have to sign up. It's first come, first served. I really do urge you to attend. I think you'll get the information you need.

학생과 교수 사이의 대화를 들으시오.

S: Molina 교수님, 여쭤보고 싶은 질문이 있는데요.

P: 그래, 문제없어. 수업 시간에 우리가 다룬 것에 관한 거니?

S: 아뇨, 실은 [01]다음 주 발표에 관한 거예요. 제가 빈센트 반 고흐에 대해서 발표를 하거든요. 그런데 초점을 그의 삶과 작품 중 어디에 맞춰야 할지 몰라서 아직 시작을 못했어요. 제 생각에는 두 가지 측면이 다 흥미롭거든요. 어느 것을 써야 더 적절한 발표가 될지 모르겠어요.

P: [02]음, 우리가 회화 기법을 공부하고 있으니까, 당연히 작품에 초점을 둬야겠지. 우리가 지난 4주간 수업에서 논의해왔던 것을 생각해보고, 그걸 반 고흐의 그림에 대한 네 분석에 적용해보렴. 물론, 그 과정에서 그의 삶이 중요해질 수도 있겠지...

S: 어... 무슨 말씀이세요?

P: 음, 네게 너무 많은 정보를 주고 싶지는 않은데... 분명 어딘가에서 찾을 수 있을 테지만... 반 고흐의 그림에서 두드러지는 특징을 이루는 특정한 삶의 측면들이 있지. 예를 들어, 그는 아마 그의 광기 어린 화풍에 영향을 미쳤을 일종의 정신장애로 고통받았을 거야... 하지만 그가 이러한 자신의 성격적 특징을 표현하기 위해 사용한 기법에 집중해보렴.

S: 네... 음, 도서관에 있는 참고 문헌에서 이런 내용을 제공할지 모르겠네요...

P: 아마 거기서 몇 가지 굉장히 유용한 자료를 찾을 수 있을 거다, 하지만 추가적인 정보를 얻으려면 다른 것도 해야 할 거야, 반 고흐의 삶을 고려한 시각으로 발표를 준비할 수 있도록 말이지.

S: 실은, 후기 인상파 화가 전시회에 가보려 해요. 아마 거기에서 뭔가 얻을 수 있겠죠...

P: 잊기 전에 말해주는데, [03]이번 주 금요일에 교내에서 네덜란드 화가들에 대한 세미나가 열린단다. 장담컨대 발표자들 중 적어도 한 명은 반 고흐에 대해 이야기할 거야. 대부분의 사람들이 그가 프랑스인이라 생각하지만 사실 네덜란드 출신이거든. 참석하는 게 좋을 거야... 하지만 미리 등록을 해야 해. 선착순이거든. 네가 꼭 참석을 했으면 한단다. 필요한 정보를 얻을 수 있을 거야.

Vocabulary

aspect[ǽspekt] 측면, 국면   relevant[réləvənt] 적절한, 관련된   analysis[ənǽləsis] 분석   come into the picture 중요해지다, 등장하다
prominently[prámənəntli] 두드러지게   mental disorder 정신장애   manic[mǽnik] 광기 어린, 미친 듯한
take ~ into consideration ~을 고려하다   postimpressionist[pòustimpréʃənist] 후기 인상파 화가   exhibition[èksəbíʃən] 전시회
first come, first served 선착순

학생이
세미나에
참석할 수
없는 이유

S: Did you say this coming Friday? I don't think I can make it this Friday.

P: Why not?

S: [04]I'm planning to see my advisor about studying in France. It's not possible for me to break the appointment.

P: France? Why do you want to study in France?

S: Oh, I'm minoring in art history, and, uh, I'm especially interested in French art, so I'm doing a study abroad program in Paris this summer. I'll be staying with a French family and taking French art history courses at a university there. Plus, it will be a great opportunity to visit museums and see some really famous French artwork up close. Anyway, I just need to meet with my advisor on Friday to finalize some of the details.

P: [05]Wouldn't it be possible for you to reschedule your appointment with your advisor? After all, you won't be leaving for France till the summer. I think your Van Gogh presentation takes priority here. Unless there's something you haven't told me . . .

S: Well, it's true that I'm not leaving for a while, but I have to meet with my advisor because we're having a conference call with an advisor at the university I'll attend in France. It's sort of like a miniature orientation that I need to complete before I get there.

교수의 제안 2

수업 청강

P: Ah-hah . . . OK. My own feeling is you should attend that seminar and see your advisor at another time or even another day. Oh, wait a minute. [05]You know, we're going to have a guest speaker in an upper-level course I teach on Thursday night, and actually, he's going to be speaking on postimpressionism. You're welcome to sit in on our class for that presentation. It'll be relevant to your report . . . and, uh, you could always ask him some questions when the class is over. Does that work?

S: Great! I really appreciate it. Yes, I'll definitely come to that. I'm looking forward to it.

S: 이번 주 금요일이라고 하셨어요? 이번 주 금요일은 안 될 것 같은데요.

P: 왜 안 되니?

S: [04]프랑스에서 공부하는 것 때문에 지도 교수님과 만날 계획이거든요. 약속을 깰 수가 없어요.

P: 프랑스? 왜 프랑스에서 공부하고 싶니?

S: 오, 제가 부전공으로 미술사를 배우는데요, 어, 특히 프랑스 미술에 관심이 많아서 이번 여름에 파리 유학 프로그램에 참가해요. 프랑스인 가족들과 머물면서 그곳 대학에서 프랑스 미술사 수업을 들을 거예요. 더욱이, 박물관을 방문해서 정말 유명한 프랑스 미술 작품을 바로 가까이에서 볼 수 있는 좋은 기회가 될 거예요. 어쨌든, 금요일에 지도 교수님을 만나 세부 사항들을 좀 결정해야 해요.

P: [05]지도 교수님과의 약속을 다른 시간으로 변경하는 것도 가능하지 않니? 어차피 여름까지는 프랑스에 가지 않을 테니까 말이야. 내 생각에는 반 고흐에 대한 발표가 우선이 되어야 할 것 같구나. 내게 말하지 않은 다른 이유가 있지 않다면 말이다...

S: 음, 지금 당장 떠나지 않는 것은 사실이지만, 지도 교수님을 꼭 만나야 해요. 프랑스에서 제가 다니게 될 대학 지도 교수님과 전화 회의를 할 예정이거든요. 그건 제가 거기 도착하기 전에 끝내야 하는 소규모 예비 교육 같은 거예요.

P: 아하... 그렇구나. 개인적으로는 네가 그 세미나에 참석하고 지도 교수님은 다른 시간이나 다른 날에 만났으면 좋겠어. 오, 잠깐. [05]있잖니, 내가 목요일 저녁에 가르치는 고학년 수업에 초청 연사가 올 예정인데, 사실 그는 후기 인상파에 대해 발표를 할 거야. 발표를 듣기 위해 그 수업을 청강하는 것을 얼마든지 환영한단다. 네 발표와 관련이 있을 거야... 그리고, 어, 수업이 끝나면 그에게 질문을 좀 할 수 있을 거란다. 어떠니?

S: 잘됐네요! 정말 감사합니다. 네, 꼭 갈게요. 기대되네요.

Vocabulary

minor[máinər] 부전공하다   study abroad program 유학 프로그램   up close 바로 가까이에서   take priority 우선하다
conference call 전화 회의, 전화 회담   guest speaker 초청 연사   sit in on ~을 청강하다, 방청하다

01

Why does the student go to see her professor?

(A) To get more information about Friday's seminar
(B) To request a different presentation topic
(C) To ask for advice on what to include in her oral report
(D) To check what sources are relevant to her presentation

학생은 왜 교수를 만나러 가는가?

(A) 금요일 세미나에 대한 더 많은 정보를 얻기 위해
(B) 다른 발표 주제를 요청하기 위해
(C) 발표에 담아야 할 내용에 대한 조언을 얻기 위해
(D) 어떤 자료가 발표와 관련 있을지 확인하기 위해

Main Purpose 도입부에서 학생은 교수에게 질문이 있는데 다음 주 발표에 관한 것이다(it's about the presentation for next week)라고 말하며, 발표의 초점을 그의 삶과 작품 중 어디에 맞춰야 할지 모르겠다(I'm not sure whether I should focus on his life or his paintings)고 말한다.

02

Listen again to part of the conversation. Then answer the question.

P: Well, since we're studying painting techniques, you should definitely focus on his paintings. Think about what we've discussed in class over the past four weeks and apply that to your analysis of Van Gogh's paintings. Of course, his life may come into the picture . . .
S: Uh . . . what do you mean?

What does the professor mean when he says this:
P: Of course, his life may come into the picture . . .

(A) The report may have to include information about Van Gogh's life.
(B) The paintings discussed in the report should say something about Van Gogh's life.
(C) The student should avoid discussing the life of Van Gogh in her report.
(D) The report may include a discussion of Van Gogh's self-portraits.

대화의 일부를 다시 듣고 질문에 답하시오.

P: 음, 우리가 회화 기법을 공부하고 있으니까, 당연히 작품에 초점을 둬야겠지. 우리가 지난 4주간 수업에서 논의해왔던 것을 생각해보고, 그걸 반 고흐의 그림에 대한 네 분석에 적용해보렴. 물론, 그 과정에서 그의 삶이 중요해질 수도 있겠지...
S: 어... 무슨 말씀이세요?

교수는 이렇게 말함으로써 무엇을 의미하는가:
P: 물론, 그 과정에서 그의 삶이 중요해질 수도 있겠지...

(A) 발표에 반 고흐의 삶에 대한 정보를 포함해야 할 수도 있다.
(B) 발표에서 다뤄지는 작품은 반 고흐의 삶에 대한 무언가를 말해야 한다.
(C) 학생은 발표에서 반 고흐의 삶에 대해 논의하는 것을 피해야 한다.
(D) 발표에 반 고흐의 자화상에 대한 논의를 포함해도 괜찮다.

Function 교수는 학생이 발표에 담아야 할 내용을 설명하던 중, 당연히 반 고흐의 작품에 초점을 둬야 하지만 발표를 준비하는 과정에서 그의 삶이 중요해질 수도 있다(you should definitely focus on painting ~ his life may come into the picture)고 말한다. 즉, 작품에 초점을 두고 발표 내용을 구성하더라도 반 고흐의 삶에 대한 정보를 포함해야 할 수도 있다는 것을 학생에게 알려주고 있는 것이다.

03

What does the professor imply about the seminar on Dutch artists?

(A) He is uncertain about the specific topics that will be discussed.
(B) He will be giving a presentation on the life of Van Gogh.
(C) He has provided information to be used by the presenters.
(D) He has advised other students to attend this event.

교수는 네덜란드 화가들에 대한 세미나에 관해 무엇을 암시하는가?

(A) 논의될 구체적인 주제에 대해 알지 못한다.
(B) 반 고흐의 삶에 대한 발표를 할 것이다.
(C) 발표자들이 사용할 정보를 제공하였다.
(D) 다른 학생들이 이 행사에 참여하도록 조언하였다.

Inference 교수는 이번 주 금요일에 교내에서 네덜란드 화가들에 대한 세미나가 열리고, 장담컨대 발표자들 중 적어도 한 명은 반 고흐에 대해 이야기할 것(a seminar on Dutch artists is taking place on campus this coming Friday. I bet at least one of the presenters will talk about Van Gogh)이라고 말한다. 이를 통해 교수는 아직 세미나에서 논의될 구체적인 주제에 대해 알지 못한다는 것을 알 수 있다.

04

Why is the student unable to attend the seminar on Friday?

(A) She will be out of country.
(B) She plans to spend the day in the library.
(C) She has to attend a Dutch artists' exhibition.
(D) She already has an arrangement.

학생은 왜 금요일의 세미나에 참석할 수 없는가?

(A) 외국에 있을 것이다.
(B) 도서관에서 하루를 보낼 계획이다.
(C) 네덜란드 화가들의 전시회에 참석해야 한다.
(D) 이미 약속이 있다.

Detail 교수가 학생에게 금요일에 있을 세미나에 참석하는 것을 권유하자, 학생은 프랑스에서 공부하는 것 때문에 지도 교수님과 만날 계획이고 약속을 깰 수가 없다(I'm planning to see my advisor about studying in France. It's not possible for me to break the appointment)고 말한다.

05

What does the professor suggest the student do?

Choose 2 answers.

(A) Attend another of the professor's classes
(B) Conduct further research on French paintings
(C) Change the angle of her presentation on Van Gogh
(D) Alter the time of an upcoming appointment

교수가 학생에게 제안한 것은 무엇인가?
2개의 답을 고르시오.

(A) 교수의 다른 수업에 참석하는 것
(B) 프랑스 회화에 대한 추가 조사를 실행하는 것
(C) 반 고흐에 대한 발표의 관점을 바꾸는 것
(D) 곧 다가오는 약속 시간을 변경하는 것

Detail 교수는 학생에게 지도 교수와의 약속을 다른 시간으로 변경하는 것(Wouldn't it be possible for you to reschedule your appointment with your advisor?)과 초청 연사가 오는 교수의 다른 수업을 청강하는 것(we're going to have a guest speaker in an upper-level course ~ You're welcome to sit in on our class for that presentation)을 제안한다.

Listen to part of a talk in an archaeology class.

고고학 강의의 일부를 들으시오.

주제

클로비스
이론에
반대하는 근거

Um . . . Have you all done the readings I assigned on the Clovis culture? If you have, then you already know that the Clovis culture first appeared in the archaeological records of North America some 11,000 years ago. Up until about the 1980s, scientists had been saying that the Clovis were the first humans in the New World, that they were supposedly the ancestors of all the "native" peoples that inhabited North and South America before the Europeans found their way to the Americas and then, uh, claimed to have discovered them. [07]These Clovis were Asians that traveled to Alaska via the Bering Land Bridge, the land bridge that connected Siberia and Alaska . . . Well, it was really the seabed, the seabed that was exposed when glaciers formed thousands of years ago and the ocean levels dropped. So the Asians made their way across the bridge to Alaska . . . [06]and so what we want to discuss today is . . . were the Clovis actually the first inhabitants of the New World? Well, many scientists are now inclined to disagree . . . and we want to know why.

음... 다들 제가 나눠준 클로비스 문화에 대한 읽기 자료를 보고 왔나요? 그랬다면, 클로비스 문화가 약 11,000년 전에 처음으로 북미의 고고학 기록에 등장했다는 것을 이미 알고 있을 거예요. 대략 1980년대까지, 과학자들은 클로비스인들이 신세계에 정착한 최초의 인류이며, 아마도 유럽인들이 미대륙으로 오는 길을 찾아, 어, 북미와 남미 대륙을 발견했다고 주장하기 전부터 그곳에 거주한 모든 '원주민들'의 조상이라고 말했어요. [07]이 클로비스인은 시베리아와 알래스카를 연결한 육교인 베링육교를 통해 알래스카로 온 아시아인이었어요... 음, 이건 사실 몇 천 년 전에 빙하가 생기고 해수면이 낮아지면서 드러난 해저였죠. 그래서 아시아인들은 이 육교를 통해 알래스카로 건너갔어요... [06]그래서 오늘 우리가 논의하고 싶은 것은... 클로비스인들이 실제로 신세계의 첫 거주민들이었을까요? 글쎄, 여러 과학자들은 이제 이를 부정하는 쪽으로 기울고 있고... 우리는 그 이유를 알고 싶어하죠.

클로비스
이론이
인정받은 근거

But before we go into that, another "why" we need to ask is . . . why was the Clovis-First theory—that's what it's called—why was this theory accepted when it first came out? OK, the Clovis were called "Clovis" because a bunch of their tools and other artifacts were found near Clovis, New Mexico. Of course, these implements were discovered throughout the US . . . It's just that they were first discovered near Clovis. These tools are the oldest-known implements found in the United States and parts of Central America and South America . . . If you'll look at this slide . . . The tools are bifacial, or two-sided . . . and they were made of stone that was chipped or flaked . . . The stone was flaked off with a rock fragment. [08]So archaeologists found these points on sites where mammoths, mastodons and extinct species of bison and horses had been killed for food. In fact, most of the points were found at kill sites. Well, the significance of there being such a great number of Clovis points . . . and the fact that they were the oldest . . . Well, it seemed that the only conclusion that could be made was that the Clovis were the first people to the

하지만 그에 대한 논의를 하기 전에, 우리가 질문해 볼 필요가 있는 또 다른 '왜'는... 클로비스 이론, 사람들이 이렇게 불러요, 왜 이 이론이 맨 처음 등장했을 때 인정을 받았는지예요. 좋아요, 이들은 다량의 도구들과 다른 유물들이 뉴멕시코 주의 클로비스 지방 근처에서 발견되었기 때문에 '클로비스인'이라 불리게 되었어요. 당연히, 이러한 도구들은 미국 전역에서 발견되었죠... 그냥 클로비스 근처에서 처음 발견된 것 뿐이에요. 이 도구들은 미국과 중미, 남미 지역들에서 발견된 우리가 알고 있는 가장 오래된 도구예요... 이 슬라이드를 보면... 이 도구들은 양면, 즉 면이 두 개죠... 그리고 이것들은 깨지거나 얇게 벗겨진 돌로 만들어졌어요... 그 돌은 바위 조각으로 떼어졌던 것이죠. [08]그래서 고고학자들은 매머드, 마스토돈이나 멸종된 들소와 말의 종들이 식량으로 사냥된 장소에서 이러한 칼끝을 발견했어요. 사실, 이러한 칼끝의 대부분은 동물을 죽이던 지역에서 발견되었죠. 음, 엄청난 수의 클로비스 칼끝이 존재한다는 것과... 그것들이 가장 오래됐다는 사실의 의미는... 글쎄요, 내릴 수 있는 유일한 결론이 클로비스인들이 신세계로 온 첫 인

Vocabulary

archaeological[à:rkiəládʒikəl] 고고학의 **inhabit**[inhǽbit] 거주하다 **Bering Land Bridge** 베링육교 **seabed**[sí:bèd] 해저
New World 신세계, 아메리카 대륙 **theory**[θí:əri] 이론 **artifact**[á:rtəfækt] 인공 유물 **implement**[ímpləmənt] 도구 **bifacial**[baiféiʃəl] 양면
chip[tʃip] (돌 등을) 깨다 **flake**[fléik] 얇은 조각으로 벗기다 **fragment**[frǽgmənt] 부서진 조각 **point**[pɔint] 칼끝

New World. And that has been the reasoning since about the, uh, 1950s.

But since then, there've been a lot of artifacts and other materials discovered . . . Uh . . . hold on . . . radiocarbon dating was, um, discovered in 1949 . . . I won't explain how it works. Radiocarbon dating seemed to verify the Clovis as the first people to populate the Americas. And why not—their artifacts were scattered all over the United States, Mexico, and the northern part of South America. But—and you need to take note of this—scientists found more artifacts outside of the areas where Clovis points had been found . . . And these tools weren't Clovis! And the amount of material they found was substantial!

클로비스 이론을 뒤엎는 증거 1 - 유물

[09]So . . . the new material was subjected to radiocarbon dating, and the scientists realized that . . . well, maybe they didn't have the whole picture . . . Maybe they had been a little too hasty in proclaiming the Clovis as first. Let's . . . let's check out some of the materials they found. OK, some materials were dated 11,000 years old . . . and a few were dated 50,000 years old. Uh, there was a human skull found in Brazil that was dated 11,000 years old . . . The Tiapacoya site in central Mexico . . . The site had bones, obsidian blades, and hearths dated 21,700 years ago. Some sites contained items that were dated from 12,000 to 14,000 years old. That's a two thousand year period, which scientists consider far too long for the occupation of a single group of people. And even farther south, far southern South America, the Patagonia caves and rock shelters of the Fell culture had . . . had horse and sloth remains and artifacts which were dated to about 11,000 years ago. [10]So, let me stop here . . . and see if you've grasped the point I've been trying to make. Do you see why the scientists began to doubt that the Clovis were the first people? Well, we are a little slow today. OK. Here's why. The Clovis people crossed the Bering Strait some 11,000 years ago. It would have taken them anywhere from seven hundred to a thousand years to reach the tip of South America. But—and here's my point—based on the age of the new materials found, people were already living in South America when the Clovis reached the New World via the Bering Land Bridge. Did you get that?

류라는 것 같았죠. 그리고 이것이, 어, 1950년대부터의 이론이었어요.

하지만 그 후, 많은 유물과 다른 도구들이 발견되었죠... 어... 잠시만요... 방사성 탄소 연대 측정법이, 음, 1949년에 발견되었어요... 어떻게 작동하는지는 설명하지 않을게요. 방사성 탄소 연대 측정은 클로비스인들이 미대륙에 거주한 첫 인류라는 것을 증명하는 것 같았죠. 그리고 왜 아니겠어요, 그들의 유물은 미국, 멕시코, 그리고 남미의 북부 지역 전역에 흩어져 있었어요. 하지만 이걸 주목하세요, 과학자들은 클로비스의 칼끝이 발견된 곳 밖에서 더 많은 도구를 발견했어요... 이 도구들은 클로비스인들의 것이 아니었어요! 또 그들이 찾은 도구의 양은 상당했죠!

[09]그래서... 이 새로운 도구는 방사성 탄소 연대 측정을 받게 되었고, 과학자들은 깨달았죠... 음, 어쩌면 자신들이 큰 그림을 보지 못했다고 말이에요... 어쩌면 클로비스가 처음이라고 너무 서둘러 단언했을지도 모른다고요. 자... 그들이 찾은 몇 개의 도구들을 봅시다. 네, 어떤 도구들은 11,000년 되었다고 판정되었고... 몇 개는 50,000년 되었다고 판정되었어요. 어, 브라질에서 발견된 사람의 두개골은 11,000년 되었다고 판정되었죠... 멕시코 중부 Tiapacoya 지역... 이 지역에는 21,700년 되었다고 판정된 뼈, 흑요석 칼날, 그리고 화로들이 있었어요. 어떠한 지역들에는 12,000년에서 14,000년 되었다고 판정된 물건들이 있었어요. 그것은 2000년의 기간입니다, 이것에 대해서 과학자들은 한 집단이 거주했다고 하기에는 너무 길다고 생각하죠. 그리고 심지어 더 남쪽, 남미의 먼 남쪽에 있는 파타고니아 동굴들과 Fell 문명의 얕은 동굴들에는... 11,000년 되었다고 판정된 말과 나무늘보의 유해와 유물들이 있었어요. [10]자, 여기서 잠시 멈추고... 내가 말하고자 하는 점을 이해했는지 볼게요. 왜 과학자들이 클로비스인들이 첫 인류라는 것을 의심하기 시작했는지 알겠나요? 음, 오늘은 두뇌 회전이 조금 느린 것 같네요. 좋아요. 이게 이유예요. 클로비스인들은 베링 해협을 약 11,000년 전에 건넜어요. 그들이 남미의 끝에 도달하려면 700년에서 1000년 정도가 걸렸을 거예요. 하지만 이게 제가 말하고자 하는 점인데, 이 새로 발견된 물건들의 연대를 고려해보면, 클로비스인들이 베링육교를 통해 신세계에 도착했을 때 이미 남미에는 사람들이 살고 있었다는 거죠. 이해했나요?

Vocabulary

reasoning[ríːzəniŋ] 이론, 추론   radiocarbon dating 방사성 탄소 연대 측정   substantial[səbstǽnʃəl] 상당한   hasty[héisti] 서두르는, 다급한
proclaim[proukléim] 단언하다   obsidian[əbsídiən] 흑요석   hearth[hɑːrθ] 화로   occupation[àkjupéiʃən] 거주, 직업   rock shelter 얕은 동굴
grasp[græsp] 이해하다, 꽉 잡다

So, basically, what the new evidence is saying is that the first people settled in different areas in North and South America some 11,000 years ago. They didn't enter the New World just through the Bering Land Bridge. There may have been as many as three separate migrations. So the peopling of America was not . . . did not transpire from a single event—which is what the Clovis-First theory was saying. Scientists are now saying that it was a process. Different routes were taken; the migrating Asians traveled at different times and from different locations. Actually, scientists now aren't really sure when people first came to the Americas . . . They don't think 21,700 and 50,000 years ago is realistic . . . Their new estimate is . . . 13,000 years ago.

클로비스
이론을 뒤엎는
증거 2 - 언어

So, bye-bye Clovis-First theory based on this new evidence. There was other evidence that made Clovis-First sound . . . ridiculous. And that was linguistic evidence. A group of linguists studied the languages of the New World . . . and their initial conclusion was that the Clovis people spoke 143 languages and developed perhaps hundreds of cultures. Now, the languages were completely different from each other. So what's the implication here? Well, linguists say it takes about six thousand years for two languages to split from a common ancestral tongue and to develop to the point where they have no resemblance to each other. This means that 143 unrelated languages expanding from a single mother tongue would take about 50,000 years. And what does this mean? [11]If the Clovis arrived in the New World 11,000 years ago, there just wouldn't have been enough time for the ancestral tongue to have become differentiated . . . to the point where it would develop into 143 distinct languages! And even if there had been multiple migrations, as seems to be the case, an entry of 13,000 years ago just does not explain the multiplicity of languages. Well, obviously more research is needed here.

그래서 근본적으로, 이 새 증거물이 말해주는 것은 첫 인류가 약 11,000년 전에 북미와 남미의 여러 지역에 자리잡았다는 거예요. 그들은 베링육교를 통해서만 신세계에 들어온 것은 아니었어요. 아마 많게는 세 번의 별개의 이주가 있었을 겁니다. 그래서 미대륙에 사람들이 살기 시작한 것은... 한 번의 계기로 일어난 것이 아니에요. 클로비스 이론이 말하는 것처럼요. 과학자들은 이제 이것이 한 과정이었다고 말하고 있어요. 다른 경로들도 있었죠, 아시아 이주민은 다른 시기에 다른 곳에서부터 이동했어요. 사실, 이제 과학자들은 사람들이 언제 처음으로 미대륙에 왔는지 확신하지 못합니다... 그들은 21,700년과 50,000년 전이 현실적이라고 생각하지 않아요... 그들의 새로운 추정은... 13,000년 전이에요.

그래서 이러한 새로운 증거에 근거해서 클로비스 이론이 작별을 고하게 된 것이죠. 클로비스가 최초라는 것이... 터무니없이 들리도록 한 또 다른 증거가 있었어요. 그리고 그것은 언어학적인 증거였어요. 한 그룹의 언어학자들이 신세계의 언어들을 연구했는데... 그들의 초기 결론은 클로비스인들이 143개의 언어로 말했고 어쩌면 수백 개의 문명을 일구어냈다는 거였어요. 그런데 이 언어들은 서로 완벽히 달랐어요. 그래서 이게 의미하는 것은 무엇일까요? 음, 언어학자들은 공통된 조상의 언어에서 두 개의 언어가 분리되어 서로 유사한 점이 없을 때까지 발달하려면 약 6,000년이 걸린다고 해요. 이것은 143개의 관련 없는 언어들이 한 개의 모어에서 확장되려면 약 50,000년이 걸린다는 뜻이죠. 그리고 이것은 뭘 뜻하나요? [11]만약 클로비스인들이 신세계에 11,000년 전에 도착했다면, 조상의 언어가 분화될 충분한 시간이 없었을 거예요... 143개의 다른 언어로 발달되기까지 말이에요! 그리고 여러 번의 이주가 있었다고 하더라도, 이게 실제로 그런 것처럼 보이지만, 13,000년 전이라는 숫자는 언어의 다양성을 설명하지 못해요. 음, 이 분야에는 분명 더 연구가 필요합니다.

Vocabulary

migration[maigréiʃən] 이주   people[píːpl] ~에 살다   transpire[trænspáiər] 일어나다   estimate[éstəmət] 추정   linguistic[liŋgwístik] 언어의
implication[ìmplikéiʃən] 의미   ancestral[ænséstrəl] 조상의   resemblance[rizémbləns] 유사   mother tongue 모어
multiplicity[mʌ̀ltəplísəti] 다양성

06

What is the main topic of the lecture?

(A) Evidence that proves the Clovis-First theory
(B) Scientific dissent against the Clovis-First theory
(C) The discovery of materials in South America
(D) The language development of the Clovis people

강의의 주된 주제는 무엇인가?

(A) 클로비스 이론을 입증하는 증거
(B) 클로비스 이론에 반대하는 과학적 견해 차이
(C) 남미 지역 유물들의 발견
(D) 클로비스인들의 언어 발달

Main Topic 도입부에서 교수는 오늘 논의하고 싶은 것은 클로비스인들이 실제로 신세계의 첫 거주민들이었는지와 과학자들이 이제 이를 부정하는 쪽으로 기울고 있는 이유를 알고 싶다(what we want to discuss today is ~ were the Clovis actually the first inhabitants of the New World? ~ many scientists are now inclined to disagree ~ we want to know why)고 말한다.

07

How did the Clovis people reach Alaska?

(A) They walked over uncovered seabed.
(B) They sailed their boats over the Bering Strait.
(C) They crossed over from South America.
(D) They traveled across the New World.

클로비스인들은 알래스카에 어떻게 도달했는가?

(A) 드러난 해저 위로 걸어갔다.
(B) 배를 타고 베링 해협을 항해했다.
(C) 남미에서부터 건너갔다.
(D) 신세계를 횡단해갔다.

Detail 교수는 클로비스인들이 베링육교를 통해 알래스카로 온 아시아인들이었고, 이것은 사실 몇 천 년 전에 빙하가 생기고 해수면이 낮아지면서 드러난 해저였다(These Clovis were Asians that traveled to Alaska via the Bering Land Bridge ~ The seabed that was exposed when glaciers formed thousands of years ago and the ocean levels dropped)고 말한다.

08

What does the professor say about Clovis points?

(A) They were chipped when they were found.
(B) They were not easy to find in South America.
(C) Their number was greatest near Clovis, New Mexico.
(D) They were largely connected with the killing of animals.

교수는 클로비스의 칼끝에 관해 무엇이라고 말하는가?

(A) 발견되었을 때 얇게 조각나 있었다.
(B) 남미에서는 발견하기 쉽지 않았다.
(C) 뉴멕시코 주의 클로비스 지역 근처에 그 수가 가장 많았다.
(D) 대개 동물을 죽이는 것과 연관되어 있었다.

Detail 교수는 클로비스 칼끝의 대부분은 동물을 죽이던 지역에서 발견되었다(most of the points were found at kill sites)고 말한다.

09

How does the professor emphasize the significance of the new materials found in South America?

(A) By comparing the materials with Clovis tools
(B) By explaining what method was used to locate them
(C) By describing the appearance of the materials
(D) By citing the age of the materials found

교수는 남미에서 발견된 새로운 도구들의 중요성을 어떻게 강조하는가?

(A) 그 도구들을 클로비스의 도구들과 비교하면서
(B) 그것들을 찾는 데 사용한 방법을 설명하면서
(C) 도구들의 외관을 묘사하면서
(D) 발견된 도구들의 연대를 언급하면서

Organization 교수는 발견된 새로운 도구들이 방사성 탄소 연대 측정을 받았고, 어떠한 도구들은 11,000년, 50,000년, 21,700년, 12,000에서 14,000년이 되었다고 판정되었다(the new material was subjected to radiocarbon dating ~ were dated 11,000 years old ~ 50,000 years old ~ 21,700 years old ~ 12,000 to 14,000 years old)고 말한다. 이를 통해 교수는 발견된 도구들의 연대를 언급하면서 새로운 도구들의 중요성을 강조하고 있음을 알 수 있다.

10

Listen again to a part of the lecture. Then answer the question.

P: So, let me stop here . . . and see if you've grasped the point I've been trying to make. Do you see why the scientists began to doubt that the Clovis were the first people? Well, we are a little slow today. OK. Here's why.

What does the professor imply when she says this:
P: Well, we are a little slow today.

(A) The lecture should be going at a faster pace.
(B) The students should take notes faster.
(C) The students are usually more perceptive.
(D) The students did not do the readings.

강의의 일부를 다시 듣고 질문에 답하시오.

P: 자, 여기서 잠시 멈추고... 내가 말하고자 하는 점을 이해했는지 볼게요. 왜 과학자들이 클로비스인들이 첫 인류라는 것을 의심하기 시작했는지 알겠나요? 음, 오늘은 두뇌 회전이 조금 느린 것 같네요. 좋아요. 이게 이유예요.

교수는 이렇게 말함으로써 무엇을 암시하는가:
P: 음, 오늘은 두뇌 회전이 조금 느린 것 같네요.

(A) 강의는 더 빠른 속도로 진행되어야 한다.
(B) 학생들은 더 빨리 필기해야 한다.
(C) 학생들은 평소에 더 통찰력이 있다.
(D) 학생들은 읽기 숙제를 하지 않았다.

Inference 교수는 클로비스인들이 첫 인류가 아니라는 것을 설명하던 중 자신이 말하고자 하는 점을 학생들이 잘 이해했는지 보겠다며 과학자들이 클로비스인들이 첫 인류라는 것을 의심하기 시작한 이유를 묻는다. 여기서 학생들이 답을 하지 않자 교수는 학생들의 두뇌 회전이 오늘은 조금 느린 것 같다(We are a little slow today)고 말한다. 즉, 교수는 이와 같은 말을 언급하면서 학생들이 평소에는 더 통찰력이 있다는 것을 암시하는 것이다.

11

What is the linguistic evidence for the Clovis people not being the first to arrive in the New World?

(A) The Clovis language was not spoken in most parts of South America.
(B) The major languages of the New World were unlike the Clovis language.
(C) The cultures and languages in the Americas were divergent and numerous.
(D) The various cultures from Asia spoke only one mother tongue.

클로비스인들이 신세계에 최초로 도착하지 않았다는 것에 대한 언어학적 증거는 무엇인가?

(A) 클로비스의 언어는 남미 지역 대부분에서 사용되지 않았다.
(B) 신세계의 주요 언어들은 클로비스의 언어와 비슷하지 않았다.
(C) 미대륙의 문명과 언어는 서로 달랐고 셀 수 없이 많았다.
(D) 아시아의 다양한 문화들은 오직 한 가지의 모어만을 사용했다.

Detail 교수는 클로비스인들이 신세계에 최초로 도착하지 않았다는 언어학적 증거로 만약 클로비스인들이 신세계에 11,000년 전에 도착했다면, 조상의 언어가 143개의 다른 언어로 분화될 충분한 시간이 없었을 것(If the Clovis arrived in the New World 11,000 years ago, there just wouldn't have been enough time for the ancestral tongue to have become differentiated ~ into 143 distinct languages)이라고 말한다.

Listen to a conversation between an art department employee and a student.

미술학부 직원과 학생 사이의 대화를 들으시오.

미술학부 무료 미술용품 지원 프로그램의 중단

W: Hello, welcome to the art department. What can I do for you today?

M: Hi there. I'm enrolled as an art major, and I have some concerns about a recent change in the department's policy.

W: Sure, what are your specific concerns?

학생의 용건 1

최근의 학부 방침 변화에 대한 불평

M: [01]Well, as you know, the art department used to provide art supplies to students at local middle and high schools free of charge . . . paints, brushes, pencils, paper, that sort of stuff. But starting this semester, funding for this program was cut off . . . The department isn't providing free supplies to them anymore. I'm actually pretty upset about this, and . . . well, I just wanted to make sure you knew that many students don't support this decision . . .

W: It's really too bad, isn't it? [04]The art department had to cut back on its community programs due to university-wide budget cuts, and, well, believe me . . . you aren't the first concerned student to complain about it. Unfortunately, the issue is out of my hands . . . The department decided that it just doesn't have enough money to provide the students with materials.

M: I understand. But I really feel strongly about this program . . . You know, it's important that we encourage young students to explore their creative sides, and giving them free art supplies . . . well, it's a great way to help them develop artistically. I mean, we don't know which one of these children could turn out to be the next Picasso!

W: That's true. You never know.

학생의 용건 2

미술 교육의 필요성에 대한 인식을 높이는 방법 논의

M: Exactly. So I was talking about the effects of this budget cut with some of the other art majors, and we got to thinking . . . [01]What if we could do something to raise public awareness about the necessity of art education? Actually, that's another reason I came here today . . . I was hoping to get your thoughts on ways we can show people how important it is to study art. If we raise awareness in the community, maybe we can all come up with a way to raise money for the art-supplies program . . .

W: 안녕하세요, 미술학부에 오신 것을 환영합니다. 무엇을 도와드릴까요?

M: 안녕하세요. 저는 미술 전공으로 등록되어 있는데요, 최근에 학부 방침에 생긴 변화가 조금 염려되어서요.

W: 음, 어떤 문제 때문에 그러시죠?

M: [01]그게, 아시다시피, 미술학부에서 지역의 중고등학교 학생들에게 무료로 미술용품을 제공했었어요... 물감, 붓, 연필, 종이, 그런 것들이요. 하지만 이번 학기부터 이 프로그램에 자금 지원이 끊겼어요... 학부가 더 이상 학생들에게 무료 용품을 제공하지 않아요. 저는 사실 이것에 대해 꽤 화가 났어요, 그리고... 음, 저는 많은 학생들이 이 결정을 지지하지 않는다는 것을 당신이 확실히 알았으면 했어요...

W: 안타까운 일이에요, 안 그래요? [04]미술학부는 대학의 전반적인 예산 삭감 때문에 지역사회 프로그램 비용을 줄여야만 했어요, 그리고, 음, 정말인데... 이것에 대해 염려해서 불평한 사람은 학생이 처음이 아니에요. 안타깝게도, 이 문제는 제가 손쓸 수가 없어요... 학부에서 학생들에게 재료를 제공해줄 만한 돈이 충분하지 않다고 결론을 내렸거든요.

M: 이해해요. 하지만 전 정말 이 프로그램이 필요하다고 생각해요... 아시다시피, 어린 학생들에게 그들의 창의적인 면을 탐구하도록 장려하고, 무료로 미술용품을 주는 것은 중요해요...음, 그들이 예술적으로 성장하는 것을 도와주는 훌륭한 방법이죠. 제 말은, 이 아이들 중 누가 차세대 피카소가 될지 알 수 없다고요!

W: 그렇죠. 아무도 모르죠.

M: 맞아요. 그래서 저는 다른 미술 전공생들 몇몇과 이 예산 삭감의 결과에 대해서 이야기하고 있었는데, 이런 생각이 들었어요... [01]만약 저희가 미술 교육의 필요성에 대한 대중의 인식을 높이기 위해 무언가를 할 수 있다면 어떨까요? 사실, 이것이 제가 오늘 여기에 온 또 다른 이유예요... 전 미술을 공부하는 것이 얼마나 중요한지 사람들에게 알려줄 수 있는 방법에 대해 의견을 좀 구하고 싶었어요. 만약 저희가 지역사회에서 인식을 높인다면, 우리 모두가 미술용품 프로그램을 위한 돈을 마련할 방법을 생각해낼

○

Vocabulary

enroll[inróul] 등록하다　art supply 미술용품　free of charge 무료로　cut back on ~을 줄이다　budget[bʌ́dʒit] 예산
out of one's hands ~가 손쓸 수 없는, (일이) ~의 소관 밖인　awareness[əwɛ́ərnis] 인식　necessity[nəsésəti] 필요성

W: I think that's a great idea. What specifically do you have in mind?

학생의 제안 1
작품 전시회 개최

M: Well, we're thinking of displaying our work at an exhibition. You know, the art students here have produced some very impressive work. We think that when people have the chance to see it, they'll realize the value of art education.

직원의 제안 1
입장료를 받고 작품을 판매할 것

W: I see what you're getting at there. But why not go even further? I mean, [02]have you thought about charging admission for the exhibition? It would be a great fund-raising opportunity . . . and you could use the proceeds to buy art supplies for the students in the area.

M: I hadn't thought about that . . . Hmm. Do you think people would really pay to attend a student art exhibition?

W: Why not? Most people don't mind paying a few dollars to check out an art show . . . especially when they know that the money is going toward a good cause. [02]And while you're at it, you could try selling some of the artwork . . . maybe hold an auction. It would be a great way to raise even more money.

학생의 제안 2
무료 미술 강습 제공

M: It's definitely something to think about . . . I'll have to talk it over with some of the other students. Oh, and while I'm here, we had one more idea I'd like to talk to you about. We thought that providing free art lessons to local students could be another great way to promote art in our community, and, you know . . . really show people the importance of art education.

W: Oh, that sounds fun. I know a lot of people would jump at the chance for free art lessons . . .

M: Yeah, that's what we were thinking. And several students here at the university have already volunteered to give the lessons.

직원의 제안 2
프로그램의 취지와 자금 문제에 대해 알릴 것

W: You know, free tutoring is a wonderful idea. [03]When people sign their children up for lessons, be sure to let them know about the reason for the art-supplies program and the funding problem . . . and, uh, if you get lucky, they may be willing to make a donation.

M: That makes a lot of sense.

W: One thing I forgot to mention is that when professors have hosted art exhibitions on campus in the past, they've used the gym at the recreation center. You might want to check there . . .

M: [05]I'll run this idea by the other art majors first and see what they think. Thanks a lot—you've given me some really useful advice today.

W: 수 있을지도 몰라요.

W: 아주 좋은 생각이네요. 구체적으로 무엇을 생각하고 있나요?

M: 음, 전시회에서 저희 작품을 전시하는 것을 생각하고 있어요. 아시다시피, 여기에서 미술을 전공하는 학생들이 매우 인상적인 작품들을 만들었어요. 저희는 사람들이 그것을 볼 기회가 생긴다면, 예술 교육의 가치를 깨닫게 될 거라고 생각해요.

W: 무슨 말을 하고 싶은지 알겠어요. 그런데 더 발전시켜 보면 어때요? 제 말은, [02]전시회 입장료를 받는 건 생각해봤나요? 기금을 모을 좋은 기회일 거예요... 그리고 그 수익금을 지역 학생들에게 미술용품을 사주는 데 쓸 수 있겠죠.

M: 그건 생각해보지 못했네요... 흠. 학생들의 미술 전시회를 관람하기 위해서 사람들이 정말 돈을 낼 거라고 생각하시나요?

W: 왜 안 내겠어요? 대부분의 사람들은 미술전을 보는 데 몇 달러 정도 쓰는 것은 꺼리지 않아요... 특히 그 돈이 좋은 목적으로 쓰인다는 것을 알면요. [02]그리고 전시회를 하는 동안, 미술 작품 일부를 팔아볼 수도 있어요... 경매를 하든지요. 더 많은 돈을 모을 수 있는 아주 좋은 방법이 될 거예요.

M: 분명 생각해볼 만하네요... 다른 학생들과 함께 이야기해봐야겠어요. 오, 여기에 온 김에, 논의하고 싶은 아이디어가 하나 더 있었어요. 저희는 지역 학생들에게 무료 미술 강습을 제공하는 것이 지역사회에서 미술을 장려할 수 있는 또 다른 좋은 방법이 될 수 있다고 생각했어요, 그리고, 아시다시피... 사람들에게 미술 교육의 중요성을 확실히 알려줄 수 있고요.

W: 오, 재미있겠네요. 많은 사람들이 무료 미술 강습 기회를 잡으려 할 거예요...

M: 네, 그게 저희가 생각한 바예요. 그리고 우리 대학의 일부 학생들이 이미 수업을 해주기로 자원했고요.

W: 있죠, 무료 지도는 멋진 생각이에요. [03]사람들이 자녀들을 강습에 등록시킬 때, 반드시 그들에게 미술용품 프로그램의 취지와 자금 문제에 대해 알리세요... 그리고, 어, 만약 운이 좋다면, 그들은 기꺼이 기부할 거예요.

M: 충분히 말이 되는군요.

W: 제가 한 가지 잊은 게 있는데 전에 교수님들이 이 미술전을 교내에서 주최했을 때, 그들은 레크리에이션 센터에 있는 체육관을 사용했어요. 한 번 확인해보면 좋을 거예요...

M: [05]먼저 이 아이디어를 다른 미술 전공생들에게 알리고 의견을 들어봐야겠어요. 정말 감사해요, 제게 정말로 유용한 조언을 해주셨어요.

Vocabulary

impressive[imprésiv] 인상적인　**admission**[ædmíʃən] 입장료　**proceeds**[próusi:dz] 수익금　**cause**[kɔːz] 목적, 대의명분　**auction**[ɔ́ːkʃən] 경매
promote[prəmóut] 장려하다　**jump at the chance** 기회를 잡다　**donation**[dounéiʃən] 기부, 기증

01

Why does the student go to the art department?

(A) To complain about a recent departmental change
(B) To request additional resources for art supplies
(C) To discuss ways to increase public awareness of an issue
(D) To inquire about fund-raising to support local artists

학생은 왜 미술학부를 찾아가는가?
2개의 답을 고르시오.

(A) 최근 학부의 변화에 대해 불평하기 위해
(B) 미술용품을 위한 추가적인 자금을 요청하기 위해
(C) 한 문제에 대한 대중의 인식을 높이는 방법을 논의하기 위해
(D) 지역 미술가들을 지원할 기금 모금에 대해 문의하기 위해

Main Purpose 도입부에서 학생은 무료 미술용품을 제공하는 프로그램에 대한 학부의 지원이 끊겼고, 이것에 대해 꽤 화가 났으며 많은 학생들이 이 결정을 지지하지 않는다(I'm actually pretty upset about this ~ many students don't support this decision)고 말하며 이 변화에 대해 불평한다. 이어서 학생은 미술 교육의 필요성에 대한 대중의 인식을 높일 수 있는 방법에 대한 논의(what if we could do something to raise public awareness about the necessity of art education? Actually, that's another reason I came here today)가 방문한 두 번째 이유라고 말한다.

02

According to the employee, in what ways could an art exhibition be used to raise funds?

(A) A fee could be charged to attend the show.
(B) Companies could be recruited to sponsor the event.
(C) Student artwork could be sold to the highest bidder.
(D) Donations could be solicited from attendees.

직원에 따르면, 기금을 모으는 데 미술 전시회가 어떤 방식으로 사용될 수 있는가?
2개의 답을 고르시오.

(A) 전시회에 참석하는 데 요금을 부과할 수 있다.
(B) 행사를 후원할 회사들을 모집할 수 있다.
(C) 학생의 미술 작품이 최고 입찰자에게 팔릴 수 있다.
(D) 참석자들에게 기부금을 요청할 수 있다.

Detail 직원은 전시회 입장료를 받는 것(have you thought about charging admission for the exhibition?)과 미술 작품을 팔기 위해 경매를 하는 것(you could try selling some of the artwork ~ maybe hold an auction)을 제안한다.

03

What advice does the employee give regarding art lessons?

(A) Request funding from the art department to pay for tutoring
(B) Give information to parents about the purpose of a program
(C) Advertise the art lessons at local middle and high schools
(D) Provide free art supplies to those who sign up for lessons

직원은 미술 강습에 관해 어떤 조언을 하는가?

(A) 미술학부에 강습을 위한 기금 지원을 요구하는 것
(B) 학부모들에게 프로그램의 목적에 대한 정보를 주는 것
(C) 지역의 중고등학교에서 미술 강습을 광고하는 것
(D) 강습에 등록한 사람들에게 무료 미술용품을 제공하는 것

Detail 직원은 사람들이 자녀들을 강습에 등록시킬 때, 반드시 그들에게 미술용품 프로그램의 취지와 자금 문제에 대해 알리라고(When people sign their children up for lessons, be sure to let them know about the reason for the art-supplies program and the funding problem) 말한다.

04

Listen again to part of the conversation. Then answer the question.

W: The art department had to cut back on its community programs due to university-wide budget cuts, and, well, believe me . . . you aren't the first concerned student to complain me about it. Unfortunately, the issue is out of my hands . . . the department decided that it just doesn't have enough money to provide the students with materials.

What does the employee mean when she says this:
W: Unfortunately, the issue is out of my hands . . .

(A) The art supply program was cut despite her objections.
(B) There is nothing she can do to change the situation.
(C) Program funding is not an appropriate topic for discussion.
(D) She tried and failed to restore funding for art supplies.

대화의 일부를 다시 듣고 질문에 답하시오.

W: 미술학부는 대학의 전반적인 예산 삭감 때문에 지역사회 프로그램 비용을 줄여야만 했어요. 그리고, 음, 정말인데... 이것에 대해 염려해서 불평한 사람은 학생이 처음이 아니에요. 안타깝게도, 이 문제는 제가 손쓸 수가 없어요... 학부에서 학생들에게 재료를 제공해줄 만한 돈이 충분하지 않다고 결론을 내렸거든요.

직원은 이렇게 말함으로써 무엇을 의미하는가:
W: 안타깝게도, 이 문제는 제가 손쓸 수가 없어요...

(A) 그녀의 반대에도 불구하고 미술용품 프로그램은 중단되었다.
(B) 상황을 바꾸기 위해 그녀가 할 수 있는 것은 아무것도 없다.
(C) 프로그램 자금 지원은 논의하기에 적절한 주제가 아니다.
(D) 그녀는 미술용품을 위한 자금 지원을 되살리려 노력했으나 실패했다.

Function 직원은 자신이 이 문제에 대해 손쓸 수 없다(the issue is out of my hands)고 말하며, 대학의 예산이 전반적으로 삭감되었고 학부에서 학생들에게 재료를 제공해줄 만한 돈이 충분하지 않다고 결론을 내렸다고 말한다. 즉, 상황을 바꾸기 위해 그녀가 할 수 있는 것이 없음을 의미하는 것이다.

05

What will the student probably do next?

(A) Submit a form to register for an event
(B) Consult with other students
(C) Visit an exhibition hall on campus
(D) Begin organizing an auction

학생은 다음에 무엇을 할 것인가?

(A) 행사를 위한 등록 서류를 제출하는 것
(B) 다른 학생들과 상의하는 것
(C) 교내 전시회장을 방문하는 것
(D) 경매 준비를 시작하는 것

Inference 직원이 학생에게 레크레이션 센터에 있는 체육관을 확인해 보라고 하자, 학생은 먼저 이 아이디어를 다른 미술 전공생들에게 알리고 의견을 들어보겠다(I'll run this idea by the other art majors first and see what they think)고 말한다. 이를 통해 학생이 다른 학생들과 상의할 것임을 알 수 있다.

Listen to a talk on ecology. The professor is discussing a research method.

주제

동물 개체 수를
측정하기 위한
표지방류법

[06]Let me begin our discussion on a research method called "mark and recapture" with a true story about a mother whale and her calf. Sometime in 1935, they were sighted near a shoreline by some fishermen who, um, proceeded to harpoon the calf and then shoot both the mother and calf with a rifle. For six hours, the mother stayed beside her calf, and when it died, she swam away. There was a photographer nearby, and he took pictures of what was happening. Then . . . about 24 years later, two oceanographers took some video footage of a group of whales, and they recognized the mother. She was spotted again about five years later with a young whale, and then again in 1995 with a wound on her head probably from colliding with a ship. Isn't it amazing? I mean, that we're able to identify whales and . . . well, somewhat trace their life histories. This is possible through photo-identification, which is a technique utilized in mark and recapture.

[06]So what is mark and recapture? Well, it's a research method used to determine the population of a large aggregate of . . . of creatures . . . and to, um, determine survival and growth rates . . . and migration patterns as well. Also . . . to identify the physical and biological factors that could affect how a particular species is distributed geographically. [07]Now if you're estimating the population of a particular type of whale, um, obviously you're not going to be able to just stay in one spot and count off the whales as they cross the Atlantic Ocean. Months might go by before you even see one. You need to use a method like mark and recapture. In the past, researchers used to literally mark an animal—like with some kind of band or tag—to identify it. Today, most researchers take pictures instead.

동물 몸의
표식으로 구별

Think about that. To most of us, whales look pretty much the same, right? But they're not. They have acquired markings,

---

생태학 강의를 들으시오. 교수는 조사 방법을 논의하고 있습니다.

[06]표지방류'라고 불리는 조사 방법에 대한 논의를 시작할게요. 1935년 어느 날, 해안선 근처에서 이 어미 고래와 새끼가 몇몇 낚시꾼에 의해 발견되었고, 낚시꾼들은, 음, 새끼 고래를 작살로 잡은 후 어미와 새끼를 소총으로 쏘았어요. 6시간 동안 어미는 새끼 곁에 머물렀고, 새끼가 죽자 어미는 그 자리를 헤엄쳐 떠났습니다. 근처에 사진작가가 있었고, 그는 일어난 일을 사진으로 찍었죠. 그리고 나서... 약 24년 후, 두 해양학자가 한 무리의 고래의 비디오 영상을 찍었고, 그들은 그 어미 고래를 알아봤습니다. 5년 뒤 어미는 어린 고래와 함께 다시 발견되었고, 그리고 다시 1995년에 배와 부딪혀 생긴 것 같은 상처를 머리에 입은 채 발견되었습니다. 놀랍지 않나요? 제 말은, 우리가 고래를 알아볼 수 있다는 것과... 음, 그들의 생활사를 어느 정도 추적할 수 있다는 것이요. 이것은 표지방류에서 사용되는 기술인, 사진 식별 조사를 통해 가능합니다.

[06]그렇다면 표지방류는 무엇일까요? 음, 이것은 큰... 생물 집단의 개체 수를 알아내고, 그리고, 음, 생존률과 성장 속도... 그리고 이동 패턴을 알아내기 위해 사용되는 조사 방법입니다. 또한... 특정한 종이 지리적으로 어떻게 분포되어 있는지에 영향을 끼칠 수 있는 신체적이고 생물학적인 요인들을 확인하기 위해 사용되죠. [07]자 만약 여러분이 특정한 종류의 고래의 개체 수를 추산해야 한다면, 음, 분명 한 지점에 머무르면서 고래들이 대서양을 건널 때마다 한 마리씩 셀 수는 없을 거예요. 한 마리를 보기도 전에 몇 달이 지나갈 수도 있죠. 표지방류 같은 방법을 사용할 필요가 있습니다. 과거에는, 연구자들이 한 동물을 알아보기 위해 말 그대로 표시를 하곤 했어요. 일종의 띠나 꼬리표 같은 것으로요. 오늘날 대부분의 연구자들은 대신 사진을 찍습니다.

생각해보세요. 우리 대부분에게 고래들은 거의 같아 보이죠, 그렇죠? 하지만 그렇지 않답니다. 그들

TEST

1
2
3
4
5
6

HACKERS TOEFL ACTUAL TEST LISTENING

Vocabulary

mark and recapture 표지방류(수산동물에 표지를 하여 방류하고 일정 기간이 지난 후 다시 잡는 것) **calf**[kæf] 새끼 **shoreline**[ʃɔ́ːrlàin] 해안선
harpoon[haːrpúːn] 작살로 잡다 **oceanographer**[òuʃənágrəfər] 해양학자 **video footage** 비디오 영상 **spot**[spɑt] 발견하다 **wound**[wuːnd] 상처
collide with ~과 부딪히다, 충돌하다 **trace**[treis] 추적하다 **utilize**[júːtəlàiz] 사용하다 **aggregate**[ǽgrigət] 집단, 집합
distribute[distríbjuːt] 분포시키다 **geographically**[dʒìːəgrǽfikəli] 지리적으로 **acquired**[əkwáiərd] 후천적인 **marking**[máːrkiŋ] 표식, 반점

usually scars from shark attacks or ship encounters. They also have natural markings; for example, humpback whales have a sort of black and white pattern on the underside of their tail. Or there might be variations in the appearance of certain organs. For instance, whales all have a tail with two lobes called flukes. Well, just as people have their own fingerprints that are unique to them, each whale has its own fluke shape. It's genetic. The humpback's flukes are so distinctive that it's possible to identify individual humpbacks in photographs from their flukes alone.

에게는 후천적인 표식이 있는데, 주로 상어의 공격이나 배와 충돌해서 생기는 상처들이죠. 그들은 자연 반점도 가져요, 예를 들어, 혹등고래는 꼬리 밑에 일종의 흑백 무늬를 갖고 있어요. 또는 특정 기관의 모습에 차이가 있을 수도 있죠. 예를 들어, 고래들은 모두 fluke라고 불리는 두 개의 돌출부가 있는 꼬리를 가지고 있습니다. 음, 사람들이 자신만의 독특한 지문을 가진 것처럼, 각 고래는 자신만의 꼬리 모양을 갖습니다. 이건 유전적이죠. 혹등고래의 꼬리는 아주 독특해서 사진 속 꼬리만으로도 각각의 혹등고래를 구별할 수 있죠.

표식으로 구별하는 방법의 문제점

[08]Now . . . markings and other identifying features don't always stay the same. The callosities . . . those are calluses . . . rough patches of skin . . . on a right whale might be obscured if cyamids cover it. By the way, cyamids are little parasitic bugs that live on an animal's body and suck its blood. And of course, depending on the position, movement, and surroundings of the whale, marking patterns may appear to change. The way the sun shines on the whale's body, or if the whale makes a sudden move and splashes water . . . you know, these things can alter how a pattern appears. So a researcher might misinterpret the markings . . . They try to avoid this, though, by recording and carefully examining the spatial relationships of the various markings.

[08]자... 표식과 그 외의 식별을 가능하게 하는 특징들이 항상 그대로 남아 있지는 않습니다. 참고래의 못은... 그것들은 굳은살이에요... 피부의 거친 부분이죠... cyamid가 덮고 있으면 흐릿해 보일 수도 있습니다. 그건 그렇고, cyamid는 동물의 몸에 살면서 피를 빨아먹는 작은 기생충이죠. 그리고 물론, 고래의 위치, 움직임, 고래의 주변 환경에 따라 표식 무늬는 바뀌어 보일 수도 있습니다. 태양빛이 고래의 몸을 비추는 방법에 따라, 또는 고래가 갑작스럽게 움직여서 바닷물을 튀긴다면... 그러니까, 이러한 것들이 무늬가 어떻게 보일지를 바꿀 수 있어요. 그래서 연구자는 표식을 잘못 해석하게 될 수도 있습니다... 하지만 연구자들은 다양한 표식의 공간적인 관계를 기록하고 신중하게 관찰함으로써 이를 피하려고 노력합니다.

표지방류의 두 가지 방법

So, for the actual photo-identification, basically, a researcher will do it in one of two ways. He will capture a group of whales, take pictures of them, release them and then allow them to redistribute themselves. When another group of whales visits the same spot, and I mean whales of the same species, he recaptures them and takes pictures again. By comparing these photos with the earlier ones, researchers can calculate the number of whales that were previously marked and how many weren't marked, and use those numbers in a mathematical formula to make an estimate of the local population of that species. [09]The other way to perform mark and recapture is, um, well, it's actually the same thing except that the second set of pictures is taken in another spot, so a different formula is used to estimate the population.

자, 실제 사진 식별 조사를 위해 연구자는 기본적으로 두 가지 방법 중 하나로 할 것입니다. 그는 한 무리의 고래를 가두고, 그들의 사진을 찍어서, 풀어준 후 다시 흩어지게 놔둡니다. 또 다른 무리의 고래가, 그러니까 제 말은 같은 종의 고래가, 같은 장소를 찾아올 때 그는 그 고래들을 다시 잡아 다시 사진을 찍습니다. 이전의 사진들과 이 사진들을 비교함으로써, 연구자들은 이전에 표시했던 고래의 수와 표시되지 않은 고래의 수를 계산할 수 있고, 그 숫자들을 수학 공식에 대입하여 그 고래 종의 지역 개체 수를 추산할 수 있습니다. [09]표지방류를 수행하는 다른 방법은, 음, 그러니까, 두 번째 세트의 사진을 다른 장소에서 찍는다는 것을 제외하면 사실 같은 것인데, 그래서 개체 수를 추산하기 위해 다른 공식이 사용됩니다.

Vocabulary

scar[skɑːr] 상처 **humpback whale** 혹등고래 **variation**[vὲəriéiʃən] 차이 **organ**[ɔ́ːrgən] 기관 **fluke**[fluːk] 고래의 갈라진 꼬리
fingerprint[fíŋgərprìnt] 지문 **genetic**[dʒənétik] 유전적인 **distinctive**[distíŋktiv] 독특한 **callosity**[kəlásəti] 못, 굳은살 (= callus)
patch[pætʃ] 부분 **right whale** 참고래 **obscure**[əbskjúər] 흐리게 하다, 보기 어렵게 하다 **parasitic bug** 기생충 **splash**[splæʃ] (물 등을) 튀기다
misinterpret[mìsintə́ːrprit] 잘못 해석하다 **spatial**[spéiʃəl] 공간적인 **formula**[fɔ́ːrmjulə] 공식

For the first method I mentioned, let's say you marked ten whales the first time, and then in the second set of another ten whales, you found only two that you had previously marked. Your proportion is two over ten, or 0.2. Then you plug it into a formula— here, let me write it down on the board.

$$T = M_1 / P_2$$

So T here is the total whale population, your M_1 is the number of whales marked the first time, and your P_2 is the proportion of marked whales that were observed the second time. That proportion is 0.2 as we calculated earlier, so let's stick that in here. And our M_1 is 10. So . . . using this formula, you can calculate that the whale population is 50. [10]Of course, there are assumptions that need to be made, assumptions like none of the whales will have died in the meantime . . . or none of them migrated to a different area. Well, this is a rather simplistic formula—there's a more complex formula used by scientists, and you can check it out in your textbook. [11]What's important is that it's a method that works well when counting every individual isn't realistic. And it doesn't disturb the social organization of the whales nor does it harm them in some way . . . which is a big plus, considering we want to protect the whale population.

제가 언급한 첫 번째 방법에서, 여러분이 처음에 10마리의 고래에 표시를 했고, 그 후 두 번째 무리의 또 다른 10마리의 고래에서 전에 표시했던 것은 2마리뿐이라는 것을 발견했다고 합시다. 여러분의 비율은 10분의 2, 또는 0.2입니다. 그리고 나서 이것을 공식에 대입하는 거죠, 여기, 칠판에 써볼게요.

$$T = M_1 / P_2$$

여기서 T는 고래의 전체 개체 수이고, M1은 처음에 표시한 고래의 수, 그리고 P2는 두 번째에 관찰된 표시된 고래의 비율입니다. 그 비율은 좀 전에 우리가 계산했던 것처럼 0.2입니다, 그럼 이것을 여기 넣어보죠. 그리고 M1은 10입니다. 그래서... 이 공식을 사용하면, 여러분은 고래의 개체 수가 50마리라는 것을 계산할 수 있지요. [10]물론, 그 동안에 어떤 고래도 죽지 않았다거나... 또는 다른 지역으로 이동하지 않았다는 것과 같은 전제가 필요합니다. 음, 이건 좀 단순화한 공식이에요, 과학자들이 사용하는 더 복잡한 공식이 있는데, 그것은 여러분의 교재에서 확인할 수 있습니다. [11]중요한 점은 이것이 모든 개체를 일일이 세는 것이 현실적이지 않을 때 잘 적용되는 방법이라는 것입니다. 그리고 고래의 사회 조직을 방해하지 않고, 어떤 식으로든 그들을 해치지도 않습니다... 우리가 고래의 개체 수를 보호하고자 한다는 것을 고려해보면, 이는 큰 이점이죠.

06

What does the professor mainly discuss?

(A) A procedure for measuring the size of a whale population
(B) A technique for identifying whale species through photographs
(C) Distinguishing animals through their physical features
(D) The danger that human activity poses to whales

교수는 주로 무엇에 관해 논의하는가?

(A) 고래의 개체 수를 측정하는 방법
(B) 사진을 통해 고래 종을 확인하는 기술
(C) 신체적 특징으로 동물들을 구별하는 것
(D) 인간의 활동이 고래에 끼치는 위험

Main Topic 도입부에서 교수는 표지방류법에 대해서 논의를 시작한다고 말하고, 이것은 생물 집단의 개체 수를 알아내기 위한 조사 방법(Let me begin our discussion on a research method called "mark and recapture" ~ it's a research method used to determine the population ~ of creatures)이라고 말한다. 이어 교수는 강의 전반에 걸쳐 이 방법을 통해 고래의 개체 수를 파악하는 과정에 대해 논의한다.

Vocabulary

proportion[prəpɔ́ːrʃən] 비율   in the meantime 그 동안에   simplistic[simplístik] 단순화한

07

Listen again to part of the lecture. Then answer the question.

P: Now if you're estimating the population of a particular type of whale, um, obviously you're not going to be able to just stay in one spot and count off the whales as they cross the Atlantic Ocean. Months might go by before you even see one.

Why does the professor say this:
P: Months might go by before you even see one.

(A) To remind students of the difficulties of an activity
(B) To emphasize the unlikelihood of an event
(C) To describe a disadvantage of a method
(D) To estimate the amount of time it takes to get data

강의의 일부를 다시 듣고 질문에 답하시오.

P: 자 만약 여러분이 특정한 종류의 고래의 개체 수를 추산해야 한다면, 음, 분명 한 지점에 머무르면서 고래들이 대서양을 건널 때마다 한 마리씩 셀 수는 없을 거예요. 한 마리를 보기도 전에 몇 달이 지나갈 수도 있죠.

교수는 왜 이렇게 말하는가:
P: 한 마리를 보기도 전에 몇 달이 지나갈 수도 있죠.

(A) 학생들에게 이 활동의 어려움을 상기시키기 위해
(B) 이 일이 가능성이 없음을 강조하기 위해
(C) 이 방법의 단점을 묘사하기 위해
(D) 데이터를 얻기 위해 필요한 시간을 추산하기 위해

Function 교수는 고래의 개체 수를 추산하려면, 한 지점에서 머무르면서 고래들을 셀 수는 없고(you're not going to be able to just stay in one spot and count off the whales), 한 마리를 보기도 전에 몇 달이 지나갈 수도 있다(Months might go by before you even see one)고 말한다. 즉, 교수는 한 지점에 머무르며 고래들을 세는 일이 실제로 있을 법하지 않다는 것을 강조하는 것이다.

08

According to the lecture, what are two factors that can influence how a marking on a whale is seen by a researcher?

Choose 2 answers.

(A) The presence of other whales in the area
(B) The quality of the equipment used
(C) The presence of other organisms on the whale
(D) The whale's movement within its surroundings

강의에 따르면, 고래에 있는 표식이 연구자에게 어떻게 보이는지에 영향을 줄 수 있는 두 가지 요인은 무엇인가?
2개의 답을 고르시오.

(A) 그 지역의 다른 고래들의 존재
(B) 사용된 장비의 성능
(C) 고래에 있는 다른 생물들의 존재
(D) 주변 환경 안에서의 고래의 움직임

Detail 교수는 고래 몸에 사는 cyamid와 같은 생물이 고래의 못을 덮고 있으면 못은 흐릿하게 보일 수 있고(The callosities ~ on a right whale might be obscured if cyamids cover it), 고래의 위치, 움직임, 주변 환경에 따라 표식이 바뀌어 보일 수도 있다(depending on the position, movement, and surroundings of the whale, marking patterns may appear to change)고 말한다.

09

According to the professor, what differentiates the two mark-and-recapture methods that utilize photo-identification?

(A) The types of whale species that are studied
(B) The spot where the second set of photos is taken
(C) The specific markings that are observed
(D) The time at which the identification attempt occurs

교수에 따르면, 사진 식별 조사를 이용하는 두 가지 표지방류법을 구별 짓는 것은 무엇인가?

(A) 연구되는 고래 종의 종류
(B) 두 번째 세트의 사진이 찍히는 장소
(C) 관찰되는 특정한 표식
(D) 식별 시도를 하는 시간

Detail 교수는 두 번째 세트의 사진을 다른 장소에서 찍는 것만 제외하면 두 가지 방법이 사실 같다(it's actually the same thing except that the second set of pictures is taken in another spot)고 말한다.

10

What does the professor say about using a mathematical formula to estimate population size?

(A) It requires the acceptance of certain premises.
(B) It yields different results from study to study.
(C) It necessitates some knowledge of math.
(D) It can be used only with small populations.

교수는 개체군 크기를 측정하기 위해 수학 공식을 사용하는 것에 관해 무엇이라고 말하는가?

(A) 특정한 전제를 받아들이는 것을 필요로 한다.
(B) 연구마다 다른 결과를 낸다.
(C) 약간의 수학 지식을 필요로 한다.
(D) 적은 개체 수일 때만 사용될 수 있다.

Detail 교수는 개체 수를 측정하기 위한 공식을 사용하기 위해서는 그 동안에 어떤 고래도 죽지 않았다거나 다른 지역으로 이동하지 않았다는 것과 같은 전제들이 필요하다(there are assumptions that need to be made ~ like none of the whales will have died in the meantime ~ or none of them migrated to a different area)고 말한다.

11

Listen again to part of the lecture. Then answer the question.

P: What's important is that it's a method that works well when counting every individual isn't realistic. And it doesn't disturb the social organization of the whales nor does it harm them in some way . . . which is a big plus, considering we want to protect the whale population.

What does the professor imply when he says this:
P: . . . which is a big plus . . .

(A) Another objective of the method is to protect the whales.
(B) Protecting the whales will increase the population.
(C) Other methods may be harmful to whales.
(D) The present whale population is far too small.

강의의 일부를 다시 듣고 질문에 답하시오.

P: 중요한 점은 이것이 모든 개체를 일일이 세는 것이 현실적이지 않을 때 잘 적용되는 방법이라는 것입니다. 그리고 고래의 사회 조직을 방해하지 않고, 어떤 식으로든 그들을 해치지도 않습니다... 우리가 고래의 개체 수를 보호하고자 한다는 것을 고려해보면, 이는 큰 이점이죠.

교수는 이렇게 말함으로써 무엇을 암시하는가:
P: ... 이는 큰 이점이죠...

(A) 이 방법의 또 다른 목적은 고래를 보호하는 것이다.
(B) 고래를 보호하는 것은 개체 수를 증가시킬 것이다.
(C) 다른 방법들은 고래에게 해로울 수도 있다.
(D) 현재 고래의 개체 수는 너무 적다.

Inference 교수는 표지방류법이 고래의 사회 조직을 방해하지 않고, 어떤 식으로든 그들을 해치지 않는다(it doesn't disturb the social organization of the whales nor does it harm them in some way)고 말하며, 이는 큰 이점(which is a big plus)이라고 말한다. 즉, 교수는 다른 방법들이 고래에게 해로울 수도 있다는 것을 암시하는 것이다.

Listen to part of a talk in a biology class.

생물학 강의의 일부를 들으시오.

주제

천연 진주와 양식 진주의 차이

[12]OK . . . Today, we're going to be looking at the aspects that make a natural pearl very different from a cultured pearl . . . Now I'll be focusing on natural pearls, although I will say something about cultured pearls. Well, maybe I should point out that the cultured pearl industry was established after natural pearls became very rare . . . The natural pearl trade in the sixteenth century was so extensive that by the last quarter of the nineteenth century, the supply seemed to have been exhausted . . . and with the ever-present demand for pearls, well, people started thinking about how to induce mollusks to produce pearls . . . cultured pearls under controlled conditions.

[12]좋아요... 오늘은, 양식 진주와 확연히 구별되는 천연 진주의 특성에 대해 살펴볼게요... 자, 양식 진주에 대해서도 말하겠지만, 천연 진주에 초점을 맞춰볼까 해요. 음, 천연 진주가 극히 드물어지면서 양식 진주 산업이 발달했다는 것을 알려줘야 할 것 같네요... 16세기에 천연 진주 거래가 너무 대규모로 이루어졌기 때문에 19세기 마지막 분기쯤 모든 공급량이 소진된 것처럼 보였어요... 그리고 끊임없는 진주 수요로 인해, 음, 사람들은 통제된 환경에서 어떻게 연체동물이 진주... 양식 진주를 만들게 할 수 있을지 생각하기 시작했죠.

진주를 생산하는 연체동물

So . . . What's a mollusk? Anyone? Well, I guess most of you would think that mollusks are oysters. Um . . . That's one species of mollusk . . . but mollusks are a pretty diverse group known as Phylum Mollusca . . . They range from organisms as small as the miniscule "tiny snail," which is about the size of a button on your shirt, to larger animals such as squid and octopi. Yes, the octopus is one of the mollusk class. So, um, basically, the majority of mollusks have a mantle and a muscular foot that are both used to help them move. [14]Now, what's a mantle? Well, it's a fold of the outer skin which lines the mollusk's shell . . . and it has a very definite role in the formation of a pearl. Uh, by the way, in case you're curious, an octopus lacks a shell, but it does have a mantle located around its head.

그럼... 연체동물이란 무엇일까요? 아무도 모르나요? 음, 거의 대부분이 연체동물이라고 하면 진주조개를 생각하겠지요. 음... 그것은 연체동물의 한 종류에요... 하지만 연체동물은 원래 연체동물문이라고 알려진 꽤 다채로운 집단입니다... 이 집단에는 여러분의 셔츠 단추만큼 아주 작은 생명체인 '아주 작은 달팽이'부터, 오징어와 문어처럼 큰 동물들까지 속해요. 그래요, 문어는 연체동물 중 하나예요. 그래서, 음, 기본적으로 연체동물의 대다수는 움직일 때 도움을 주는 외피와 근육질의 발을 가지고 있어요. [14]자, 그럼 외피는 무엇일까요? 음, 이것은 연체동물의 껍데기를 싸고 있는 표피 주머니입니다... 그리고 이것은 진주의 형성 과정에서 아주 분명한 역할을 해요. 어, 그런데, 여러분이 궁금해할까 봐 하는 말인데, 문어는 껍데기가 없지만, 머리를 둘러싸고 있는 외피는 있어요.

Generally, mollusks are found worldwide, although you'll find larger populations of them in certain areas, particularly where an abundant supply of food exists. They've adapted to all types of marine habitats. There are ten classes of mollusks, but only two—the bivalves and the gastropods—make pearls. Bivalves and gastropods take to both marine and freshwater areas, but only gastropods can survive on land. So . . . there are perhaps 75,000 species of gastropods . . . including slugs, snails, conch, cowries,

일반적으로, 연체동물은 전 세계에서 찾을 수 있어요, 특히 먹이 공급이 풍부한 특정 지역에 더 많이 살지만요. 그들은 모든 종류의 해양 서식지에 적응해 왔습니다. 연체동물은 10가지 종류가 있지만 그중 쌍각류와 복족류, 둘만 진주를 만들 수 있죠. 쌍각류와 복족류는 해양과 민물 지역 모두에서 살 수 있지만, 육지에선 복족류만이 살 수 있어요. 그래서... 이 슬라이드에서 볼 수 있듯이... 민달팽이, 달팽이, 조가비, 자패, 전복, 삿갓조개 등을 포함한...

Vocabulary

industry[índəstri] 산업   **extensive**[iksténsiv] 대규모의   **exhaust**[igzɔ́:st] 소진시키다   **demand**[dimǽnd] 수요   **mollusk**[máləsk] 연체동물
oyster[ɔ́istər] 진주조개, 굴   **Phylum Mollusca** 연체동물문   **miniscule**[mínəskjù:l] 아주 작은   **mantle**[mǽntl] 외피   **marine**[mərí:n] 해양의
bivalve[báivælv] 쌍각류   **gastropod**[gǽstrəpàd] 복족류   **class**[klǽs] 종류   **conch**[kɑŋk] 조가비   **cowrie**[káuri] 자패
abalone[æ̀bəlóuni] 전복   **limpets**[límpits] 삿갓조개

abalone and limpets . . . as you see pictured here on this slide . . . Well, these may be found in rocky, sandy and muddy areas. These creatures may be herbivorous, carnivorous . . . They may even eat detritus, and they take in food with their teeth. [15]Now gastropods are able to move . . . which makes them less likely to produce pearls. Interestingly, the more capable a mollusk is of moving, the less likely it is to produce pearls. The bivalve mollusks, on the other hand, are not as capable of moving freely. They are two-part shells with both valves being symmetrical from the hinge line . . . as you see here on this slide . . . the scallops, clams, oysters and mussels. They eat by siphoning food particles from the water they breathe in through their gills . . . and these same gills filter out particles that are not digested. The, uh, bivalve species produce eighty percent of the world's pearl output.

진주의 형성 과정

So how does the pearl form? OK, um, basically it's a biological process—the mollusk's way of protecting itself from those foreign particles that irritate its tissues. Now the mantle is the organ that produces the oyster's shell. Obviously, as the oyster grows, its shell will grow as well . . . [16]and the mantle produces a material called nacre . . . [13]It is nacre that lines the inside of the oyster shell and strengthens it. OK . . . so the hinge between the two valves keeps the oyster's shell open . . . and the seawater or freshwater enters . . . and [16]there's a foreign substance which enters and begins to irritate the mantle. We can think of it as a speck of dust getting in your eye. Your eye gets red and your tear duct produces tears to wash away the speck. Well, the mantle reacts in the same way. [13/16]It seeks to protect itself by covering up the thing that's irritating it. And it uses the same substance—nacre—to envelop the particle or substance. What is this nacre made of? It's actually calcium carbonate, which is in the form of aragonite or calcite, a crystalline form of calcium carbonate. This secretion is held together by an organic compound called conchiolin . . . It's a bone-like substance. [16]And when this nacre is secreted, it's, it's not like a big blob of it surrounds the irritant . . . It's layer upon layer of nacre . . . over a period of many years.

약 75,000종의 복족류가 있어요... 음, 이것들은 돌, 모래와 진흙이 많은 지역에서 찾을 수 있어요. 이 생물들은 초식성일 수도, 육식성일 수도 있죠... 그들은 심지어 배설물도 먹을 수 있고, 이빨을 사용해 먹이를 먹어요. [15]자, 복족류는 움직일 수 있어요... 이것은 그들이 진주를 생산할 확률을 낮춥니다. 흥미롭게도, 더 많이 움직이는 연체동물일수록 진주를 생산할 가능성이 더 적습니다. 반면에, 쌍각류 연체동물은 자유롭게 움직일 수 없어요. 이것들은 경첩선부터 두 쪽의 껍데기가 대칭을 이루는, 둘로 나눠진 조개예요... 이 슬라이드에서 볼 수 있듯이... 가리비, 대합조개, 진주조개와 홍합이지요. 그들은 아가미를 통해 들이쉬는 물에 있는 먹이 입자를 빨아들여요... 그리고 같은 아가미로 소화가 안 된 입자를 다시 걸러내죠. 그, 어, 쌍각류 종은 세계 진주 산출량의 80퍼센트를 생산해요.

그럼 진주는 어떻게 생길까요? 자, 음, 이건 기본적으로 생물학적인 과정이에요. 연체동물이 자신의 피부를 자극하는 외부 물질로부터 자신을 보호하는 방법이죠. 자 외피는 진주조개의 껍데기를 만드는 기관입니다. 당연히, 진주조개가 자랄수록, 그것의 껍데기 또한 자라요... [16]그리고 외피는 진주층이라는 물질을 생산해내요. [13]진주조개 껍데기의 안을 감싸 그것을 더 강하게 만드는 것이 진주층이에요. 자... 그래서 두 껍데기 사이의 경첩은 진주조개의 껍데기를 열어놓고... 바닷물이나 민물이 들어오고... [16]외부 물질이 들어와서 외피를 자극하기 시작해요. 이것은 작은 먼지가 우리 눈에 들어간 것과 같다고 생각하면 돼요. 눈은 붉어지고 누관은 먼지를 씻어 내보내려고 눈물을 만들기 시작하죠. 음, 외피도 이와 같이 반응해요. [13/16]외피는 자극하는 물질을 덮어서 자신을 보호합니다. 그리고 이것은 같은 물질, 즉 진주층으로 그 입자나 물질을 감싸죠. 진주층은 무엇으로 만들어진 것일까요? 이건 사실 탄산칼슘이에요, 아라고나이트나 방해석의 형태를 지닌 탄산칼슘의 결정체지요. 이 분비작용은 콘키올린이라는 유기 화합물로 조절됩니다... 이것은 뼈와 같은 물질이죠. [16]그리고 진주층이 분비될 때, 그건 큰 방울이 자극물을 감싸는 것과는 달라요... 이것은 진주층을 층층이 쌓아갑니다... 몇 년에 걸쳐서요.

Vocabulary

herbivorous[həːrbívərəs] 초식성의   carnivorous[kɑːrnívərəs] 육식성의   detritus[ditráitəs] 배설물, 유기 분해물
symmetrical[simétrikəl] 대칭적인   mussel[mʌ́səl] 홍합   siphon[sáifən] 빨대로 빨아올리다   gill[gil] 아가미   particle[páːrtikl] 입자
digest[didʒést] 소화하다   output[áutpùt] 생산   nacre[néikər] 진주층   irritate[írətèit] 자극하다   tear duct 누관   calcite[kǽlsait] 방해석
crystalline[krístəlin] 결정체로 된   irritant[írətənt] 자극물   secretion[sikríːʃən] 분비작용

천연 진주와
양식 진주의
차이점 및
구별 방법

Now, most natural pearls are baroque or uneven. Very few pearls turn out perfectly round or perfectly oval. These are extremely rare, very valuable and very costly. Hardly anyone finds them today. Those that exist cost millions of dollars. Most perfectly round pearls that are produced today are cultured pearls. So what's the difference between a perfectly round natural pearl and a perfectly round cultured one? Plenty. The process by which a cultured pearl is made is the same—the irritant enters, the mantle gets irritated, secretes nacre, coats the irritant with a layer of nacre . . . but the first step is deliberate. A harvester cuts a slit in the mantle and inserts a small round irritant. So while the natural pearl is one-hundred percent nacre, the cultured pearl is not. In fact, it has only a thin layer of nacre on the surface. That is why the glow of the cultured pearl appears to be only on the surface whereas that of the natural pearl seems to come from deep within. But there are easier ways to tell the difference . . . [17]If you rub a cultured pearl against the biting edge of your front tooth, it will feel smooth, but a natural pearl will feel a bit gritty. And of course, you can always have a jeweler subject the pearl to an x-ray to determine what is at the pearl's core—if it's all nacre or if it has some synthetic core.

자, 거의 모든 천연 진주는 완전 원형이 아니고 울퉁불퉁해요. 극소수의 진주만이 완벽한 원형 또는 완벽한 타원형으로 나와요. 이것들은 굉장히 드물고, 아주 귀중하고 값비싸답니다. 오늘날에는 이런 진주를 찾기 어렵죠. 존재하는 것들은 수백만 달러를 호가해요. 오늘날 생산되는 완벽한 원형의 진주는 거의 모두 양식 진주예요. 그럼 완벽한 원형 천연 진주와 완벽한 원형 양식 진주의 차이점은 무엇일까요? 아주 많습니다. 양식 진주를 만드는 과정은 같아요. 자극물이 들어오고, 외피는 자극을 받고, 진주층을 분비하고, 자극물을 진주층으로 덮죠... 하지만 첫 단계가 고의적이에요. 수확자는 외피에 가느다란 상처를 내고 작고 동그란 자극제를 넣어요. 그래서 천연 진주는 100퍼센트 진주층인 반면, 양식 진주는 아니에요. 사실, 그것의 표면만 얇은 진주층으로 덮여 있죠. 그래서 양식 진주의 빛은 표면에서만 나타나는 것처럼 보이는 반면 천연 진주의 빛은 더욱 깊은 곳에서 나타나는 것 같아요. 하지만 더 쉽게 구분하는 방법이 있어요... [17]양식 진주를 앞니 가장자리에 대고 비비면 이것은 매끄럽게 느껴지지만, 천연 진주는 약간 껄끄럽게 느껴집니다. 그리고 당연히, 보석상에 가서 엑스레이로 진주 속에 무엇이 들어 있는지 알아낼 수 있어요, 그것이 모두 진주층인지 인조 핵이 있는지요.

Vocabulary

baroque[bəróuk] (진주가) 완전 원형이 아닌, 바로크 양식의   costly[kɔ́:stli] 값비싼   secrete[sikrí:t] 분비하다   deliberate[delíbərət] 고의적인, 고의의   harvester[há:rvistər] 수확자   gritty[gríti] 껄끄러운, 모래 같은   jeweler[dʒú:ələr] 보석상   synthetic[sinθétik] 인조의, 합성의

12

What does the professor mainly discuss?

(A) A comparison of cultured and natural pearls
(B) The impact of the pearl trade on natural pearls
(C) The formation and characteristics of natural pearls
(D) The differences between bivalves and gastropods

교수는 주로 무엇을 논의하는가?

(A) 양식과 천연 진주의 비교
(B) 진주 거래가 천연 진주에 끼친 영향
(C) 천연 진주의 형성 과정과 특성
(D) 쌍각류와 복족류의 차이점

> **Main Topic** 도입부에서 교수는 양식 진주와 확연히 구별되는 천연 진주의 특성을 살펴보고 천연 진주에 초점을 맞추겠다(we're going to be looking at the aspects that make a natural pearl very different from a cultured pearl ~ I'll be focusing on natural pearls)고 말한다. 이어 교수는 강의 전반에 걸쳐 천연 진주의 형성 과정과 특성에 대해 논의한다.

13

According to the professor, what two purposes does nacre serve?

Choose 2 answers.

(A) Seals the hinge between the two valves of a bivalve
(B) Reinforces the shell of the mollusk
(C) Prevents too much water from entering the mollusk
(D) Protects the mollusk from foreign particles that enter

교수에 따르면, 진주층의 두 가지 용도는 무엇인가?
2개의 답을 고르시오.

(A) 쌍각류의 두 껍데기 사이의 경첩을 봉인하는 것
(B) 연체동물의 껍데기를 강화하는 것
(C) 연체동물에게 너무 많은 양의 물이 들어오는 것을 막는 것
(D) 외부에서 들어오는 물질로부터 연체동물을 보호하는 것

> **Detail** 교수는 진주층이 진주조개 껍데기의 안을 감싸 그것을 더 강하게 만들고(It is nacre that lines the inside of the oyster shell and strengthens it), 연체동물은 자극물로부터 자신을 보호하려고 그것을 진주층으로 덮는다(It seeks to protect itself by covering up the thing that's irritating it. And it uses the same substance—nacre—to envelop the particle or substance)고 말한다.

14

Listen again to a part of the lecture. Then answer the question.

P: Now, what's a mantle? Well, it's a fold of the outer skin which lines the mollusk's shell . . . and it has a very definite role in the formation of a pearl. Uh, by the way, in case you're curious, an octopus lacks a shell, but it does have a mantle located around its head.

What does the professor mean when he says this:
P: Uh, by the way, in case you're curious . . .

(A) He wants to be able to satisfy the curiosity of the students.
(B) He does not think the students will find the information interesting.
(C) He thinks the information he is about to give is not particularly important.
(D) He does not want the students to ask for more information.

강의의 일부를 다시 듣고 질문에 답하시오.

P: 자, 그럼 외피는 무엇일까요? 음, 이것은 연체동물의 껍데기를 싸고 있는 표피 주머니입니다... 그리고 이것은 진주의 형성 과정에서 분명한 역할을 하고 있어요. 어, 그런데, 여러분이 궁금해 할까 봐 하는 말인데, 문어는 껍데기가 없지만, 머리를 둘러싸고 있는 외피는 있어요.

교수는 이렇게 말함으로써 무엇을 의미하는가:
P: 어, 그런데, 여러분이 궁금해할까 봐 하는 말인데...

(A) 학생들의 궁금증을 풀어줄 수 있기를 바란다.
(B) 학생들이 그 정보를 흥미롭다고 생각하지 않을 거라 여긴다.
(C) 자신이 주려고 하는 정보가 특별히 중요하지는 않다고 생각한다.
(D) 학생들이 더 많은 정보를 달라고 하는 것을 원하지 않는다.

> **Function** 교수는 외피를 설명하는 과정에서 학생들이 궁금해할 경우를 대비해 말해주겠다며 문어는 껍데기가 없지만, 머리를 둘러싼 외피가 있다(by the way, in case you're curious ~ it does have a mantle located around its head)고 말한다. 즉, 교수는 자신이 주는 정보가 특별히 중요하지는 않다고 생각하는 것이다.

15

What does the professor say about gastropods?

(A) Those that do not move as easily are more likely to form pearls.

(B) Those living in freshwater areas are more capable of pearl production.

(C) Only those that eat detritus produce pearls.

(D) Those living in areas abundant with food are pearl producers.

교수는 복족류에 관해 무엇이라고 말하는가?

(A) 쉽게 움직이지 않는 것이 진주를 만들 확률이 높다.
(B) 민물에 사는 것이 진주를 더 많이 생산할 수 있다.
(C) 배설물을 먹는 것들만이 진주를 생산할 수 있다.
(D) 먹이가 풍부한 지역에 사는 것이 진주를 생산한다.

Detail 교수는 흥미롭게도 더 많이 움직이는 연체동물일수록 진주를 생산할 가능성이 더 적다(Interestingly, the more capable a mollusk is of moving, the less likely it is to produce pearls)고 말한다. 즉, 덜 움직이는 것이 진주를 만들 확률이 높은 것이다.

16

In the lecture, the professor explains the sequence of steps that takes place in the formation of a natural pearl. Put the steps listed below in the correct order.

Step 1	(B) The mantle continuously produces nacre to line the shell.
Step 2	(C) A particle ingested by the gills inflames the mantle.
Step 3	(D) The foreign speck is enveloped by the nacre.
Step 4	(A) The mantle secretes layers of nacre around the speck for years.

(E) The hinge is damaged by an external substance.

강의에서, 교수는 천연 진주의 형성에서의 일련의 단계를 설명한다. 아래의 단계들을 올바른 순서대로 나열하시오.

단계 1	(B) 외피가 껍데기 안쪽을 덮기 위해 계속해서 진주층을 생산한다.
단계 2	(C) 아가미로 섭취한 입자가 외피를 자극한다.
단계 3	(D) 이물질이 진주층으로 덮인다.
단계 4	(A) 외피가 몇 년 동안 작은 알갱이를 감싸며 진주층을 층층이 분비한다.

(E) 경첩이 외부 물질에 의해 손상된다.

Ordering 교수는 천연 진주 형성 과정의 단계를 설명한다. 교수에 따르면, 외피는 진주층을 생산하고 진주조개 껍데기의 안을 감싸고(the mantle produces nacre ~ that lines the inside of the oyster shell), 외부 물질이 들어와서 외피를 자극하기 시작하면(there's a foreign substance which enters and begins to irritate the mantle), 외피는 진주층으로 그 입자나 물질을 감싸고(it uses ~ nacre ~ to envelop the particle or substance), 그리고 진주층이 분비될 때 몇 년에 걸쳐 진주층을 층층히 쌓는다(And when this nacre is secreted ~ It's layer upon layer of nacre ~ over a period of many years).

17

According to the professor, what are the ways to differentiate between natural pearls and cultured ones?

Choose 2 answers.

(A) Check the uniformity of the pearl's color
(B) Feel the pearl's surface with the teeth
(C) Subject the pearl to an x-ray
(D) Determine the thickness of the pearl's outermost layer

교수에 따르면, 천연 진주와 양식 진주를 구별하는 방법은 무엇인가?

2개의 답을 고르시오.

(A) 진주의 색의 균일성을 확인하기
(B) 진주의 표면을 이로 느껴보기
(C) 진주를 엑스레이로 찍기
(D) 진주의 가장 바깥쪽 층의 두께를 확인하기

Detail 교수는 양식 진주를 앞니 가장자리에 대고 비비면 이것은 매끄럽게 느껴지지만 천연 진주는 약간 껄끄럽게 느껴지고(If you rub a cultured pearl against the biting edge of your front tooth, it will feel smooth, but a natural pearl will feel a bit gritty), 보석상에 가서 엑스레이로 진주 속에 무엇이 들어 있는지 알아낼 수 있다(you can always have a jeweler subject the pearl to an x-ray to determine what is at the pearl's core)고 말한다.

VOCABULARY LIST

TEST 5에서 나오는 토플 필수 단어를 선별하여 정리하였습니다. 고득점을 위해 꼭 암기하세요.

☐ **aspect**[ǽspekt] 측면, 국면

☐ **relevant**[réləvənt] 적절한, 관련된

☐ **analysis**[ənǽləsis] 분석

☐ **come into the picture** 중요해지다, 등장하다

☐ **prominently**[prάmənəntli] 두드러지게

☐ **mental disorder** 정신장애

☐ **manic**[mǽnik] 광기어린, 미친 듯한

☐ **take ~ into consideration** ~을 고려하다

☐ **postimpressionist**[pòustimpréʃənist] 후기 인상파 화가

☐ **exhibition**[èksəbíʃən] 전시회

☐ **first come, first served** 선착순

☐ **minor**[máinər] 부전공하다

☐ **study abroad program** 유학 프로그램

☐ **up close** 바로 가까이에서

☐ **take priority** 우선하다

☐ **conference call** 전화 회의, 전화 회담

☐ **sit in on** ~을 청강하다, 방청하다

☐ **archaeological**[àːrkiəlάdʒikəl] 고고학의

☐ **inhabit**[inhǽbit] 거주하다

☐ **seabed**[síːbèd] 해저

☐ **theory**[θíːəri] 이론

☐ **artifact**[άːrtəfækt] 인공 유물

☐ **implement**[ímpləmənt] 도구

☐ **bifacial**[baiféiʃəl] 양면

☐ **chip**[tʃip] (돌 등을) 깨다

☐ **flake**[fléik] 얇은 조각으로 벗기다

☐ **reasoning**[ríːzəniŋ] 이론, 추론

☐ **substantial**[səbstǽnʃəl] 상당한

☐ **hasty**[héisti] 서두르는, 다급한

☐ **proclaim**[proukléim] 단언하다

☐ **occupation**[àkjupéiʃən] 거주, 직업

☐ **migration**[maigréiʃən] 이주; 이동

☐ **people**[píːpl] ~에 살다

☐ **transpire**[trænspáiər] 일어나다

☐ **linguistic**[liŋgwístik] 언어의

☐ **implication**[ìmplikéiʃən] 의미

☐ **resemblance**[rizémbləns] 유사

☐ **ancestral**[ænséstrəl] 조상의

☐ **multiplicity**[màltəplísəti] 다양성

☐ **enroll**[inróul] 등록하다

☐ **free of charge** 무료로

☐ **cut back on** ~을 줄이다

☐ **budget**[bʌ́dʒit] 예산

☐ **out of one's hands** ~가 손쓸 수 없는, (일이) ~의 소관 밖인

☐ **awareness**[əwɛ́ərnis] 인식

☐ **necessity**[nəsésəti] 필요성

☐ **impressive**[imprésiv] 인상적인

☐ **admission**[ædmíʃən] 입장료

☐ **cause**[kɔːz] 목적, 대의명분

☐ **promote**[prəmóut] 장려하다

Quiz

단어의 알맞은 뜻을 찾아 연결해보세요.

01 aspect	ⓐ 언어의	06 substantial	ⓐ 조상의
02 take priority	ⓑ 측면, 국면	07 ancestral	ⓑ 거주, 직업
03 impressive	ⓒ 우선하다	08 implication	ⓒ 상당한
04 linguistic	ⓓ 단언하다	09 promote	ⓓ 장려하다
05 proclaim	ⓔ 중요해지다, 등장하다	10 reasoning	ⓔ 의미
	ⓕ 인상적인		ⓕ 이론, 추론

ⓕ 01 ⓑ 02 ⓒ 03 ⓕ 04 ⓐ 05 ⓓ 06 ⓒ 07 ⓐ 08 ⓔ 09 ⓓ 10 ⓕ

☐ jump at the chance 기회를 잡다

☐ donation[dounéiʃən] 기부, 기증

☐ calf[kæf] 새끼

☐ shoreline[ʃɔ́:rlàin] 해안선

☐ oceanographer[òuʃənágrəfər] 해양학자

☐ spot[spat] 발견하다

☐ wound[wu:nd] 상처

☐ collide with ~과 부딪히다, 충돌하다

☐ trace[treis] 추적하다

☐ utilize[jú:təlàiz] 사용하다

☐ aggregate[ǽgrigət] 집단, 집합

☐ distribute[distríbju:t] 분포시키다

☐ geographically[dʒì:əgrǽfikəli] 지리적으로

☐ acquired[əkwáiərd] 후천적인

☐ marking[má:rkiŋ] 표식

☐ scar[skɑ:r] 상처

☐ variation[vὲəriéiʃən] 차이

☐ organ[ɔ́:rgən] 기관

☐ fingerprint[fíŋgərprìnt] 지문

☐ genetic[dʒənétik] 유전적인

☐ distinctive[distíŋktiv] 독특한

☐ patch[pætʃ] 부분

☐ obscure[əbskjúər] 흐리게 하다, 보기 어렵게 하다

☐ splash[splæʃ] (물 등을) 튀기다

☐ misinterpret[mìsintə́:rprit] 잘못 해석하다

☐ spatial[spéiʃəl] 공간적인

☐ formula[fɔ́:rmjulə] 공식

☐ in the meantime 그 동안에

☐ simplistic[simplístik] 단순화한

☐ industry[índəstri] 산업

☐ extensive[iksténsiv] 대규모의

☐ exhaust[igzɔ́:st] 소진시키다

☐ mollusk[máləsk] 연체동물

☐ miniscule[mínəskjù:l] 아주 작은

☐ mantle[mǽntl] 외피

☐ marine[mərí:n] 해양의

☐ class[klǽs] 종류

☐ herbivorous[həːrbívərəs] 초식성의

☐ carnivorous[kɑːrnívərəs] 육식성의

☐ detritus[ditráitəs] 배설물, 유기 분해물

☐ siphon[sáifən] 빨대로 빨아올리다

☐ gill[gil] 아가미

☐ digest[didʒést] 소화하다

☐ output[áutpùt] 생산

☐ crystalline[krístəlin] 결정체로 된

☐ irritant[írətənt] 자극물

☐ costly[kɔ́:stli] 값비싼

☐ harvester[há:rvistər] 수확자

☐ gritty[gríti] 껄끄러운, 모래 같은

☐ synthetic[sinθétik] 인조의, 합성의

Quiz

단어의 알맞은 뜻을 찾아 연결해보세요.

01 wound
02 acquired
03 spatial
04 utilize
05 aggregate

ⓐ 후천적인
ⓑ 사용하다
ⓒ 분포시키다
ⓓ 집단, 집합
ⓔ 상처
ⓕ 공간적인

06 miniscule
07 herbivorous
08 detritus
09 digest
10 gritty

ⓐ 아주 작은
ⓑ 값비싼
ⓒ 껄끄러운, 모래 같은
ⓓ 배설물, 유기 분해물
ⓔ 초식성의
ⓕ 소화하다

ⓒ 01 ⓕ 60 ⓓ 80 ⓔ ʓ0 ⓐ 90 ⓓ 50 ⓑ ⱱ0 ⓕ ε0 ⓔ Z0 ⓔ ⇂0

HACKERS TOEFL ACTUAL TEST LISTENING

TEST 06

SELF-CHECK LIST

이번 테스트는 어땠나요?
다음 체크리스트로 자신의 테스트 진행 내용을 점검해 볼까요?

---

1 나는 테스트가 진행되는 동안 완전히 집중하였다. ☐ Yes ☐ No
집중하지 못했다면, 그 이유는?

2 나는 주어진 16분 30초 동안 28문제를 모두 풀었다. ☐ Yes ☐ No
문제를 모두 풀지 못했다면, 그 이유는?

3 유난히 어렵게 느껴지는 지문이 있었다. ☐ Yes ☐ No
있었다면, 어려웠던 지문과 그 이유는? (어휘, 속도, 주제 등)

4 유난히 어렵게 느껴지는 문제가 있었다. ☐ Yes ☐ No
있었다면, 어려웠던 문제의 유형과 그 이유는?

5 이전 테스트에서 발견된 문제점이 모두 개선되었다. ☐ Yes ☐ No
개선되지 않았다면, 그 이유는?

6 개선해야 할 점과 이를 위한 구체적인 학습 계획

ANSWER KEYS & 취약 유형 분석표

PART 1

01 (C) Main Purpose
02 (A), (D) Detail
03 (B) Function
04 (C) Inference
05 (A) Detail
06 (A), (D) Main Topic
07 (A), (C) Detail
08 List

	Yes	No
The temperature of the air it passes through	√	
The type of particle it forms around		√
The amount of moisture it encounters	√	
The composition of the ice it accumulates		√
The length of time it spends aloft	√	

09 (B) Attitude
10 (C) Detail
11 (B) Inference
12 (D) Main Topic
13 (B) Function
14 (B) Detail
15 Matching

	Shield volcano	Strato volcano
Frequent eruptions	√	
Cooler lava		√
Explosive eruptions		√
Basalt lava	√	

16 (C) Inference
17 (A) Purpose

PART 2

01 (C) Main Topic
02 (C) Detail
03 (B), (D) Detail
04 (D) Function
05 (B) Detail
06 (B) Main Topic
07 (A), (D) Detail
08 (C) Detail
09 (B) Function
10 (A) Inference
11 (C) Purpose

■ 각 문제 유형별 맞힌 개수를 아래에 적어 보세요.

문제 유형	맞힌 답의 개수
Main Topic / Purpose	/ 5
Detail	/ 10
Function & Attitude	/ 5
Connecting Contents I (List, Matching, Ordering)	/ 2
Connecting Contents II (Purpose, Organization)	/ 2
Inference	/ 4
Total	**/ 28**

* 자신이 취약한 유형은 LISTENING STRATEGIES(p.22)를 통해 다시 한번 점검하시기 바랍니다.

Listen to a conversation between a student and a career center employee.

학생의 용건
여름 일자리 지원과 관련한 도움 요청

W: Hello. Welcome to the career center.

M: Hi, are you Sandra Evans? The career counselor? We briefly spoke on the phone yesterday . . .

W: Oh, Sandra is out for lunch. She should be back by, uh, one o'clock or so . . . Would you like to wait here until she gets back?

M: Actually, I have a class that starts at one. Is there someone else I could talk to? [01]I just had a few questions about applying for summer jobs.

W: Oh, I can help you with that. What type of information are you looking for?

M: [01]I'd like to get an internship during the summer. Paid or unpaid is fine . . .

W: Unpaid internships are definitely more common, but you can still get some valuable experience that will help you down the road.

M: Yeah, that's really the most important thing for me . . . getting some experience.

W: What's your major, if you don't mind?

M: Not at all. I'm majoring in marketing and public relations. I was really hoping to find a position where I can use what I've learned to help organize events.

직원의 제안 1
취업지원센터 웹사이트에서 구인광고를 확인할 것

W: Sure. Have you checked the career center website for job advertisements?

M: I haven't yet. [03]I thought it'd only include jobs available on campus and I'm looking for something off campus, so I thought I might just have to contact companies directly.

W: Well, you can definitely do that . . . But our website compiles a lot of relevant data so finding a job that suits you is easier. [02]For example, it updates available positions daily, and includes detailed job descriptions so you could search specifically for marketing internships.

M: What about the interview . . . Can I set that up through the website, too?

W: No, you'd set up the interview directly with the interviewer. Do you have any applications out there yet?

학생과 취업지원센터 직원 사이의 대화를 들으시 오.

W: 안녕하세요. 취업지원센터에 오신 걸 환영해 요.

M: 안녕하세요, 당신이 Sandra Evans인가요? 직업 상담사 맞으시죠? 어제 간단하게 통화했 었는데요...

W: 오, Sandra는 점심 먹으러 나갔어요. 어, 1시 쯤에 돌아올 거예요... 그녀가 돌아올 때까지 여 기서 기다리실래요?

M: 실은, 1시에 시작하는 수업이 있어서요. 제 가 얘기를 나눌 수 있는 다른 분이 계시나요? [01]여름 일자리에 지원하는 것에 대한 몇 가지 질문이 있어서요.

W: 오, 그건 제가 도와드릴 수 있어요. 어떤 정보 를 찾고 있나요?

M: [01]여름 동안 일할 인턴십을 구하고 싶어요. 유급 이든 무급이든 상관없고요...

W: 무급 인턴십이 확실히 더 흔하지만, 그래도 여 전히 학생의 장래에 도움이 될 값진 경험을 쌓 을 수 있어요.

M: 네, 그게 사실 제게 가장 중요한 거예요... 경험 을 쌓는 거요.

W: 실례가 안 된다면, 학생 전공이 무엇인가요?

M: 네. 저는 마케팅과 홍보를 전공하고 있어요. 제 가 배운 것을 이용해서 행사를 준비하는 것을 도울 수 있는 직무를 찾길 정말 원해요.

W: 좋아요. 취업지원센터 웹사이트에서 구인광고 를 확인해본 적 있나요?

M: 아직이요. [03]거기엔 교내에서 구할 수 있는 일 자리만 있는 줄 알았어요. 저는 학교 밖의 일자 리를 찾고 있기 때문에 회사들에 직접 연락해 야겠다고 생각했죠.

W: 음, 물론 그렇게 해도 돼요... 하지만 저희 웹 사이트에는 수많은 관련 자료를 모아서 정리 하기 때문에 학생에게 맞는 일자리를 찾는 게 더 쉬워요. [02]예를 들어, 웹사이트에는 지원 가 능한 일자리가 매일 업데이트되고, 자세한 직 무기술서도 있어서 마케팅 인턴십을 구체적으 로 찾을 수 있죠.

M: 면접은 어떤가요... 웹사이트를 통해 일정을 잡 을 수도 있나요?

W: 아니요, 면접관과 직접 면접 일정을 잡아요. 지 원서를 낸 적이 있나요?

Vocabulary

career counselor 직업 상담사   **down the road** 장래에   **public relations** 홍보   **organize**[ɔ́ːrgənàiz] (어떤 일을) 준비하다
compile[kəmpáil] (자료를) 모아서 정리하다, 수집하다   **job description** 직무기술서

직원의 제안 2

웹사이트의
지원서 피드백
서비스를
이용할 것

M: [04]I sent applications to a few well-known marketing firms, but I haven't heard back from any of them. You know, I spent a lot of time preparing my cover letter, but I'm starting to wonder if it needs more work.

W: I see. Our website includes a list of tips for writing cover letters. For example, it's necessary that your letter show employers how your experience matches what they're looking for. It might be worth looking over before you send out any more applications.

M: Yeah, and another big issue for me is the, uh, layout of my résumé. I'm applying in marketing, so the application I submit should really sell me to the employer.

W: Well, we do have advisors here who can help you improve your résumé. [02]There's a form on our website . . . just upload your résumé and you should receive an e-mail reply within a day or two with some specific suggestions. It's a service I highly recommend . . . An attractive résumé can make a huge difference. Of course, there's more to it than that.

M: What do you mean?

직원의 제안 3

워크숍에
참석할 것

W: I mean a résumé isn't everything. We hold workshops that offer specific feedback on your job applications and also provide information on how to make a positive impression during an interview. Plus, I think they let you rehearse interview questions. You know, once you've had some practice at a workshop, real interviews will be a lot easier for you. I'm sure you know how daunting they can be.

M: It sounds like a pretty big time commitment. Do you think it's worth it?

W: Absolutely. [05]I know they've really helped a lot of students with the application process . . . I've heard quite a few success stories from students who've attended a workshop here.

M: OK. Um, what's the schedule like? I'm a very active member of the Literature Club . . . and I'm a bit concerned the workshop sessions will overlap with my club activities.

W: That's not a problem. If there's a conflict, just notify the staff in advance, so that they can adjust the schedule a bit.

M: That's good to know. Thanks so much for your help!

W: No problem! Drop by anytime if you have any questions.

M: [04]잘 알려진 마케팅 회사 몇 군데에 지원서를 보냈는데 아무런 연락을 받지 못했어요. 있죠, 자기소개서를 준비하는 데 많은 시간을 썼는데, 더 다듬어야 하는지 궁금해지네요.

W: 그렇군요. 저희 웹사이트에는 자기소개서 작성에 관한 조언 목록이 있어요. 예를 들어, 자기소개서는 학생의 경험이 고용주가 찾고 있는 것과 어떻게 일치하는지를 보여주는 게 중요해요. 지원서를 더 보내기 전에 다시 살펴보는 것이 좋을 수도 있겠네요.

M: 네, 그리고 제가 가진 다른 큰 문제는, 어, 이력서의 구성이에요. 저는 마케팅 회사에 지원하니까, 제가 제출하는 지원서가 저를 고용주에게 꼭 납득시킬 수 있어야 해요.

W: 음, 학생의 이력서가 개선되도록 도와줄 수 있는 상담사들이 있어요. [02]저희 웹사이트에 양식이 있는데요... 학생이 이력서를 업로드하면 하루나 이틀 안에 구체적인 제안 사항이 기재된 이메일 답변을 받을 수 있을 거예요. 제가 적극 추천하는 서비스죠... 매력적인 이력서는 큰 차이를 만드니까요. 물론, 그것 말고도 더 있지만요.

M: 무슨 뜻이죠?

W: 이력서가 전부는 아니란 뜻이에요. 저희는 학생의 취업 지원서에 대한 구체적인 피드백을 제공할 뿐만 아니라 면접에서 긍정적인 인상을 심어주는 방법에 대한 정보도 제공하는 워크숍을 운영해요. 게다가, 워크숍에서는 학생이 면접 질문을 예행연습할 수 있게 해줄 거예요. 그러니까, 워크숍에서 연습을 좀 해두면, 실제 면접이 훨씬 더 쉬워질 거예요. 학생도 면접이 얼마나 어려울 수 있는지 알고 있을 거라고 확신해요.

M: 시간 투자가 꽤 많이 필요한 일 같네요. 그게 그만큼의 가치가 있다고 생각하세요?

W: 당연하죠. [05]워크숍이 실제로 많은 학생들의 지원 과정을 도왔다고 알고 있어요... 여기 워크숍에 참석한 학생들로부터 성공담도 꽤 들었고요.

M: 그렇군요. 음, 일정이 어떻게 되나요? 전 문학 동아리 활동을 매우 활발하게 하고 있는데... 그래서 워크숍 시간이 제 동아리 활동과 겹칠까 봐 좀 걱정되네요.

W: 그건 문제가 안 돼요. 만약 일정이 겹치면, 미리 직원에게 알려주세요, 그럼 그들이 일정을 좀 조정해 줄 수 있을 거예요.

M: 좋은 정보네요. 도와주셔서 정말 감사해요!

W: 천만에요! 질문이 있으면 언제든지 오세요.

Vocabulary

cover letter 자기소개서   match[mætʃ] 일치하다   layout[léiàut] 구성   résumé[rézumèi] 이력서   submit[səbmít] 제출하다

rehearse[rihə́ːrs] 예행연습 하다   daunting[dɔ́ːntiŋ] 어려운, 기를 죽이는   commitment[kəmítmənt] (돈·시간 등의) 투자, 투입

session[séʃən] (특정한 활동을 하는) 시간, 수업   overlap[òuvərlǽp] 겹치다   notify[nóutəfài] 알리다, 통지하다

01

Why does the student go to the career center?

(A) To conduct an interview with an employee there
(B) To look for information about working on campus
(C) To receive advice about the job application process
(D) To schedule a meeting with a counselor

학생은 왜 취업지원센터에 찾아가는가?

(A) 그곳에 있는 직원과 인터뷰를 하기 위해
(B) 교내 일자리에 대한 정보를 찾기 위해
(C) 취업 지원 과정에 대한 조언을 얻기 위해
(D) 상담사와 만날 일정을 잡기 위해

Main Purpose 도입부에서 학생은 여름 일자리를 지원하는 것에 대한 몇 가지 질문이 있다(I just had a few questions about applying for summer jobs)고 말하며, 여름 동안 일할 인턴십을 구하고 싶다(I'd like to get an intership during the summer)고 말한다.

02

According to the conversation, what can the student do at the website?

Choose 2 answers.

(A) Request feedback on application materials
(B) Obtain scheduling information for workshops
(C) View sample interview questions and answers
(D) Access updated job listings with complete job descriptions

대화에 따르면, 학생은 웹사이트에서 무엇을 할 수 있는가?
2개의 답을 고르시오.

(A) 지원 서류에 대한 피드백을 요청하는 것
(B) 워크숍 일정 정보를 얻는 것
(C) 샘플 면접 질문과 답변을 보는 것
(D) 직무기술서가 완비된 최신 구인 정보 목록을 이용하는 것

Detail 직원은 학생에게 웹사이트에 이력서를 업로드하면 구체적인 제안 사항이 기재된 답변을 받을 수 있고(just upload your résumé and you should receive an e-mail reply ~ with some specific suggestions), 웹사이트에는 지원 가능한 일자리 정보가 매일 업데이트되고 직무기술서가 있다(it updates available positions daily, and includes detailed job descriptions)고 말한다.

03

Listen again to part of the conversation. Then answer the question.

M: I thought it'd only include jobs available on campus and I'm looking for something off campus, so I thought I might just have to contact companies directly.
W: Well, you can definitely do that . . . But our website compiles a lot of relevant data so finding a job that suits you is easier.

Why does the employee say this:
W: Well, you can definitely do that . . .

(A) To express confidence that the student will find off campus employment
(B) To indicate that she is about to suggest an alternative
(C) To encourage the student to apply directly to employers
(D) To suggest that the student's proposed method is ideal

대화의 일부를 다시 듣고 질문에 답하시오.

M: 거기엔 교내에서 구할 수 있는 일자리만 있는 줄 알았어요, 저는 학교 밖의 일자리를 찾고 있기 때문에 회사들에 직접 연락해야겠다고 생각했죠.
W: 음, 물론 그렇게 해도 돼요... 하지만 저희 웹사이트에는 수많은 관련 자료를 모아서 정리하기 때문에 학생에게 맞는 일자리를 찾는 게 더 쉬워요.

직원은 왜 이렇게 말하는가:
W: 음, 물론 그렇게 해도 돼요...

(A) 학생이 학교 외부의 일자리를 찾을 것이라는 확신을 표현하기 위해
(B) 대안을 제시하려고 한다는 것을 나타내기 위해
(C) 학생이 고용주에게 직접 지원하는 것을 장려하기 위해
(D) 학생이 제안한 방법이 이상적이라는 것을 암시하기 위해

Function 직원은 학생이 회사에 직접 연락하려고 했다는 말에, 그렇게 해도 되지만 웹사이트에 관련 정보가 많아 알맞은 일자리를 찾는 것이 더 쉽다(you can definitely do that ~ But our website compiles a lot of relevant data so finding a job that suits you is easier)고 말한다. 즉, 직원은 학생에게 대안을 제시하려고 하는 것이다.

04

What does the student imply about his cover letter?

(A) It needs to be revised to focus on his work experience.
(B) It has been specifically tailored toward individual employers.
(C) It may be the reason he has not found a job yet.
(D) It emphasizes his background in marketing and public relations.

학생은 자신의 자기소개서에 관해 무엇을 암시하는가?

(A) 그의 경력에 초점을 맞추도록 수정되어야 한다.
(B) 각각의 고용주들에게 특별히 맞춰 쓰였다.
(C) 그가 아직 일자리를 찾지 못하는 이유일 수도 있다.
(D) 마케팅과 홍보 분야에서의 그의 배경을 강조한다.

Inference 학생은 몇 군데에 지원을 했음에도 불구하고 아무런 연락을 받지 못했다(I sent applications ~ I haven't heard back from any of them)고 말하며, 자기소개서를 더 다듬어야 하는지 궁금하다(I'm starting to wonder if it needs more work)고 말한다. 이를 통해 학생은 자기소개서 때문에 아직 일자리를 찾지 못했다고 생각하고 있음을 알 수 있다.

05

What does the employee say about the workshop?

(A) Many students have found employment after participating in it.
(B) It provides general information about job application documents.
(C) Some students are unable to attend it because of scheduling issues.
(D) It includes feedback from actual employers on interview performance.

직원은 워크숍에 관해 무엇이라 말하는가?

(A) 많은 학생들이 그것에 참여한 후 일자리를 얻었다.
(B) 입사 지원 서류에 대한 일반적인 정보를 제공한다.
(C) 어떤 학생들은 일정 문제 때문에 참석하지 못한다.
(D) 실제 고용주들에게서 면접 결과에 대한 피드백을 받는 것을 포함한다.

Detail 직원은 워크숍이 실제로 많은 학생들의 지원 과정을 도왔다고 알고있고, 워크숍에 참석한 학생들로부터 성공담도 꽤 들었다(I know they've really helped a lot of students with the application process ~ I've heard quite a few success stories from students who've attended a workshop here)고 말한다.

Listen to part of a lecture from an earth science class.

지구과학 강의의 일부를 들으시오.

주제

눈송이가 형성 과정과 눈송이가 오염 물질을 운반하는 방법

P: Let's return to precipitation. By now, you should all have a clear understanding of the various mechanisms that cause water in the atmosphere to fall to the earth as rain. [06]We are going to now look at a related phenomenon . . . snowflake formation. We will also examine how this process results in atmospheric pollutants being carried to the planet's surface . . .

P: 강수량에 대해 되돌아가보죠. 지금쯤 여러분 모두는 대기중의 물을 지구에 비로 떨어지게 하는 다양한 방법들에 대한 명확한 이해를 하고 있을 겁니다. [06]우리는 이제 관련된 한 현상에 대해 살펴볼 거예요... 눈송이 형성이요. 또한 이 과정이 어떻게 대기 오염 물질들을 행성의 표면으로 운반하는지를 조사하겠습니다...

눈송이의 형성 과정

OK, the first to keep in mind is that a snowflake is not a frozen raindrop . . . That's a common misconception. In fact, snowflakes form when water vapor in the air is converted directly into ice. This occurs in one of two ways. The first happens when air temperatures are between 0 and -36 degrees Celsius . . . and it requires the presence of an airborne particle to act as a nucleus . . . um, for example, a small piece of dust or pollen. [07]In this situation, supercooled water vapor in the air will condense on the particle's surface and freeze, forming a minuscule ice crystal. However, once temperatures drop below -36 degrees, there is no need for a particle to act as a trigger for snowflake formation . . . [07]The water vapor in the air will simply transform into ice crystals. But, uh, regardless of which way they form, these initial specks of ice are called seed crystals because they serve as the basis for larger, more complex snowflakes to develop.

자, 첫 번째로 명심해야 할 것은 눈송이가 얼어붙은 빗방울이 아니라는 겁니다... 그건 흔히 있는 오해죠. 사실, 눈송이는 대기 속의 수증기가 직접 얼음으로 바뀔 때 형성돼요. 이것은 두 가지 방법 중 하나로 일어납니다. 첫 번째는 기온이 섭씨 0도와 영하 36도 사이일 때 일어나요... 그리고 그것은 핵의 역할을 하는 공기로 운반되는 입자를 필요로 하죠... 음, 예를 들어, 먼지나 꽃가루의 작은 조각이요. [07]이 경우에, 공기중의 과냉된 수증기가 아주 작은 얼음 결정을 형성하면서 입자의 표면에서 응결되어 얼 거예요. 하지만 기온이 영하 36도 밑으로 떨어지고 나면, 눈송이 형성의 계기가 되는 입자가 필요 없죠... [07]공기중의 수증기는 간단하게 얼음 결정으로 변형될 겁니다. 하지만, 어, 그것들이 형성되는 방법에 상관없이, 이러한 최초의 작은 얼음 알갱이들을 씨결정이라고 불러요. 왜냐하면 그들은 더 크고 복잡한 눈송이들이 만들어지기 위한 근간이 되거든요.

Um, seed crystals always have six sides . . . uh, they're hexagons. And it is this initial form that results in the basic shape of a snowflake. Take a look at this picture of a typical snowflake . . . See how it has six, um, arms? As more and more ice accumulates, it projects outwards from the, um, corners of the original seed crystal, forming the complex arms of the snowflake . . .

음, 씨결정은 항상 여섯 개의 면을 가지고 있습니다... 어, 그들은 6각형이죠. 그리고 눈송이의 기본적인 모양을 만들어내는 것이 바로 이 최초의 형태예요. 이 전형적인 눈송이의 사진을 좀 보세요... 그것이, 음, 여섯 개의 가지를 가지고 있는 것이 보여요? 더 많은 얼음이 축적됨에 따라, 그것은 처음 씨결정의 모서리에서, 음, 바깥으로 튀어나와요, 눈송이의 복잡한 가지를 형성하면서 말이죠...

Vocabulary

precipitation[prisìpətéiʃən] 강수, 강수량 **snowflake**[snóuflèik] 눈송이 **atmospheric**[æ̀tməsférik] 대기의 **misconception**[mìskənsépʃən] 오해
water vapor 수증기 **airborne**[ɛ́ərbɔ̀ːrn] 공기로 운반되는 **nucleus**[njúːkliəs] 핵 **pollen**[pálən] 꽃가루 **supercool**[sùːpərkúːl] 과냉각하다
condense[kəndéns] (기체가) 응결되다 **minuscule**[mínəskjùːl] 아주 작은 **speck**[spek] 작은 알갱이 **seed crystal** 씨결정
hexagon[héksəgən] 6각형 **accumulate**[əkjúːmjulèit] 축적하다 **project**[prədʒékt] 튀어나오다

Of course, as the snowflake increases in size and mass, it begins to fall towards the earth . . . and this gradual descent affects its shape and size as well. Anyone want to take a guess as to why?

눈송이의
형태 변화

S: Hmm . . . Um, wouldn't the air be warmer at lower altitudes? Maybe that has some sort of effect on the snowflake . . .

P: It isn't that the air gets progressively warmer . . . It's that temperatures and humidity levels fluctuate significantly as the snowflake moves through different air masses. Exposure to these, uh, changing atmospheric conditions determines the thickness of something called the quasi-liquid layer. You see, there is a thin film of water on the surface of ice crystals that is . . . well, it's neither frozen nor liquid. It's somewhere in between. And it's the molecules in this layer that bond with those in the surrounding air. As a result, a snowflake's growth pattern is determined by the thickness of its quasi-liquid layer. [08]When the surrounding air is cold and dry, this layer is very thin . . . so the snowflake develops long needle-like structures as it expands. But the quasi-liquid layer thickens in warmer, wetter air . . . which leads to the formation of flat, plate-like structures. And the longer the snowflake spends in the air, the more complex its shape will be . . . um, it is subjected to a wider range of atmospheric conditions . . .

눈송이가
오염 물질을
운반하는 방법

[06]Now, the other thing I want to discuss is how the process of snowflake formation can result in the transfer of atmospheric pollutants to the ground. This happens in a couple of ways . . . The first goes back to what I mentioned earlier about water vapor crystallizing around airborne particles. Sometimes these particles are pollutants such as lead. So the snowflake has a toxic substance at its core and transports it all the way down to the ground . . . Yes?

S: Um, I thought you said that snowflakes don't always need,

물론, 눈송이의 크기와 질량이 커짐에 따라, 그것은 지구로 떨어지기 시작해요... 그리고 이러한 점진적인 하강은 그것의 모양과 크기에도 영향을 미치죠. 왜 그런지 추측해볼 사람이 있나요?

S: 흠...음, 공기가 낮은 고도에서 더 따뜻하지 않나요? 아마 그게 눈송이에 어떤 영향을 줄 거예요...

P: 공기가 서서히 따뜻해지는 건 아닙니다... 눈송이가 다른 기단을 통과하며 움직이기 때문에 온도와 습도가 크게 변동해요. 이러한, 어, 변화하는 대기 상태에의 노출은 유사 액체층이라고 불리는 것의 두께를 결정합니다. 보세요, 얼음 결정의 표면에는 얇은 물 막이 있어요... 음, 그것은 얼어있지도 액체 형태도 아니에요. 중간 어디쯤이죠. 그리고 주위 공기에 있는 분자와 결합하는 것이 바로 이 층의 분자예요. 그 결과, 눈송이의 성장 형태는 그것의 유사 액체층의 두께에 따라 결정됩니다. [08]주위 공기가 차갑고 건조하면, 이 층은 매우 얇아요... 그래서 눈송이는 그것이 확장됨에 따라 긴 바늘 형태의 구조로 발달하죠. 하지만 유사 액체층은 더 따뜻하고 습한 공기에서는 두꺼워집니다... 이것은 평평하고, 접시 형태의 구조의 형성으로 이어지죠. 그리고 눈송이가 공기 중에서 더 오랜 시간을 보낼수록, 그것의 모양은 더 복잡해질 거예요... 음, 그것은 더 다양한 대기 상태에 노출되거든요...

[06]자, 제가 논의하고 싶은 또 하나는 어떻게 눈송이 형성 과정이 대기 오염 물질을 땅으로 이동시키는 결과를 낳을 수 있는지 입니다. 이것은 몇 가지 방법으로 일어날 수 있죠... 첫 번째는 제가 이전에 언급했던 공기로 운반되는 입자 주위의 수증기 결정화로 돌아가요. 때때로 이러한 입자들은 납과 같은 오염 물질이죠. 그래서 눈송이들은 그것의 중심부에 독성 물질들을 가지고 있고 그것을 땅에 내려오는 내내 옮겨요... 네?

S: 음, 전 교수님께서 눈송이들이, 음, 형성하기 위

Vocabulary

gradual[grǽdʒuəl] 점진적인   descent[disént] 하강   altitude[ǽltətjùːd] 고도   humidity[hjuːmídəti] 습도   fluctuate[flʌ́ktʃuèit] 변동하다
air mass 기단   quasi-liquid layer 유사 액체층   film[film] 얇은 막   molecule[mάləkjùːl] 분자   bond[bɑnd] 결합하다
surrounding[səráundiŋ] 주위의   flat[flæt] 평평한   crystallizing[krístəlàiziŋ] 결정화   lead[led] 납   toxic substance 유독 물질
core[kɔːr] 중심부

um, particles to form? So this means that snowflakes that develop in colder temperatures are, uh, free of pollutants?

P: Well, that brings me back to the quasi-liquid layer . . . Uh, even if a snowflake doesn't develop around a pollutant, it still has a pretty good chance of picking up other harmful substances as it falls . . . and actually transforming them into something worse. This process involves certain types of industrial contaminants in the atmosphere, such as nitrogen oxide and sulfur oxide . . . [09]And, um, coal power plants are largely to blame for the high amounts of these gases in the atmosphere . . . which is especially outrageous considering how unnecessary it is to burn coal when there are so many alternative energy sources . . . [10]Anyway, when these gases come into contact with the quasi-liquid layer surrounding a snowflake, they react with the water molecules to create nitric and sulfuric acid . . . Um, you've all heard of acid rain, right? It's the same basic idea . . . but in this case, it is acid snow.

눈송이로 인한
오염 문제
해결의 필요성

The fact that snowflakes carry acidic substances is obviously a concern . . . But the problem is magnified by the manner in which these pollutants enter an ecosystem. In many regions of the world, snow accumulates on the ground over the course of several months and then melts very quickly at the beginning of spring. So large amounts of pollutants are released in a very short period of time . . . [11]This phenomenon is called an acid pulse . . . and it can have devastating consequences. For example, a recent study showed that over, um . . . over 50,000 young fish died in a lake in New York State due to contaminants from melting snow entering the water. Obviously we need to find some way to prevent this from happening in the future . . .

위해 항상 입자들을 필요로 하지는 않는다고 말하셨다고 생각했는데요? 그럼 이것은 더 추운 온도에서 발달하는 눈송이들은, 어, 오염 물질이 없다는 것을 의미하나요?

P: 음, 그건 다시 유사 액체층으로 되돌아가게 하네요... 어, 눈송이가 오염 물질 주위에서 만들어지지 않더라도, 그것이 떨어지면서 다른 유해한 물질들을 가져올 가능성은 여전히 꽤 높거든요... 그리고 실제로 그것들을 더 나쁜 무언가로 변형시켜요. 이 과정은 대기 중에 있는 특정한 종류의 산업 오염 물질을 포함합니다, 질산화물이나 황산화물 같은 것들이요... [09]그리고, 음, 석탄 발전소들은 대기 중의 많은 양의 이러한 가스들에 큰 책임이 있어요... 이것은 그렇게 많은 대체 에너지원들이 있는데 석탄을 태우는 것이 얼마나 불필요한지를 고려하면 특히 터무니없는 거죠... [10]어쨌든, 이러한 가스들이 눈송이 주위의 유사 액체층과 접촉하면, 그들은 질산과 황산을 만드는 물 분자와 반응하게 됩니다... 음, 여러분 모두 산성비에 대해 들어보셨죠? 기본 개념은 같아요... 하지만 이 경우에는, 산성눈이에요.

눈송이들이 산성 물질들을 운반한다는 사실은 분명히 근심거리입니다... 하지만 이러한 오염 물질들이 생태계에 들어가는 방법으로 인해 문제가 확대되었어요. 세계의 많은 지역에서 눈은 몇 달 동안 땅에 축적되고 봄 초에 매우 빨리 녹아요. 그래서 많은 양의 오염 물질들이 매우 짧은 시간 내에 방출되죠... [11]이 현상은 acid pulse라고 불려요... 그리고 그것은 치명적인 결과를 가져올 수 있습니다. 예를 들어, 최근의 연구는, 음... 뉴욕 주에 있는 호수에서 5만 마리가 넘는 새끼 물고기들이 물에 녹아 들어가는 눈의 오염 물질로 인해 죽었다는 것을 보여줬어요. 명백히 우리는 이것이 미래에 일어나지 않도록 예방하는 어떤 방법을 찾을 필요가 있습니다...

Vocabulary

nitrogen oxide 질산화물   sulfur oxide 황산화물   be to blame for (~에 대한) 책임이 있다   outrageous[autréidʒəs] 터무니없는
come into contact with ~와 접촉하다   nitric acid 질산   sulfuric acid 황산   ecosystem[ékousìstəm] 생태계   release[rilíːs] 방출하다
devastating[dévəstèitiŋ] 치명적인

06

What is the lecture mainly about?

Choose 2 answers.

(A) The ways that snowflakes transport pollutants
(B) The reason why all snowflakes are different
(C) The effects of pollution on a snowflake's shape
(D) The process by which a snowflake is formed

강의는 주로 무엇에 관한 것인가?
2개의 답을 고르시오.

(A) 눈송이들이 오염 물질을 운반하는 방법들
(B) 모든 눈송이들이 다른 이유
(C) 오염이 눈송이의 모양에 미치는 효과
(D) 눈송이가 형성되는 과정

Main Topic 도입부에서 교수는 이제 눈송이 형성과 이 과정이 어떻게 대기 오염 물질을 행성의 표면으로 운반하는지를 조사하겠다(We are going to now look at ~ snowflake formation ~ examine how this process results in atmospheric pollutants being carried to the planet's surface)고 말한다. 이어 교수는 강의 전반에 걸쳐 눈송이 형성 과정과 그것이 오염 물질을 운반하는 방법 및 문제 해결의 필요성에 대해 논의한다.

07

According to the professor, how do seed crystals develop?

Choose 2 answers.

(A) Ice forms on a particle.
(B) Raindrops freeze in low temperatures.
(C) Water vapor solidifies in the air.
(D) Supercooled water evaporates.

교수에 따르면, 씨결정은 어떻게 만들어지는가?
2개의 답을 고르시오.

(A) 입자 위에서 얼음이 형성된다.
(B) 빗방울이 낮은 온도에서 언다.
(C) 수증기가 공기 중에서 굳어진다.
(D) 과냉된 물이 증발한다.

Detail 교수는 공기 중의 과냉된 수증기가 입자의 표면에서 응결되어 얼거나(supercooled water vapor in the air will condense on the particle's surface and freeze), 공기 중의 수증기가 간단하게 얼음으로 변형된다(The water vapor in the air will simply transform into ice crystals)고 말한다.

08

In the lecture, the professor identifies several factors that affect the development of a snowflake. Indicate whether each of the following is a factor.

	Yes	No
The temperature of the air it passes through	√	
The type of particle it forms around		√
The amount of moisture it encounters	√	
The composition of the ice it accumulates		√
The length of time it spends aloft	√	

강의에서, 교수는 눈송이의 발달에 영향을 미치는 몇 가지 요인들을 밝힌다. 다음의 항목이 요인인지를 표시하시오.

	예	아니오
통과하는 공기의 온도	√	
주위에 형성하는 입자의 종류		√
접하는 습기의 양	√	
축적하는 얼음의 구성 요소		√
공중에서 보내는 시간의 길이	√	

List 교수는 눈송이 발달에 영향을 미치는 요인들을 설명한다. 교수에 따르면, 눈송이의 성장 형태는 유사 액체층의 두께에 따라 결정되는데, 주위 공기가 차갑고 건조하면 층이 매우 얇으며(When the surrounding air is cold and dry, this layer is very thin), 더 따뜻하고 습한 공기에서는 두꺼워지고(the quasi-liquid layer thickens in warmer, wetter air), 공기 중에서 더 오랜 시간을 보낼수록 모양이 더 복잡해진다(the longer the snowflake spends in the air, the more complex its shape will be). 이를 통해 공기의 온도, 습기의 양, 공중에서 보내는 시간의 길이가 눈송이의 발달에 영향에 미치는 요인임을 알 수 있다.

09

What is the attitude of the professor toward coal power plants?

(A) They negatively impact weather patterns around the world.
(B) Their harm to the environment is completely unjustifiable.
(C) They are responsible for decreased snowflake formation.
(D) Their role in increasing pollution has been exaggerated.

석탄 발전소들에 대한 교수의 태도는 무엇인가?

(A) 전 세계의 날씨 유형에 부정적으로 영향을 준다.
(B) 환경에 미치는 그들의 피해는 완전히 이치에 맞지 않는다.
(C) 감소한 눈송이 형성에 책임이 있다.
(D) 오염의 증가에 대한 그들의 역할은 과장되었다.

Attitude 교수는 석탄 발전소들이 대기 중의 유독 가스들에 큰 책임이 있고, 이것은 특히 터무니 없다(coal power plants are largely to blame for the high amounts of these gases in the atmosphere ~ which is especially outrageous)고 말한다. 이를 통해 교수는 석탄 발전소들이 가져오는 피해는 완전히 이치가 맞지 않는다고 믿고 있음을 알 수 있다.

10

What leads to the creation of acid snow?

(A) Snowflakes form around seed crystals with toxic substances.
(B) Coal particles encounter water molecules in low-temperature areas.
(C) Molecules in the quasi-liquid layer react with atmospheric gasses.
(D) Seed crystals absorb acidic compounds in the atmosphere.

무엇이 산성눈의 형성을 초래하는가?

(A) 눈송이가 유독 물질이 있는 씨결정 주위에 형성한다.
(B) 석탄 입자가 저온 지역의 물 분자를 만난다.
(C) 유사 액체 층에 있는 분자들이 대기의 가스와 반응한다.
(D) 씨결정이 대기 중에서 산성 화합물을 흡수한다.

Detail 교수는 대기의 유독 가스들이 눈송이 주위의 유사 액체층과 접촉하면, 질산과 황산을 만드는 물 분자와 반응한다(when these gases come into contact with the quasi-liquid layer surrounding a snowflake, they react with the water molecules to create nitric and sulfuric acid)고 말한다.

11

Listen again to part of the lecture. Then answer the question.

P: This phenomenon is called an acid pulse . . . and it can have devastating consequences. For example, a recent study showed that over, um . . . over 50,000 young fish died in a lake in New York State due to contaminants from melting snow entering the water. Obviously we need to find some way to prevent this from happening in the future . . .

What does the professor imply when he says this:
P: Obviously we need to find some way to prevent this from happening in the future . . .

(A) Acid pulses are likely to become dangerous in the future.
(B) Not enough has been done to prevent acid pulses.
(C) Acid snowfall in New York is expected to drop sharply.
(D) It is crucial to find a way to purify New York's water quickly.

강의의 일부를 다시 듣고 질문에 답하시오.

P: 이 현상은 acid pulse라고 불려요... 그리고 그것은 치명적인 결과를 가져올 수 있습니다. 예를 들어, 최근의 연구는, 음... 뉴욕주에 있는 호수에서 5만 마리가 넘는 새끼 물고기들이 물에 녹아들어가는 눈의 오염 물질로 인해 죽었다는 것을 보여줬어요. 명백히 우리는 이것이 미래에 일어나지 않도록 예방하는 어떤 방법을 찾을 필요가 있습니다...

교수는 이렇게 말함으로써 무엇을 암시하는가:
P: 명백히 우리는 이것이 미래에 일어나지 않도록 예방하는 어떤 방법을 찾을 필요가 있습니다...

(A) acid pulse는 미래에 위험해질 수 있다.
(B) acid pulse를 예방하기 위해 충분한 조치가 취해지지 않았다.
(C) 뉴욕의 산성눈은 급격히 감소할 것으로 예상된다.
(D) 뉴욕의 물을 빨리 정화할 방법을 찾는 것이 중요하다.

Inference 교수는 acid pulse가 가져온 피해에 대해 언급한 후, 이것이 미래에 일어나지 않도록 예방하는 방법을 찾을 필요가 있다(we need to find some way to prevent this from happening in the future)고 말한다. 즉, 교수는 이때까지 충분한 조치가 취해지지 않았다고 암시하는 것이다.

Listen to part of a talk in a geology class.

마그마와
용암의 차이

P: [13]Well, I guess we should get started. Before we get too far though, let me ask you a question. What's the difference between magma and lava?

S1: Um . . . They are both associated with volcanoes, right?

P: That's true, but you haven't really answered my question . . . Anyone else?

S2: Hmm . . . I know lava is the molten rock that, uh . . . you know . . . spews out of a volcano . . . Is magma a gas?

P: No, magma isn't a gas. This information is in the chapter I assigned last week . . . Did anyone actually read it? Hmm . . . I guess not. I think I may have to schedule a test on this material, so everyone better pay close attention to the lecture today. Magma and lava are both molten rock. In fact, there are no physical differences between the two substances. However, [14]magma is the term used to describe the molten material that is found underground—usually in the magma chamber of an active volcano. Lava, on the other hand, is what this same material is called once it's ejected to the surface during a volcanic eruption.

주제

순상 화산과
성층 화산

As I am sure you all know, a volcano is simply an opening in the surface of the planet that allows, uh, molten rock and gases to escape—what is known as an eruption. Uh . . . this process tends to follow a cyclic pattern. The gradual increase in molten rock and gas in the magma chamber leads to a rise in pressure, until it reaches the point of eruption. Once an eruption has occurred, the magma chamber will again begin to fill. The lava that is ejected from the volcano usually solidifies, uh, fairly quickly. As successive layers of lava cover the surrounding area, they create the distinctive, um, mountain-shaped formations that are associated with volcanoes. However, the intensity of the eruption and the, uh, composition of the lava determine the

지질학 강의의 일부를 들으시오.

P: [13]자, 수업을 시작해야 할 것 같군요. 깊이 들어가기 전에, 한 가지 물어볼게요. 마그마와 용암의 차이점이 뭘까요?

S1: 음... 둘 다 화산과 관련 있죠, 그렇죠?

P: 맞습니다, 하지만 제 질문에 대한 답이 되지는 않는군요... 다른 학생은요?

S2: 흠... 용암이 암석이 녹은 것이라는 건 아는데, 어... 그러니까... 화산에서 뿜어져 나오는 거요... 마그마는 기체인가요?

P: 아뇨, 마그마는 기체가 아닙니다. 이것에 대해서는 지난주 숙제로 내준 챕터에 설명되어 있는데... 읽어온 사람 있나요? 흠... 없는 것 같군요. 나중에 이 부분을 시험에 내야 할지도 모르겠네요, 그러니 모두 오늘 강의 내용에 집중하는 것이 좋을 거예요. 마그마와 용암은 둘 다 암석이 용해된 물질입니다. 실제로, 이 두 물질에 물리적 차이는 없어요. 하지만 [14]마그마는 지하에서 발견되는 용해된 물질을 가리키는 용어이고, 이것은 주로 활화산의 마그마굄에 들어 있죠. 반면, 이같은 물질이 화산 폭발로 지표면으로 분출되면 이것은 용암이라 불립니다.

여러분 모두 알고 있을 거라 확신하지만, 화산은 그저 형성의 지표면에 뚫려 있는 구멍일 뿐입니다, 어, 용해된 암석과 기체가 나갈 수 있도록 하는 곳이에요, 이런 현상을 분화라고 하죠. 어... 이 과정은 주기적인 패턴을 따르는 경향이 있어요. 마그마굄의 용해된 암석과 기체의 양이 점점 많아지면 압력이 증가하게 됩니다, 분화하는 시점에 이를 때까지 말이죠. 한번 분화한 후, 마그마굄은 다시 채워지기 시작합니다. 화산에서 분출된 용암은 보통, 어, 꽤 빨리 응고하게 돼요. 연속적인 용암층이 주변 지역을 덮으면 이것은 화산과 관련 있는 독특한, 음, 산 모양의 형태를 이루게 되죠. 그러나 분화의 강도와, 어, 용암의 구성 성분이 형성물의 종류를 결정합니다. 사실 여러 가지 종류의

TEST

1 | 2 | 3 | 4 | 5 | **6**

HACKERS TOEFL ACTUAL TEST LISTENING

Vocabulary

lava[láːvə] 용암 　 spew[spjuː] 뿜어 나오다 　 molten[móultən] 용해된, 녹은 　 magma chamber 마그마굄(상당량의 마그마가 지하에 괴여 있는 것)
eject[idʒékt] 분출하다, 뿜어내다 　 eruption[iráp∫ən] 폭발, 분화 　 opening[óupəniŋ] 구멍 　 cyclic[sáiklik] 주기적인 　 solidify[səlídəfài] 응고시키다
successive[səksésiv] 연속적인, 계속적인 　 distinctive[distíŋktiv] 독특한 　 composition[kàmpəzí∫ən] 구성 성분

type of formation. There are in fact several different types of volcanoes. [12]Today we are going to discuss shield and strato volcanoes—two of the most common types . . .

순상 화산의 특징

Now, let's look at some of the key characteristics of a shield volcano. I guess the most obvious indicator of the nature of this type of volcano is its name. If you'll look at this slide, you can see that a shield volcano actually does resemble a giant shield lying on the surface of the planet. [15]These large, dome-shaped mountains are composed of basalt, and their distinctive shape is the result of their unique pattern of eruption. Shield volcanoes do not usually have explosive eruptions. Instead the lava tends to flow slowly in all directions from the central vents. The basalt lava is very liquid, so it can, uh, travel quite far before it cools. As a result, the slopes of this type of volcano tend not to be very steep—uh, they rarely exceed six or seven degrees. While small shield volcanoes form very quickly following a period of almost continuous eruptions, the larger ones take much longer—in some cases over a period of millions of years. [15]Regardless of size, shield volcanoes erupt very frequently, usually once every two or three years.

순상 화산의 예

The Hawaiian volcano Mauna Loa is a typical shield volcano. However, if you look at this picture you can see that the angle of its slope is not very steep, even for a shield volcano. This is because there are a series of secondary vents that surround the summit—they release lava during an eruption in conjunction with the central vent, allowing the lava to travel much further than usual. Mauna Loa is the largest volcano on the planet—its summit is around seventeen kilometers above its base on the seabed!

순상 화산으로 형성된 하와이의 지질학적 특성

All of the Hawaiian Islands were created as a result of volcanic activity such as this. In fact, there are over seventeen active and inactive shield volcanoes in the region. As with all areas that have shield volcanoes, Hawaii is situated over a hot spot—um, a section of the earth's crust that is thin enough to allow magma to escape. This has made the Hawaiian Islands a popular research destination for

화산이 있죠. [12]오늘 우리는 두 가지 가장 흔한 종류인 순상(楯狀) 화산과 성층(成狀) 화산에 대해 논의해볼게요...

자, 순상 화산의 주요 특징을 살펴보겠습니다. 아마 이 유형의 화산의 특성을 가장 명백하게 나타내는 건 이름일 것입니다. 이 슬라이드를 보면, 순상 화산이 실제로 지표면에 놓여진 거대한 방패를 닮았다는 것을 알 수 있죠. [15]이 거대한 돔 모양의 산은 현무암으로 구성되어 있고, 이 화산들의 독특한 모양은 이것들의 독특한 분화 패턴의 결과물입니다. 순상 화산은 보통 폭발적으로 분화하지 않습니다. 대신 용암이 중심 분화구에서부터 사방으로 천천히 흘러나오는 경향이 있죠. 현무암질 용암은 굉장히 액성이 높습니다, 그래서 그것은 어, 식기 전에 꽤 먼 곳까지 도달할 수 있죠. 그 결과, 이런 화산의 경사는 그렇게 가파르지 않은 경향이 있어요, 어, 경사각이 6, 7도를 넘는 일은 거의 없죠. 작은 순상 화산은 일정 기간 동안 거의 멈추지 않는 분화로 인해 매우 빠른 속도로 형성되는 반면, 큰 순상 화산은 훨씬 오래 걸립니다, 어떤 경우엔 수백만 년 이상 걸리기도 하죠. [15]크기에 상관없이, 순상 화산은 매우 자주 분화합니다, 보통 2~3년에 한 번씩이요.

하와이에 있는 화산인 마우나로아는 전형적인 순상 화산입니다. 하지만, 이 사진을 보면 산의 경사도가 그렇게 가파르지 않다는 것을 알 수 있습니다, 순상 화산임을 감안하더라도 말이죠. 그건 산의 정상 주위에 일련의 2차 분화구들이 있기 때문인데, 이들은 분화 중 중심 분화구와 함께 용암을 분출해서, 용암이 일반적인 경우보다 훨씬 멀리 이동할 수 있게 합니다. 마우나로아는 지구상에서 가장 큰 화산입니다, 정상이 해저의 기저부터 약 17킬로미터 위에 있죠!

하와이의 모든 섬이 이같은 화산 활동의 결과로 형성되었습니다. 사실, 이 지역엔 17개가 넘는 활동, 비활동 순상 화산이 있습니다. 순상 화산이 있는 다른 모든 지역과 마찬가지로, 하와이도 열점 위에 자리 잡고 있어요, 음, 마그마가 뚫고 나갈 수 있을 정도로 얇은 지각의 부분이요. 이것이 하와이 제도를 화산학자에게 인기 있는 연구 지역으로 만들었죠, 음, 그것과

Vocabulary

shield volcano 순상 화산   **strato volcano** 성층 화산   **resemble**[rizémbl] 닮다   **basalt**[bəsɔ́ːlt] 현무암   **vent**[vent] 분화구, 배출구
slope[sloup] 경사(면)   **steep**[stiːp] 가파른   **exceed**[iksíːd] 넘다, 초과하다   **regardless of** ~에 상관없이   **in conjunction with** ~과 함께
summit[sʌ́mit] 정상   **seabed**[síːbèd] 해저   **situated**[sítʃuèitid] 위치해 있는

volcanologists—well, that and the fact that [16]these gentle eruptions don't pose much of a threat to those observing them.

This isn't true of strato volcanoes, which make up the largest percentage of the Earth's volcanoes. Strato volcanoes are characterized by eruptions of andesite and dacite lava—um, [15]this is much cooler and viscous than the basalt lava of shield volcanoes. As a result, the magma of strato volcanos will usually clog up the central vent—it kind of acts like a plug in a bottle of champagne. This means that a strato volcano will go much longer between eruptions, with a corresponding increase in pressure. Most strato volcanoes erupt about once every 35-45 years—um, of course it varies from volcano to volcano. [15]Anyway, when this type of volcano does erupt, it is very explosive. Can anyone think of an example of this type of eruption?

S1: Yeah . . . Mount St. Helens, right?

P: Exactly . . . and [16]the devastation caused by this eruption is characteristic of a strato volcano. Now, as with shield volcanoes, the manner of eruption is responsible for the strato volcano's distinctive shape. As the lava and volcanic ash burst from the central vent, it will usually fall back on the summit of the volcano. As a result, strato volcanoes are very steep, and usually have a, uh, conical shape. Actually, this is the type of volcano most people are familiar with. [17]Strato volcanoes are commonly found along subduction zones—uh, these are areas where two tectonic plates meet. For example, the Mediterranean is a region that includes many strato volcanoes, because the African and Eurasian plates connect at this point.

성층 화산의 특징과 예

[16]분화가 격렬하지 않아 관찰하는 사람에게 큰 위협을 주지 않는다는 사실이요.

성층 화산에는 이것이 해당하지 않는데요, 성층 화산은 지구상에 존재하는 화산 중 가장 많은 비율을 차지하고 있죠. 성층 화산은 안산암과 석영 안산암질 용암을 분출하는 것이 특징입니다, 음, [15]이것들은 순상 화산의 현무암질 용암보다 온도가 훨씬 낮고 점성이 높은 물질이죠. 그 결과, 성층 화산의 마그마는 보통 중심 분화구를 막게 됩니다, 샴페인 병의 마개와 비슷한 역할을 하죠. 이것은 성층 화산이 다음 분화까지 시간이 훨씬 더 걸린다는 것을 의미합니다, 이에 상응해 압력도 높아지고요. 대부분의 성층 화산은 35~45년에 한 번씩 분화하는데, 음, 물론 화산마다 다르긴 해요. [15]어쨌든, 이런 종류의 화산이 분화할 땐, 굉장히 폭발적입니다. 이렇게 분화한 경우의 예를 누가 들어볼까요?

S1: 네... 세인트헬렌스 산이요, 맞죠?

P: 정확해요... 그리고 [16]이러한 분화로 인한 대규모 파괴가 성층 화산의 특징이죠. 자, 순상 화산과 마찬가지로, 분화하는 방식이 성층 화산 특유의 모양을 형성하는 원인이 됩니다. 용암과 화산재가 중심 분화구로부터 뿜어져 나오면, 이들은 주로 화산의 정상으로 다시 떨어지게 됩니다. 그 결과, 성층 화산은 굉장히 가파르고, 대부분, 어, 원뿔 모양을 갖게 되죠. 사실, 대부분의 사람들이 이런 종류의 화산에 익숙하죠. [17]성층 화산은 주로 섭입대를 따라 발견되는데, 어, 이는 두 개의 지각판이 만나는 지역을 말합니다. 예를 들어, 지중해는 많은 성층 화산을 포함하고 있는 지역이죠, 아프리카 판과 유라시아 판이 이 지점에서 만나니까요.

Vocabulary

andesite[ǽndəzàit] 안산암   dacite[déisait] 석영 안산암   viscous[vískəs] 점성의, 찐득찐득한   clog[klɑg] 막다, 막히다
corresponding[kɔ̀:rəspándiŋ] 상응하는   devastation[dèvəstéiʃən] 대규모의 파괴   conical[kánikəl] 원뿔 모양의   subduction zone 섭입대
tectonic plate 지각판

12

What is the main topic of the lecture?

(A) The factors that result in the creation of a volcano
(B) The various components of a volcano
(C) The causes of volcanic eruptions
(D) The differences between two types of volcanoes

강의의 주된 주제는 무엇인가?

(A) 화산 형성을 초래하는 요인
(B) 화산의 다양한 구성 요소
(C) 화산 폭발의 원인
(D) 두 화산 종류의 차이점

Main Topic 전반부에서 교수는 순상 화산과 성층 화산에 대해 논의할 것(Today we are going to discuss shield and strato volcanoes)이라고 말한다. 이어 교수는 강의 전반에 걸쳐 순상 화산과 성층 화산의 서로 다른 특징에 대해 논의한다.

13

Listen again to a part of the lecture. Then answer the question.

P: Well, I guess we should get started. Before we get too far though, let me ask you a question. What's the difference between magma and lava?
S1: Um . . . They are both associated with volcanoes, right?
P: That's true, but you haven't really answered my question . . . Anyone else?

Why does the professor say this:
P: That's true, but you haven't really answered my question . . .

(A) To suggest that she would like input from other students
(B) To indicate that the student's response is inadequate
(C) To show that she is impressed with the student's knowledge
(D) To imply that the student did not understand the question

강의의 일부를 다시 듣고 질문에 답하시오.

P: 자, 수업을 시작해야 할 것 같군요. 깊이 들어가기 전에, 한 가지 물어볼게요. 마그마와 용암의 차이점이 뭘까요?
S1: 음... 둘 다 화산과 관련 있죠, 그렇죠?
P: 맞습니다, 하지만 제 질문에 대한 답이 되지는 않는군요... 다른 학생은요?

교수는 왜 이렇게 말하는가:
P: 맞습니다, 하지만 제 질문에 대한 답이 되지는 않는군요...

(A) 다른 학생들의 대답도 들어보고 싶다는 것을 암시하기 위해
(B) 학생의 대답이 부적절하다는 것을 표시하기 위해
(C) 학생의 지식에 감명받았다는 것을 보여주기 위해
(D) 학생이 질문을 제대로 이해하지 못했다는 것을 암시하기 위해

Function 교수는 마그마와 용암의 차이점에 대해 질문한 후 학생의 대답이 질문에 대한 답이 되지는 않는다(you haven't really answered my question) 고 말한다. 즉, 교수는 학생의 대답이 부적절하다는 것을 말하고 있는 것이다.

14

According to the professor, what distinguishes lava from magma?

(A) Its composition
(B) Its location
(C) Its temperature
(D) Its viscosity

교수에 따르면, 용암과 마그마를 구별하는 것은 무엇인가?

(A) 구성 성분
(B) 위치
(C) 온도
(D) 점성

Detail 교수는 마그마는 지하에서 발견되는 용해된 물질을 가리키는 용어(magma is the term used to describe the molten material that is found underground)이고, 용암은 마그마와 같은 물질이 화산 폭발로 지표면으로 분출되었을 때 이것을 가리키는 용어(Lava ~ is what this same material is called once it's ejected to the surface during a volcanic eruption)라고 말한다.

15

In the lecture, the professor identifies several characteristics of shield and strato volcanoes. Indicate whether each is a characteristic of a shield or strato volcano.

	Shield volcano	Strato volcano
Frequent eruptions	√	
Cooler lava		√
Explosive eruptions		√
Basalt lava	√	

강의에서, 교수는 순상 화산과 성층 화산의 여러 가지 특성을 밝힌다. 각각이 순상 화산 또는 성층 화산의 특성인지를 표시하시오.

	순상 화산	성층 화산
잦은 분화	√	
더 낮은 온도의 용암		√
폭발적인 분화		√
현무암질 용암	√	

Matching 교수는 순상 화산과 성층 화산의 서로 다른 특성에 대해 설명한다. 교수에 따르면, 순상 화산의 경우 현무암으로 구성되어 있고(These ~ are composed of basalt), 크기에 상관없이 매우 자주 분화한다(Regardless of size, shield volcanoes erupt very frequently). 성층 화산은 순상 화산의 현무암질 용암보다 온도가 훨씬 낮고 점성이 높은 용암을 지니고(this is much cooler and viscous than the basalt lava of shield volcanoes), 분화할 때 매우 폭발적이다(when this type of volcano does erupt, it is very explosive).

16

What can be inferred about strato volcanoes?

(A) They are larger than shield volcanoes.
(B) They are less common than shield volcanoes.
(C) They cause more damage than shield volcanoes.
(D) They produce less lava than shield volcanoes.

성층 화산에 관해 추론할 수 있는 것은 무엇인가?

(A) 순상 화산보다 더 크다.
(B) 순상 화산보다 덜 흔하다.
(C) 순상 화산보다 더 많은 피해를 입힌다.
(D) 순상 화산보다 용암을 덜 분출한다.

Inference 교수는 하와이에 위치한 순상 화산이 분화가 격렬하지 않아 관찰하는 사람들에게 큰 위협을 주지 않는(these gentle eruptions don't pose much of a threat to those observing them) 반면, 분화로 인한 대규모 파괴가 성층 화산의 특징(the devastation caused by this eruption is characteristic of a strato volcano)이라고 말한다. 이를 통해 성층 화산이 순상 화산보다 더 많은 피해를 입힌다는 것을 알 수 있다.

17

Why does the professor mention the Mediterranean region?

(A) To provide an example of a subduction zone
(B) To demonstrate the effects of colliding tectonic plates
(C) To specify an area with many shield volcanoes
(D) To illustrate the damage caused by strato volcanoes

교수는 왜 지중해 지역을 언급하는가?

(A) 섭입대의 예를 들기 위해
(B) 지각판 충돌의 영향을 설명하기 위해
(C) 많은 순상 화산이 있는 지역을 구체적으로 명사하기 위해
(D) 성층 화산이 가져오는 피해를 묘사하기 위해

Purpose 교수는 성층 화산이 주로 섭입대를 따라 발견된다(Strato volcanoes are commonly found along subduction zones)고 말하고, 예를 들어 아프리카 판과 유라시아 판이 만나는 지점에 위치한 지중해가 많은 성층 화산을 포함하고 있다(For example, the Mediterranean is a region that includes many strato volcanoes)고 말한다. 이를 통해 교수는 섭입대에 대한 예를 들기 위해 지중해 지역을 언급했음을 알 수 있다.

Listen to a conversation between a student and a professor.

학생의 용건

보고서에 대한
문의

S: Hi, Professor Smith. Are you busy right now?

P: Oh, hi James. Just give me a second . . . OK, what can I do for you?

S: I was wondering if I could talk to you about my anthropology paper, you know, the one you assigned on ancient civilizations.

P: Sure, go right ahead.

학생의 문제점

보고서 주제에
대한 자료를
찾기가 어려움

S: Well, I chose to write about an aspect of the Harappan Civilization, but now [01]I'm thinking of changing it to some other topic because I'm having trouble finding sources.

P: OK . . . Um, just how did your research go? Can you tell me exactly what happened?

S: Uh, I was going to write about the Harappan writing system. I found it intriguing because the, uh, traditional belief is that the Harappan civilization was literate. Archaeologists discovered clay seals with thousands of symbols. [02]The interesting part is that scholars haven't been able to decipher those symbols.

P: That's an excellent topic! I'm familiar with it. And you're having trouble finding sources?

S: Yes. Since the decoding process is ongoing, and there hasn't actually been much progress, there isn't very much material. I did find a paper—one that says that a literate Harappan Civilization is a myth . . . that the symbols are non-linguistic. The researcher argues that the symbols have other purposes, but they aren't for communicating meaning. So I thought, oh well, there goes the writing system theory, but then I found another paper that defends Harappan literacy. The researcher has a counterargument for each point discussed in the first paper. So there's disagreement with how the symbols were used. And if I base my paper on theories alone, it's not going to be much of a paper. And that's all I've found so far . . .

P: I realize it's not easy to find information on the subject, but I still think it would make for a very interesting read. I do hope you'll stay with it. Um . . . what topic were you thinking of changing it to?

학생이
바꾸고자 하는
보고서 주제

S: [03]I thought that maybe I could write about their architecture instead. There's a lot of material on it, and I found the

---

학생과 교수 사이의 대화를 들으시오

S: 안녕하세요 Smith 교수님. 지금 바쁘세요?

P: 오, James구나. 잠시만... 그래, 무엇 때문에 그러니?

S: 혹시 제 인류학 보고서에 대해 이야기할 수 있을까 해서요. 그러니까, 고대 문명에 관해 내주신 과제물 말이에요.

P: 물론이지, 말해보렴.

S: 음, 저는 하라파 문명의 한 측면에 대해 쓰기로 결정했어요. 그런데 지금 [01]자료를 찾기 어려워서 다른 주제로 바꿀까 생각 중이에요.

P: 그래... 음, 조사하는 것이 어땠니? 정확히 무슨 일이 있었는지 말해줄 수 있겠니?

S: 어, 하라파의 표기 체계에 대해 쓰려고 했어요. 예부터 하라파 문명은 글을 읽고 쓸 줄 알았다고 여겨졌기 때문에, 어, 이 주제가 아주 흥미로웠어요. 고고학자들이 수천 개의 기호들이 찍힌 점토 인장을 발견했죠. [02]흥미로운 건 학자들이 그 기호들을 해독하지 못했다는 거예요.

P: 매우 좋은 주제구나! 나도 익숙한 주제란다. 그런데 자료 찾기에 어려움을 겪고 있다고?

S: 네. 해독 과정이 진행 중이고 사실 많은 진전이 없기 때문에 자료가 많지 않아요. 하라파 문명이 글을 읽고 쓸 수 있었다는 건 근거 없는 믿음이고... 그 기호들은 언어가 아니라고 하는 논문을 하나 찾긴 했어요. 이 연구원은 그 기호가 다른 목적을 갖지만, 의사소통을 위한 것은 아니라고 주장해요. 그래서 전 표기 체계 이론은 안 되겠다고 생각했어요. 그런데 하라파의 읽고 쓰는 능력에 대하여 옹호하는 또 다른 논문을 찾은 거예요. 이 연구원은 첫 번째 논문에서 논의하는 각각의 요점에 대한 반론을 제시하고 있어요. 그래서 기호가 어떻게 사용되었는지에 대한 의견 차이가 있어요. 그리고 만약 제가 보고서를 이론에만 기반을 두자면, 쓸 것이 많지 않을 거예요. 그리고 그게 제가 지금까지 찾은 전부이고요...

P: 이 주제에 대한 정보를 찾기 쉽지 않은 건 이해한단다, 하지만 여전히 아주 흥미로운 보고서가 될 거라고 생각해. 이 주제를 계속 유지하면 좋겠구나. 음... 어떤 주제로 바꾸는 것을 생각하고 있니?

S: [03]대신 그들의 건축 양식에 대해 써볼 수 있을 것 같아요. 자료가 많고 공학에 대한 설명이 흥미

Vocabulary

anthropology[æ̀nθrəpάlədʒi] 인류학　ancient civilization 고대 문명　writing system 표기 체계　intriguing[intríːgin] 매우 흥미로운
literate[lítərət] 글을 읽고 쓸 줄 아는　archaeologist[àːrkiάlədʒist] 고고학자　seal[siːl] 인장　decipher[disáifər] 해독하다
decode[diːkóud] 해독하다　counterargument[káuntəràːrgjumənt] 반론, 반대론

descriptions of the engineering engrossing. The Harappan people were definitely intelligent and they had advanced ideas—you can see how systematic and precise their structural plans were . . . and the history of how the archaeologists excavated the site is just as fascinating. Don't you think this topic would be as interesting and challenging as the Harappan writing system?

P: I'd say that Harappan architecture is indeed a fine topic, and for sure you won't have a problem finding sources.

S: Yeah, it seems just as fun to write about as Harappan literacy, and I won't run into a brick wall with the research.

P: I hear what you're saying. The thing is, almost every semester I get papers from two or three students about Harappan architecture. There certainly isn't a dearth of materials on the topic. But I always encourage students to go out on a limb and let their curiosity guide them.

S: I get it . . . But like I said, there isn't much I could find about literacy except that people are still doing the research.

교수의 제안 1

인류학
학술지를
찾아볼 것

P: Well, there's nothing wrong with discussing existing research even if it isn't conclusive. [04]Have you tried looking in anthropology journals? You might find articles that present the research in a more objective light.

S: I tried that already. That's where I found the conflicting research I mentioned earlier. I think it may be a lost cause.

P: I wouldn't go that far. Research doesn't always produce results right away. It's the thrill of the discovery, right? If you follow your passion, your paper will be so much better.

S: I just wish I had more time. The deadline is coming up soon.

교수의 제안 2

고고학 부서의
도움을 받을 것

P: I definitely wouldn't want you to be late handing in your assignment, but I'm all for your writing a paper on the Harappan writing system. [05]Why don't I contact the Archaeology Department? I'm certain that they're up-to-date with the research. I'll pass on anything they can give me. If the department chairman is free, I could even arrange for you to meet with him and get his insights on the topic.

S: OK, thanks. I'll have to think about it, though. I feel like I might be on a wild goose chase, and I'm not sure I have time for that. I'll look into it and let you know what happens before the end of the week.

를 끌었어요. 하라파인은 분명 지적이었고, 선진 사상을 가졌어요. 그들의 구조 설계가 얼마나 체계적이고 정확한지 알 수 있고... 고고학자들이 어떻게 이 유적지를 발굴했는지에 대한 역사도 마찬가지로 매력적이고요. 이 주제가 하라파의 표기 체계만큼 흥미롭고 도전적이라고 생각하지 않으세요?

P: 하라파의 건축 양식도 정말 좋은 주제야, 그리고 자료를 찾는 데도 분명 문제가 없을 거고.

S: 네, 이 주제도 하라파의 읽고 쓰는 능력만큼 재미있어 보여요, 그리고 조사하는 데 있어서 난관에 부딪치지 않을 거예요.

P: 무슨 말인지 알겠다. 문제는, 거의 학기마다 두세 명의 학생들로부터 하라파 건축 양식에 대한 보고서를 받는단다. 확실히 그 주제에 대한 자료는 부족하지 않을 거야. 하지만 난 항상 내 학생들이 위험을 감수하고 자신의 호기심이 이끄는 대로 가도록 격려한단다.

S: 알겠어요... 하지만 말씀드린 것처럼 글을 읽고 쓰는 능력에 대해서는 아직 연구 중이라는 것 외에 제가 알아낼 수 있는 것이 많지 않았어요.

P: 글쎄, 아직 결론이 나지 않았더라도 진행 중인 연구에 대해 논의해도 괜찮아. [04]인류학 학술지는 찾아봤니? 더 객관적인 관점으로 연구를 제시하는 논문을 찾을 수 있을지도 몰라.

S: 벌써 찾아봤어요. 제가 아까 말씀드린 상반된 연구 두 개도 거기서 찾았거든요. 제 생각엔 가망이 없어 보여요.

P: 그렇게까지 생각할 필요는 없단다. 연구가 항상 바로 결과를 내는 건 아니니까 말이다. 그것이 발견의 묘미야, 그렇지 않니? 네 열정을 따라가다 보면, 보고서는 훨씬 더 좋아질 거야.

S: 단지 시간이 더 있었으면 좋겠어요. 마감일이 곧 다가와서요.

P: 물론 네가 보고서를 늦게 제출하지 않기를 바라지만, 하라파 표기 체계에 대해 보고서를 쓰는 건 대찬성이란다. [05]내가 고고학 부서에 문의해보면 어떠니? 그들은 최신 연구 정보를 가지고 있을 거야. 그들이 내게 줄 수 있는 것은 다 너에게 전달해주마. 학과장님이 시간이 된다면, 이 주제에 대한 그의 견해를 얻을 수 있도록 너와의 만남을 주선해 줄 수도 있어.

S: 네, 감사합니다. 하지만 생각해봐야겠어요. 부질없는 노력을 하고 있는 것 같기도 하고, 그럴 시간이 있는지도 확신이 없어서요. 생각해보고 어떻게 할지 주말 전에 알려드릴게요.

Vocabulary

engrossing[ingróusiŋ] 흥미를 끄는, 마음을 사로잡는   **precise**[prisáis] 정확한   **excavate**[ékskəvèit] 발굴하다
run into a brick wall 난관에 부딪히다   **dearth**[dəːrθ] 부족   **go out on a limb** 위험을 감수하다   **lost cause** 가망이 없는 것, 실패한 것
department chairman 학과장   **a wild goose chase** 부질없는 노력, 헛된 노력

01

What is the student's main problem?

(A) He is in disagreement with the conclusions of a study.
(B) He has no background in the topic assigned by the professor.
(C) He has not found much information on a topic he chose.
(D) He needs to rewrite his paper because it is off-topic.

학생의 주된 문제는 무엇인가?

(A) 연구 결과에 동의하지 않는다.
(B) 교수가 내준 주제에 대한 배경지식이 없다.
(C) 그가 선택한 주제에 대한 정보를 많이 찾을 수 없었다.
(D) 주제에서 벗어났기 때문에 보고서를 다시 써야 한다.

Main Topic 도입부에서 학생은 자료를 찾기 어려워서 보고서의 주제를 바꾸려고 한다(I'm thinking of changing it to some other topic because I'm having trouble finding sources)고 말한다.

02

What does the student say about the Harappan writing system?

(A) Clay was the only writing material used by the Harappan people.
(B) More seals on which the symbols were written continue to be found.
(C) The symbols have not yet been decoded into an existing language.
(D) It was recently confirmed as an ancient writing system.

학생은 하라파의 표기 체계에 관해 무엇이라고 말하는가?

(A) 점토는 하라파인들에 의해 사용된 유일한 필기 재료였다.
(B) 기호가 쓰여진 더 많은 인장이 계속해서 발견된다.
(C) 그 기호들은 아직 현존하는 언어로 해독되지 않았다.
(D) 이것이 고대 표기 체계라는 것이 최근에 확인되었다.

Detail 학생은 하라파의 표기 체계에 관해, 학자들이 아직 그 기호들을 해독하지 못했다(scholars haven't been able to decipher those symbols)고 말한다.

03

According to the conversation, what aspects of Harappan architecture does the student want to consider in his paper?

Choose 2 answers.

(A) The historical importance of the buildings of the Harappan civilization
(B) The exploration of architectural remains at the Harappan site
(C) The advanced technology used in the construction of buildings
(D) The use of engineering knowledge in the design of the structures

대화에 따르면, 학생은 하라파 건축 양식의 어떤 측면을 보고서에 포함시킬 것을 고려하는가?
2개의 답을 고르시오.

(A) 하라파 문명 건축물의 역사적 중요성
(B) 하라파 유적지 건축 유물 답사
(C) 건물 축조에 사용된 선진 기술
(D) 구조 설계에 있어서의 공학 지식의 사용

Detail 학생은 하라파의 건축 양식에 대해 고고학자들이 어떻게 이 유적지를 발굴했는지에 대한 역사가 매력적이며(the history of how the archaeologists excavated the site is just as fascinating), 공학에 대한 설명이 흥미로웠고 구조 설계가 얼마나 체계적이고 정확한지를 알 수 있다(I found the descriptions of the engineering engrossing ~ you can see how systematic and precise their structural plans were)고 말한다.

04

Listen again to part of the conversation. Then answer the question.

P: Have you tried looking in anthropology journals? You might find articles that present the research in a more objective light.

S: I tried that already. That's where I found the conflicting research I mentioned earlier. I think it may be a lost cause.

P: I wouldn't go that far. Research doesn't always produce results right away. It's the thrill of the discovery, right? If you follow your passion, your paper will be so much better.

Why does the professor say this:

P: I wouldn't go that far.

(A) To imply that the student is not making an effort

(B) To caution the student against overconfidence

(C) To suggest that the student is being unreasonable

(D) To encourage the student to persevere

대화의 일부를 다시 듣고 질문에 답하시오.

P: 인류학 학술지는 찾아봤니? 더 객관적인 관점으로 연구를 제시하는 논문을 찾을 수 있을지도 몰라.

S: 벌써 찾아봤어요. 제가 아까 말씀드린 상반된 연구 두 개도 거기서 찾았거든요. 제 생각엔 가망이 없어 보여요.

P: 그렇게까지 생각할 필요는 없단다. 연구가 항상 바로 결과를 내는 건 아니니까 말이다. 그것이 발견의 묘미야, 그렇지 않니? 네 열정을 따라가다보면, 보고서는 훨씬 더 좋아질 거야.

교수는 왜 이렇게 말하는가:

P: 그렇게까지 생각할 필요는 없단다.

(A) 학생이 노력하고 있지 않다는 것을 암시하기 위해

(B) 학생이 자만심을 갖지 않도록 주의를 주기 위해

(C) 학생이 불합리하게 굴고 있다는 것을 암시하기 위해

(D) 학생이 인내심을 갖도록 격려하기 위해

Function 학생이 보고서의 자료를 찾는 것에 대해 가망이 없다고 하자, 교수는 그렇게까지 생각할 필요가 없고 연구에서 항상 결과가 바로 나오는 것은 아니라고(I wouldn't go that far. Research doesn't always produce results right away) 말한다. 즉, 교수는 학생이 인내심을 갖도록 격려하고 있는 것이다.

05

What does the professor offer to do for the student?

(A) Look through recent journals for newer research

(B) Have an academic department provide assistance

(C) Meet with an authority to get his recommendations

(D) Give him her own insights into the topic

교수가 학생을 위해 해주겠다고 제안하는 것은 무엇인가?

(A) 새로운 연구에 대해 찾기 위해 최근의 학술지를 검토하는 것

(B) 학부가 도움을 주도록 하는 것

(C) 권위자를 만나 추천을 받는 것

(D) 학생에게 그 주제에 대한 자신의 식견을 전달하는 것

Detail 교수는 학생에게 고고학 부서에 문의하여, 그들이 줄 수 있는 최신 연구 정보를 학생에게 전달해주겠다(Why don't I contact the Archaeology Department? ~ I'll pass on anything they can give me)고 말한다.

Listen to part of a talk on biology.

주제

눈덧신토끼가 포식자를 피하는 다양한 수단

P: OK, let's get started. Now, how many of you know the difference between a rabbit and a hare? Anybody?

S: Well . . . hares are, uh, bigger, right?

P: Um, not exactly. Some species of hare are smaller than some rabbit species and vice versa. In general, hares have longer ears, larger hind feet, and, uh, longer legs than rabbits. This means that hares are particularly well suited for running and jumping. Now, another difference is that hares are born covered in fur and with their eyes open. This means that hares are much, uh, less dependent on their parents for survival than rabbits.

Now, today we are going to look at one species of hare, the snowshoe hare. In particular, [06]I want to discuss the various ways this mammal avoids predators. This is of particular interest because the species has such an extensive range. Here, look at this map of North America. The green section indicates the, uh, range of the snowshoe hare. As you can see, it covers the northern section of the United States and almost all of Canada. The size of its habitat means that this species has to deal with all kinds of predators.

수단 1

조밀한 덤불 지역에 서식하며 통행로를 만듦

OK . . . the snowshoe hare is most common in boreal forest ecosystems—uh, you know, the forests in the northernmost reaches of Canada. However, its range also includes, uh, mountainous areas, where the forest is predominantly coniferous, as well as the deciduous forests of Alberta, Saskatchewan, and Manitoba. [09]Basically, snowshoe hares are able to adapt to a variety of, uh, forest types.

[07]That being said . . . Snowshoe hares do prefer areas with dense undergrowth because this cover helps to protect them from predators and provides them with food. The home territory of a snowshoe hare is approximately eight hectares . . . uh, eighty thousand square meters. Now, the interesting thing is

생물학 강의의 일부를 들으시오.

P: 자, 시작하겠습니다. 음, 여러분 중 얼마나 집토끼와 산토끼의 차이점에 대해 알고 있나요? 누구 없어요?

S: 음... 산토끼가, 어, 더 커요, 맞죠?

P: 음, 꼭 그런 건 아니에요. 일부 산토끼 종은 집토끼 종보다 작고 그 반대의 경우도 있죠. 대개, 산토끼는 집토끼보다 귀가 더 길고, 뒷발이 더 크고, 어, 다리도 더 깁니다. 이는 산토끼가 달리기와 뛰기에 특히 알맞다는 것을 뜻하죠. 자, 또 다른 차이점은 산토끼는 태어날 때부터 털이 있고 눈을 뜨고 있다는 것입니다. 이는 산토끼가, 어, 집토끼보다 생존에 있어 부모에게 훨씬 덜 의존적이라는 걸 뜻하고요.

자, 오늘 우리는 산토끼의 한 종인 눈덧신토끼를 살펴볼 겁니다. 특히, [06]이 포유동물이 포식자를 피하는 다양한 방법에 대해 논의하고 싶군요. 이 주제는 특히 흥미로운데 이는 눈덧신토끼가 광범위한 분포를 보이기 때문입니다. 여기, 북미 지도를 보세요. 이 녹색 부분이, 어, 눈덧신토끼의 분포를 표시한 겁니다. 보다시피, 미국 북부와 캐나다의 대부분을 차지하죠. 이런 서식지의 크기는 이 토끼가 온갖 종류의 포식자를 상대해야 한다는 걸 의미해요.

자... 눈덧신토끼는 아한대 산림 생태계에서 가장 흔합니다, 어, 그러니까, 캐나다의 최북단 구역의 산림이죠. 하지만 이 토끼의 분포 영역은, 어, 앨버타, 서스캐처원, 그리고 매니토바 주의 낙엽수림뿐만 아니라, 주로 침엽수림이 우거진 산악 지역도 포함합니다. [09]기본적으로, 눈덧신토끼는 다양한, 어, 산림에 적응할 수 있는 거죠.

[07]그럼에도 불구하고... 눈덧신토끼는 조밀한 덤불이 있는 지역을 선호하는데, 이것이 토끼를 포식자로부터 보호하고 먹이를 제공하기 때문이죠. 눈덧 신토끼 한 마리의 서식지는 대략 8헥타르입니다... 어, 8만 평방미터 정도죠. 자, 흥미로운 것은 이 영역 내에서 눈덧신토끼가 복잡

Vocabulary

hare[hɛər] 산토끼 **vice versa** 반대도 또한 같음 **mammal**[mǽməl] 포유동물 **predator**[prédətər] 포식자 **extensive**[iksténsiv] 광범위한, 넓은
indicate[índikèit] 표시하다 **habitat**[hǽbitæt] 서식지 **boreal forest** 아한대 산림, 북방 수림 **reach**[riːtʃ] 구역, 범위
coniferous[kounífərəs] 침엽수의 **deciduous**[disídʒuəs] 낙엽성의 **that being said** 그럼에도 불구하고 **undergrowth**[ʌ́ndərgròuθ] 덤불

that within that area, the hare will create an intricate network of interconnected trails. These allow the hare to easily move between feeding and resting places. Major trails seldom change—snowshoe hares follow the same routes in summer and in winter. They maintain these trails by, uh, clipping off stems and leaves that begin to block the pathways. Now, despite all the maintenance efforts by the snowshoe, these are not private pathways; other species also make use of them. But the point is that a snowshoe hare will always know where it is at any time, and will always have access to several escape routes.

수단 2

밤에 활동함

Predator avoidance is also facilitated by the fact that snowshoe hares are nocturnal—that is, they are most active in the night. They can easily find food and move around in the dark. During the daytime, the snowshoe hare rests quietly in sheltered spots. It will sleep sporadically and groom itself. However, it is always alert. Now, I know what you're thinking . . . what about predators that hunt at night, like owls? Well, these are also a problem for the snowshoe hare. When confronted with a predator, the hare will usually use its great speed to escape into the underbrush. However, if the snowshoe hare is trapped in the open, it will freeze and, uh, rely on its natural camouflage to keep hidden.

수단 3

계절에 따라
털의 색이 바뀜

Of course, many species make use of protective coloration to blend in with the surrounding landscape, but what makes the snowshoe hare special is that the color of its fur actually changes with the seasons! [08]The seasonal molt—which is the term used for the time when the coat of the snowshoe hare changes—is triggered by the lengthening or, uh, shortening of the period of daylight. During the summer, the fur of the snowshoe hare is a mottled brown. This allows it to easily hide in the dry underbrush of the forest. Once the amount of daylight begins to decline in the fall, the hare will grow a white-tipped winter coat. This is patchy at first, which provides excellent camouflage during the period when the ground is uh, only, you know, partially covered by snow. By the time winter arrives and the ground is blanketed with snow, the hare will have turned completely white. This process repeats itself in the spring when the hare sheds its white fur and begins to grow its summer

하고 서로 얽힌 통행로를 만든다는 것입니다. 이로써 산토끼는 먹이가 있는 곳과 집 사이를 쉽게 오갈 수 있죠. 주요 통행로는 거의 바뀌지 않는데, 여름에도 겨울에도 같은 통행로를 따라다닙니다. 이 토끼는, 어, 가지와 나뭇잎이 통로를 가로막기 시작하면, 이를 잘라내서 이런 통행로들을 유지합니다. 그런데 통행로를 관리하는 눈덧신토끼의 노력에도 불구하고, 이 통행로가 그들만의 것은 아닙니다, 다른 종들 또한 이를 이용하죠. 하지만 중요한 건 눈덧신토끼는 언제나 이 통행로가 어디 있는지 알고, 여러 탈출 경로를 이용할 수 있다는 것입니다.

또한 눈덧신토끼가 야행성이라는 사실이 포식자를 피하는 것을 쉽게 해줍니다, 즉, 이 토끼들은 밤에 가장 활동적이죠. 이들은 어둠 속에서 쉽게 먹이를 찾고 돌아다닐 수 있어요. 낮 동안, 눈덧신토끼는 은신처에서 조용히 휴식을 취해요. 이따금 잠도 자고 털 손질도 합니다. 하지만 늘 경계 상태죠. 음, 여러분이 무슨 생각을 하고 있는지 압니다... 올빼미 같은, 밤에 사냥하는 포식자에 대해선 어떻게 할까요? 음, 이건 눈덧신토끼에게도 문제예요. 포식자와 마주쳤을 때, 보통 이 토끼는 아주 빠른 속도로 덤불 밑으로 도망칩니다. 하지만 눈덧신토끼가 훤히 트인 곳에서 곤경에 처하면, 꼼짝 않고, 어, 들키지 않으려고 타고난 위장술에 의존하죠.

물론, 많은 종이 주변 환경에 섞여들기 위해 보호색을 사용합니다, 하지만 눈덧신토끼가 특별한 이유는 털의 색깔이 실제로 계절에 따라 바뀌기 때문이죠! [08]계절별 털갈이, 이건 눈덧신토끼의 털이 바뀔 때를 가리키는 용어인데, 이것은 낮의 길이가 길어지거나, 어, 짧아지면 발생합니다. 여름 동안, 눈덧신토끼의 털은 얼룩덜룩한 갈색입니다. 이로써 숲의 마른 덤불 속에 쉽게 숨을 수 있게 되죠. 가을이 되어 일조량이 줄어들면, 이 토끼는 끝이 하얀 털을 기르게 됩니다. 처음엔 이 털이 듬성듬성하지만, 이건 땅이, 어, 그러니까, 부분적으로만 눈에 덮여 있는 기간 동안 훌륭한 위장의 역할을 하죠. 겨울이 오고 땅이 눈으로 덮이면, 이 토끼는 완전히 흰색으로 변할 거예요. 이 과정은 토끼가 하얀 털옷을 벗고 여름용 털을 기르기 시작하는 봄에 다시 반복됩니다. 자, 이런 계절에 따른 색 변화가 효과적인 방어 수단이기는 하지만, 이것이 일조

Vocabulary

intricate[íntrikət] 복잡한   interconnected[intərkənéktid] 서로 얽힌   facilitate[fəsílətèit] 쉽게 하다, 도움을 주다   nocturnal[nɑktə́ːrnl] 야행성의
sporadically[spərǽdikəli] 드문드문하게   groom[gru:m] 손질하다, 다듬다   trap[træp] 곤경에 처하게 하다   molt[moult] 탈갈이
mottled[mɑ́tld] 얼룩덜룩한   patchy[pǽtʃi] 듬성듬성한, 누덕누덕 기운   camouflage[kǽməflɑ̀ːʒ] 위장(술)   blanket[blǽŋkit] 전면을 덮다   shed[ʃed] 벗다

coat. Now, while this seasonal variation in color is an effective means of protection, the fact that it is related to the amount of sunlight may sometimes cause a problem. If the snow comes late in the fall, or remains on the ground late into the spring, the hare is at a disadvantage. Can anyone guess why?

S: I know. Its fur will still change color. So, it would be really, um, visible during this time.

P: Exactly! It molts regardless of the amount of snow. When this occurs, the snowshoe hare tries to make itself less, uh, conspicuous by remaining inactive. It will move around as little as possible. You know, just enough to get the food it requires for survival. Once its coat matches the surrounding terrain, it will resume its normal activities.

눈덧신토끼의
개체 수 변화

Now . . . [10]while the snowshoe hare is usually able to maintain a stable population using these methods to avoid predation, scientists have long noted that the size of the snowshoe hare population in North America rises and falls in a distinctive pattern. Approximately every ten years, the population of this species rises dramatically, and at the peak of this, uh, cyclic increase there can be as many as five hundred to six hundred hares per square kilometer. This is likely related to the availability of the shrubs and plants the snowshoe hare feeds on.

Well, these fluctuations have been observed for over two hundred years now by the Hudson Bay Company, early fur traders who came to North America from Europe. [11]The traders recorded the number of pelts they had collected every year since the late 1700s, and they noted that there were cyclical rises and falls in the snowshoe hare population. Actually, even the Native Americans noticed this cycle before the Europeans came to America for the fur.

량에 관련되어 있다는 사실은 가끔 문제를 일으킬 수 있어요. 늦가을에 눈이 오거나, 봄까지 땅에 눈이 남아 있다면, 이 토끼는 불리한 입장에 처하게 되죠. 왜 이런지 추측해볼 수 있는 사람 있나요?

S: 제가 알아요. 토끼털의 색은 그래도 바뀌거든요. 그래서 그 기간 동안은 정말, 음, 눈에 잘 띄겠죠.

P: 정확합니다! 토끼는 눈의 양과는 상관없이 털갈이를 하죠. 이런 상황이 발생하면, 눈덧신토끼는 활동을 하지 않음으로써, 어, 눈에 덜 띄도록 합니다. 최대한 적게 돌아다니죠. 그러니까, 생존에 필요한 먹이를 구할 수 있을 만큼만요. 털의 색이 주변 지역과 일치하게 되면, 토끼는 정상적인 활동을 재개합니다.

자... [10]눈덧신토끼는 포식자를 피하는 이런 수단들을 사용해 보통 일정한 개체 수를 유지할 수 있지만, 과학자들은 북미에서 눈덧신토끼의 개체 수의 크기가 특이한 패턴으로 증감한다는 것에 오랫동안 주목해왔습니다. 대략 10년마다, 이 종의 개체 수는 극적으로 증가하고, 이 주기적 증가가 정점에 이르렀을 때, 어, 많게는 평방킬로미터당 개체 수가 500에서 600마리 정도가 됩니다. 이건 아마 눈덧신토끼가 먹고 사는 관목과 초목의 가용성과 관련이 있을 수 있죠.

음, 이런 변동은 유럽에서 북미로 넘어온 초기 모피 교역업체인 허드슨 베이 회사에 의해 200년이 넘게 관찰되어 왔습니다. [11]이 회사는 1700년대 후반부터 매년 그들이 모은 모피의 수를 기록했어요, 그리고 눈덧신토끼의 개체 수가 주기적으로 증감한다는 것을 알아차렸죠. 사실은, 유럽인들이 모피 때문에 미대륙으로 건너오기 전부터 미대륙 원주민들까지도 이 주기를 알고 있었습니다.

Vocabulary

conspicuous[kənspíkjuəs] 눈에 띄는   inactive[inǽktiv] 활동하지 않는   stable[stéibl] 일정한, 안정적인   distinctive[distíŋktiv] 특이한
fluctuation[flʌ̀ktʃuéiʃən] 변동

06

What is the main topic of the lecture?

(A) The differences between hares and rabbits
(B) The ways that snowshoe hares evade predators
(C) The seasonal changes in the snowshoe hare's behavior
(D) The species that prey on the snowshoe hare

강의의 주된 주제는 무엇인가?

(A) 산토끼와 집토끼의 차이점
(B) 눈덧신토끼가 포식자를 피하는 방법
(C) 계절에 따른 눈덧신토끼의 행동 변화
(D) 눈덧신토끼를 먹이로 삼는 종

Main Topic 도입부에서 교수는 눈덧신토끼가 포식자를 피하는 다양한 방법에 대해 논의해보고 싶다(I want to discuss the various ways this mammal avoids predators)고 말한다.

07

According to the professor, why do snowshoe hares prefer areas with thick undergrowth?

Choose 2 answers.

(A) They provide access to food.
(B) They contain many natural trails.
(C) They include few dangerous animals.
(D) They offer protection from predators.

교수에 따르면, 눈덧신토끼는 왜 조밀한 덤불 지역을 선호하는가? 2개의 답을 고르시오.

(A) 먹이에 대한 접근성이 좋다.
(B) 자연 통행로가 많다.
(C) 위협적인 동물이 거의 없다.
(D) 포식자로부터 보호해준다.

Detail 교수는 눈덧신토끼가 조밀한 덤불 지역을 선호하는 이유는 덤불이 토끼를 포식자로부터 보호하고 먹이를 제공하기 때문(this cover helps to protect them from predators and provides them with food)이라고 말한다.

08

According to the professor, what causes the snowshoe hare's fur to change colors?

(A) The temperature of the air
(B) The volume of snow
(C) The amount of sunlight
(D) The time of day

교수에 따르면, 무엇이 눈덧신토끼의 털의 색을 변하게 하는가?

(A) 기온
(B) 적설량
(C) 일조량
(D) 시각

Detail 교수는 눈덧신토끼의 계절별 털갈이는 낮의 길이가 길어지거나 짧아지는 것 때문에 발생한다(The seasonal molt ~ is triggered by the lengthening or ~ shortening of the period of daylight)고 말한다.

09

Listen again to a part of the lecture. Then answer the question.

P: Basically, snowshoe hares are able to adapt to a variety of, uh, forest types. That being said . . . Snowshoe hares do prefer areas with dense undergrowth because this cover helps to protect them from predators and provides them with food.

Why does the professor say this:
P: That being said . . .

(A) To encourage the students to pay attention
(B) To introduce additional information
(C) To indicate that she will present a new theory
(D) To show that she is uncertain about the facts

강의의 일부를 다시 듣고 질문에 답하시오.

P: 기본적으로, 눈덧신토끼는 다양한, 어, 산림에 적응할 수 있는 거죠. 그럼에도 불구하고... 눈덧신토끼는 조밀한 덤불이 있는 지역을 선호하는데, 이것이 토끼를 포식자로부터 보호하고 먹이를 제공하기 때문이죠.

교수는 왜 이렇게 말하는가:
P: 그럼에도 불구하고...

(A) 학생들이 집중하도록 격려하기 위해
(B) 추가 정보를 소개하기 위해
(C) 새로운 이론을 제시할 것임을 암시하기 위해
(D) 사실에 대해 확신이 없다는 것을 표현하기 위해

Function 교수는 눈덧신토끼의 서식처에 대해 설명하는 중 이 토끼가 다양한 산림에 적응할 수 있지만, 그럼에도 불구하고(That being said) 조밀한 덤불이 있는 지역을 선호한다고 말한다. 즉, 교수는 눈덧신토끼가 조밀한 덤불을 선호한다는 추가적인 정보를 소개하기 위해 이렇게 말한 것이다.

10

What can be inferred about the snowshoe hare population?

(A) It remains constant in spite of periodic fluctuations.
(B) Its increasing size is a threat to other animal species.
(C) Insufficient shrubbery is the main cause of its decrease.
(D) The presence of predators keeps the population in check.

눈덧신토끼의 개체 수에 관해 추론할 수 있는 것은 무엇인가?

(A) 주기적 변동이 있기는 해도 일정하게 유지된다.
(B) 증가하는 개체 수는 다른 동물 종들에게 위협이 된다.
(C) 부족한 관목숲이 개체 수 감소의 주요 원인이다.
(D) 포식자의 존재가 개체 수를 일정하게 유지시킨다.

Inference 교수는 눈덧신토끼가 보통 일정한 개체 수를 유지할 수 있지만, 과학자들은 이 토끼의 개체 수가 특이한 패턴으로 증감한다는 것에 주목해왔다(while the snowshoe hare is usually able to maintain a stable population ~ rises and falls in a distinctive pattern)고 말한다. 이를 통해 눈덧신토끼의 개체 수는 주기적인 변동이 있기는 해도 일정하게 유지됨을 알 수 있다.

11

Why does the professor mention early fur traders?

(A) To cite a reason why snowshoe hares are decreasing in numbers
(B) To emphasize the importance of laws on snowshoe hare hunting
(C) To explain the existence of population records of the species
(D) To show that hidden trails could not protect snowshoe hares from humans

교수는 왜 초기 모피 교역업체를 언급하는가?

(A) 눈덧신토끼의 수가 줄어드는 원인을 언급하기 위해
(B) 눈덧신토끼 사냥에 대한 법률의 중요성을 강조하기 위해
(C) 종의 개체 수 기록이 존재함을 설명하기 위해
(D) 감춰진 통행로도 눈덧신토끼를 인간으로부터 보호하지 못한다는 것을 보여주기 위해

Purpose 교수는 초기 모피 교역업체들이 1700년대 후반부터 매년 그들이 모은 모피의 수를 기록했다(The traders recorded the number of pelts they had collected every year since the late 1700s)고 말한다. 이를 통해 교수는 눈덧신토끼의 개체 수 변화를 기록한 자료가 있음을 설명하기 위해 교역업체들을 언급했음을 알 수 있다.

VOCABULARY LIST

TEST 6에서 나오는 토플 필수 단어를 선별하여 정리하였습니다. 고득점을 위해 꼭 암기하세요.

☐ **down the road** 장래에

☐ **compile** [kəmpáil] (자료를) 모아서 정리하다, 수집하다

☐ **cover letter** 자기소개서

☐ **layout** [léiàut] 구성

☐ **résumé** [rézumèi] 이력서

☐ **submit** [səbmít] 제출하다

☐ **rehearse** [rihə́ːrs] 예행연습 하다

☐ **daunting** [dɔ́ːntiŋ] 어려운, 기를 죽이는

☐ **commitment** [kəmítmənt] (돈·시간 등의) 투자, 투입

☐ **session** [séʃən] (특정한 활동을 하는) 시간, 수업

☐ **overlap** [òuvərlǽp] 겹치다

☐ **notify** [nóutəfài] 알리다, 통지하다

☐ **snowflake** [snóuflèik] 눈송이

☐ **atmospheric** [ætməsférik] 대기의

☐ **misconception** [mìskənsépʃən] 오해

☐ **water vapor** 수증기

☐ **airborne** [ɛ́ərbɔ̀ːrn] 공기로 운반되는

☐ **nucleus** [njúːkliəs] 핵

☐ **pollen** [pálən] 꽃가루

☐ **speck** [spek] 작은 알갱이

☐ **hexagon** [héksəgən] 6각형

☐ **accumulate** [əkjúːmjulèit] 축적하다

☐ **project** [prədʒékt] 튀어나오다

☐ **gradual** [grǽdʒuəl] 점진적인

☐ **descent** [disént] 하강

☐ **altitude** [ǽltətjùːd] 고도

☐ **fluctuate** [flʌ́ktʃuèit] 변동하다

☐ **bond** [band] 결합하다

☐ **surrounding** [səráundiŋ] 주위의

☐ **crystallizing** [krístəlàiziŋ] 결정화

☐ **lead** [led] 납

☐ **be to blame for** (~에 대한) 책임이 있다

☐ **outrageous** [autréidʒəs] 터무니없는

☐ **ecosystem** [ékousìstəm] 생태계

☐ **release** [rilíːs] 방출하다

☐ **devastating** [dévəstèitiŋ] 치명적인

☐ **lava** [láːvə] 용암

☐ **spew** [spjuː] 뿜어 나오다

☐ **eject** [idʒékt] 분출하다, 뿜어내다

☐ **eruption** [irʌ́pʃən] 폭발, 분화

☐ **opening** [óupəniŋ] 구멍

☐ **cyclic** [sáiklik] 주기적인

☐ **solidify** [səlídəfài] 응고시키다

☐ **successive** [səksésiv] 연속적인, 계속적인

☐ **composition** [kàmpəzíʃən] 구성 성분

☐ **resemble** [rizémbl] 닮다

☐ **vent** [vent] 분화구, 배출구

☐ **slope** [sloup] 경사(면)

☐ **steep** [stiːp] 가파른

☐ **exceed** [iksíːd] 넘다, 초과하다

Quiz

단어의 알맞은 뜻을 찾아 연결해보세요.

01 overlap	ⓐ 대기의	06 successive	ⓐ 분화구, 배출구
02 daunting	ⓑ 겹치다	07 release	ⓑ 연속적인, 계속적인
03 atmospheric	ⓒ 변동하다	08 vent	ⓒ 터무니없는
04 surrounding	ⓓ 어려운, 기를 죽이는	09 altitude	ⓓ 방출하다
05 fluctuate	ⓔ 근원적인	10 outrageous	ⓔ 구성 성분
	ⓕ 주위의		ⓕ 고도

ⓒ 01 ⓓ 02 ⓐ 03 ⓕ 04 ⓒ 05 ⓑ 06 ⓓ 07 ⓐ 08 ⓕ 09 ⓒ 10

□ regardless of ~에 상관없이

□ in conjunction with ~과 함께

□ summit[sámit] 정상

□ situated[sítʃuèitid] 위치해 있는

□ viscous[vískəs] 점성의, 찐득찐득한

□ clog[klɑg] 막다, 막히다

□ corresponding[kɔ̀:rəspándiŋ] 상응하는

□ devastation[dèvəstéiʃən] 대규모의 파괴

□ conical[kánikəl] 원뿔 모양의

□ tectonic plate 지각판

□ anthropology[æ̀nθrəpálədʒi] 인류학

□ ancient civilization 고대 문명

□ literate[lítərət] 글을 읽고 쓸 줄 아는

□ archaeologist[à:rkiálədʒist] 고고학자

□ seal[si:l] 인장

□ decipher[disáifər] 해독하다

□ decode[di:kóud] 해독하다

□ counterargument[káuntərà:rgjumənt] 반론, 반대론

□ engrossing[ingróusiŋ] 흥미를 끄는, 마음을 사로잡는

□ precise[prisáis] 정확한

□ excavate[ékskəvèit] 발굴하다

□ run into a brick wall 난관에 부딪히다

□ dearth[də:rθ] 부족

□ go out on a limb 위험을 감수하다

□ lost cause 가망이 없는 것, 실패한 것

□ a wild goose chase 부질없는 노력, 헛된 노력

□ vice versa 반대도 또한 같음

□ mammal[mǽməl] 포유동물

□ predator[prédətər] 포식자

□ reach[ri:tʃ] 구역, 범위

□ coniferous[kouníferəs] 침엽수의

□ deciduous[disídʒuəs] 낙엽성의

□ that being said 그럼에도 불구하고

□ undergrowth[Àndərgròuθ] 덤불

□ intricate[íntrikət] 복잡한

□ interconnected[ìntərkənéktid] 서로 얽힌

□ facilitate[fəsílətèit] 도움을 주다, 쉽게 하다

□ nocturnal[nɑktá:rnl] 야행성의

□ sporadically[spərǽdikəli] 드문드문하게

□ groom[gru:m] 손질하다, 다듬다

□ trap[træp] 곤경에 처하게 하다

□ molt[moult] 털갈이

□ mottled[mátld] 얼룩덜룩한

□ patchy[pǽtʃi] 듬성듬성한, 누덕누덕 기운

□ blanket[blǽŋkit] 전면을 덮다

□ shed[ʃed] 벗다

□ conspicuous[kənspíkjuəs] 눈에 띄는

□ inactive[inǽktiv] 활동하지 않는

□ stable[stéibl] 일정한, 안정적인

□ fluctuation[flÀktʃuéiʃən] 변동

Quiz

단어의 알맞은 뜻을 찾아 연결해보세요.

01 mammal　　　　　ⓐ 해독하다
02 decipher　　　　　ⓑ 포식자
03 intricate　　　　　ⓒ 변동
04 sporadically　　　ⓓ 포유동물
05 fluctuation　　　　ⓔ 복잡한
　　　　　　　　　　ⓕ 드문드문하게

06 conspicuous　　　ⓐ 도움을 주다, 쉽게 하다
07 corresponding　　ⓑ 정상
08 dearth　　　　　　ⓒ 상응하는
09 facilitate　　　　ⓓ 부족
10 excavate　　　　　ⓔ 눈에 띄는
　　　　　　　　　　ⓕ 발굴하다

고득점을 위한 토플 마무리 실전서

HACKERS TOEFL
ACTUAL TEST LISTENING

개정 4판 12쇄 발행 2025년 1월 13일
개정 4판 1쇄 발행 2019년 8월 1일

지은이	해커스 어학연구소
펴낸곳	(주)해커스 어학연구소
펴낸이	해커스 어학연구소 출판팀

주소	서울특별시 서초구 강남대로61길 23 (주)해커스 어학연구소
고객센터	02-537-5000
교재 관련 문의	publishing@hackers.com
동영상강의	HackersIngang.com

ISBN	978-89-6542-307-2 (13740)
Serial Number	04-12-01

외국어인강 1위,
해커스인강(HackersIngang.com)

🅷 해커스인강

- 실전 감각을 극대화하는 **iBT 실전모의고사**
- 토플 시험에 나올 어휘를 정리한 **단어암기 MP3**
- 해커스 토플 스타강사의 **본 교재 인강**

전세계 유학정보의 중심,
고우해커스(goHackers.com)

🅷 고우해커스

- 고득점을 위한 **무료 토플 공부전략 강의 및 적중특강**
- **토플 라이팅/스피킹 첨삭 게시판, 토플 보카 시험지 생성기** 등 무료 학습 콘텐츠
- **국가별 대학 및 전공별 정보, 유학 Q&A 게시판** 등 다양한 유학정보

전세계 유학정보의 중심
고우해커스

goHackers.com

HACKERS

TOEFL

ACTUAL TEST

LISTENING

문제집

HACKERS

TOEFL
ACTUAL TEST
LISTENING

문제집

해커스 어학연구소

HACKERS TOEFL ACTUAL TEST LISTENING

CONTENTS

HACKERS TOEFL ACTUAL TEST LISTENING

TEST 01

PART 1

PART 2

🎧 MP3는 TEST 1 폴더에 수록되어 있습니다.

테스트 전 확인사항

☐ 실전에 유용한 듣기 전략(p.23)을 숙지하였습니다.

☐ 휴대전화의 전원을 껐습니다.

☐ 노트테이킹할 종이와 연필을 준비하였습니다.

☐ MP3를 들을 준비가 되었습니다.

☐ 목표 점수(28개 중 _____개)를 정하였습니다.

Listening Section Directions

The TOEFL iBT Listening Section evaluates your ability to comprehend conversations and lectures in English.

The TOEFL iBT Listening Section includes two separately timed parts. Each part includes one conversation and one or two lectures.

You may take notes while listening to a lecture or conversation. These can be referred to when you answer the questions. Your notes will not be scored.

Click the **Volume** icon at the top of the screen to adjust the volume.

This icon will appear for some questions: 🎧 It indicates that you will hear, but not read, part of the question.

You must answer each question. Click **Next** after you have answered a question. Then click **OK** to confirm and proceed to the next question. You cannot return to an earlier question once you have clicked **OK**. In the TOEFL iBT Listening Section, each conversation and lecture will be played only once. You cannot replay a conversation or lecture. You also cannot return to a previous question.

A clock will be displayed at the top of the screen to show how much time remains. It only counts down while you are answering a question—not while you are listening to a conversation or lecture.

리스닝 섹션은 PART 1, PART 2로 나누어져 있습니다.
PART 1에서는 세 지문을 듣게 됩니다. 10분 동안 질문에 답하세요.
지문을 듣는 동안은 시간이 줄어들지 않습니다.

Volume

Help

OK

Next

Hide Time   10:00

01 Why does the professor ask to see the student?

(A) To let him know about a job opportunity connected to his major

(B) To inquire whether he received an e-mail she sent him

(C) To discuss the topic that was taken up in the last class

(D) To ask if he can participate in an environmental survey

02 What does the professor mention about the campaign?

(A) It is more lucrative than the student's present job.

(B) It will allow the student to form relationships with people.

(C) It will be counted toward the student's biology grade.

(D) It is related to the student's environmental project.

03 According to the professor, what is a consequence of both spray drift and runoff?

(A) Pesticides contribute to the erosion of soil.

(B) Farmers are required to apply more pesticides.

(C) Chemicals are transported to unintended areas.

(D) Vegetation is destroyed by polluted rainwater.

Listen again to part of the conversation. Then answer the question.

04 Why does the professor say this:

(A) She does not think the student remembers the class discussion.

(B) She is relieved the student was able to find a job.

(C) She thinks the student can put his time to better use.

(D) She wants the student to take the pesticide issue more seriously.

05 What is the professor's opinion about pesticides?

(A) The problem should have been dealt with earlier.

(B) It is dangerous but necessary to use them.

(C) Even biology majors know little about the problem.

(D) It is the university's responsibility to curtail their use.

Volume | Help | OK | Next

Hide Time | 07:00

Newton's Law of Motion

06 What is the lecture mainly about?

(A) A summary of Newton's three laws of motion

(B) The relationship between mathematics and physics

(C) The connection between Newton and space flight

(D) An overview of an important concept in physics

07 Why do the objects involved in an action-reaction force pair behave differently from each other?

(A) They are subject to unequal levels of force.

(B) They possess distinct physical traits.

(C) They apply force in opposite directions.

(D) They are responding to dissimilar actions.

08 What is the professor's opinion of the story about Newton and the apple?

(A) He does not think that its contents are entirely true.

(B) He feels that it is an inspiration to modern scientists.

(C) He believes that the story was made up after Newton's death.

(D) He is not sure whether the students realize its significance.

09 Why does the professor discuss Earth and the Moon?

(A) To demonstrate Newton's knowledge of the solar system

(B) To point out a flaw in Newton's theory of gravity

(C) To illustrate a point about the third law of motion

(D) To emphasize the importance of understanding gravity

Listen again to part of the lecture. Then answer the question.

10 What does the professor imply when he says this: 🎧

(A) The effects of Earth's gravity are difficult to predict.

(B) Newton's theory of gravity has some limitations.

(C) The calculations of engineers are not very precise.

(D) Einstein's theory of relativity is somewhat controversial.

11 According to the professor, how does a rocket generate thrust?

Choose 2 answers.

(A) Air accelerates as it passes through the rocket's nozzle.

(B) Molecules apply force to the rocket in one direction.

(C) Burning fuel interacts with the molecules behind the rocket.

(D) Gases are pushed out of a chamber in the rocket.

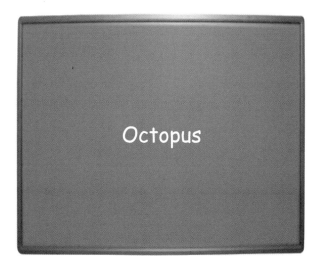

Octopus

12 What is the main topic of this lecture?

(A) The biological mechanisms that influence octopus behavior

(B) The methods used by a type of organism to alter its appearance

(C) The ways animals use color to conceal themselves

(D) The cellular mechanisms that control skin pigmentation

13 According to the professor, why are the chromatophores of the octopus unique?

(A) They can be shifted to change shade and color composition.

(B) They are both pigment-containing and light-reflecting cells.

(C) They are capable of making certain muscles of the octopus move.

(D) They are confined to compartments located in the skin of the octopus.

14 What can be inferred about the mimic octopus?

(A) It is not poisonous.

(B) It is a dangerous predator.

(C) It is not very common.

(D) It is able to imitate any species.

15 Why does the professor mention the octopus's arsenal of weapons?

(A) To emphasize the ink cloud as being the best weapon an octopus has

(B) To give an example of a biological mechanism that operates much like a weapon

(C) To acknowledge the wide variety of means an octopus has to protect itself

(D) To explain that some methods used by the octopus were recently discovered

Listen again to part of the lecture. Then answer the question.

16 Why does the professor say this:

(A) He thinks that octopuses have not been portrayed accurately in the media.

(B) He knows that the information sounds hard to believe.

(C) He thinks that some information about octopuses has not been proven.

(D) He thinks the students are familiar with a science fiction movie about octopuses.

Listen again to part of the lecture. Then answer the question.

17 Why does the professor say this:

(A) To indicate that he is not certain if he discussed a topic

(B) To find out if the students want him to continue discussing the topic

(C) To apologize for repeating information the students may be familiar with

(D) To provide more details about an idea the students did not understand

You have seen all of the questions of PART 1.

Click on **Continue** to go on.

이제 PART 1이 끝났습니다.

PART 2

Listening Directions

This part includes one conversation and one lecture.

You will answer questions about each conversation and lecture. Click **Next** after you have answered a question. Then click **OK** to confirm and proceed to the next question. You cannot return to an earlier question once you have clicked **OK**.

This part of the Listening section will now begin.

Click **Continue** to proceed.

PART 2에서는 두 지문을 듣게 됩니다. 6분 30초 동안 질문에 답하세요.
지문을 듣는 동안은 시간이 줄어들지 않습니다.

Volume | Help | OK | Next

Hide Time   06:30

TEST

1 2 3 4 5 6

HACKERS TOEFL ACTUAL TEST LISTENING

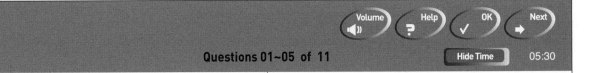
01 What is the main topic of the conversation?

(A) The library's policy regarding materials requests
(B) The library's application process for a renewal
(C) A student's library book that must be returned
(D) A student's trouble completing his thesis research

02 Why does the librarian request that the student return the book?

(A) The student failed to submit a renewal form on time.
(B) The three-week checkout period for the book has passed already.
(C) The university requires that the book be returned for department research.
(D) The student is unable to extend the amount of time he can keep the book.

03 According to the conversation, what are two options the librarian gives to the student?

Choose 2 answers.

(A) Pay a small fee to extend the book loan period
(B) Make copies of the book sections he still needs
(C) Get permission from the manager for an extension
(D) Apply to reserve the book after he returns it

04 What is the librarian's attitude towards the student?

(A) She finds him to be uninformed about the library.
(B) She feels he has demonstrated a lack of preparation.
(C) She has empathy for the situation he faces.
(D) She feels his work ethic is extraordinarily good.

Listen again to part of the conversation. Then answer the question.

05 What does the student mean when he says this:

(A) He intends to wait until the next person turns in the book.
(B) He is concerned that the manager will not give approval to copy the book.
(C) He does not think the next person will keep the book for long.
(D) He will take the librarian's advice and make copies from the book.

Volume

Help

OK

Next

Hide Time   04:00

Business

06 What is the lecture mainly about?

(A) Current issues and concerns regarding product safety
(B) Strategies for long-term business planning
(C) The way crisis management benefits a company
(D) The importance of good public relations

07 According to the professor, in what way is crisis management a systemic approach?

(A) It requires participation from the entire company.
(B) It is more organized than other problem-solving methods.
(C) It is applied to issues that affect the company's profits.
(D) It focuses on the importance of good public relations.

08 According to the professor, what might the potato chip company do to keep its future products free of insects?

(A) Thoroughly clean its product storage facilities
(B) Utilize pesticides in its manufacturing plants
(C) Alter the procedure by which it produces potato chips
(D) Visually inspect potato chips before packaging them

Listen again to part of the lecture. Then answer the question.

09 What does the professor mean when she says this:

(A) She wants to provide a more detailed explanation.
(B) She disagrees with the student's response.
(C) She forgot to mention an important point.
(D) She wants the student to answer his own question.

10 Why does the professor mention free potato chips?

(A) To give an example of how new products can be promoted
(B) To explain how victims of defective products can be compensated
(C) To illustrate how a company can demonstrate its dedication to customers
(D) To suggest that special promotions can reduce a company's profits

11 In the lecture, the professor describes the steps in crisis management. Indicate whether each of the following is a step in the process.

	Yes	No
Change company procedures		
Protect the company's bottom line		
Let an expert deal with the problem		
Admit the company's mistake		
Hold special sales events		

There is a ten-minute break after the Listening section.

Click on **Continue** when you are ready to go on to the next section.

TEST 02

PART 1

PART 2

🎧 MP3는 TEST 2 폴더에 수록되어 있습니다.

테스트 전 확인사항

☐ 휴대전화의 전원을 껐습니다.

☐ 노트테이킹할 종이와 연필을 준비하였습니다.

☐ MP3를 들을 준비가 되었습니다.

☐ 목표 점수(28개 중 _____개)를 정하였습니다.

Listening Section Directions

The TOEFL iBT Listening Section evaluates your ability to comprehend conversations and lectures in English.

The TOEFL iBT Listening Section includes two separately timed parts. Each part includes one conversation and one or two lectures.

You may take notes while listening to a lecture or conversation. These can be referred to when you answer the questions. Your notes will not be scored.

Click the **Volume** icon at the top of the screen to adjust the volume.

This icon will appear for some questions: 🎧 It indicates that you will hear, but not read, part of the question.

You must answer each question. Click **Next** after you have answered a question. Then click **OK** to confirm and proceed to the next question. You cannot return to an earlier question once you have clicked **OK**. In the TOEFL iBT Listening Section, each conversation and lecture will be played only once. You cannot replay a conversation or lecture. You also cannot return to a previous question.

A clock will be displayed at the top of the screen to show how much time remains. It only counts down while you are answering a question—not while you are listening to a conversation or lecture.

리스닝 섹션은 PART 1, PART 2로 나누어져 있습니다.
PART 1에서는 두 지문을 듣게 됩니다. 6분 30초 동안 질문에 답하세요.
지문을 듣는 동안은 시간이 줄어들지 않습니다.

Volume | Help | OK | Next

Hide Time | 06:30

01 Why does the student need the woman's assistance?

(A) He wants to learn more about the event schedule for the semester.

(B) He is looking for options to work on a project with another club.

(C) He would like to arrange a cooking presentation for students.

(D) He needs advice about organizing a fund-raiser on his own.

02 According to the student, what are two objectives of the cooking club?

Choose 2 answers.

(A) To provide assistance to the underprivileged

(B) To teach students how to maintain a healthy diet

(C) To raise money for events hosted by the student body

(D) To encourage students to eat a more varied diet

Listen again to part of the conversation. Then answer the question.

03 What can be inferred about the last year's fund-raising event?

(A) It included free meals for the homeless.

(B) It was attended by many of the students.

(C) It was co-hosted by two university clubs.

(D) It took place at a local homeless shelter.

04 According to the student, what is the revenue from food sales usually used for?

(A) Creating an education fund for club members

(B) Providing nutritional information to the poor

(C) Attending cooking presentations off campus

(D) Hosting future club events for students

05 What will the student probably do next?

(A) Confirm details of the event with the woman

(B) Get in touch with the social work club leader

(C) Contact the other cooking club members

(D) Reserve a table for the upcoming event

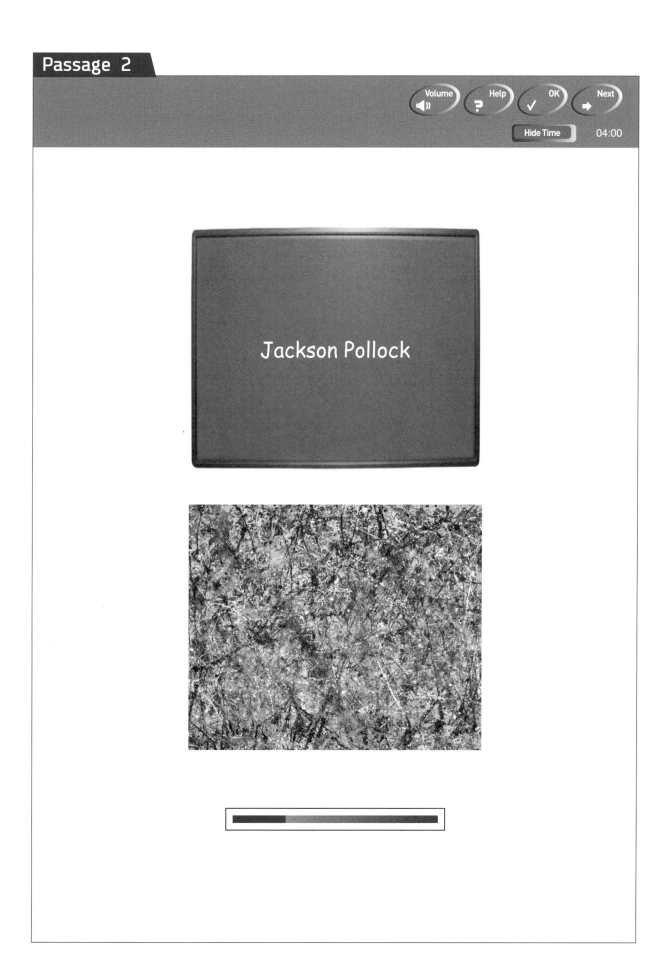

Jackson Pollock

06 What is the professor mainly discussing?

(A) The reasons Pollock was criticized
(B) Abstract expressionism in America
(C) The paintings of Jackson Pollock
(D) Pollock's influence on modern art

07 What does the professor say about Pollock's beginnings as an artist?

(A) Pollock could not decide which movement to follow.
(B) Pollock disliked modern paintings.
(C) Pollock preferred city scenes to rural landscapes.
(D) Pollock was influenced by a mentor.

08 Why does the professor mention *Lavender Mist*?

(A) To explain why the angle at which Pollock's paintings are viewed is irrelevant
(B) To give an example of one of Pollock's more abstract paintings
(C) To emphasize the beauty of a Jackson Pollock painting
(D) To compare an abstract painting with a Neoclassicist one

09 According to the professor, what is a result of the popularity of Pollock's paintings?

(A) Paris lost its position as the center of modern art.
(B) People became interested in Neoclassicist art.
(C) Abstract art became an acceptable modern art form.
(D) Pollock's works rose in commercial value in the art world.

Listen again to part of the lecture. Then answer the question.

10 What does the professor mean when he says this:

(A) He wants the students to change their minds about abstract art.
(B) He thinks the students are not knowledgeable about abstract art.
(C) He does not concur with an opinion about abstract art.
(D) He believes the students do not like Jackson Pollock's artwork.

11 In the lecture, the professor describes the characteristics of Jackson Pollock's paintings. Indicate whether each of the following is a characteristic.

	Yes	No
Painted with brushes of various sizes		
Resembled works of Native Americans		
Created with methods of trickling and spattering		
Painted over and over again to achieve layers		

You have seen all of the questions of PART 1.

Click on **Continue** to go on.

이제 PART 1이 끝났습니다.

PART 2

Listening Directions

This part includes one conversation and two lectures.

You will answer questions about each conversation and lecture. Click **Next** after you have answered a question. Then click **OK** to confirm and proceed to the next question. You cannot return to an earlier question once you have clicked **OK**.

This part of the Listening section will now begin.

Click **Continue** to proceed.

PART 2에서는 세 지문을 듣게 됩니다. 10분 동안 질문에 답하세요.
지문을 듣는 동안은 시간이 줄어들지 않습니다.

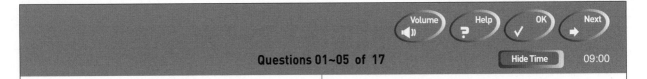

01 Why does the student go to see the professor?

(A) To discuss ways of adjusting to the class

(B) To get information about a theater production

(C) To express a concern about an upcoming class event

(D) To complain about the difficulties she is having in class

02 What does the professor say about the drama the students will attend?

(A) It will be presented in the English language.

(B) Not many opportunities exist to see it.

(C) It is most powerful when performed in Greek.

(D) It is a traveling troupe's final performance.

03 What can be inferred about the professor?

(A) He always lets his students see a drama at the start of the semester.

(B) He prefers ancient Greek dramas to any other type of drama.

(C) He is disappointed that local theaters do not produce Greek plays in English.

(D) He intends to prepare the students before they watch the play.

04 What does the professor explain to the student about the ancient Greek playwrights?

(A) Sophocles' characterizations were more nuanced than those of others.

(B) Sophocles considered characterization a less important aspect of play writing.

(C) Euripides and Aeschylus competed with each other in writing and producing plays for theater.

(D) The characters Euripides and Aeschylus portrayed had traits that were similar to their own.

Listen again to part of the conversation. Then answer the question.

05 Why does the student say this:

(A) To demonstrate her willingness to do extra work on a class project

(B) To indicate that she has already begun working on the assigned reading

(C) To suggest that an assignment will require much effort to complete

(D) To express concern about not having been given a handout in class

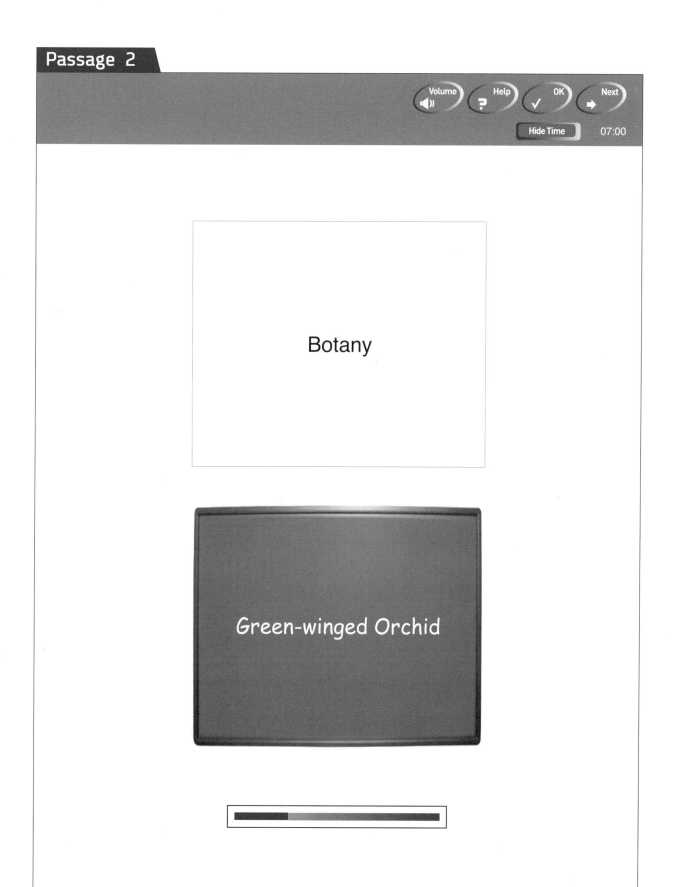

Botany

Green-winged Orchid

06 What is the main topic of the lecture?

(A) The differences between self-pollination and cross-pollination

(B) The methods by which flowers attract pollinators

(C) The reasons flowers attract pollinators

(D) The traits of the green-winged orchid

07 According to the lecture, what is a characteristic of bees as pollinators?

(A) Their physical features make pollinating easier.

(B) They are essentially attracted to the smell of a flower.

(C) They use flowers as a form of temporary shelter.

(D) They want to benefit the flowers.

08 In the lecture, the professor describes the ways in which a flower attracts a pollinator. Indicate whether each of the following is one such method.

	Yes	No
Provides a partner for an insect to mate with		
Takes on a shape and a color that the pollinator finds appealing		
Produces a substance that is edible		
Offers the pollinator a variety of pollens to choose from		
Produces a smell that appeals to the pollinator		

09 Why does the professor mention Charles Darwin?

(A) To emphasize the fact that nectar attracts insects

(B) To give background for a discussion on how plants evolved

(C) To show that pollination has interested researchers for a long time

(D) To name an important scientist who studied pollination

Listen again to part of the lecture. Then answer the question.

10 What does the professor mean when she says this:

(A) She realizes that the information might be incorrect.

(B) She does not think that the students will believe her.

(C) She wants to acknowledge how surprising it might seem.

(D) She thinks the students are confused by her statement.

11 Why is cross-pollination more effective than self-pollination?

(A) It takes considerably less time.

(B) It increases the likelihood that a plant species will survive.

(C) It ensures the production of nectar.

(D) It results in a greater number of offspring for the plant.

12 What does the professor mainly discuss?

(A) The development of public monuments
(B) The importance of an American politician
(C) The differences between two sculptures
(D) The relationship between two artists

13 Why does the professor mention the statues of Lenin?

(A) To illustrate the symbolic significance of statues
(B) To provide an example of an important individual
(C) To demonstrate the influence of wealthy people
(D) To provide background information about the Soviet Union

Listen again to a part of the lecture. Then answer the question.

14 What does the professor mean when he says this:

(A) He does not want to make it seem like Greenough was underpaid.
(B) He wants to ensure that the students understand the project's financial scope.
(C) He thinks the students won't consider the statue to be important.
(D) He does not think the students know about the costs of creating a statue.

15 What are two characteristics of Greenough's sculpture of Washington?

Choose 2 answers.

(A) Archaic clothes
(B) Aging face
(C) Mythical companion
(D) Uncovered torso

Listen again to a part of the lecture. Then answer the question.

16 Why does the professor say this:

(A) He feels that Houdon was not a talented artist.
(B) He thinks there are few good artists from the period.
(C) He disagrees with popular opinion about the sculptor.
(D) He believes the importance of the sculpture is exaggerated.

17 What can be inferred about Washington?

(A) He preferred Houdon's statue.
(B) He was a rural landowner.
(C) He was physically powerful.
(D) He appreciated Greek art.

There is a ten-minute break after the Listening section.

Click on **Continue** when you are ready to go on to the next section.

이제 PART 2가 끝났습니다. 정답·스크립트·해석·해설 **p.67**

TEST

1
2
3
4
5
6

HACKERS TOEFL ACTUAL TEST LISTENING

HACKERS TOEFL ACTUAL TEST LISTENING

TEST 03

PART 1
PART 2

🎧 MP3는 TEST 3 폴더에 수록되어 있습니다.

테스트 전 확인사항

☐ 휴대전화의 전원을 껐습니다.

☐ 노트테이킹할 종이와 연필을 준비하였습니다.

☐ MP3를 들을 준비가 되었습니다.

☐ 목표 점수(28개 중 _____개)를 정하였습니다.

PART 1

Listening Section Directions

The TOEFL iBT Listening Section evaluates your ability to comprehend conversations and lectures in English.

The TOEFL iBT Listening Section includes two separately timed parts. Each part includes one conversation and one or two lectures.

You may take notes while listening to a lecture or conversation. These can be referred to when you answer the questions. Your notes will not be scored.

Click the **Volume** icon at the top of the screen to adjust the volume.

This icon will appear for some questions: 🎧 It indicates that you will hear, but not read, part of the question.

You must answer each question. Click **Next** after you have answered a question. Then click **OK** to confirm and proceed to the next question. You cannot return to an earlier question once you have clicked **OK**. In the TOEFL iBT Listening Section, each conversation and lecture will be played only once. You cannot replay a conversation or lecture. You also cannot return to a previous question.

A clock will be displayed at the top of the screen to show how much time remains. It only counts down while you are answering a question—not while you are listening to a conversation or lecture.

리스닝 섹션은 PART 1, PART 2로 나누어져 있습니다.
PART 1에서는 두 지문을 듣게 됩니다. 6분 30초 동안 질문에 답하세요.
지문을 듣는 동안은 시간이 줄어들지 않습니다.

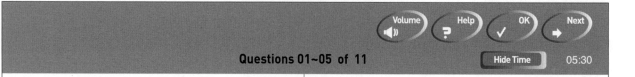
01 Why does the student go to the print shop?

(A) To inquire about a deal advertised online

(B) To ask about the advantages of certain types of advertisements

(C) To check the status of an advertisement ordered for an event

(D) To look into options for creating advertisements

02 According to the man, what are the advantages of flyers?

Choose 2 answers.

(A) They can be placed in highly visible locations.

(B) They can be created in a variety of designs.

(C) They can be printed in large numbers.

(D) They are a good format for including a lot of information.

03 What is the man's attitude towards sticky note advertisements?

(A) He believes they are too difficult to make considering their price.

(B) He worries that they may be inconvenient to carry around.

(C) He is concerned that they will not be as effective as other advertisements.

(D) He thinks they are easy to misunderstand because of their size.

04 Why does the student mention her sister?

(A) To explain how she heard about the deal at the print shop

(B) To show the difference between standardized and customized postcards

(C) To suggest a type of advertisement she would like to use for her club

(D) To order a kind of advertisement suitable for invitation

05 What does the man need before the postcards are printed?

(A) Confirmation of the details for an event

(B) A graphic for the advertisement

(C) Approval of a sample postcard

(D) Information about the color and size the student wants

Maria Montessori

06 What is the main topic of the lecture?

(A) The shortcomings of traditional educational philosophy

(B) The unique aspects of an educational method

(C) Maria Montessori's successes with the learning-disabled

(D) The importance of fostering social development in schools

07 According to the professor, what is the main responsibility of a Montessori classroom's director?

(A) Ensuring that students are studying appropriate subjects

(B) Providing students with guidance regarding their learning pace

(C) Creating an enriching environment for learning

(D) Encouraging the students to take their personal education seriously

08 Why does the professor mention a babbling infant?

(A) To clarify Montessori's position on language development

(B) To compare the learning processes of different age groups

(C) To describe the importance of repetition in learning

(D) To demonstrate that children have a learning instinct

09 According to the professor, how is traditional school furniture different from Montessori furniture?

(A) It is an obstacle to children working together.

(B) It is incapable of taking a reasonable amount of wear-and-tear.

(C) It is used to make less efficient use of classroom space.

(D) It is made for children to easily move around.

Listen again to part of the lecture. Then answer the question.

10 What does the professor mean when he says this: 🎧

(A) He no longer wants to discuss the example.

(B) He thinks the students already know the answer.

(C) He does not think the students have formulated their own opinions.

(D) He wants the students to think about their answers.

11 What can be inferred about typical Montessori educational materials?

(A) They can express concepts from a wide variety of subjects.

(B) They must be replaced with new materials at regular intervals.

(C) They are suited to children working together in a small group.

(D) They are designed for young students learning to develop motor skills.

You have seen all of the questions of PART 1.

Click on **Continue** to go on.

이제 PART 1이 끝났습니다.

PART 2

Listening Directions

This part includes one conversation and two lectures.

You will answer questions about each conversation and lecture. Click **Next** after you have answered a question. Then click **OK** to confirm and proceed to the next question. You cannot return to an earlier question once you have clicked **OK**.

This part of the Listening section will now begin.

Click **Continue** to proceed.

PART 2에서는 세 지문을 듣게 됩니다. 10분 동안 질문에 답하세요.
지문을 듣는 동안은 시간이 줄어들지 않습니다.

Volume Help OK Next

Hide Time   10:00

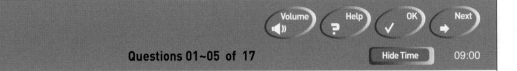
01 What is the conversation mainly about?

(A) The reasons only certain tree species lose their leaves

(B) The physical changes some trees undergo annually

(C) The various methods used by trees to generate energy

(D) The types of chemicals produced by trees in the fall

Listen again to part of the conversation. Then answer the question.

02 Why does the student say this:

(A) To suggest that she has already discussed a point

(B) To show that she does not understand a question

(C) To indicate that she cannot explain a phenomenon

(D) To demonstrate that she is familiar with a process

03 According to the professor, what factors contribute to the dropping of leaves in trees?

Choose 3 answers.

(A) The emitting of enzymes that impair the cell walls

(B) The formation of break lines due to changes in cell size

(C) The weakening of water pressure in the leaves

(D) An interruption in the production of chlorophyll

(E) A natural process that exerts a force on the leaf

04 What does the professor imply about a leaf's pigments?

(A) Some are present in a leaf all year long.

(B) Only trees that have red-colored leaves produce them.

(C) They are chemicals that react with chlorophyll.

(D) Some are produced as a defense mechanism.

05 What is the student's attitude toward the botany conference?

(A) She believes it will address what she cares about.

(B) She is worried it will disrupt her class schedule.

(C) She is nervous about giving a presentation.

(D) She feels uncertain about its benefits.

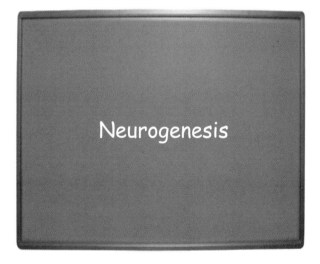

Neurogenesis

06 What is the main topic of the lecture?

(A) The reasons that neurons cannot be produced later in life

(B) A comparison of neurogenesis in adults and children

(C) A process in the brain that is not fully understood

(D) The functions of the various parts of the human brain

07 According to the professor, why is there a lot of interest in adult neurogenesis?

(A) It might provide clues about how the brain functions.

(B) It may lead to treatments for serious mental illnesses.

(C) It has the potential to increase human life spans.

(D) It could explain why memory loss affects the elderly.

08 In the lecture, the professor explains the differences between neurons and glial cells. Indicate whether each phrase below describes a neuron or glial cell.

	Neuron	Glial Cell
Protects other cells from toxic substances		
Is the most numerous cell in the brain		
Cannot reproduce through cell division		
Receives nutrients from other cells		

Listen again to part of the lecture. Then answer the question.

09 What does the professor imply when she says this:

(A) She thinks that the importance of the neocortex has been overstated.

(B) She is hopeful that neurogenesis may occur in the neocortex.

(C) She believes that the neocortex is still not fully understood.

(D) She is surprised that new neurons do not form in the neocortex.

10 What is the professor's opinion of adult neurogenesis in the hippocampus?

(A) It greatly affects the performance of the brain.

(B) It must be confirmed through further study.

(C) It has more disadvantages than advantages.

(D) It increases the capacity of the long-term memory.

11 What are two ways in which a stimulating environment affects neurogenesis?

Choose 2 answers.

(A) A wider range of neuron types are produced.

(B) New neurons are less likely to die off.

(C) Neuron performance is significantly enhanced.

(D) A greater number of neurons are generated.

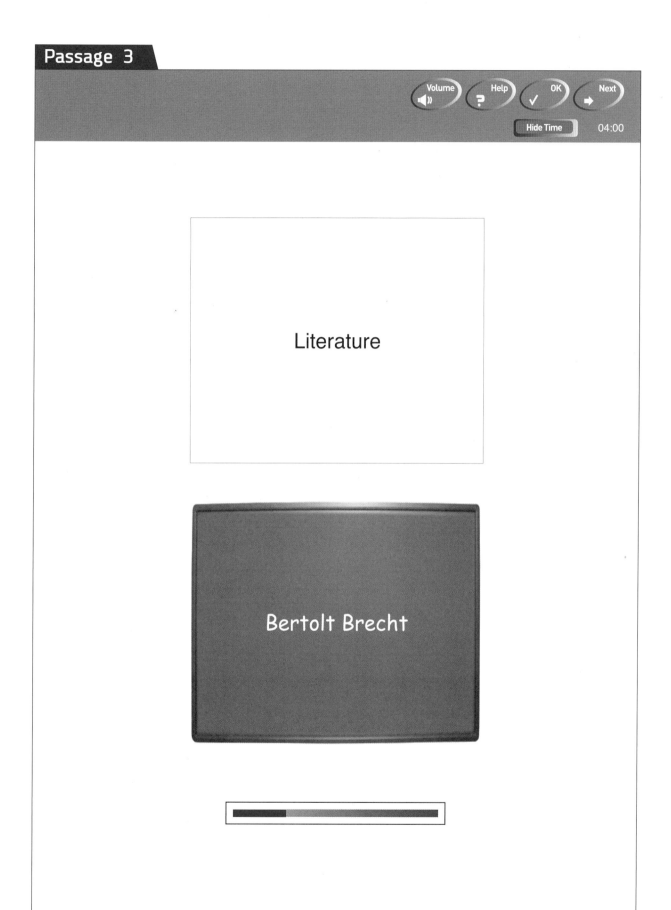

Literature

Bertolt Brecht

12 What is the main purpose of the lecture?

(A) To illustrate the importance of engaging an audience

(B) To explain the philosophy behind a dramatic movement

(C) To criticize the spectacle of modern entertainment

(D) To discuss reactions to the epic theater movement

13 What is meant by the expression "breaking the fourth wall"?

(A) Using art as a means of teaching the public

(B) Creating an art form that goes against tradition

(C) Interacting with the audience in a direct way

(D) Evoking a strong emotional reaction in a viewer

Listen again to part of the lecture. Then answer the question.

14 What does the professor mean when she says this:

(A) The plays cost a lot of money to put on.

(B) Most people cannot understand epic theater.

(C) Brecht did not want his audience to enjoy his plays.

(D) Epic theater requires a lot of attention and thought by the audience.

15 According to the lecture, what was the goal of Brecht's plays?

(A) Demonstrating that elaborate sets were completely unnecessary

(B) Allowing the viewers to momentarily lose themselves

(C) Finding a realistic way to manipulate the audience's emotions

(D) Inspiring the audience members to take action

16 According to the professor, what did Brecht think he was standing up against?

(A) The view that theater should combine politics and art

(B) The notion that theater should be an escape from reality

(C) The idea that theater should provide entertainment for actors

(D) The belief that theater should be used to teach lessons

17 In the lecture, the professor describes certain unique methods that were used in epic theater. Indicate whether each of the following was used in epic theater performances.

	Yes	No
Illuminating the actors on stage brightly		
Using set designs that were unrealistic		
Criticizing unfair aspects of society		
Filling multiple roles with the same actor		

There is a ten-minute break after the Listening section.

Click on **Continue** when you are ready to go on to the next section.

HACKERS TOEFL ACTUAL TEST LISTENING

TEST 04

PART 1
PART 2

🎧 MP3는 TEST 4 폴더에 수록되어 있습니다.

테스트 전 확인사항

☐ 휴대전화의 전원을 껐습니다.

☐ 노트테이킹할 종이와 연필을 준비하였습니다.

☐ MP3를 들을 준비가 되었습니다.

☐ 목표 점수(28개 중 _____개)를 정하였습니다.

Listening Section Directions

The TOEFL iBT Listening Section evaluates your ability to comprehend conversations and lectures in English.

The TOEFL iBT Listening Section includes two separately timed parts. Each part includes one conversation and one or two lectures.

You may take notes while listening to a lecture or conversation. These can be referred to when you answer the questions. Your notes will not be scored.

Click the **Volume** icon at the top of the screen to adjust the volume.

This icon will appear for some questions: 🎧 It indicates that you will hear, but not read, part of the question.

You must answer each question. Click **Next** after you have answered a question. Then click **OK** to confirm and proceed to the next question. You cannot return to an earlier question once you have clicked **OK**. In the TOEFL iBT Listening Section, each conversation and lecture will be played only once. You cannot replay a conversation or lecture. You also cannot return to a previous question.

A clock will be displayed at the top of the screen to show how much time remains. It only counts down while you are answering a question—not while you are listening to a conversation or lecture.

리스닝 섹션은 PART 1, PART 2로 나누어져 있습니다.
PART 1에서는 두 지문을 듣게 됩니다. 6분 30초 동안 질문에 답하세요.
지문을 듣는 동안은 시간이 줄어들지 않습니다.

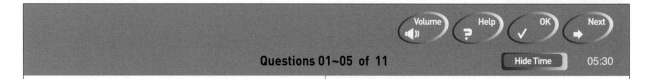
01 Why does the professor want to talk with the student?

   (A) To suggest that the student write an article for a literary journal
   (B) To give the student advice about writing literary critiques
   (C) To inform the student of his speech at the campus literature conference
   (D) To give the student feedback on her recent assignments

02 What are two criticisms the professor gives of the student's second essay?

   Choose 2 answers.

   (A) It does not include appropriate content for the assignment.
   (B) It lacks a strong organizational structure.
   (C) It reads as if the student did not understand the topic.
   (D) It was not submitted before the deadline.

Listen again to part of the conversation. Then answer the question.

03 Why does the professor say this:

   (A) To indicate that he is about to give the student advice
   (B) To propose that the student meet with her guidance counselor
   (C) To suggest that he is not qualified to give the student advice
   (D) To encourage the student to speak openly about her problems

04 What is the professor's opinion of doing assignments?

   (A) He considers it a good way to learn about new topics.
   (B) He thinks it is best to research several different topics.
   (C) He believes it requires a lot of work over an extended period of time.
   (D) He assumes that most students are incapable of doing it properly.

05 What will the professor probably do next?

   (A) Contact the editors about the student's paper
   (B) E-mail the student information about a literary journal
   (C) Provide the student with guidelines for essay revision
   (D) Send the student a release document

Leidenfrost
Effect

06 What is the lecture mainly about?

(A) The change of boiling states depending on temperature

(B) The process by which heat is transferred to a liquid

(C) The behavior of water when it reaches its boiling point

(D) The real-life applications of the Leidenfrost effect

07 According to the professor, why do bubbles form during nucleate boiling?

(A) Because the liquid is heated using convection

(B) Because a layer of vapor is created under the liquid

(C) Because heat pressure forces the water upwards

(D) Because molecules throughout the water change to vapor

08 In the lecture, the professor explains the sequence of changes a liquid undergoes as it is progressively heated. Put the steps listed below in the correct order.

Step 1	
Step 2	
Step 3	
Step 4	

(A) Bubbles are quickly produced from the pan's bottom.

(B) A layer of vapor totally fills the bottom of the pan.

(C) The molecules on the top of the liquid begin to evaporate.

(D) Poor heat transfer causes the liquid's evaporation rate to decrease.

09 According to the lecture, why does water evaporate slowly during film boiling?

(A) The temperature is not high enough to allow evaporation.

(B) The vapor becomes trapped in bubbles within the liquid.

(C) The presence of a vapor layer inhibits heat transfer.

(D) The amount of heat energy transmitted is too high.

Listen again to a part of the lecture. Then answer the question.

10 What does the professor imply when she says this:

(A) The scientific ideas involved are difficult to understand.

(B) The Leidenfrost effect does not occur naturally.

(C) The relevance of the concept is not immediately clear.

(D) The students are thinking that she is straying from the topic.

11 What can be inferred about using the Leidenfrost effect to cool computers?

(A) It is highly energy-efficient.

(B) It needs only air to cool the processor.

(C) It uses the processor's power to move a liquid.

(D) It forces the warm air outside the computer.

You have seen all of the questions of PART 1.

Click on **Continue** to go on.

이제 PART 1이 끝났습니다.

Listening Directions

This part includes one conversation and two lectures.

You will answer questions about each conversation and lecture. Click **Next** after you have answered a question. Then click **OK** to confirm and proceed to the next question. You cannot return to an earlier question once you have clicked **OK**.

This part of the Listening section will now begin.

Click **Continue** to proceed.

PART 2에서는 세 지문을 듣게 됩니다. 10분 동안 질문에 답하세요.
지문을 듣는 동안은 시간이 줄어들지 않습니다.

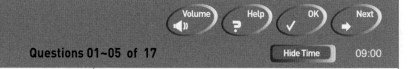
01 Why does the student visit the fitness center?

(A) To inquire about the center's operating hours

(B) To find out more information about personal training

(C) To put forth suggestions about a potential improvement

(D) To inform the manager about the student council's website

Listen again to part of the conversation. Then answer the question.

02 Why does the manager say this:

(A) To indicate that she sees the student's point

(B) To express that the student is incorrect

(C) To suggest that the student's question is inappropriate

(D) To show that the student said something unexpected

03 What reason does the manager give for the fitness center's limited hours?

(A) The employees do not want to work late at night.

(B) The schedule is a result of the health club's financial situation.

(C) The health club needs to close so machines can be maintained.

(D) The university closes the building early for security reasons.

04 What does the manager say about adding late classes and personal training sessions?

(A) There would not be very many people interested.

(B) There would need to be a discount as an incentive.

(C) It would cause attendance to drop at earlier sessions.

(D) It would not attract night owls who seldom exercise.

05 What did the manager indicate she will do about the student's concern?

(A) Ask the university for a bigger budget

(B) Adjust the schedule to accommodate his request

(C) Seek out input from others on the issue

(D) Discuss the matter with the student council

CD-R
CD-RW

06 What is the lecture mainly about?

(A) The advantages and disadvantages of CDs
(B) A comparison of the sound quality of various music recording media
(C) The best method to record and store music
(D) The evolution of audio recording formats

07 Why does the professor mention photocopies?

(A) To explain why tapes must often be replaced
(B) To illustrate a problem with reproducing tapes
(C) To describe a particular method of tape recording
(D) To emphasize how easy it is to duplicate tapes

Listen again to part of the lecture. Then answer the question.

08 What does the professor imply when he says this: 🎧

(A) Music CDs do not require special storage arrangements.
(B) The methods to preserve CDs are inconvenient.
(C) CDs are a superior form of recording technology.
(D) Music is best stored in public libraries.

09 Why does the professor mention the human ear?

(A) To explain why certain sounds are omitted from MP3s
(B) To identify which sounds are created by MP3s
(C) To illustrate how MP3s record certain sounds
(D) To describe what can and cannot be heard by humans

10 According to the professor, what is the reason so much music is stored on computers?

(A) It retains a superior sound quality.
(B) It reduces the risk of it being lost.
(C) It ensures that music libraries are well organized.
(D) It is cheaper than storing physical recordings.

11 In the lecture, the professor describes various types of media. Indicate whether each of the following is a characteristic of cassette tapes, CDs, or MP3s.

	Cassette	CD	MP3
Negatively affected by sunlight			
Contains magnetic conversions of data			
Sound quality not degraded by additional copies			
Some data lost due to compression			
Contains a layer of oxidized iron			
Coated with a thin layer of metal			

History

Great
Depression

12 What is the lecture mainly about?

(A) The underlying economic causes of the Great Depression

(B) The importance of welfare programs during the Great Depression

(C) The methods used by a president to manage a national crisis

(D) The US banking industry's response to the 1929 stock market crash

13 Why does the professor mention Hoovervilles?

(A) To demonstrate that Hoover was widely blamed for the Great Depression

(B) To emphasize Hoover's commitment to creating homeless shelters

(C) To explain Hoover's reluctance to give government assistance to private citizens

(D) To show that Hoover's response to Great Depression was very effective

14 In the lecture, the professor describes the various actions taken by President Hoover in response to the Great Depression. Indicate whether each of the following is one of these actions.

	Yes	No
Established federal welfare programs		
Extended affordable credit to businesses		
Assisted famers with debt management		
Purchased crop surpluses to feed the poor		
Paid for large public works projects		

15 According to the professor, what was the purpose of the Davis-Bacon Act?

(A) It was implemented to reduce government spending.

(B) It was intended to regulate workers' pay.

(C) It was enacted to improve publicly owned properties.

(D) It was designed to protect federal contractors.

16 What does the professor say about President Roosevelt?

(A) He reduced funding for many of Hoover's projects.

(B) He embraced many of the economic policies of his predecessor.

(C) He made it possible for his successor to deal with an economic crisis.

(D) He consulted Hoover when developing his economic policies.

Listen again to part of the lecture. Then answer the question.

17 What does the professor mean when he says this:

(A) He thinks that the student's position is well argued.

(B) He believes that the student's response is off topic.

(C) He considers the student's answer to be incomplete.

(D) He finds the student's comment to be unclear.

There is a ten-minute break after the Listening section.

Click on **Continue** when you are ready to go on to the next section.

HACKERS TOEFL ACTUAL TEST LISTENING

TEST 05

PART 1
PART 2

🎧 MP3는 TEST 5 폴더에 수록되어 있습니다.

테스트 전 확인사항

☐ 휴대전화의 전원을 껐습니다.

☐ 노트테이킹할 종이와 연필을 준비하였습니다.

☐ MP3를 들을 준비가 되었습니다.

☐ 목표 점수(28개 중 _____개)를 정하였습니다.

Listening Section Directions

The TOEFL iBT Listening Section evaluates your ability to comprehend conversations and lectures in English.

The TOEFL iBT Listening Section includes two separately timed parts. Each part includes one conversation and one or two lectures.

You may take notes while listening to a lecture or conversation. These can be referred to when you answer the questions. Your notes will not be scored.

Click the **Volume** icon at the top of the screen to adjust the volume.

This icon will appear for some questions: It indicates that you will hear, but not read, part of the question.

You must answer each question. Click **Next** after you have answered a question. Then click **OK** to confirm and proceed to the next question. You cannot return to an earlier question once you have clicked **OK**. In the TOEFL iBT Listening Section, each conversation and lecture will be played only once. You cannot replay a conversation or lecture. You also cannot return to a previous question.

A clock will be displayed at the top of the screen to show how much time remains. It only counts down while you are answering a question—not while you are listening to a conversation or lecture.

리스닝 섹션은 PART 1, PART 2로 나누어져 있습니다.
PART 1에서는 두 지문을 듣게 됩니다. 6분 30초 동안 질문에 답하세요.
지문을 듣는 동안은 시간이 줄어들지 않습니다.

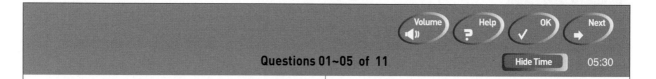
01 Why does the student go to see her professor?

(A) To get more information about Friday's seminar

(B) To request a different presentation topic

(C) To ask for advice on what to include in her oral report

(D) To check what sources are relevant to her presentation

Listen again to part of the conversation. Then answer the question.

02 What does the professor mean when he says this: 🎧

(A) The report may have to include information about Van Gogh's life.

(B) The paintings discussed in the report should say something about Van Gogh's life.

(C) The student should avoid discussing the life of Van Gogh in her report.

(D) The report may include a discussion of Van Gogh's self-portraits.

03 What does the professor imply about the seminar on Dutch artists?

(A) He is uncertain about the specific topics that will be discussed.

(B) He will be giving a presentation on the life of Van Gogh.

(C) He has provided information to be used by the presenters.

(D) He has advised other students to attend this event.

04 Why is the student unable to attend the seminar on Friday?

(A) She will be out of country.

(B) She plans to spend the day in the library.

(C) She has to attend a Dutch artists' exhibition.

(D) She already has an arrangement.

05 What does the professor suggest the student do?

Choose 2 answers.

(A) Attend another of the professor's classes

(B) Conduct further research on French paintings

(C) Change the angle of her presentation on Van Gogh

(D) Alter the time of an upcoming appointment

Archaeology

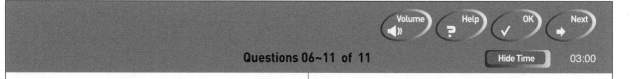
06 What is the main topic of the lecture?

(A) Evidence that proves the Clovis-first theory
(B) Scientific dissent against the Clovis-first theory
(C) The discovery of materials in South America
(D) The language development of the Clovis people

07 How did the Clovis people reach Alaska?

(A) They walked over uncovered seabed.
(B) They sailed their boats over the Bering Strait.
(C) They crossed over from South America.
(D) They traveled across the New World.

08 What does the professor say about Clovis points?

(A) They were chipped when they were found.
(B) They were not easy to find in South America.
(C) Their number was greatest near Clovis, New Mexico.
(D) They were largely connected with the killing of animals.

09 How does the professor emphasize the significance of the new materials found in South America?

(A) By comparing the materials with Clovis tools
(B) By explaining what method was used to locate them
(C) By describing the appearance of the materials
(D) By citing the age of the materials found

Listen again to a part of the lecture. Then answer the question.

10 What does the professor imply when she says this:

(A) The lecture should be going at a faster pace.
(B) The students should take notes faster.
(C) The students are usually more perceptive.
(D) The students did not do the readings.

11 What is the linguistic evidence for the Clovis people not being the first to arrive in the New World?

(A) The Clovis language was not spoken in most parts of South America.
(B) The major languages of the New World were unlike the Clovis language.
(C) The cultures and languages in the Americas were divergent and numerous.
(D) The various cultures from Asia spoke only one mother tongue.

You have seen all of the questions of PART 1.

Click on **Continue** to go on.

이제 PART 1이 끝났습니다.

PART 2

Listening Directions

This part includes one conversation and two lectures.

You will answer questions about each conversation and lecture. Click **Next** after you have answered a question. Then click **OK** to confirm and proceed to the next question. You cannot return to an earlier question once you have clicked **OK**.

This part of the Listening section will now begin.

Click **Continue** to proceed.

PART 2에서는 세 지문을 듣게 됩니다. 10분 동안 질문에 답하세요.
지문을 듣는 동안은 시간이 줄어들지 않습니다.

Volume

Help

OK

Next

Hide Time 10:00

01 Why does the student go to the art department?

Choose 2 answers.

(A) To complain about a recent departmental change

(B) To request additional resources for art supplies

(C) To discuss ways to increase public awareness of an issue

(D) To inquire about fundraising to support local artists

02 According to the employee, in what ways could an art exhibition be used to raise funds?

Choose 2 answers.

(A) A fee could be charged to attend the show.

(B) Companies could be recruited to sponsor the event.

(C) Student artwork could be sold to the highest bidder.

(D) Donations could be solicited from attendees.

03 What advice does the employee give regarding art lessons?

(A) Request funding from the art department to pay for tutoring

(B) Give information to parents about the purpose of a program

(C) Advertise the art lessons at local middle and high schools

(D) Provide free art supplies to those who sign up for lessons

Listen again to part of the conversation. Then answer the question.

04 What does the employee mean when she says this: 🎧

(A) The art supply program was cut despite her objections.

(B) There is nothing she can do to change the situation.

(C) Program funding is not an appropriate topic for discussion.

(D) She tried and failed to restore funding for art supplies.

05 What will the student probably do next?

(A) Submit a form to register for an event

(B) Consult with other students

(C) Visit an exhibition hall on campus

(D) Begin organizing an auction

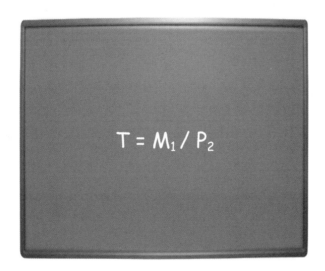

$$T = M_1 / P_2$$

06 What does the professor mainly discuss?

(A) A procedure for measuring the size of a whale population

(B) A technique for identifying whale species through photographs

(C) Distinguishing animals through their physical features

(D) The danger that human activity poses to whales

Listen again to part of the lecture. Then answer the question.

07 Why does the professor say this: 🎧

(A) To remind students of the difficulties of an activity

(B) To emphasize the unlikelihood of an event

(C) To describe a disadvantage of a method

(D) To estimate the amount of time it takes to get data

08 According to the lecture, what are two factors that can influence how a marking on a whale is seen by a researcher?

Choose 2 answers.

(A) The presence of other whales in the area

(B) The quality of the equipment used

(C) The presence of other organisms on the whale

(D) The whale's movement within its surroundings

09 According to the professor, what differentiates the two mark-and-recapture methods that utilize photo-identification?

(A) The types of whale species that are studied

(B) The spot where the second set of photos is taken

(C) The specific markings that are observed

(D) The time at which the identification attempt occurs

10 What does the professor say about using a mathematical formula to estimate population size?

(A) It requires the acceptance of certain premises.

(B) It yields different results from study to study.

(C) It necessitates some knowledge of math.

(D) It can be used only with small populations.

Listen again to part of the lecture. Then answer the question.

11 What does the professor imply when he says this: 🎧

(A) Another objective of the method is to protect the whales.

(B) Protecting the whales will increase the population.

(C) Other methods may be harmful to whales.

(D) The present whale population is far too small.

12 What does the professor mainly discuss?

(A) A comparison of cultured and natural pearls

(B) The impact of the pearl trade on natural pearls

(C) The formation and characteristics of natural pearls

(D) The differences between bivalves and gastropods

13 According to the professor, what two purposes does nacre serve?

Choose 2 answers.

(A) Seals the hinge between the two valves of a bivalve

(B) Reinforces the shell of the mollusk

(C) Prevents too much water from entering the mollusk

(D) Protects the mollusk from foreign particles that enter

Listen again to a part of the lecture. Then answer the question.

14 What does the professor mean when he says this:

(A) He wants to be able to satisfy the curiosity of the students.

(B) He does not think the students will find the information interesting.

(C) He thinks the information he is about to give is not particularly important.

(D) He does not want the students to ask for more information.

15 What does the professor say about gastropods?

(A) Those that do not move as easily are more likely to form pearls.

(B) Those living in freshwater areas are more capable of pearl production.

(C) Only those that eat detritus produce pearls.

(D) Those living in areas abundant with food are pearl producers.

16 In the lecture, the professor explains the sequence of steps that takes place in the formation of a natural pearl. Put the steps listed below in the correct order.

Step 1	
Step 2	
Step 3	
Step 4	

(A) The mantle secretes layers of nacre around the speck for years.

(B) The mantle continuously produces nacre to line the shell.

(C) A particle ingested by the gills inflames the mantle.

(D) The foreign speck is enveloped by the nacre.

(E) The hinge is damaged by an external substance.

17 According to the professor, what are the ways to differentiate between natural pearls and cultured ones?

Choose 2 answers.

(A) Check the uniformity of the pearl's color

(B) Feel the pearl's surface with the teeth

(C) Subject the pearl to an x-ray

(D) Determine the thickness of the pearl's outermost layer

There is a ten-minute break after the Listening section.

Click on **Continue** when you are ready to go on to the next section.

HACKERS TOEFL ACTUAL TEST LISTENING

TEST 06

PART 1
PART 2

🎧 MP3는 TEST 6 폴더에 수록되어 있습니다.

테스트 전 확인사항

☐ 휴대전화의 전원을 껐습니다.

☐ 노트테이킹할 종이와 연필을 준비하였습니다.

☐ MP3를 들을 준비가 되었습니다.

☐ 목표 점수(28개 중 _____개)를 정하였습니다.

Listening Section Directions

The TOEFL iBT Listening Section evaluates your ability to comprehend conversations and lectures in English.

The TOEFL iBT Listening Section includes two separately timed parts. Each part includes one conversation and one or two lectures.

You may take notes while listening to a lecture or conversation. These can be referred to when you answer the questions. Your notes will not be scored.

Click the **Volume** icon at the top of the screen to adjust the volume.

This icon will appear for some questions: 🎧 It indicates that you will hear, but not read, part of the question.

You must answer each question. Click **Next** after you have answered a question. Then click **OK** to confirm and proceed to the next question. You cannot return to an earlier question once you have clicked **OK**. In the TOEFL iBT Listening Section, each conversation and lecture will be played only once. You cannot replay a conversation or lecture. You also cannot return to a previous question.

A clock will be displayed at the top of the screen to show how much time remains. It only counts down while you are answering a question—not while you are listening to a conversation or lecture.

리스닝 섹션은 PART 1, PART 2로 나누어져 있습니다.
PART 1에서는 세 지문을 듣게 됩니다. 10분 동안 질문에 답하세요.
지문을 듣는 동안은 시간이 줄어들지 않습니다.

01 Why does the student go to the career center?

(A) To conduct an interview with an employee there

(B) To look for information about working on campus

(C) To receive advice about the job application process

(D) To schedule a meeting with a counselor

02 According to the conversation, what can the student do at the website?

Choose 2 answers.

(A) Request feedback on application materials

(B) Obtain scheduling information for workshops

(C) View sample interview questions and answers

(D) Access updated job listings with complete job descriptions

Listen again to part of the conversation. Then answer the question.

03 Why does the employee say this: 🎧

(A) To express confidence that the student will find off campus employment

(B) To indicate that she is about to suggest an alternative

(C) To encourage the student to apply directly to employers

(D) To suggest that the student's proposed method is ideal

04 What does the student imply about his cover letter?

(A) It needs to be revised to focus on his work experience.

(B) It has been specifically tailored toward individual employers.

(C) It may be the reason he has not found a job yet.

(D) It emphasizes his background in marketing and public relations.

05 What does the employee say about the workshop?

(A) Many students have found employment after participating in it.

(B) It provides general information about job application documents.

(C) Some students are unable to attend it because of scheduling issues.

(D) It includes feedback from actual employers on interview performance.

Earth Science

06 What is the lecture mainly about?

Choose 2 answers.

(A) The ways that snowflakes transport pollutants
(B) The reason why all snowflakes are different
(C) The effects of pollution on a snowflake's shape
(D) The process by which a snowflake is formed

07 According to the professor, how do seed crystals develop?

Choose 2 answers.

(A) Ice forms on a particle.
(B) Raindrops freeze in low temperatures.
(C) Water vapor solidifies in the air.
(D) Supercooled water evaporates.

08 In the lecture, the professor identifies several factors that affect the development of a snowflake. Indicate whether each of the following is a factor.

	Yes	No
The temperature of the air it passes through		
The type of particle it forms around		
The amount of moisture it encounters		
The composition of the ice it accumulates		
The length of time it spends aloft		

09 What is the attitude of the professor toward coal power plants?

(A) They negatively impact weather patterns around the world.
(B) Their harm to the environment is completely unjustifiable.
(C) They are responsible for decreased snowflake formation.
(D) Their role in increasing pollution has been exaggerated.

10 What leads to the creation of acid snow?

(A) Snowflakes form around seed crystals with toxic substances.
(B) Coal particles encounter water molecules in low-temperature areas.
(C) Molecules in the quasi-liquid layer react with atmospheric gasses.
(D) Seed crystals absorb acidic compounds in the atmosphere.

Listen again to part of the lecture. Then answer the question.

11 What does the professor imply when he says this:

(A) Acid pulses are likely to become dangerous in the future.
(B) Not enough has been done to prevent acid pulses.
(C) Acid snowfall in New York is expected to drop sharply.
(D) It is crucial to find a way to purify New York's water quickly.

Geology

12 What is the main topic of the lecture?

(A) The factors that result in the creation of a volcano

(B) The various components of a volcano

(C) The causes of volcanic eruptions

(D) The differences between two types of volcanoes

Listen again to a part of the lecture. Then answer the question.

13 Why does the professor say this: 🎧

(A) To suggest that she would like input from other students

(B) To indicate that the student's response is inadequate

(C) To show that she is impressed with the student's knowledge

(D) To imply that the student did not understand the question

14 According to the professor, what distinguishes lava from magma?

(A) Its composition

(B) Its location

(C) Its temperature

(D) Its viscosity

15 In the lecture, the professor identifies several characteristics of shield and strato volcanoes. Indicate whether each is a characteristic of a shield or strato volcano.

	Shield volcano	Strato volcano
Frequent eruptions		
Cooler lava		
Explosive eruptions		
Basalt lava		

16 What can be inferred about strato volcanoes?

(A) They are larger than shield volcanoes.

(B) They are less common than shield volcanoes.

(C) They cause more damage than shield volcanoes.

(D) They produce less lava than shield volcanoes.

17 Why does the professor mention the Mediterranean region?

(A) To provide an example of a subduction zone

(B) To demonstrate the effects of colliding tectonic plates

(C) To specify an area with many shield volcanoes

(D) To illustrate the damage caused by strato volcanoes

You have seen all of the questions of PART 1.

Click on **Continue** to go on.

이제 PART 1이 끝났습니다.

Listening Directions

This part includes one conversation and one lecture.

You will answer questions about each conversation and lecture. Click **Next** after you have answered a question. Then click **OK** to confirm and proceed to the next question. You cannot return to an earlier question once you have clicked **OK**.

This part of the Listening section will now begin.

Click **Continue** to proceed.

PART 2에서는 두 지문을 듣게 됩니다. 6분 30초 동안 질문에 답하세요.
지문을 듣는 동안은 시간이 줄어들지 않습니다.

01 What is the student's main problem?

(A) He is in disagreement with the conclusions of a study.
(B) He has no background in the topic assigned by the professor.
(C) He has not found much information on a topic he chose.
(D) He needs to rewrite his paper because it is off-topic.

02 What does the student say about the Harappan writing system?

(A) Clay was the only writing material used by the Harappan people.
(B) More seals on which the symbols were written continue to be found.
(C) The symbols have not yet been decoded into an existing language.
(D) It was recently confirmed as an ancient writing system.

03 According to the conversation, what aspects of Harappan architecture does the student want to consider in his paper?

Choose 2 answers.

(A) The historical importance of the buildings of the Harappan civilization
(B) The exploration of architectural remains at the Harappan site
(C) The advanced technology used in the construction of buildings
(D) The use of engineering knowledge in the design of the structures

Listen again to part of the conversation. Then answer the question.

04 Why does the professor say this:

(A) To imply that the student is not making an effort
(B) To caution the student against overconfidence
(C) To suggest that the student is being unreasonable
(D) To encourage the student to persevere

05 What does the professor offer to do for the student?

(A) Look through recent journals for newer research
(B) Have an academic department provide assistance
(C) Meet with an authority to get his recommendations
(D) Give him her own insights into the topic

Biology

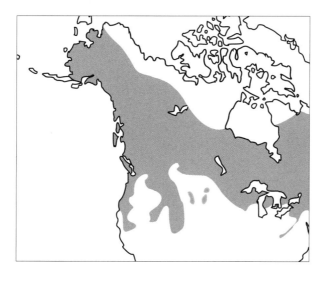

06 What is the main topic of the lecture?

(A) The differences between hares and rabbits

(B) The ways that snowshoe hares evade predators

(C) The seasonal changes in the snowshoe hare's behavior

(D) The species that prey on the snowshoe hare

07 According to the professor, why do snowshoe hares prefer areas with thick undergrowth?

Choose 2 answers.

(A) They provide access to food.

(B) They contain many natural trails.

(C) They include few dangerous animals.

(D) They offer protection from predators.

08 According to the professor, what causes the snowshoe hare's fur to change colors?

(A) The temperature of the air

(B) The volume of snow

(C) The amount of sunlight

(D) The time of day

Listen again to a part of the lecture. Then answer the question.

09 Why does the professor say this:

(A) To encourage the students to pay attention

(B) To introduce additional information

(C) To indicate that she will present a new theory

(D) To show that she is uncertain about the facts

10 What can be inferred about the snowshoe hare population?

(A) It remains constant in spite of periodic fluctuations.

(B) Its increasing size is a threat to other animal species.

(C) Insufficient shrubbery is the main cause of its decrease.

(D) The presence of predators keeps the population in check.

11 Why does the professor mention early fur traders?

(A) To cite a reason why snowshoe hares are decreasing in numbers

(B) To emphasize the importance of laws on snowshoe hare hunting

(C) To explain the existence of population records of the species

(D) To show that hidden trails could not protect snowshoe hares from humans

이로써 교재에서 제공되는 테스트 6회분이 모두 끝났습니다.
TEST 7은 실전모의고사 프로그램으로 제공되므로, 실전과 동일한 환경에서 최종 마무리 연습을 해보시기 바랍니다.

* 해커스인강(HackersIngang.com) 접속
→ [MP3/자료] 클릭 → [실전모의고사 프로그램] 클릭

There is a ten-minute break after the Listening section.

Click on **Continue** when you are ready to go on to the next section.

ANSWER KEYS

PART 1

01 (A) Main Purpose

02 (B) Detail

03 (C) Detail

04 (C) Function

05 (A) Attitude

06 (D) Main Topic

07 (B) Detail

08 (A) Attitude

09 (C) Purpose

10 (B) Inference

11 (B), (D) Detail

12 (B) Main Topic

13 (A) Detail

14 (A) Inference

15 (C) Purpose

16 (B) Function

17 (C) Function

PART 2

01 (C) Main Topic

02 (D) Detail

03 (B), (D) Detail

04 (C) Attitude

05 (D) Function

06 (C) Main Topic

07 (A) Detail

08 (C) Detail

09 (B) Function

10 (C) Purpose

11 List

	Yes	No
Change company procedures	√	
Protect the company's bottom line		√
Let an expert deal with the problem		√
Admit the company's mistake	√	
Hold special sales events	√	

PART 1

01 (B) Main Purpose

02 (A), (B) Detail

03 (B) Inference

04 (D) Detail

05 (C) Inference

06 (C) Main Topic

07 (D) Detail

08 (A) Purpose

09 (A) Detail

10 (C) Function

11 List

	Yes	No
Painted with brushes of various sizes		√
Resembled works of Native Americans	√	
Created with methods of trickling and spattering	√	
Painted over and over again to achieve layers		√

PART 2

01 (C) Main Purpose

02 (B) Detail

03 (D) Inference

04 (A) Detail

05 (C) Function

06 (B) Main Topic

07 (A) Detail

08 List

	Yes	No
Provides a partner for an insect to mate with		√
Takes on a shape and a color that the pollinator finds appealing	√	
Produces a substance that is edible	√	
Offers the pollinator a variety of pollens to choose from		√
Produces a smell that appeals to the pollinator	√	

09 (A) Purpose

10 (C) Function

11 (B) Detail

12 (C) Main Topic

13 (A) Purpose

14 (B) Function

15 (A), (D) Detail

16 (C) Function

17 (B) Inference

PART 1

01 (D) Main Purpose

02 (B), (D) Detail

03 (C) Attitude

04 (C) Purpose

05 (C) Detail

06 (B) Main Topic

07 (C) Detail

08 (D) Purpose

09 (A) Detail

10 (B) Function

11 (A) Inference

PART 2

01 (B) Main Topic

02 (C) Function

03 (A), (B), (E) Detail

04 (A) Inference

05 (A) Attitude

06 (C) Main Topic

07 (B) Detail

08 Matching

	Neuron	Glial Cell
Protects other cells from toxic substances		√
Is the most numerous cell in the brain		√
Cannot reproduce through cell division	√	
Receives nutrients from other cells	√	

09 (D) Inference

10 (A) Attitude

11 (B), (D) Detail

12 (B) Main Purpose

13 (C) Detail

14 (D) Function

15 (D) Detail

16 (B) Detail

17 List

	Yes	No
Illuminating the actors on stage brightly		√
Using set designs that were unrealistic	√	
Criticizing unfair aspects of society	√	
Filling multiple roles with the same actor	√	

TEST 04

p.269

PART 1

01 (D) Main Purpose

02 (B), (C) Detail

03 (A) Function

04 (C) Attitude

05 (D) Inference

06 (A) Main Topic

07 (D) Detail

08 (C) → (A) → (B) → (D) Ordering

09 (C) Detail

10 (C) Inference

11 (A) Inference

PART 2

01 (C) Main Purpose

02 (B) Function

03 (B) Detail

04 (C) Detail

05 (C) Detail

06 (D) Main Topic

07 (B) Purpose

08 (B) Inference

09 (A) Purpose

10 (B) Detail

11 Matching

	Cassette	CD	MP3
Negatively affected by sunlight		√	
Contains magnetic conversions of data	√		
Sound quality not degraded by additional copies		√	
Some data lost due to compression			√
Contains a layer of oxidized iron	√		
Coated with a thin layer of metal		√	

12 (C) Main Topic

13 (A) Purpose

14 List

	Yes	No
Established federal welfare programs		√
Extended affordable credit to businesses	√	
Assisted farmers with debt management	√	
Purchased crop surpluses to feed the poor		√
Paid for large public works projects	√	

15 (B) Detail

16 (B) Detail

17 (C) Function

PART 1

01 (C) Main Purpose

02 (A) Function

03 (A) Inference

04 (D) Detail

05 (A), (D) Detail

06 (B) Main Topic

07 (A) Detail

08 (D) Detail

09 (D) Organization

10 (C) Inference

11 (C) Detail

PART 2

01 (A), (C) Main Purpose

02 (A), (C) Detail

03 (B) Detail

04 (B) Function

05 (B) Inference

06 (A) Main Topic

07 (B) Function

08 (C), (D) Detail

09 (B) Detail

10 (A) Detail

11 (C) Inference

12 (C) Main Topic

13 (B), (D) Detail

14 (C) Function

15 (A) Detail

16 (B) → (C) → (D) → (A) Ordering

17 (B), (C) Detail

PART 1

01 (C) Main Purpose

02 (A), (D) Detail

03 (B) Function

04 (C) Inference

05 (A) Detail

06 (A), (D) Main Topic

07 (A), (C) Detail

08 List

	Yes	No
The temperature of the air it passes through	√	
The type of particle it forms around		√
The amount of moisture it encounters	√	
The composition of the ice it accumulates		√
The length of time it spends aloft	√	

09 (B) Attitude

10 (C) Detail

11 (B) Inference

12 (D) Main Topic

13 (B) Function

14 (B) Detail

15 Matching

	Shield volcano	Strato volcano
Frequent eruptions	√	
Cooler lava		√
Explosive eruptions		√
Basalt lava	√	

16 (C) Inference

17 (A) Purpose

PART 2

01 (C) Main Topic

02 (C) Detail

03 (B), (D) Detail

04 (D) Function

05 (B) Detail

06 (B) Main Topic

07 (A), (D) Detail

08 (C) Detail

09 (B) Function

10 (A) Inference

11 (C) Purpose

본 교재 인강 · 교재 MP3 · 단어암기 MP3 · iBT 리스닝 실전모의고사
해커스인강 HackersIngang.com

토플 쉐도잉&말하기 연습 프로그램 · 토플 스피킹/라이팅 첨삭 게시판 · 토플 공부전략 강의 · 토플 자료 및 유학 정보
고우해커스 goHackers.com

1위 해커스어학원
260만이 선택한 해커스 토플

단기간 고득점 잡는 해커스만의 체계화된 관리 시스템

01 토플 무료 배치고사
현재 실력과 목표 점수에 딱 맞는
학습을 위한 무료 반배치고사 진행!

월 2회
02 토플 Trial Test
월 2회 실전처럼 모의테스트 가능한
TRIAL test 응시기회 제공!

03 1:1 개별 첨삭시스템
채점표를 기반으로 약점파악 및 피드백,
1:1 개인별 맞춤 첨삭 진행!

해커스 빡센 관리 받고
1달 만에 토플 고득점 졸업 go ▶